JN255293

福祉+α 10
Welfare Plus Alpha
[監修] 橘木俊詔/宮本太郎

貧困

POVERTY

駒村康平 [編著]

ミネルヴァ書房

刊行にあたって

現在、国民が何に対してもっとも不安を感じているかといえば、将来の生活に対してであろう。もう少し具体的には、将来の生活費の確保、退職後や老後の年金・介護の問題、現役世代であれば病気や失業したときのこと、さらには家族、地域、社会などにおける絆が弱くなったために、自分一人になったときに助けてくれる人がいるのかといった不安など、枚挙にいとまがない。

本シリーズはこれら国民に蔓延する不安を取り除くために、福祉という視点から議論することを目的としている。ただし福祉という言葉が有する狭い意味に限定せず、福祉をもっと幅の広い視点から考えることにする。なぜ人間が福祉ということを考えるようになったのか、なぜ福祉を必要とする時代となったのか。また、国民に福祉を提供する分野と手段としてどのようなものがあるのか、誰が福祉を提供するのか、その財源と人手を調達するにはどうしたらよいのか。さらには、福祉の提供が少ないとどのような社会になるのか、逆に福祉の提供がありすぎるとどのような弊害があるのか、福祉を効率的、公平に提供する方策のあり方はいかなるものか、といった様々な福祉に関する幅広い課題について論じることとする。

これらの課題はまさに無数にあるが、各巻では一つの課題を選択してそのテーマを徹底的に分析し、かつ議論するものである。監修者は、どのような課題に挑戦するかを選択し、そのテーマに関して一冊の本を編集するのに誰がもっともふさわしいかを指名し、その編者は、特定のテーマに関して一流であることは当然として、歴史、法律、理論、制度、政策といった幅広い視点から適切な分析のできる執筆陣を選んで執筆を依頼するとともに、その本全体の編集責任を負う。

本シリーズのもう一つの特色は、読者対象を必ずしもその分野の専門家や研究者に限定せず、幅広い読者を念頭に置いているということである。すなわち、学生、一般読者、福祉を考えてみたい人、福祉の現場に関わっている人、福祉に関する政策や法律、プロジェクトを考案・作成する機関やＮＰＯに属する人、など幅広い層を想定している。したがって、書き手は福祉のことをほとんど知らない人でも読むことができるよう配慮し、福祉の現状と問題点が明快に理解できるよう書くことを念頭に置いている。そしてそのテーマをもっと深く考えてみたいという人に対しては、これからあたるべき文献なども網羅することによって、さらなる学習への案内となるようにしている。

福祉と関係する学問分野は、社会福祉学、経済学、社会学、法学、政治学、人口論、医学、薬学、農学、工学など多岐にわたる。このシリーズの読者は、これらの専門家によって書かれたわかりやすい分析に接することによって、福祉の全容を理解することが可能になると信じている。そしてそのことから自分の福祉のこと、そして社会における福祉のあり方に関して、自己の考え方を決める際の有効な資料となることを願ってやまない。

2012年10月

橘木俊詔
宮本太郎

目次

第Ⅰ部 貧困総論部

福祉+α 10 POVERTY

Welfare Plus Alpha

第Ⅱ部 貧困の原因と様態

第Ⅲ部 貧困への対応

第 I 部

貧困総論部

第1章 総論
——本書の解題と概要——

駒村康平

二〇世紀後半より、各先進国内では、グローバル経済、技術革新の影響などにより中間層が後退し、格差、貧困の拡大が進んでいる。さらに日本の格差、貧困の拡大の直接の要因は、一九九〇年代前半のバブル崩壊を契機にした日本型雇用システムの衰退と非正規労働者の増加がある。こうしたなか、貧困研究は、量質ともに充実し、その成果は、「ワーキングプア」、「子どもの貧困」や「社会的排除」といった言葉で広く一般にも知られるようになり、現実の政策にも大きな影響を持つようになってきた。この一方、多様化、高度に専門化された貧困研究は、学問領域別あるいはディシプリン別に研究がすすみ、その成果が分散化される傾向が強まっている。こうした分散化を乗り越え、貧困の原因やそのもたらす影響に関する研究蓄積を異なる研究領域間で共有し、深化させるべきである。また貧困問題とその問題は、狭く専門家のなかにのみ囲い込まれるべきではなく、広く市民が共有し、社会の進歩のために活用される必要がある。本書は、研究領域・ディシプリンの違いを越え、発展著しい各分野の貧困研究の成果を共有し、専門家以外の一般市民のその成果を理解できるようにすることを目的としている。

1 本書の目的：貧困問題を社会で共有する

研究・学問のあり方は、時代によって変化する。現在、多くの研究・学問分野では、共有知識を前提にした専門家を主な読者とし、最先端の研究成果を紹介する学術雑誌が中心になりつつある。日本における貧困研究においても、学術雑誌を中心としたいわゆる「ジャーナル・コミュニティ」が大きな役割を果たすようになっており、貧困分野を代表する研究ジャーナルである『貧困研究』が二〇〇七年に「貧困研究会」より発刊され、すでに一〇年、合計一九号の実績がある。

　他方、貧困研究は多様なアプローチが可能であり、主流とされる社会政策以外にも、社会福祉学、社会学、経済学等の様々な学術誌においても、それぞれの「ディシプリン」すなわち学問固有の方法論にしたがって、貧困研究は深められている。

　こうした「学術雑誌」「ジャーナル・コミュニティ」では、最先端の研究の追求、紹介を行い、研究者が切磋琢磨し、貧困の概念、定義、歴史、測定方法・結果、政策動向といった領域で研究を深めている。この一方で、学術雑誌では、特集は別にして、投稿論文に代表されるように基本的には個別研究の発表であり、既存の研究が体系的に整理されないというデメリットもある。

　これに対して、本書の研究分野のような横断的に貧困問題に様々な方法論で接近する学術研究書では、学際的に貧困研究の蓄積を共有、整理しつつ、一般読者に対して体系的に情報を提供することが可能になる。[1]

　貧困問題は、有史以来、常に人類の大きな課題であり続けた。今日では、貧困問題は困窮した当事者のみの問題でも、専門家、研究者のみの研究テーマでもなく、貧困をどのように捉え、対応すべきか、広く社会全体で共有すべき社会課題である。本書の岩永・岩田論文でも紹介されているように、貧困と非貧困を分け、そして市民に最低生活を保障する「最低所得保障水準」について、市民参加型のアプローチの開発も進んでいる。そこでは一般市民によって構成された少人数のフォーカスグループにおける話し合いにより、生活に必要な財やサービスを設定することができる。この話し合いのなかでは、専門家、研究者の役割は話し合いの中身を整理することなどであり、ファシリテーターに徹している。

2　貧困をめぐる最近の動向

　人類にとって課題であり続けた貧困問題は、それぞれの時代で様相も異なっている。近年では九〇年代より貧困問題の様相に大きな変化が生まれている。その背景には、グローバル経済の展開や技術革新の影響により先進各国の中間層が没落したことがある。中間層の没落は、先進国では若い年齢層の貧困率の上昇という形で観測されるようになっている。[2]

　このように貧困が新しい様態を見せる一方、貧困研究も進化し、その把握もより緻密で、実証的になり、加えて貧困を多角的、動態的に捉えるようになり、貧困の定義・概念、測定方法、貧困のもたらす課題の把握など重要な研究蓄積が進んでいる。以下、簡単に最近の日本の貧困研究の状況を概観しよう。[3]

　現在日本においても、厚生労働省や総務省により中位所得の五〇%を貧困基準とした相対的貧困率が公表されている。しかし、相対的貧困基準が一般的な貧困線として用いられる以前は、厚生省（現・厚生労働省）は生活保護の最低生活費を貧困基準（生活扶助基準）とみなして、「厚生行政基礎調査」において貧困率を公表していた。また、星野（一九九五）や川上・江口（二〇〇九）などの貧困研究においても、最低生活費以下の所得である世帯がどれくらいいるかという観点から、生活保護基準による貧困率の推計が行われていた。

　このような貧困基準の妥当性として、山田他（二〇一〇）や山田（二〇一四）では相対的貧困基準と生活扶助基準の貧困率を比較しており、それぞれの基準による貧困者の重なりを一定程度認めている。貧困測定に関しては、貧困基準だけではなく貧困指標についても多くの議論が行われている。例えば、貧困指標を人口に占める貧困基準未満の所得の者の割合というヘッド・カウント率とした場合、基準未満の人々のなかで所得の低下が生じても貧困率はその影響を受けない。そこで、貧困層の所得が貧困基準を下回る程度が大きいほど貧困指標が上昇する、Watts 指標や FGT 指標などが開発されている。なお、各貧困指標については橘木・浦川（二〇〇六）や浦川・小塩（二〇一六）が検討している。

以上のような最近の充実著しい貧困率などの研究と貧困の様態の変化を受けて、政策面でもいくつかの変化が見られる。九〇年代以降だけを見ても、ホームレス支援法、求職者支援制度、生活保護制度における基礎控除の拡大、生活困窮者自立支援制度、児童手当・児童扶養手当の拡充、子どもの貧困対策法、給付型奨学金の創設などがある。

こうした諸制度、諸政策のもたらす効果は、未だ十分なデータが明らかになっていないため、十分に実証されていない。今後、継続的に検証される必要があるが、本書では現時点で評価できる範囲を取り扱っている。

本書の概要

では、本書の概要を紹介しよう。本書の構成は、貧困総論部、貧困の原因と様態、貧困への対応の3部から構成される。

各部の構成を簡単に紹介しよう。まず第Ⅰ部の貧困総論部では、この第1章の本書の総論をスタートに、第2章「貧困と生存権：近世から近代初期における社会意識と実践」（冨江論文）、第3章「貧困基準：概念上の「絶対」と測定上の「絶対・相対」」（山田論文）、第4章「貧困研究の系譜」（岩永・岩田論文）、第5章「日本における貧困率の推計」（渡辺・四方論文）といったように貧困の概念、測定方法を取り扱っている。

第Ⅱ部「貧困の原因と様態」では、貧困をもたらす原因とその様相について、第6章「単身世帯と貧困」（藤森論文）、第7章「母子世帯と貧困」（田宮論文）、第8章「貧困の世代間連鎖」（駒村・丸山論文）、第9章「就労と貧困」（村上論文）、第10章「障害者と貧困」（百瀬論文）、第11章「介護と貧困」（齋藤論文）、第12章「過重債務と貧困：金融排除の視点からみた問題の諸相」（野田論文）が議論している。

第Ⅲ部の「貧困への対応」では、貧困問題に対する対応として、第Ⅰ部や第Ⅱ部で取り扱わなかった住宅と自治体の取り組みについて、第13章「住居と貧困」（阪東論文）、第14章「貧困と地方自治体の取組み」（大山論文）が掲載されている。

ここで、各章の概要を紹介しよう。まず貧困についての概念、歴史、測定方法を議論する第Ⅰ部の第2章「貧困と生存権」（冨江論文）は、戦後、憲法によって保障された生存権の以前において、「生存権」とはどのような性格のものであったか、そして近世から近代になるなかで、救済の対象から自立を促す対象に変化していく過程、さらに資本主義経済の深化のなかで、人間関係が消滅し、生存権の考えが大きく変化したことを展望している。生存権が国民の権利として認められる以前の近世日本社会でも「共同社会に対して尊厳のある生の保障を求める権利」としての生存権があった。この事実は、歴史学、民俗学の研究蓄積から伝統的共同体の相互扶助慣行「講」のなかからも読み取れる。そして、近世社会においては、村の共有物であるコモンズは、生活困窮者に優先的な利用を認められ、貧困層に対する生活保障として機能した。こうした村の自生的な相互扶助の仕組みとは別に近世の都市部における相互扶助の仕組みがあり、政治的、経済的強者の責務としての性格を持った「町方施行」が存在した。それは治世者や富者からの恩恵的な性格を超える性格を持ち、民衆の生存権を脅かすような悪政に対する蜂起や不服従を支える思想に基づくものであった。こうした近世社会の相互扶助や民衆のなかの生存権思想は、強者は困窮者を助ける責務があり、民衆にはその権利があったというもので、同時に飢饉や災害時の救済は、社会、秩序を安定させる側面もあった。しかし、明治政府による近代化のなかで、民衆の生存権は消滅した。貧困は罪でも恥でもない近世から、貧困を貶めるような近代への変化、そして普及する近代所有権の観念のなかで、私的所有権により共同的所有は姿を消し、民衆の生存権という道理は法的な権利に姿を変え、同時に富者の貧者に対する道徳的制約がなくなる。近代的所有観念に基づく「自己帰責」原則が確立していく時代、「強者の責務」としての救済から「社会事業」、「社会連帯主義」に変わっていく過程が詳細に紹介されている。

第3章の「貧困基準：概念上の「絶対」と測定上の「絶対・相対」」（山田論文）では貧困基準の整理を行っている。貧困を定量的に把握するためには、貧困をどのように測定するのか貧困基準が必要である。第3章は貧困基準の意味するところ、すなわち「概念上の」貧困基準と「測定上の」貧困基準とに分けて議論している。まず「測定上の」貧困基準として国際比較の際に用いられるのが「OECD基準」であり、今日一般的に用いられており、その定義は重要である。「可処分所得」、「世帯人数の調整方法」などの具体的な計算方法、中央値五〇％の意味するところと平均値との違い、名称確立までの経緯や日本の貧困データ収載の経緯、国際比較における利用上の留意点といった普段あまり意識されることのない、重要な点を整理している。次に、貧困研究で著名なM・ラヴァリオンの議論を参考にし、「概念上の」貧困基準を参照効用水準（一定の最低の効用水準）の観点から整理している。ここでの議論で重要なのは、概念上の「貧困基準」は時代・社会にかかわらず絶対的なものであり、それを測定上の「貧困基準」として置き換える際に、相対的なものとなり得る、という点である。例えば「人前で恥ずかしい思いをしない」という概念上の貧困基準は絶対的でも、測定上の貧困基準として表した場合には、A・スミスの時代ならリネンのシャツなどを持つことであり、現代では携帯電話などを持つことであり（あるいはそれを許容する水準の所得）、時代・社会に応じて「相対的な」ものとなる。つまり「絶対的な」概念上の貧困基準とは、従来から考えられているような「生存に必要な最低限度」という概念ではなく、時代・社会に関わりのない「一定の最低の効用水準（あるいは「機能」）を確保する」という意味である。

「測定上」の貧困基準の設定には、①絶対的・相対的、②客観的・主観的、③一元的・多元的要素などの組み合わせがある。このほかにも貧困基準は「所得」と「消費」のどちらに基づくべきか、貧困基準を設定した後の望ましい貧困尺度のあり方、貧困指標と格差指標の関係、相対的剥奪・社会的排除・潜在能力概念間の関係など、「貧困基準」の理解に最低限必要な最新の重要な議論を整理している。

第4章の「貧困研究の系譜」（岩永・岩田論文）は、貧困概念を巡る研究の系譜、歩みを紹介している。近代社会においてどのような状態が貧困状態なのかという貧困を把握する研究は膨大なものがある。特に一九世紀後半以降のチャールズ・ブース以降、ラウントリー、エーベルスミス・タウンゼントと続く英国の貧困調査の系譜のなかで、貧困の科学的、数的把握への挑戦、貧困の定義と測定方法の開発、貧困の原因を巡る資本主義の影響や貧困の社会的条件、人生における貧困のライフサイクルの動態の存在、相対貧困概念とつながり、今日の福祉国家の発展につながる。英国の貧困研究は英国内にとどまらず各国の貧困政策、研究にも影響を与えた。こうした先駆者たちの研究の上に、現在、貧困概念はより人々の生活様式そして社会的・文化的な関係性から把握される方向に進んでいる。

もうひとつの日本の貧困研究にも影響を与えたのが、貧困研究の系譜としてエンゲル法則で有名なエンゲルである。エンゲル法則は第一法則が、生活が困窮であるほど総支出にしめる飲食費の割合が大きくなること、第二法則は栄養のための支出割合が物質的状態の的確な尺度である、というものである。エンゲルの研究は日本における生活構造論に大きな影響を与えた。そして今日、グローバリゼーション時代の労働市場の再編による非正規労働者・若者の長期失業に加えて、移民・難民の流入による国民の分裂などが発生し、こうした社会の分裂が引き起こす様々な社会問題を説明する言葉として社会的配慮という言葉が使われるようになった。この他、貧困の測定方法として、市民が参加するアプローチ、MISも注目されつつある。

第5章「日本における貧困率の推計」（渡辺・四方論文）は、近年の貧困率の推移に焦点を当てている。相対的貧困率の動向を見る際に気をつけなければならない点は、使用する統計データである。例えば、国民生活基礎調査と全国消費実態調査では相対的貧困率がかなり異なっている。第5章では、この二つのデータの違いについて、調査票の構造、調査設計、集計方法にさかのぼって議論している。いずれのデータにも課題があることから、どちらが「真実」に近いかはさらなる検証が必要になる。このため、両者の違いを単純に比較するのではなく、こうしたデータの違いが貧困測定に与える影響について、ＯＥＣＤ各国との国際比較の視点から検討し、世帯類型別、年齢別に国民生活基礎調査、全国消費実態調査の貧困率の動向が異なる点と共通する点を確認している。この結果、まず国民生活基礎調査、全国消費実態調査のいずれでも高齢者の貧困率は高いが、こうした傾向は国際的には一般的とはいえない。また、子どもの貧困率は国民生活基礎調査ではＯＥＣＤ各国のなかで上位になるが、全国消費実態調査では下位に位置するという違いがある。

続けて様々な貧困の原因や形態を議論している第Ⅱ部を紹介しよう。

第6章の「単身世帯と貧困」（藤森論文）では、増加する単身世帯の貧困を扱っている。現在、高齢化、子ども世代との同居率の低下、そして非正規労働者の増加等による未婚化によって急激に世帯構造が変化し、単身世帯が急増している。すでに最も多い世帯類型になった単独世帯であるが、特に中高年期の単独世帯は二人以上世帯に比較して、①所得、金融資産がともに少ないこと、②持ち家率も低いこと、③ジニ係数が大きいこと、④相対的貧困率が高いことが確認されている。このように単身世帯で貧困率が高い原因としては、①就労期の就労状況や単身世帯では非正規労働者や失業率が高いこと、②高齢期においては、基礎年金のみの受給者が多く、年金依存度も高いこと、特に単身女性は、現役期の労働状況の影響もあり年金額は低いものとなる。さらに経済問題以外にも、単身世帯は、頼れる人も少なく、社会的孤立のリスクも高い。こうした単身世帯の貧困を解消するためには、①社会保障の機能強化、②短時間・非正規労働者に対する厚生年金の適用拡大、③長く就労できる環境整備、④単身者が孤立しない地域づくり、を提言している。

第7章「母子世帯と貧困」（田宮論文）は、増加する母子世帯の貧困を扱っている。具体的には母子世帯の貧困の特徴、動態、さらには三世代同居母子世帯の貧困リスクなどを議論している。離別や未婚により一〇〇万世帯を超えて増え続けている母子世帯であるが、親子のみから構成される母子世帯とは別に他の構成員、主に祖父母が同居している母子世帯も増加している。また教育期間の短い、経済的に不利な母子世帯が増加している。母子世帯の貧困率はおおむね五〇％と著しく、また貧困ギャップも大きく、動態的に見ても慢性的な貧困状態の傾向が強いことが確認されている。また貧困を所得面だけではなく、多元的に捉えると社会的排除の傾向が強く、生活時間にゆとりがない、時間的貧困の状態にある。加えて生活保護受給の母子世帯は、多様な課題が集中していることも確認されている。さらに三世代同居母子世帯に関する研究も徐々に増えており、三世代同居によって貧困リスクが低下していることが確認されている。

第8章の「貧困の世代間連鎖」（駒村・丸山論文）では、親子間の貧困の連鎖、すなわち世代間の貧困連鎖の問題を扱う。日本の子どもの貧困率は依然として先進国上位にあり、子どもの貧困問題が重要な政策課題になっている。子どもの貧困はなぜ問題なのか。子ども時代の貧困経験は、学力、就労、健康以外にも非認知能力、価値観など複雑なルートで、成人後の生活、経済状況に影響を与えることが確認されている。一方、このルートのいくつかについては、相関関係が明らかにされているにとどまり、メカニズムまでは明らかにされていない。

最近発展が著しい認知科学の研究は、こうしたブラックボックスのなかを解明しつつある。例えば虐待や社会的排除のストレスが脳機能の低下をもたらしていることも明らかにされている。貧困の世代間連鎖を数量的に明らかにするためには、親子双方の変化を長期追跡するパネルデータが不可欠であり、欧米各国でもパネルデータに基づく重要な知見が明らかになっている。しかし、日本におけるパネルデータの整備は最近始まったばかりで、十分なデータ蓄積が行われていない。代わりに生活保護受給者のデータや回顧情報を含めたアンケート調査で代替している。こうした限られた研究でも、子ども時代の貧困が成人後に深刻な影響を与えることが明らかになっている。政府は、子どもの貧困対策に力を入れつつあるものの、政策評価や有効な支援プログラムの確立には至っていないが、こうした様々な分野の研究蓄積を生かした貧困の世代間連鎖の防止の政策が急がれる。

第9章「就労と貧困」（村上論文）は、働きながらも所得が最低限度の生活水準に満たない層、ワーキングプアの問題を取り上げている。今日、ワーキングプアという概念は一般に広まった言葉であるが、ワーキングプアの概念、統計的定義、推計方式について、国際的な議論が行われている。すなわち①「ワーキング」とはどのような就労状態なのか、就職活動をしている失業者の扱いをどうするか、②「プア＝貧困水準」の水準をどうするか、③所得を世帯単位で考えるか個人単位で考えるか整理する必要がある。さらに分析に使うデータによってワーキングプアの割合に大きな差が出ることも理解しておく必要がある。諸外国と異なり日本では、公的なワーキングプアに関する統計は存在しない。またこれまでの研究の結果では、ワーキングプアの定義やデータによって推計値には差があるものの、①若者層のワーキングプア率が高いこと、②不安定な雇用（アルバイトやパート）に就く層のワーキングプア率が高いこと、は共通している。村上は、ワーキングプアという問題に取り組むためには、ワーキングプアという状態が、低賃金と不安定な雇用という個人の状態に起因する一方で、多数の要扶養者とただ一人の稼得者といった世帯の状況に起因するものでもあり、労働政策のみあるいは、所得政策のみによって解決できるものではないということを理解すべきとしている。実際に、諸外国では、ワークフェアやアクティベーションをキーワードにした労働政策と所得政策の政策対象として、最低賃金や失業給付などの労働政策に各種の手当、控除などの所得保障政策を連動させ、若者を学校から仕事へスムーズに移行させるために労働市場への参入を容易にするための政策が講じられている。さらに諸外国では政府主導で実施する政策についての成否を判断するために、貧困統計を用意し、あるいは、既存の統計から、貧困の規模を推計している。これに対して、日本は若者の就労支援施策はあるもののワーキングプアをターゲットにした政策はなく公的な貧困統計も存在しない。今後、ワーキングプアに対する政策を行い、さらにその効果を評価するためにも、長期追跡の可能な公的な貧困統計の作成が必要となる。

第10章「障害者と貧困」（百瀬論文）は、見えにくい「障害者の貧困問題」に焦点を当てている。障害者は、低位な生活状態が容認されやすく、家族扶養が強調され、家族のなかで貧困が見えにくくなっている。そして、障害者の貧困に関するデータが圧倒的に不足している。障害者の貧困状態は公的データでは確認されていないが、様々な調査で障害者本人の所得は極めて低く、高い貧困率が確認されている。しかし、そうした貧困状態は、家族との同居によって表面化しない。第10章では、国民生活基礎調査を使い、等価可処分所得の中央値の半分を貧困基準として、家族と同居している障害者も含めて障害者の貧困率を推計している。分析においては、障害のある人々をどのように定義するのかから始まる。障害者を障害手帳を持っている人に限定せず「障害が身体機能の低下などで、手助けや見守りを必要としている」要介助障害者を対象としている点で留意が必要となる。すなわち障害がある人でも手助けや見守りを必要としない人もいるため、障害手帳を持っている人でも分析の対象から漏れる可能性もある。また、加齢に伴い手助けや見守りを必要とする高齢者が含まれるという点に留意する必要がある。よって本章で推計された貧困率は「障害者」というよりは、「要介助障害者」の貧困率ということになる。要介助障害者の貧困率は二〇歳から三九歳、四〇歳から四九歳、五〇歳から六四歳の年齢層で三〇％近くあり、おおむね非要介助障害者の二倍になることが確認されている。また社会保障給付や税制効果によって非要介助者との貧困率の差が縮小していることから社会保障給付が一定の貧困緩和効果を持っていることを確認している。

第11章の「介護と貧困」（齋藤論文）は、貧困が介護リスクを高め、そして介護が貧困を深刻なものにするという「介護と貧困の悪循環」を分析している。前半では、自治体の介護保険に関するデータを使って、「所得階層が低いほど要介護発生率が高い」ことを確認している。より詳しく見ると、①女性の低所得者で要介護発生率が高いこと、②後期高齢者の女性の生活保護受給者の半数以上が要支援者あるいは要介護者となっていること、③介護予防も貧困層では課題があること、を明らかにしている。

その他にも介護負担が家族介護者の介護離職を高め、貧困を生み出し、家族介護者の健康を損なっていることも指摘している。

第12章「過重債務と貧困」（野田論文）は、貧困問題に密接に関わる過重債務（多重債務）、金融排除の問題を取り扱っている。過重債務は貧困問題をより深刻なものにする。高度経済成長期に普及した消費者金融は、消費拡大の一つの手段となったものの、過剰な貸付、高金利などにより家計破綻、住居喪失といった社会問題を生み出した。二〇〇〇年代に入り、過重債務対策、消費者金融への規制は強化されたため、過重債務に関わる問題は縮小したかのようにも見える。第12章では、過重債務の背景にある貧困、低所得問題を確認し、次に過重債務がもたらす離婚や別居などの家族関係の悪化、離職、自殺や住居の喪失などの社会問題を整理している。また公的な生活資金の貸付事業である、「生活福祉資金貸付制度」が、過重債務が問題になるたびに制度としては拡充されてきた。しかし、各地の社会福祉協議会によって運用の実情から、①過重債務を直接的に解決するために必要な資金やサービスが十分整備されていないこと、②どのような債務者に対してどこまで応じることができるのか守備範囲が不明瞭、また利用の可否を判断する審査基準が曖昧となっているため、過剰債務問題に十分に対応できずにいる。さらに過重債務の問題は、金融アクセスから排除される「金融排除」につながる点も重要である。過重債務が金融排除につながる例としては、奨学金制度がある。奨学金返済の延滞によって、個人情報登録が個人信用情報機関に登録され、ローンなどの金融サービスからの排除につながる。

　こうした過重債務についての政策対応は不十分であるものの、二〇一五年の生活困窮者自立支援制度で、家計相談支援が任意事業として組み込まれている。この仕組みを生活福祉資金貸付制度と連携して運用することが重要な課題となる。

　続けて第Ⅲ部に入ろう。

　住居の確保は人間の基本的ニーズであり、住居の欠如は貧困の要素になる。しかし、金銭尺度による貧困率の研究では、居住環境などの非金銭要素は加味されない。

　第13章の「住居と貧困」（阪東論文）は、貧困と住宅の関係、居住権と適切な住宅の条件、住宅の役割、住宅と健康の関係、居住水準の変遷と現状、住宅困窮の定義と尺度、住宅困窮者の現状、施設の動向、住宅セーフティネット法などを取り扱っている。住居における生活行為は人間の生理的な基本部分であり、食事、入浴、睡眠、団欒、娯楽、学習、育児、介護があり、そして社会との関係の確保や社会サービスへのアクセスの拠点になる。さらに今日では、高齢化社会における地域包括ケアシステムのベースになるのも住宅である。こうした機能を果たすために適切な居住水準は「プライバシー、空間、安全性、照明、換気、基本的なインフラ、立地、費用」などの面から検討されるべきである。さらに第13章では、適切な住居の確保に関する国際的な動向を詳しく紹介している。例えば、「欧州二〇二〇戦略」では、剥奪指数のなかで、住宅に関連するものとして、家賃やローン、公共料金の支払い、住居を適温に保つなどが含まれている。

　先進国のなかで日本には、適切な居住の権利に関する居住水準を具体的に定めた法律はなく、住環境に関する科学的根拠、基準の整備が遅れている。

　さらに住宅と貧困の問題を考える際には、住宅や賃貸住宅市場の問題のみでは、不十分である。高齢化や貧困の拡大で社会福祉施設等への入居者が増加し、一九九五年から二〇一五年の二〇年間で三・五倍に増加している。特に貧困などの拡大が原因で、無料低額宿泊施設の増加が顕著であり、低所得の高齢者が利用可能な施設が不足していることや施設の居住水準の低さの問題も指摘している。

　住宅困窮者に対する最近の政策として、政府は「住宅確保要配慮者」に対する賃貸住宅市場における支援の強化を進めている。公営住宅に代わる民間住宅・空き家を活用した住宅セーフティネット機能の強化である。高齢者、低所得者、ひとり親などは賃貸住宅市場で排除されるリスクが高い。こうした賃貸住宅市場における弱者である住宅確保要配慮者に対して住宅のアフォーダビリティを高める必要があり、家主と要配慮者双方に対する支援、居住継続の保証の充実の重要性を主張している。

本書の最終章は第14章「貧困と地方自治体の取組み」（大山論文）である。二〇一五年にスタートした生活困窮者自立支援制度の導入により、自治体の貧困政策は、生活保護制度という現金給付だけではなく、困窮者支援政策に拡大している。しかし、生活保護制度改革と同時に導入された生活困窮者自立支援制度には、ことさら経済的自立を求めるワークフェア政策と社会的排除への対抗としての狭義のアクティベーション政策（＝人的資源開発アプローチ）の考え方が混在している。後者の考え方に従えば、就職者数や高校進学者数という数値のみでは、政策効果は把握できない。生活困窮者がどのようにして自立に向かうのか、そのプロセスに着目した政策評価が必要になる。大山は、自らが関わり、他の都道府県に先駆けて埼玉県が行った生活困窮者自立支援事業であるアスポート事業におけるインタビュー調査から「承認」の重要性を強調している。そこでのキーとなる概念は、ホネットの「承認」であり、「よい困窮者支援」とは、多元的な承認機会の提供、「愛・法的権利・連帯の承認機会」の提供であり、こうした承認概念を政策評価、社会福祉実践や専門職の能力といった支援のあり方に位置づけるべきとしている。

【注】

(1) 研究におけるジャーナル・コミュニティと本書のようなモノグラフ・コミュニティについては、長谷川（二〇〇三）や曽我（二〇一七）などが詳しい。
(2) ミラノヴィッチ（二〇一七）参照。
(3) 詳細は第3章、第5章を参照。

【参考文献】


浦川邦夫・小塩隆士（二〇一六）「貧困測定の経済理論と課題」『経済研究』第六七巻第三号、二六一―二八四頁。

江口英一・川上昌子（二〇〇九）『日本における貧困研究の量的把握』法律文化社。

曽我謙悟（二〇一七）「『現代日本の官僚制』あとがきのあとがき」『UP』第四六巻第五号、東京大学出版会、一―六頁。

橘木俊詔・浦川邦夫（二〇〇六）『日本の貧困研究』東京大学出版会。

長谷川一（二〇〇三）『出版と知のメディア論』みすず書房。

星野信也（一九九五）「福祉国家中流階層化に取り残された社会福祉――全国消費実態調査のデータ分析(1)」『人文学報』第二六一巻、二三―八五頁。

ミラノヴィッチ、ブランコ、立木勝訳（二〇一七）『大不平等――エレファントカーブが予測する未来』みすず書房。

山田篤裕（二〇一四）「相対的貧困基準と生活保護基準で捉えた低所得層の重なり――国民生活基礎調査に基づく3時点比較」『三田学会雑誌』一〇六巻第四号、一〇一―一一九頁。

山田篤裕・四方理人・田中聡一郎（二〇一〇）「貧困基準の重なり――OECD相対的貧困基準と生活保護基準の重なりと等価尺度の問題」『貧困研究』四号、五五―六六頁。

第2章　貧困と生存権
――近世から近代初期における社会意識と実践――

冨江直子

共同社会に対して尊厳ある生を要求する権利を生存権と呼ぶなら、近代より前の日本にも生存権は存在した。それは、近代の法的権利とはおよそ異質な権利であったが、近世の人びとの社会意識と実践のなかに根拠を持つある種の〈権利〉として存在していた。近世から近代の入り口までの社会では、民衆の〈生きるための必要〉を保障することは、共同社会を統治する者が負う責務として観念されていた。こうした伝統的社会における民衆の生存権は、近代化の過程で否定されていったのだが、その歴史は、近代の論理では語ることのできない生存権の可能性を、未来に向けて構想する想像力を与えてくれる。

1　憲法第二十五条以前の生存権

もし貧困のために生計を維持できなくなっても、現代の日本においては、国民は国家によって最低限度の生活を保障されることになっている。日本国憲法第二十五条は国家が国民に対して「健康で文化的な最低限度の生活」を保障すべきことを謳い、最低限度の生活を保障するための具体的な制度として生活保護法が存在する。

しかし、憲法第二十五条と生活保護法を持つ戦後日本においてなお、すべての人への尊厳ある生の保障を真に現実のものとすることは、共同社会の課題であり続けてきた。この課題に取り組む議論と実践において、理念的根拠として重要な役割を果たしてきたのが「生存権」と「社会連帯」である。

ところで、憲法第二十五条も生活保護法もなかった時代、貧困に陥った人びとはどのようにして生きてきたのだろうか。明治憲法の下では、困窮した個人が国家に対して救済を要求する権利というものは認められなかった。まして、「生存権」や「社会連帯」という語彙自体を持たなかった近代以前の日本においては、共同社会に対して尊厳ある生の保障を求める権利などというものは、語ることさえできないものだったのか。

　そうではなかったということを、歴史学や民俗学などの研究成果から知ることができる。共同社会に対する権利としての生活保障というものは、憲法第二十五条以後に初めて語り得るものになったのではなかった。

　本章は、近世の後半から近代への入り口の時代における〈民衆の生存権〉を主題とする。それは、近代の法的権利とは全く異なる論理の権利ではあったが、それでも人びとの意識と実践のなかに根拠を持つある種の〈権利〉と呼ばれてもよいものとして存在していた。それが権利である根拠は、〈生きるための必要〉であった。

　以下、近世後半から近代初期の日本における生存権をめぐる社会意識と実践を見ていこう。そして、近代化の過程でそれらが被った衝撃と変容について検討していこう。(1)

2　伝統的共同体における生活保障

(1)　自生的な相互扶助

　古くから、農村の人びとは、共同体の成員間の相互扶助の組織と制度を自ら形成していた。地域の共同体のなかで、労働力、金銭、物資を共同利用するユイやモヤイと呼ばれる仕組みである。

> 技倆勇力の一様で無い人々が、それぞれの身の分に応じて配置に就き、其協同の成績が挙がった時には、一人も残らず其分配に与った。…（中略）…勿論各人の運と才覚とは認められて、之に対する特別の報酬はあったが、兎に角に獲物は一つ、作業は多数の力に成って居た故に、最初からの私有は認めることが出来なかったのである。
>
> 　この共有の状態をモアヒと謂って居る。（柳田 一九二九：二一五―二一六）

　こうした伝統的共同体の相互扶助慣行は、共同体の成員を貧困から守る機能を担っていた。困窮者救済を目的とする「救済型モヤイ」として、生活困窮者や被災者へ米などの物品や金銭を供与するための各種の「講」があった（恩田 二〇〇六：八〇―八三）。

(2)　土地所有の共同性とコモンズ

　伝統的共同体における困窮者救済の物質的基盤となったのは、村の共有地（コモンズ）である。(2) コモンズから得られる木材や海産物などは、村の人びとの生産と生活に不可欠な共有資源であったが、特に貧困層にとって、それは重要な意味を持っていた。

　コモンズは、貧困層に対する生活保障として機能した。村のなかでは、資力を失い生活に困窮した成員に対して優先的にコモンズの利用権を与えることで、生活困窮に対する予防や救済が行われていた（鳥越 一九九七：恩田 二〇〇六：一四二―一四四）。

　困窮者が優先的にコモンズを利用できることは、村の人びとからの温情ではなく、困窮者の権利であった。鳥越は、その権利性の根拠を、所有論から立論することによって示している。その論理は以下のとおりである。

　近代初期までの土地所有においては、村の土地はその所有者に完全に属しているのではなく、基本的には村全体のものであった。個人が土地を所有するということは、村全体のものである土地の一片を個人が占めているということに過ぎない。つまり、村全体の所有の底の上に、個人の所有がある（鳥越 一九九七：七―九）。

このような所有の二重構造的なあり方から、コモンズの優先的利用に対する困窮者の権利、すなわち「弱者生活権」が導かれる。村全体の土地を個人で広く占有していて自立して生きていける人と、少ししか占有していないために（あるいは占有地を持たないために）共有地を利用しなければ生きていけない人とでは、共有地利用の優先権が異なる。すでに広い土地を占有している人は、そうでない人に対して共有地の利用を遠慮すべきである。これが「弱者生活権」の論理である（鳥越 一九九七：九―一〇）。

共有地（コモンズ）による困窮者救済には、地域によって様々な仕組みがあった。山の土地を開墾させて自立に導く「山あがり」や、属島での海産物などの優先的利用権を認める「困窮島」の制度は、救済だけでなく自立支援の機能をも持つ事例である（恩田 二〇〇六：一四六―一四八）[(3)]。

村全体の所有が個人の所有の基底にあるという共同体的な土地所有の考え方は、富者や権力者の横暴に対しても、貧者の生存権の根拠になった。近世には、借金の抵当に入った土地が流地となっても、証文の文言どおりに流れるのではなく、長期にわたって請け戻すことができるという慣行があったが、その根底にあったのは耕作地の共同所持の観念、つまり「個別所持を持続させるためには、共同所持の世界が維持されていなくてはならない、という関係」であったという（深谷 一九八四：六二―六四）。

(3) 共同性への閉鎖

もちろん、伝統的共同体における生活保障は、近代的な意味での生存権を保障するものであったわけではない。村の自生的な相互扶助は、村の共同性を前提とするものであり、すべての〈個人〉に開かれた公共性とは異なる原理の上に成り立つものである。

共同性の外・内にある他者――すなわち、村の一員でないよそ者や、村の一員でありながら共同の意思に従わない者――は、排除や抑圧の対象であった。互助関係においては地域社会に認められた仲間とよそ者との境界が画定されていたし、ツキアイや「村決め」といった共同のルールを守らない者に対しても、村八分に代表されるような厳しい制裁があった（恩田 二〇〇六：一二三―一三二）。

自生的な相互扶助行為は、自生的な制裁行為に補完されることによって、共同性の内に閉じられたものとして成立し、維持されていたのであった。

3　近世の貧民救済

(1) 強者の責務としての施行

前の節では村落のなかでの相互の助け合いをみてきたが、ここでは都市における富裕者や権力者による困窮者救済をみていこう。

近世の社会においては、災害や飢饉に際して、しばしば幕府や豪商による救済が行われた。歴史学の研究成果が明らかにしてきたように、これは、治者・富者からの「恩恵」としてのみ説明できるものではない。

もちろん語の定義によるのだが、救済を行うか否かの選択が治者・富者の自由な意思決定により、つまり彼らの温情次第であり、困窮者はたまたま与えられたものをありがたく受け取るだけである、という性格のものを「恩恵」と呼ぶのなら、確かに治者や富者による困窮者への救済は「恩恵」ではなかった。

「仁政は制度的保証のない〝人治〟であるとし

ても、治者の意思でどうにでもなる一方的な恩恵、まやかしにすぎなかったのか。江戸時代の民衆は牛羊のごとく従順に、苛法も御恩と思って耐え忍んだのか。もしそうなら、明治初年の民衆の仁政要求や復古願望はどうして生まれたのか」（牧原 一九九八：四五）。この反語的な問いは、近世の救済に対する「恩恵」的なイメージの修正を促している。

近世の仁政とはそのようなものではなく、治者・富者に負わされた責務であった。治者は、富者の私欲の追求を規制して、統治の対象たる民衆の生活を成り立たせなければならない。富者は、私欲を自制し、飢饉や災害時には率先して施米・施金を行い、貧者を救わなければならない。これは、政治的・経済的強者が当然に果たすべき責務なのであった（牧原 一九九八：五三―六二）。治者・富者がその責務を果たさない場合には、領主の公的収奪であれ、地主・高利貸の私的収奪であれ、「不徳」として糾弾された（牧原 一九九四：四二）。

江戸時代の打ちこわしには、強者の「不徳」に対する民衆の社会的制裁としての意味があった。富裕町人による施行は「不当に蓄積された富の社会的還元」であり、したがって困窮する者による施行の強要は正当性を持った（北原 一九九五：五二）。〝土地は村全体の共同所有のものである〟という考え方が、村落における「弱者生活権」の根拠となっていたが、富裕者が持つ財産もまた、それを持つ者が完全に〝自分のもの〟として処分することができたわけではない。富裕者が持つ富に対して、困窮者は正当な分配を要求することができた。

仁政は政治的・経済的強者の責務であるという社会意識が形成されたのは、近世の後半、享保期からであるという。この時期に、町人相互の助け合いとしての合力から発展して、施行する者とされる者との階層差を前提とする町方施行が成立した（池田 一九八六：一一四―一一九；北原 一九九五、二〇一三）。この町方施行の成立という社会的経験を起点として、三都において「都市下層町人が富裕町人から施行を受けることを当然視し、それを一つの権利意識にまで高めるという社会的風潮」が生まれたのだという（北原 一九九五：一一、二〇一三：二七一―二七三）。

天保七年の世直し一揆の例では、打ちこわしを計画・主導した人びとが処罰されたものの、彼らは地域の英雄となり、他方で打ちこわしを受けた側は面目を失墜して逃げ出し、処罰さえされたという（安丸 一九八四：八五―八六）。打ちこわしの正当性が地域社会で広く承認と支持を集め、役人でさえその正当性をなかば容認していたということを、ここから知ることができる（安丸 一九八四：八五―八六）。

また、青森県の士族が一八八〇年に提出した具上書には、次のような内容の記述があるという。すなわち、債主や戸長が負債返済や地租納入を強く督促した場合には、督促された側が報復として家屋に火を放つという「数百年の悪習」がある。藩政の時代にはこれが厳格に取り締まれることなく、藩吏によって容認されてきた。その理由は「焼カル、モノハ不徳ナル者」というところにあったのだという（鶴巻 一九九二：一三四―一三六）[4]。

民衆は、生存さえも脅かすような収奪を強行する者を絶対悪として措定し、除去しようとして蜂起する。そのかぎりにおいて、蜂起した民衆は、社会の正義を体現し、仁政的世界を代表する権威と威力を引き受けることになる（安丸 一九七四：一六三―一六七）。幕藩制支配のもとでの権威と権力のありようの完全なる逆転こそ、「多くの一揆史料が伝えるもっとも驚くべき『事実』」なのだ、と安丸はいう（安丸 一九七四：一六七）。これを、近世における〈民衆の生存権〉と呼んでもよいのではないか。

ところで、治者や富者には「仁」や「徳」がなければならないという考え方が広く人びとのあいだに共有されていたのはなぜか。その一つの根拠を教育や思想に見出すことができる。民衆に向けては、寺子屋の教本が治者のあるべき姿を開示し、悪政への民の不服従を正当化する論理を提供していた（牧原 一九九八：五五―五九）。富者の側にも、石田梅岩らの学者が説いた「富者道」や中国の「善書」の「積善陰徳思想」が浸透していたと考えられる（大塩 二〇一二）。強者による救済は、単に民衆からの強要や脅迫に対する懐柔や譲歩であったのではなく、その根底には、貧者を助けることは富者の責務であるとする救貧思想があった（大塩 二〇一二）。

〈民衆の生存権〉は、しかし、自由で自律した主体としての個人の権利とは異なるのはもちろんであるし、すべての個人の尊厳ある生存を保障し得る公共的な権利でないことも、もちろんである。近代的な権利とは異なる意味での〈権利〉である。牧原が指摘するように、伝統的な仁政観念は、「〝よそ者〟への加害や差別をうみ、多様性・個別性を排除する心性につながることは自明」であり、現代にそのまま通用すると考えられるものではない（牧原 一九九四：六一）。

（2）支配と救済

他方で、救済の意味や機能は、富の還元を要求する民衆の側の権利とそれに対応する治者・富者の義務によってのみ説明できるわけではない。施行は、治者・富者側の目的や意図によっても説明される。飢饉や災害時の施行は、異なる階層間における社会的緊張を緩和し、豪商や幕藩権力による支配体制を安定させる手段となっていた（吉田 一九九一：池田 一九八六）。

困窮時の都市下層民衆からの施行要求は、その多くが町方全般の騒然とした不穏な情勢を背景に行われた（吉田 一九九一：二七一）。打ちこわしを伴う騒擾状況がみられるようになる享保期は、三都において巨大な商業＝高利貸資本が登場し、またその対極に膨大な都市下層民衆が定着した時期であった。両者の矛盾と対抗関係のなかで、豪商が都市下層民衆からの攻撃を逃れ、未然に防ぐためには、施行は不可避のものであった（吉田 一九九一：二七〇―二七七）。

富者による施行は、幕府や藩が富裕者に対して奨励するものでもあった。町方施行は、「下々相互ニ助合」う方法を奨励することによって支配秩序を維持しようとする幕藩権力の政治的慈恵の補完物として組織され、機能させられていた（池田 一九八六：一二〇―一二二）。

このように、困窮時の救済は、豪商や幕藩権力による民衆支配の枠組みのなかで、民衆支配の道具としての意味と機能を持っていた。

ここで重要なのは、こうした支配体制のなかでの救済が、いかなる意味で民衆の〈権利〉であったのかということである。

民衆は、あくまでも統治される客体として救済の対象となったのであり、統治に参与する主体としての権利を行使したのではなかった。

しかし、救済が幕藩権力や豪商による民衆支配の道具であったということが、救済をするか否かが完全に彼等の自由な意思に任されていたということを意味するわけではない。すでにみたように、困窮する民衆を救済することは強者の社会的責務であり、民衆にはそれを要求する権利があった。

牧原は、仁政を求める権利とは、治者と被治者とが分離されていることを前提として、統治の客体＝「客分」という民衆の身分においてこそ主張し得る権利であったという（牧原 一九九八）。それは、近代国家を担う主体、すなわち「国民」に付与された権利義務（近代的シティズンシップ）とは異なる論理の上に成立する権利である。民衆は、統治される客体であったからこそ、統治する主体である治者に対して、自らの生存の保障を一方的に義務づけることができた。

（3）解放としての救済

救済が行われる場面は、富者と貧者とが、また支配する者と支配される者とが、対峙してせめぎあう緊張感でのみ満たされていたわけではなかった。民衆による仁政要求の場面には、ある種の期待や解放の感覚が伴い、祝祭的な雰囲気が漂うことも珍しくなかったという。

市村は、江戸の裏店の路地には既成の価値秩序の転倒の気分が漲っていたという。既成のあらゆる権威を一様に笑いとばすような、「猥雑な哄笑空間」をなすその路地は、困窮がきわまったときには打ちこわしのために街頭へ出てゆく通路となる（市村　一九八七：二九）。

吉田は、この路地の「猥雑」さに「日用」層の運動の論理をみている。失う物を持たず、有縁の世界から疎外されていた「日用」層の運動は、ある種の「自由」さ、「奔放」さにつらぬかれていたという（吉田　一九九八：二〇六）。

地域社会の徳義が生きていた時代、災害は貧民にとって再生のチャンスであった。焼けて困るような家財を持たない人びとにとって、火事に際しては「家賃・借金も踏み倒せる。しかも、わずかとはいえ救恤金がもらえ、復興需要で仕事も増え品物も売れる、となれば火事待望になっておかしくはない」（牧原　一九九八：二二一―二二九）のである。

さらに、貧困層が施行から得るものは、単なる経済的救済だけではなく、それ以上の何かがあった。北原はそれを「交歓」の経験であるという（北原　二〇一三）。施行によって取り結ばれる「交歓」は、世直りへの期待や、日常の秩序の重圧からの一時的な解放を感じさせる「儀礼」としての意味を持っていた（北原　二〇一三：二八一―三〇二）。施しを受けることは屈辱を伴うが、施行が行われるとき、そこには「単に施されるという、一方的に屈服する下位者の立場から解き放たれた別の論理に基づく空間」が存在したという（北原　二〇一三：二八三）。

北原は、「貧民」であることが罪でも恥でもなかった近世から、「貧困」に陥ることを恥として隠蔽する近代の社会への変容を、「貧民の栄光」「貧困の零落」という言葉で表現している（北原　一九九五）。近世の貧民の「栄光」とは、治者・富者の社会的責務を前提とした民衆の生存権、そして救済を通じて人びとの心に灯された希望の灯のことをいうのだろう。

ここで、先に引用した牧原の反語的な問いを、貧民の栄光ある近世から近代に向けての問いとして、次のように反転させてみよう。

日本の近代が、江戸時代には統治の客体でしかなかった民衆に、統治に参与する主体＝「国民」の地位を与え、「国民」の平等の権利として市民的権利、政治的権利および社会的権利を付与していったのなら、「民衆の仁政要求や復古願望はどうして生まれたのか」。民衆は、近代の「平等」よりも、近世の「仁政」を望んだのであった。

近代における変容と抵抗

（1）近代の貧困

北村透谷の没後、一八九四年に発表された文章のなかに、次のような言葉がある。

蓋し貧民全般の渇望する所の者は、此れ聊か［の］慈恵金にあらずして、（病める者、職めなき者等の例外を外き）、富者の同情にあるなり。金あると金なきの実際上の当惑より生ずる怨恨、

> 嫌悪は甚だ少なくして、彼等が人生の同源泉より流れ来りたるに、其の驕傲なる風態、其の奢侈を極はめ、放逸に縦横に馬を駆り車を走らして、己れ等を蹂躙し奴隷視する者、是れ則ち彼等が怨恨の因って生ずる所、不平の因て萌ざす所なり。（北村 一八九四［勝本編 一九五〇］：三四六―三四七）

透谷がみていたのは、貧民の栄光を支えていた近世の社会意識の喪失であろう。そして貧困に陥ったことの責めを貧者にのみ帰し、貧者を貶める〈近代〉の登場であろう。

明治政府による近代化政策のもとで、近世の民衆の生存権は、理念的にも制度的にも失われていった。

前の時代には、私的所有に対する共同体的所有の優越、および公権力による共同体的所有への保護が、民衆の生存権の正当性を担保し、その実現を可能にしていた。人びとの〈生きるための必要〉が、法的な所有権や契約の遵守よりも優先されるべきであるという考え方が社会通念として存在した。

近世においては、法度を通じた支配と規制が進行していっても、その法が「百姓成立」を根本の基準とする理を完全に押し破ることはできなかったという（深谷 一九八四：六五―六六）。百姓一揆において、発頭人は法に背くものとして罪に問われたが、一方でその要求は実現されることが多かった。「法は一つの理を前提にしているが、その法理と、社会のなかで生活者が運用している道理のあいだにずれがあったことはまちがいない。そして、そのずれを幕藩権力の側も無視できなかった」のだという（深谷 一九八四：六五―六六）。

しかし、こうした法理と道理の関係性は、近代化政策の展開のなかで失われていった。

近世の民衆が主張できた生存権とは、〈生きるための必要〉という道理を体現する近世的な権利である。しかし、近代の論理においては、権利とはあくまで法理の世界の概念なのである。

明治初期の時代状況は、「前近代的所有観念にもとづく社会から近代的所有観念にもとづく社会への転換」という枠組みで捉えられる（安丸 一九八四：九五）。民衆の近世的な意味での生存権を支えていた伝統的共同体の「共同体規制」やそれを容認する公権力の介入を否定したのが、私的所有権や自由競争といった〈近代〉の原理であった。これによって富者は地域社会の道徳的関係から自由になった。「近代国家における「自由放任」とは、治者と富者がともに〝強者としての責務〟から解放され「傲然自恣」になれること、すなわち〝仁政からの解放〟がその内実だった」（牧原 一九九八：七四）。

自分が所有する土地は自分のもの、自分が得た富は自分のもの、という私的所有権の論理が貫徹するなら、コモンズを基盤とする弱者の生活権も、富者の財産に対する困窮者の要求権も、正当性を維持できない。

こうした時代の転換のなかで生活の危機に直面した人びとは、貧困を貧者のみに帰責して顧みない、苛酷な近代に抵抗した。

（2）負債農民騒擾

民衆史研究は、明治初期に起こった困民党などの負債農民による騒擾を、「民衆的な伝統原理」による「近代的な社会・経済原理」に対する対抗（鶴巻 一九九二：iii）、「明治政府の進めた近代化政策に対する民衆のプロテスト」（稲田 一九九〇：七）として捉えてきた。負債農民による闘争は、生存権要求の実現の方途として、私的所有権や経済的自由という近代の価値や原理に対して、伝統的な道徳的関係を回復しようとしたものと解釈される。「生活に困って借金が返せないので、当分の間待って欲しい。そうしたら後で年賦で返すから」。困民党が掲げたこうした要求は、今日の感覚からは手前勝手なものと感じられても、当時の人びとの感覚においては決して無法な要求ではなかった（稲田 一九九〇：i）。

伝統的な貸借関係は顔見知りとのあいだの貸借であり、複雑な社会的人間的諸関係の一部であった（安丸 一九八四：八二）。状況によって支払期限や利子の定めについて斟酌されたであろうし、抵当が質流れになれば負債主は債務から解放されたはずであった。ところが近代的な貸借関係では、債主と負債主とはただ契約の文言だけを原理としてかかわる存在となり、債務はそれ自体として最後の一銭一厘まで追及される（安丸 一九八四：八二―八三）。

そして、こうした非人間的＝抽象的なかかわりは、いまや国家権力によって制度的・強権的に保証されている（安丸 一九八四：八二―八三）。負債主から「苛酷」といわれた貸借関係は、債主にとっては契約に基づく合法的なもので、明治政府によって正当性を与えられたものであった（鶴巻 二〇一四：一五四―一五五）。

負債農民はこのような近代の「合法性」「正当性」のもとでの苛酷な借金取り立てに苦しみ、憤ったのだが、これは困窮した負債主にとってだけの苦しみ、憤りではなかった。伝統的・道徳的な経済関係が失われていったことの「被害者」は、一般の農民と、旧戸長など道徳上の貸金をする地域の名望家の両者であった（安丸 一九八四：八三）。

道徳的関係を排除した新しい貸借関係によって負債者が圧迫されれば、負債者はその返済に追われ、租税の納入が遅れ、道徳上の貸借における支払もできなくなる。そうすると道徳上の貸金をする人も困窮し、その結果、道徳的な富裕者による困窮者救済そのものが衰退してしまう。こうして旧来の道徳上の貸借、つまり共同体的な救済システムが崩壊させられていくのである（鶴巻 二〇一四：一四九―一五〇）。

安丸は、江戸時代と明治初期の大衆的実力行使の性格の違いをめぐって、次のように述べている。――江戸時代の打ちこわしは激しいものではあったが、対人的な殺傷は行わなかったし、祝祭的な雰囲気がともなうことも稀ではなかった。これに対して、困民党事件においては、民衆の怨念はより深く、復讐への思いはすさまじいものになった。なぜなら、江戸時代には打ちこわしが権力によってさえなかば容認された膺懲行為であり、大衆的な実力行使によって地域社会にモラル・エコノミーを回復する伝統がなお有効性を持っていたのに対して、困民党の時代には、そうした膺懲行為が権力によって禁じられ、民衆が実力で地域に公正や正義の感覚を回復する道が閉ざされていたからだ（安丸 一九八四：八七―八九）――。

近世以来の社会意識と慣習に支えられた〈民衆の生存権〉の伝統――安丸はこれをE・P・トムソンの概念を引用して「モラル・エコノミー」と呼んだ――と、私的所有権と経済的自由を原理とする〈近代〉を貫徹させようとする国家権力。そのあいだの懸隔に落ち込んだ人びとの困惑と怒りが、彼らを激しい復讐へと向かわせるということなのだろう。

（3）入会地紛争

先にみたように、近代の初期までは、村の土地はその所有者に完全に属しているのではなく、基本的には村全体の土地であるという土地所有の二重性が存続していた。そして、こうした共同的土地所有の考え方から、村の共有地（コモンズ）に対する弱者の優先的な利用権――「弱者生活権」――が導かれた（鳥越 一九九七）。

コモンズには、「不断は何人も我有と思って居らぬ点に、村を結合せしむる本当の力があった」

（柳田 一九二九：二一九）のだが、近代の論理によって否定されたのはこの点である。共同的土地所有の考え方が否定され、近代的所有の論理が一元的に支配するようになると、コモンズが生活保障として機能することによって支えられてきた農民の生活は困窮に陥ることになる。

コモンズをめぐって、近代的所有権と伝統的利用権とのあいだで争われた入会権紛争も、近代に抗して近世の理念と慣習に基づく生存権を維持しようとする人びとの闘いであった。

村の共有地であった土地は、明治政府の地租改正によって私有地あるいは国有地にされた。これによってその土地の利用権が否定されてしまえば、山林に入って木材や木の実などをとってきた人びとは、生産と生活のために不可欠な資源を失うことになる。長い時代にわたって「自分たちの山」で薪や木の実をとって生活してきた人びとが、以後は、その山に入って薪などをとると「盗伐」とされてしまう。長いあいだ困窮から村の生活を守ってきたモヤイが、こうして消えていった。

小繋事件は、明治の地租改正で私有地となった山林の利用権をめぐっておよそ半世紀のあいだ争われた裁判である。裁判は一九一七（大正六）年から一九五五（昭和三〇）年までの数次にわたった。この闘争が投げかけたのは、次のような問いである。

小繋の農民たちが、地主派・反地主派を問わず、すべて山に立ち入り薪をとり、木を伐っていることは事実である。山なしには小繋の生活自体が成り立たないことも明白な事実である。「ではなぜ検察官は、空疎な形式論理で、公然と存在する小繋部落の入会権を否定し去ろうとしたのだろうか」（こつなぎの会『北方の農民』No 11（一九六六年三月）［『北方の農民』復刻版刊行委員会一九九九］：四八九）。

山林の法的所有権の前に入会権を否定しようとした地主と国家に対して、山林の利用権を守ろうとした人びとが主張したのは、法的所有権がコモンズの共同利用の慣習の正当性を否定したとしても、それでも農民が生きていくための必要としての入会権は残るということであった。つまり、法理によっても破ることができない道理としての入会権が存在するということであった。

小繋村の人びとから助力を求められて訴訟を支援することになった村の有力者は、大正六年某日農民に向けて次のように語ったのだという。「山は初めからあったではないか。村のものはその山に入って、山の物をとったり、木を伐ったり、煮たり、焼いたりして暮してきた。それが当り前の暮しである。そしてこの当り前の暮しがあるかぎり、山に入る権利はだれが何といってもなくなるわけはない」（戒能 一九六四：八六―八七）。

「共有地は困った人の多く働く場所と為って居たのに、行政は心無く之に干渉して、所謂整理と分割とを断行してしまった」（柳田 一九二九：二一七）。鳥越は、柳田國男『都市と農村』のなかの一節を、「弱者生活権」の視点から改めて見直すべきものとして紹介している。――行政は「弱者生活権」の伝統を無視して共有地を整理、分割してしまった。その結果、慈善とか救助という新たな政策を出さざるを得なくなってきたのである――（鳥越 一九九七：一〇）。

戦後、小繋の人びとに対して、「入会山がなくなり、生活が苦しいというのなら、山に入らずに生活保護法に頼ったらよい」という意見も一部にはあったという（戒能 一九六四：一七八）。しかし戒能は、「この意見は生活保護を受けて暮らすより働いて食べる方がよいことだと考える勤労的農民大衆には通じなかった」という（戒能 一九六四：一七八）。国家の法的秩序の外で自生的に続けられてきた生活保障の実践と、国家による扶助とのあいだは、少なくともこの時代には、埋めがたい隔たりがあったということだろうか。果たして生活保護制度は、その後の時代において、失われた共有地（コモンズ）に替わる「制度化されたコモンズ」として機能してきただろうか。

唐突なようだが、ここでエチオピアの農村社会を研究する人類学者の言葉を引かせていただきたい。

> 「自分のものを自分の好き勝手にして何が悪い」。こうした主張を前にしたとき、それが民法の定める私的所有の原理であり、その主張には反論しにくいものがある、と考える人は多いだろう。しかし、そのような論理を「ふつうのこと」として行為している状況は、むしろ例外に近いことに、われわれはもっと思いを馳せるべきなのだ。（松村 二〇〇八：二七四）

所有をめぐる権利とは相対的なもので、「国家の法に基づく「権利」も国家権力に基づくひとつの「主張」」であり、「ローカルな場ではひとつの枠組みにすぎ」ないのだと、松村はいう（松村 二〇〇八：二五九）。

本節では、近世的所有観念から近代的所有観念への転換の上に起こった生存権の闘争をみてきたが、ここからも同じことを教えられる。共同社会を構成する人びとが何を正当であると考えるかによって、所有のあり方、そして所有をめぐる権利の意味が変わってくるのだとすると、生存権の理念的・論理的な根拠もまた相対的なものであり、人びとがどう考えるか、あるいは人びとにどう考えさせるか、によって規定されるのだといえるだろう。

負債農民騒擾と入会権紛争は、二つの所有観念のあいだ、二つの権利の枠組みのあいだのせめぎあいであった。そしてその結果、近世的な所有とそこから導かれる生存権の理念と実践は、近代的な所有によって否定されていったのであった。

5　近代への包摂

(1)「自己帰責」の時代

安丸は、負債農民騒擾の後、前近代的所有観念に基づく社会から近代的所有観念に基づく社会への転換によってつくられたのは、「自己帰責」の原則が確立していく社会であったという（安丸 一九八四：九五―九六）。それは、節倹や勤労によって生活を維持していくこと、家と個人を単位とした自己抑制的な努力が重んじられる社会であった（安丸 一九八四：九六）。

「実力行使を背景としたモラル・エコノミーの回復がもはや不可能となったのだとすれば、前途にどんな困難がまちうけているにしろ、人びとは自己帰責の原則に自分を順応させ、そのようなものへと自分を馴練してゆくほかない」（安丸 一九八四：九六）。松方デフレがもたらした苦難のなかで、人びとは、それを乗り越えるに足る主体性の確立をもとめずにはおられなかった。勤勉・倹約・和合という民衆の実践道徳は、家や村の没落の危機に迫られていやおうなく形成されたものであった（安丸 一九七四：一六―一七）。

困窮する人びとは、支配者たる治者や富者に対して生活保障を一方的に義務づける存在から、自己規律による生活の維持を自らに課する存在へと、つまり、国家・社会によって自己規律的な生を義務づけられる存在へと、その地位を変容させていった。生活のための要求や必要を持つ人びとは、救済される客体としてではなく、能動的な（能動的であるべき）主体としてまなざされるようになっていったのである。

明治初期に起こった農民負債騒擾、そして大正の米騒動は、こうした変容への契機であった。

（2）米騒動から社会事業へ

一九一八（大正七）年の米騒動は、米価の高騰によって生活難に陥った人びとが「生きんが為に」（布施辰治）蜂起した食糧暴動であった。

> 富山県の某米屋の主人は、品は俺れの物だ安く売らうと、高く売らうと俺れの勝手だ、儲けなくて売れるかと、群衆に吐鳴ったさうです。問題は実に僕は、コ、だと思ふ。現今の私有制の下に在っては、当然の言ひ分である。人は死なうが、困らうが、所有権は己れに在る。…（中略）…然し人として、社会に生れ来た以上、何人も生存の権利がある。生きる為めには、学者が何と言っても、法律に何と書いて有ろうと喰ふ権利がある。（吉川 一九一八：二一）

同時代の知識人は、米騒動を生存のための正当防衛――「極窮権」の行使（福田 一九一八）――と解釈した。政府は国民の生活が成り立つように保障する義務を負う、それが果たされないときには生存の必要のために自ら実力行使することは咎められない、というのが「極窮権」の意味である（福田 一九一八）。

米騒動は、負債農民騒擾と同様に、近世の仁政の復活を求める人びとによる近代への抵抗としての側面を持つ(5)。米騒動における抗議の対象は、民衆の窮迫を顧みない米穀商たちの「不徳」と、その「不徳」への制裁であるところの民衆暴動を取り締まる官憲であった。米騒動で蜂起した人びとのなかには、江戸期の民衆と同じ徳義や仁政の観念が生きていた（牧原 一九九四：五四―五七、一九九八：二二〇―二二五）。

しかし他方で、大正の米騒動は日本近代の救済制度が展開されていく一つの契機でもあった。「一九一八年は日本における社会事業の時代の出発を意味する」ともいわれる（池田 一九八六：五〇二）。この年に、内務省に救済事業調査会が設置され、これを画期として組織的な社会事業の推進と社会行政組織の確立が実現されていった。また、方面委員は「米騒動の申し子」といわれるように（小川 一九六〇：一八八―一九一）、大阪で方面委員制度が始まったのもこの年であった。篤志家に委嘱して地域の貧困者の調査と救済を行うこの委員制度は、その後全国に広がっていった。

この時代に社会行政を中心的に担った内務省官僚田子一民は、米騒動をきっかけとして多くの社会事業が始まったことを「皮肉」と嘆き、騒動によって訴えなければ救済が与えられないという「危険」に対して、「社会連帯主義」に基づく社会事業の必要性を説いている。

> 嘗て、忌むべき不祥事は生活難、生活不安を基礎として、少数の女達によって全国的に誘発された。所謂米騒動これである。…（中略）…騒動によって社会は脅かされなければ、官民共に冷淡に取り扱って仕舞ふのである。現在の社会的施設は騒動以後の産物であるものは中々少くない。何たる皮肉であらう。
> 社会一般はまだまだ社会連帯主義に進んで居らぬ。之を進める手段は、演説よりも、講話よりも、印刷物の配布よりも、婦人達の騒動の方が有効な様に思はしめる傾向のあるのは何たる危険なことであらうか。（田子 一九二二：四二―四三）

内務省社会局が中心となって形成していった「社会連帯主義」に基づく社会事業とは、強者が弱者に対して与えるという旧来の慈善事業の発想とは異なり、強者対弱者の二者関係の前提を捨て、社会を構成するすべての人びとが〝私たちの社会〟のために連帯するという理念に立つものであった。貧困は〝私たちの社会〟全体の問題であり、治者も富者も貧者も含めたすべての人びとが、〝自分たち自身の問題〟としての貧困問題の解決のために、相互に義務を負う。被治者である民衆が治者・富者に向けて一方的に義務づけた近世の救済とは異なって、社会事業においては困窮者も義務を――地域や家族で助け合う義務、自立のために自ら努力する義務を――負うのである。

　有馬は、米騒動の衝撃によって、知識人たちが「大衆」（消費者としての無産者）を発見したという。この「大衆」とは、人間らしく生きたいと欲求することにおいて社会を形成する主体たり得るものであり、同時に、知識人から「かくあるべし」と働きかけられる客体であった（有馬 一九九九：二七二―二七六）。「下層社会」に目を向け始めた行政官僚によって発見された「底辺の大衆」もまた、主体であると同時に客体である存在としてまなざされた。困窮する人びとは、「救済の対象」から「自立をうながすべき対象」へと変化していったのである（有馬 一九九九：二七六―二七七）。

　負債農民騒擾を経て、統治される者から統治する者に対する義務づけとしての仁政要求が根拠を持ち得た時代はすでに去っていた。そして、米騒動の後に続く時代には、騒動の衝撃を受け止めた政府によって、すべての男性国民に参政権を拡大する「普通選挙制」や、公設市場や職業紹介、方面委員制度などの防貧事業が創設されていった。これらの施策は、「法制度上の客分」を「一人前の国民」となして、国民統合の強化を図るための方策であった（牧原 一九九八：二二一―二二八）。日本近代の救貧制度もまた、こうした政策のなかの一つに他ならなかったのである（冨江 二〇〇七）。

6　「生存権」への想像力

　近世には、民衆が統治の客体であるからこそ主張し得た生存権というものがあった。〈前近代の恩恵〉ではなく、〈前近代の権利〉というものがあった。

　この近世の生存権の基盤が理念的にも制度的にも失われた近代以降の社会において、困窮する人びとの救済は、いかなる理念によって支えられ、いかなる制度のなかで行われるようになったのか。

　日本近代において救済の理念的根拠となったのは、国家・社会を担う主体としての権利義務（近代的シティズンシップ）であった。

　それは、治者に対して被治者として要求できた〈仁政〉としての生存権でもなく、また自由で自律した個人の〈基本的人権〉としての生存権でもない。国家・社会の成員として共同社会に〝所を得る〟ための権利であり義務でもある救済であった。国家・社会の成員として共同社会に参加・貢献する義務と表裏一体の生存権――いわば〈生存の義務〉――であった（冨江 二〇〇七）。

　日本近代の救貧に対して近世の歴史が教えてくれるのは、生存権と呼べるものが、国家の外に立つ「客分」の権利としても存立し得たということである。もちろんそれは、閉じた共同性の枠のなかでこそ存立し得たものであり、自由で平等な個人の存在を前提としたものではなかった。ただ、国家の内に〝所を得る〟こととほぼ同義であった日本近代の〈生存の義務〉だけが生存権の論理ではないということを銘記したいと思うのである。そこから、国家に先立つ価値を有する個人の固有の権利――〈基本的人権〉――としての生存権というものも、想像できるようになるかも知れないと思うからである。

＊　本章はJSPS科研費（二五八七〇〇八五）の助成を受けたものである。

【注】

（1）　本章は主に前近代の生存権を考察する。明治から敗戦までの時代については冨江（二〇〇七）で考察している。

(2) ここでは、「コモンズ」の概念で捉えられるもののうち、土地や山林などの共有地を主に想定しているが、広い意味でのコモンズとしては所有権も利用権も特定できない大気などのグローバル・コモンズもある（鳥越 一九九七：六）。さらに広義には、共同的な生活活動を指して、たとえば現代の公的年金や公的扶助なども「制度化されたコモンズ」として捉えることができる（渋谷 二〇一〇：一九―二〇）。

(3) 長嶋によると、困窮島の典型事例である宇々島の制度は、①村民の総意による、②互恵的輪番的な送り込みにより、③賦役の免除と、④隔絶（近接）空間とはいえ、比較的良好な農地・海草場・漁業機会に恵まれた所での経済的利用機会を与え、⑤家屋などの生活施設の村民による供与保全までして、経済的立ち直りの場と期間限定の機会を、地域内（隣接島嶼）に制度的に確保したものである（長嶋 二〇〇〇：一六）。

(4) 近世から近代への移行期においても、こうした社会意識は生きていた。明治初期に米価の高騰を背景に頻発した放火についての新聞記事には、放火を強く非難する気配が読み取れないという。それは、米価の高騰を招き、民衆の貧苦の原因を作った米商の「強欲」に対する憤りを共有する地域の人びとの「輿論」の反映であった（牧原 一九九八：二二―三三）。

(5) 米騒動は複合的で多義的なものとして捉えられる。近世の一揆の歴史的経験を踏まえた仁政要求としての側面、選挙権拡張や言論の自由などの近代の市民的権利要求としての側面、階級闘争の端緒としての側面などが指摘されてきた。その性格は地域によって多様であり、農村と都市とでは大きく異なっていた。なお、米騒動と生存権については冨江（二〇一七）で考察した。

【参考文献】


有馬学（一九九九）『〈日本の近代四〉「国際化」の中の帝国日本一九〇五～一九二四』中央公論新社。

池田敬正（一九八六）『日本社会福祉史』法律文化社。

市村弘正（一九八七）『「名づけ」の精神史』みすず書房。

稲田雅洋（一九九〇）『日本近代社会成立期の民衆運動――困民党研究序説』筑摩書房。

大塩まゆみ（二〇一二）『「陰徳の豪商」の救貧思想――江戸時代のフィランソロピー』ミネルヴァ書房。

小川政亮（一九六〇）「大正デモクラシー期の救貧体制」日本社会事業大学救貧制度研究会編『日本の救貧制度』勁草書房、一五三―二二二頁。

恩田守雄（二〇〇六）『互助社会論――ユイ、モヤイ、テツダイの民俗社会学』世界思想社。

戒能通孝（一九六四）『小繋事件――三代にわたる入会権紛争』岩波書店。

北原糸子（一九九五）『都市と貧困の社会史――江戸から東京へ』吉川弘文館。

北原糸子（二〇一三）『地震の社会史――安政大地震と民衆』吉川弘文館（本文原文は二〇〇〇年に講談社から刊行されたもの）。

北村透谷（一八九四）「慈善事業の進歩を望む」（再録：勝本清一郎編（一九五〇）『北村透谷全集　第二巻』岩波書店、三四二―三四八頁）。

渋谷望（二〇一〇）『ミドルクラスを問いなおす――格差社会の盲点』NHK出版。

田子一民（一九二二）『社会事業』帝国地方行政学会（再録：（一九九六）『戦前期社会事業基本文献集二六』日本図書センター）。

鶴巻孝雄（一九九二）『近代化と伝統的民衆世界――転換期の民衆運動とその思想』東京大学出版会。

鶴巻孝雄（二〇一四）「困民党事件と地域社会」明治維新史学会編『講座明治維新七改訂版　明治維新と地域社会』有志社、一四五―一七一頁。

冨江直子（二〇〇七）『救貧のなかの日本近代――生存の義務』ミネルヴァ書房。

冨江直子（二〇一七）「一九一八年米騒動における二つの「生存権」――モラル・エコノミーとシティズンシップ」『福祉社会学研究』一四号、九五―一一九頁。

鳥越皓之（一九九七）「コモンズの利用権を享受する者」『環境社会学研究』三号、五―一四頁。

長嶋俊介（二〇〇〇）「困窮島制度ならびに同類似制度の比較考察――宇宇島・大水無瀬島・小手島・由利島と類似制度」『島嶼研究』創刊号、一五―三四頁。

深谷克己（一九八四）「日本近世の相剋と重層」『思想』七二六号、六〇―七七頁。

福田徳三（一九一八）「暴動に対する当局の態度――極窮権の実行と認めて処置すべきのみ」『中央公論』三六一号（第三三年九月号）、九一―九四頁。

布施辰治（一九一九）『生きんが為に――米騒擾事件の弁論公開』布施辰治法律事務所（再録：民主主義科学者協会東京支部歴史部会労働運動史研究会準備会編（一九六八）『労働運動史研究』四九号、一〇二―一四七頁）。

復刻版刊行委員会編（一九九九）『北方の農民』『「北方の農民」（第一号～第一三号）復刻版――小繋事件＝入会権をめぐる山村農民の闘いの記録』『北方の農民』復刻版刊行委員会。

牧原憲夫（一九九八）『客分と国民のあいだ――近代民衆の政治意識』吉川弘文館。

牧原憲夫（一九九四）「政事と徳義――困民党の歴史的位相をめぐって」困民党研究会編『民衆運動の〈近代〉』現代企画室、三九―六六頁。

松村圭一郎（二〇〇八）『所有と分配の人類学――エチオピア農村社会の土地と富をめぐる力学』世界思想社。

安丸良夫（一九七四）『日本の近代化と民衆思想』青木書店。

安丸良夫（一九八四）「困民党の意識過程」『思想』七二六号、七八―九七頁。

柳田國男（一九二九）『都市と農村――朝日常識講座第六巻』朝日新聞社。

吉川世民（一九一八）「与謝野晶子女史の感違」『法治国』四六号、二一頁。

吉田伸之（一九九一）『近代巨大都市の社会構造』東京大学出版会。

吉田伸之（一九九八）『近世都市社会の身分構造』東京大学出版会。

第3章

貧困基準
——概念上の「絶対」と測定上の「絶対・相対」——

山田篤裕

本章では主に経済学に基づき「概念上の貧困基準」の整理を行い、それが絶対的なものである一方、「測定上の貧困基準」の定義・指標は絶対／相対的、客観／主観的、一元／多元的要素の組み合わせにより多様だが、概念上の絶対的な貧困を把握するための試みという点では同じであることを説明する。また、国際比較研究等で多用される貧困基準の導入の経緯、近年の国際比較研究が日本の貧困について何を明らかにしたかも解説する。

1 最も利用される測定上の貧困基準：ＯＥＣＤ貧困基準

（1）貧困基準はなぜ必要か

社会政策の基礎となるのが貧困の定量的把握である。その社会にどれほどの貧困が広がり、それがどれほど深刻か、それがどのように生み出されているか、根拠となるデータがあって、はじめて社会政策により対応できる。歴史的にも、一九世紀末前後にイギリスで実施された、最初期の貧困基準（Poverty Line）を使っての、C・ブースによるロンドン調査、それに触発されたB・S・ラウントリーによる数次にわたるヨーク市調査は、貧困が社会全体に広がり、その原因が個人の怠惰ではなく、子ども、子育て期、高齢期に周期的に現れることを示した。こうした発見事実や用いられた貧困基準自体、第二次大戦後の福祉国家の基礎となった、イギリスのベヴァリッジ報告における社会保障制度設計や給付水準設定に影響を与えた（一圓 二〇一四：二八二―二八四）。

貧困を把握するには、まず貧困基準を設定しなければならない。本章では、①国際比較研究等で多用される、「測定上の貧困基準」を説明し（本節）、②経済学に基づき「概念上の貧困基準」の整理を行い（第2節）、③それを「測定上の貧困基準」（定義・指標）と関連づけた上（第3節）、近年の日本の貧困について何が明らかにされ、今後何を明らかにすべきかについても触れる（第4節）。

（2）OECD貧困基準

経済協力開発機構（OECD）などの国際機関あるいは我が国の政府統計で「測定上」、最もよく用いられる基準は、「等価可処分所得の中央値の五〇％（あるいは六〇％）」と定義される「相対的（relative）貧困基準」であろう。「相対的貧困基準」という語は広範な概念を含みうるので、本章では、この貧困基準をとくに「OECD貧困基準」と呼ぶ。この基準は、OECDで利用される以前よりLuxembourg Income Study（LIS）での国際比較研究で用いられてきた。

「等価可処分所得」とは、世帯単位の可処分所得を等価尺度（equivalence scale）で割った値で個人の厚生水準の代理指標とされる。「厚生」は英語のウェルフェア（welfare）の訳語で、本書シリーズ名にある「福祉」という訳語があてられることも多い。

「可処分所得」とは、就労所得（雇用者所得、傷病手当金、経費を除いた事業所得、自家消費分を含む農耕・畜産所得と家内労働所得等）、資本所得（地代・家賃、利子・配当金、私的年金等）、私的移転（仕送り等）、企業年金、社会保障給付を足し合わせ、そこから直接税（所得税、住民税、固定資産税）と社会保険料（税）を引いたものである。一時的所得（退職一時金、生命保険の受取等）や間接税の支払いは含まない。また現物給付（保育・医療・介護等）、帰属家賃も含まない（OECD 2015）。

「等価尺度」とは世帯規模の経済性を調整するための係数である。同じ厚生水準を享受するために必要な世帯員一人（個人）あたりの所得が、世帯員数が多くなるほど少なくなる経験則（世帯規模の経済性）を係数として表している。

OECD貧困基準で用いられる等価尺度は世帯員数の〇・五乗（√世帯員数）であり、「個人の厚生水準＝等価可処分所得＝世帯可処分所得÷√世帯員数」で計算する。この等価尺度だと、一人世帯の世帯員が享受する一〇〇単位という厚生水準（等価可処分所得）を、二人世帯で各世帯員が達成するには二倍の二〇〇単位ではなく一四一単位の世帯所得（$=100\times\sqrt{2}$）、三人世帯で各世帯員が達成するには三倍の三〇〇単位ではなく一七三単位の世帯所得（$=100\times\sqrt{3}$）で済むことを意味する。

このように等価尺度により、世帯所得は個人単位の厚生水準（＝等価可処分所得）へと変換され、多人数世帯か少人数世帯かにかかわらず、各個人の厚生水準を同じ土俵で評価できるようになる。収入のない子どもの厚生水準も、この変換で評価できるようになる。

以上のOECD貧困基準の計算法から明らかなように、測定上の貧困基準の設定には2要素を勘案する必要がある。第一に個人の厚生水準の代理指標である。第二に異なる世帯類型に属する個人を同じ土俵で比較するための等価尺度である。

（3）「世帯所得の中央値の五〇％」というOECD貧困基準の起源

OECD貧困基準の起源と、日本の貧困データがOECDの国際比較研究に所収されるに至った経緯を簡単に振り返る。

「世帯所得の中央値の五〇％」という貧困基準はV・R・フュックスにより最初に提案された（Förster 1994：9）。フュックスは実質所得三〇〇〇$未満のアメリカ人の割合が経済成長で年々減少していることを指摘し、この新しい基準の採用により三つの利点があると主張した。第一に「最低限（minimum）」や「必要最低限（subsistence）」

といった生活費に基づく基準はすぐ時代遅れになると明確に認識していること、第二に貧困問題の背景にある、根本要因（所得分配政策の在り方）に焦点があたること、第三に貧困対策の効果測定に、より現実的な根拠を提供する（貧困基準設定の際の政治的操作も回避できる）こと、である（Fuchs 1967：87, 93）。この基準は、貧困は相対的剥奪（第3節で後述）の一種だから、標準的な社会生活の指標にリンクさせるべき、との考え方にも沿っていた（Hagenaars 1986：25）。

「中央値の五〇％」という数値自体に特段の根拠はない。フュックスは中央値の四〇％、六〇％やそれ以外の設定もありえ、その選択自体、国民の価値判断として認識されるべきものであり、公開された政治過程の中で決定されるものとしていた（Fuchs 1967：93）。

「中央値」と「平均値」のどちらを基準に採用すべきか、という議論は当時から存在した。所得の中央値とは、所得を低い人から並べ、真ん中となった人の所得の値である。一般に所得分布は左右対称でなく、右裾を引く形状となる。経済学の理論でも各種能力が「正規分布」に従うなら、ある仮定の下で所得は「対数正規分布」に従う（Roy 1951）ことが示されている。そのため、対数変換していない所得の平均値は一般に中央値より高くなる。

P・タウンゼンドは平均値と中央値の間に存在する人々の割合が著しく異なっても、中央値を採用すると貧困率がすべて同じ値になる可能性があり、平均値の方が適切と主張した（Townsend 1979）。一方、貧困研究の焦点は所得分布の低い方にあるので中央値の方がより適切だと反論する研究者たちもいた（Hagenaars 1986：26）。

二〇〇〇年代にも、平均値の方が貧困率を高く計測する（実際、EUで貧困線を定める際、同理由でイギリス政府は中央値の採用を支持した：Spicker 2007：49）、中央値の方が貧困削減のための費用を低く見積もる、など同種の議論（Saunders and Smeeding 2002a：Easton 2002：de Mesnard 2007）は繰り返されている。しかし貧困基準の設定にあたっては、低所得層の生活実態や社会的判断を反映すべき（Saunders and Smeeding 2002b）という点では一致し、またフュックスのそもそもの提案とも一致する。

（4）OECD「貧困」基準となった経緯

OECD貧困基準が「貧困」という名称になるまで二度の変更があった。人々の福祉（well-being）の指標の一つとして、同基準を提案したOECD（1982）では「物質的剥奪（material deprivation）」と称していた（OECD 1982：37）。

Förster（1994）では、相対的「貧困」基準の一つという位置づけではあったが、「低所得（low income）」と称していた（Förster 1994：8）。同じくAtkinson et al.（1995：23）でも「低所得」と称していた。

OECD貧困基準が「貧困」という名称となり、かつそれに焦点を当て分析したのはBurniaux et al.（1998）が初めてとされる（Burniaux et al. 1998：8）。この分析はOxley et al.（1999）としてOECDの定期刊行物にも掲載され、以降OECD「貧困」基準という名称に落ち着く。

（5）OECDでの国際比較研究における日本の貧困データ収載の経緯

OECDの所得分配に関する最初の報告書、Sawyer（1976）では、他国同様、日本データは公表統計（統計局「家計調査」と「貯蓄動向調査」）に依拠していた。比較対象国中、日本は格差の小さい方から三分の一に位置し、第一所得五分位（所得の低い方の人口二〇％）の所得額合計が全人口の総所得に占めるシェア（貧困指標の一つとされた）は最も大きく（Sawyer 1976：15－19）、かつての「所得分配が平等な日本」というイメージはここから生じたと考えられる（橘木 一九九八：七八）。しかし、この日本データは農林漁業世帯を除く二人以上世帯が調査対象（Sawyer 1976：31）で日本人口全体を代表しておらず、その他の国の比較可能性に関しても多くの疑問が投げかけられた（Atkinson et al. 1995：59－60）。そのためOECDでの所得分配研究は二〇年近くも間が空くこととなった（OECD 2012：4）。

その後、Förster（1994）やAtkinson et al.（1995）は、LISにより国際比較可能なよう調整された各国の個票データで分析したが、当時LISに日本はデータ提供しておらず、これらの研究に日本はまだ含められていない。

OECDの国際比較研究に日本が含められるのは第一期OECD所得分配プロジェクトからである。このプロジェクトではOECD事務局が示した様式に従い、各国政府・研究機関等が個票データを自前で再集計・提出する方式に変更され、LISデータを用いないこととなった。日本データには総務省「全国消費実態調査」（以下、全消）が用いられ、旧経済企画庁経済研究所が再集計した（Burniaux et al. 1998：6；経済企画庁経済研究所編一九九八）。

第二期OECD所得分配プロジェクト（Förster 2000）では、全消が五年の調査間隔であるため更新できず、日本政府はデータを提出できなかった。そして第三期OECD所得分配プロジェクト（Förster and Mira d'Ercole 2005）では国立社会保障・人口問題研究所を中心とする研究チームが厚生省（当時）「国民生活基礎調査」（以下、国生）を再集計・提出した。これ以降、大規模調査年（三年間隔）の国生が日本データとなる。この国生の再集計データは一部OECD（2001a：24－27）で先行使用され、OECD貧困基準による日本の年齢階級別貧困率（ただし名称は低所得率）は、ここで初めて公表された。

なお全消に基づく相対的貧困率も、総務省統計局から引き続き公表されている。相対的貧困率や格差指標の数値は国生より全消で低いが、その理由は大沢（二〇一三：三六―三九）、政府見解として内閣府他（二〇一五）、また本書第5章（渡辺・四方論文）に詳しい。

（6）世帯員の〇・五乗という等価尺度が導入された経緯

等価尺度にも変遷がある。まずOECD（1982）では、国内で使用している等価尺度がない国に対し、一人目の大人に一・〇、二人目以降の大人に〇・七、子どもに〇・五という数値を割り当て、それを足し合わせ等価尺度とすることを提案した。この尺度は「オックスフォード尺度（Oxford scale）」と呼ばれ、現行のOECD尺度と区別するため、「旧OECD尺度」と称される（OECD 2011）。

Hagenaars et al.（1994）で提案され、一九九〇年代終盤に欧州連合統計局（Eurostat）で採用されたのが「修正OECD尺度」である（OECD 2011）。この尺度では、世帯主に一・〇、大人が一人追加されるごとに〇・五、子どもが一人追加されるごとに〇・三を加えた値を等価尺度とする。この尺度は、OECDの語が含まれるが、OECDで使用されたことはない。

世帯員数の〇・五乗を等価尺度としてOECDが採用したのは、Atkinson et al.（1995）が恐らく最初である。Atkinson et al.（1995）は、Buhmann et al.（1988）の研究を拡張し、等価尺度に関する五四もの研究結果を四分類し比較検討した。その結果、多くの等価尺度は世帯員数の〇・四〇乗～〇・五九乗の範囲にある（つまり平均すると世帯員数の〇・五乗となる）ことから、〇・五乗が採用された（Atkinson et al. 1995：18－21）。

（7）OECD所得分配プロジェクトにおける貧困率の国際比較の意味

当初OECDは各国データの比較可能性の問題（データの質に関する近年の議論はOECD（2012）に詳しい）を勘案し、数値に基づく「各国の順位づけ」ではなく、「各国のトレンド比較」に分析の焦点があると明記していた（Burniaux et al. 1998：6, 1段落目）。これはフランス政府自ら、OECD報告書で比較対象国間で最悪とされた（Sawyer 1976）自国の所得格差に関しOECDに反論した（Atkinson et al. 1995：23：橘木 一九九八：七七―七八）ように、また一九九〇年代終盤以降、日本の国会でも格差・貧困問題が繰り返し取り上げられているように、分析結果が各国内で政治問題を引き起こしかねないことを踏まえたOECD側の配慮とも推測できる。

しかし二〇〇〇年代に入りOECDは相対的貧困率や所得格差指標（ジニ係数）の数値の大きさ順に各国を並べて図示する（たとえばOECD 2001b：62－65）ようになり、結果的に指標の各国順位が注目されはじめる。OECDによる図の示し方の変化、そして何よりも日本の貧困率のデータ（とりわけ年齢階級別・世帯類型別データ）が含まれ、その数値自体高かったため、一〇年かけ、ようやく日本の貧困問題は広く認識（岩田他 二〇一〇）されるに至る。

概念上の貧困基準

（1）貧困基準と効用

本節では貧困基準に関する「概念」を、経済学に基づき整理する。経済学の基本モデルでは、個人の厚生水準すなわち効用は、その個人が消費している財・サービス量により決まる。そして、その個人が消費する財・サービス量は、財・サービス価格、個人の属性（どのような財・サービスを選好するのか）および予算制約（所得）で決まる。

M・ラヴァリオンが提案した最も基本的な貧困基準は「個人の属性 x_i、財・サービス価格 p_i を所与とし、貧困脱出のため必要と判断される効用水準 u_z の達成に最低限必要な財・サービス量 q を賄うための支出 $\equiv m_i^u = p_i \times q\ (p_i,\ x_i,\ u_z)$」である（Ravallion 1998, 2012a）。財・サービス価格が変化すれば、貧困脱出に必要と判断される効用水準達成のため、個人は財・サービスの消費構成を組み替えたり、消費量を変えたりするため、この費用も変動することになる。しかし、貧困脱出に必要と判断される効用水準（参照効用水準）自体は一定で変わっていないという意味で、概念的に「絶対的（absolute）な基準」といえる。

さらに、自身の財・サービスの消費量だけでなく、相対的要素が、個人の効用に影響を与える場合を考えよう。たとえば個人の消費支出額が、その社会の平均消費支出額（相対的要素）と比べ高いほど、その個人の効用も高まるとしよう。この場合、その社会の平均消費支出額が増大すれば、貧困脱出に必要と判断される効用水準達成に最低限必要な財・サービスの支出額も増大する。この場合、財・サービスの消費支出額（あるいは消費量）に着目すれば、それは「相対的（relative）な基準」といえるが、参照効用水準は常に一定という意味では、やはり概念的に「絶対的な基準」である（Ravallion 2012a：79）。

（2）絶対的基準としての効用

測定上、貧困の基準を財・サービスの消費量や支出額に置いたとしても、参照効用水準という概念上の貧困基準は「絶対的」なものであるという点は重要である。

たとえば、公的医療制度を通じて傷病のため医療サービスを消費している個人Aと、健康であるため医療サービスをまったく消費しない個人Bを比較しよう。医療サービス以外の財・サービス消費量が個人AとBでまったく同じなら、医療サービス消費分だけ、個人Aの消費支出額は高くなる。この場合、個人Aの効用の方が高い、といえるだろうか。

直観的に明らかなように、個人Aは傷病により効用が低下しているはずなので、医療サービスの消費分だけ支出額が高くとも、個人Aの効用の方がより高いとは必ずしもいえない。したがって、財・サービスの消費量や消費支出額ではなく、参照効用水準という、概念上の絶対的基準で貧困を考える必要がある。

もちろん、以上の議論は、個人間の効用の比較可能性（各個人間の効用の高低を温度のように計測可能であること）を前提にしている点に注意したい。実際、個人間の効用の比較可能性に関し、多くの議論がある。とはいえ、たとえばB・S・フライによる文献サーベイでは、個人間の効用の比較可能性は実証研究ではさほど問題にならないとの評価を引用し、結論としている（Frey 2008：Chap. 2）。

（3）効用と限界効用

それでは効用水準そのものと、一単位あたりの消費増分による効用の増分、すなわち「限界効用」のどちらを貧困基準とすべきであろうか。人々の効用の総和を最大化することが社会にとって最も望ましいとする考え方（功利主義）の下では、財・サービスの消費量は、各人の限界効用を基準として、それらが等しくなるよう再分配することが最適な政策となる。その理由は、一単位の財・サービスを、限界効用が低い人から高い人に再分配した方が、人々の効用の総和はより大きくなるからである。そのため功利主義に基づく再分配政策では人々の限界効用に注目する。

しかし限界効用を基準に、再分配政策（たとえば貧困対策）を考えると問題が生じる可能性がある。そのことを説明するため、傷病により、効用関数（財・サービスの消費量qが増えるとどれほど効用Uが増えるか表した関数）がシフトする例で考えよう。図3-1はパネルA・Bのどちらも傷病があると、効用関数（グラフの曲線）が下にシフトし、同じ財・サービスの消費量でも得られる効用が小さくなる状況を表している。

しかし、財・サービスの消費量が少ない時に傷病になった場合と、多い時に傷病になった場合と

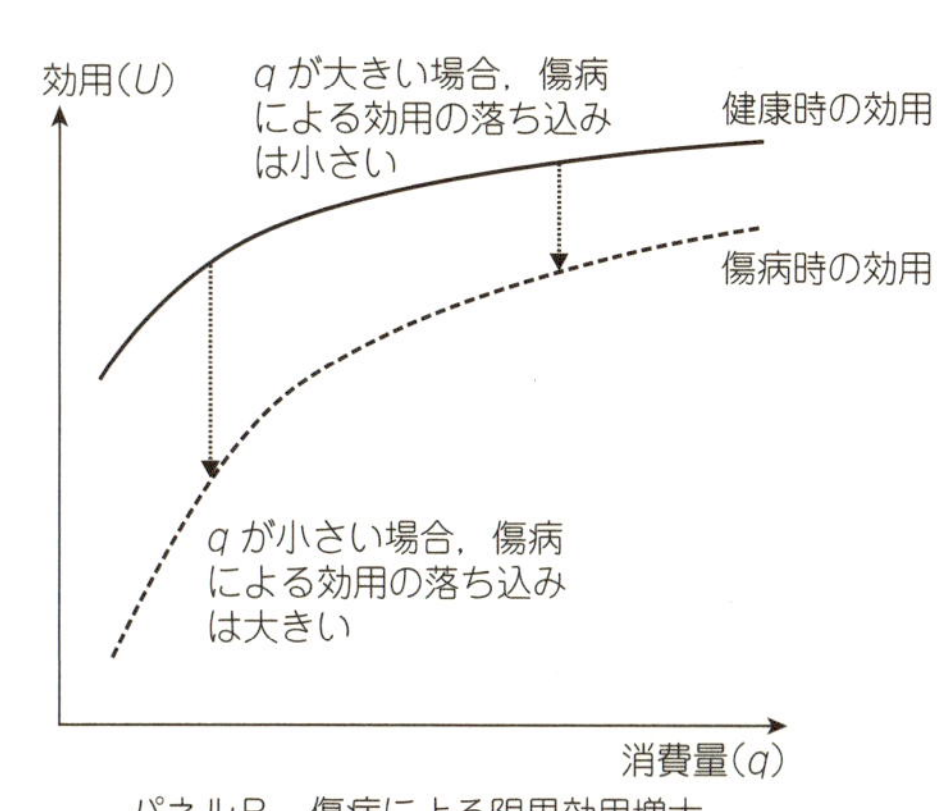

図3-1　個人の状態によって変化する効用関数

出所：Finkelstein et al.（2013：223）.

を比較した場合、効用の落ち込み幅は左右のパネル間で異なる。パネルAでは、財・サービスの消費量が少ない場合と比較し、多い場合の方が傷病時の効用の落ち込みは大きい。このことは、一単位あたりの消費増分による効用の増分（限界効用）が、傷病のため小さくなったことを意味する。逆にパネルBでは、財・サービスの消費量が少ない場合と比較し、多い場合の方が傷病時の効用の落ち込みは小さい。このことは、一単位あたりの消費増分による効用の増分（限界効用）は、傷病により大きくなったことを意味する。

功利主義に基づく再分配政策を実施する場合、傷病でない場合と比較し、パネルAの個人には、傷病時に、より少ない財・サービスの消費量を、パネルBの個人には、傷病時に、より多くの財・サービスの消費量が可能となるよう再分配することが最適な政策となる。

つまり功利主義に基づく再分配政策の問題はパネルAのような場合に生じる。人々の効用の総和を最大化するため、傷病により効用が下がっている個人の財・サービスの消費量を減らしても（その結果、たとえ貧困とされる効用水準を割り込んでも）、限界効用が等しくなるまで傷病者から健康な人へと再分配することは望ましい、との結論に陥るからである。結局、概念上の貧困基準には、限界効用ではなく参照効用水準（すなわち絶対的基準）を用いることが妥当ということになる。

なお実証研究では、傷病により限界効用が増えるか減るかは、障害と慢性疾患では異なる結果が出ている（Viscusi and Evans 1990 : Finkelstein et al. 2013 : Tengstam 2014）。

（4）効用と潜在能力

ただし効用を人々の福祉あるいは貧困の判断基準とすること自体、A・センによる有名な批判がある。センは福祉（well-being: welfare の語と同様「福祉」とも訳される）の計測は「結局のところひとの存在と生活の質の評価である他はない」（Sen 1985, 鈴村訳 一九八八：三）として「福祉を、ひとが享受する財貨（すなわち富裕）とも、快楽ないし欲望充足（すなわち効用）とも区別された意味において、ひとの存在のよさの指標と考えよう」（Sen 1985, 鈴村訳 一九八八：一二）と試みる「潜在能力（capability）」アプローチを提案している。

この「潜在能力」は日常会話で使用される言葉とは意味が異なるので注意が必要である。センは、ひとの存在と生活が、何かであること（being）と何かを行うこと（doing）で構成される相互連関する複数の「機能」の集合から成るとした。機能の達成は多様で、基本的なもの（適切な栄養状態にある、健康である等）から複雑なもの（幸せである、自尊心をもっている、社会に参加している等）までである。そして、その人が達成可能な機能（＝その人が何かであることと何かを行うこと）のさまざまな組み合わせが潜在能力を表し、さらにその潜在能力の集合が、複数の可能性のある生き方から、ひとが選択できる自由を表す（Sen 1992, 池本他訳 一九九九：五九―六〇）とした。

センは「効用」について、①喜び、幸せ、欲望といった心理状態や②欲望の充足、という解釈があると述べた上、どちらの解釈の効用も機能や潜在能力の評価を行うには問題があるとする。①の「幸せであること」は重要な機能の一つだが、それが人生を送るためのすべて（唯一の価値ある機能）とはいえず、それ以外の機能を無視している点を批判している。②も、個人の力では変えられない困窮下では、ひとは自分の欲望を達成可能な水準まで切り下げ、その欲望充足に限定してしまう可能性があるため、困窮にある人々の潜在能力を過小評価してしまう点を批判している（Sen 1992, 池本他訳 一九九九：七五―七八）。

（５）潜在能力と貧困基準

センは「貧困」に関連深い機能の例として「十分に栄養を取っている」「医療や住居が満たされている」「予防可能な病気にかからない」「コミュニティーの一員として社会生活に参加する」「恥をかかずに人前に出ることができる」を挙げている（Sen 1992, 池本他訳 一九九九：一七二）。

センは「所得で測った相対的な貧困は、潜在能力における絶対的な貧困をもたらす」可能性を指摘する。「豊かな国において、同じ社会的機能（たとえば、人前に恥をかかずにでられること）を実現するために十分な財を購入するには、より多くの所得を必要とするかもしれない」からである（Sen 1992, 池本他訳 一九九九：一七九）。言い換えれば、貧困に関連深い機能を実現する財・サービス量や所得は、時代・社会によって異なるという点において「相対的」とはいえ、機能が満たされているかどうかという点においては、時代・社会に関係なく「絶対的」な基準である。

ラヴァリオンは、「潜在能力」の概念を貧困基準に組み込むため、さらに以下のような定式化を提案した。まず、f_zを「貧困脱出に決定的に重要な機能」とし、効用を生じさせる機能すべてを含むものと仮定する（効用を生じさせない機能は無視する）。f_zを達成可能とする財・サービスの束（bundle）q_i^cが少なくとも一つ存在するなら、潜在能力と整合的な貧困基準は一意に決まり、$z_i^c = p_i \cdot q_i^c$となる。またq_i^cが複数存在する場合には、消費支出額が最小となるものを選択するか、q_i^cを確率変数として扱い、その平均値を求めることで貧困基準を一意に決められる（Ravallion 2012a：80－81）とした。

3　測定上の貧困基準と貧困尺度

（１）概念上の貧困基準と測定上の貧困基準

議論はあった（Townsend 1993：113－138）にせよ、R・リスターが整理するように貧困基準の概念に「絶対的」な中核があるという見解（Lister 2004：27－33）は今日広く支持されているものと考えられる。ただし、リスターが整理した関係（Lister 2004：3－8）を敷衍すれば、そうした絶対的な貧困基準の概念（前節でみたように経済学では参照効用水準、機能や潜在能力）が存在しても、その概念を実際の貧困計測に運用可能なように、(a)貧困を識別するための定義（測定上の定義）として一般的な言葉で表し、それを(b)測定可能な基準（測定上の指標）に落とし込む作業が必要となる。こうした測定上の定義や指標は①絶対的・相対的、②客観的・主観的、③一元的・多元的要素の組み合わせという意味では必ずしも「絶対的でない」点に注意したい。

本章冒頭で言及したブースの調査でいえば、測定上の定義は「見苦しくない自立的生活（decent independent life）」と「人間としての普通の運命（the common lot of humanity）」（阿部實 一九九〇：一一七―一二八）となろう。そしてブースが貧困率の推定に使用した八つの社会階級（高額稼得者、中産階級上・下、規則的標準稼得者、臨時日雇労働者等、臨時的稼得者、不規則的稼得者、規則的小額稼得者等）が測定上の指標といえる。

ラウントリーの調査（Rowntree 1901：86－118）では「総収入をもってしても家族の単なる肉体的能力を維持するために必要な最小限の必需品を得ることができない生活」を第一次（primary）貧困、「総収入が、有用であろうと浪費であろうと、他の支出に費やされない限り、家族の単なる肉体的能力を維持できる生活」を第二次（secondary）貧困としているが、これらが測定上の定義といえる。そして測定上の指標が、必要栄養量を満たす理論的食費（囚人への実験データに基づく）、平均家賃、被服や雑貨費、光熱費の積算額にあたる。

（2）客観的・一元的指標：絶対的貧困基準と相対的貧困基準

①絶対的、②客観的、③一元的な測定上の指標として「絶対的貧困基準」が挙げられる。具体的には「健康的な日常生活に必要な摂取カロリー（あるいはそれを満たす消費支出額）」である（WHO 1985：FAO/WHO/UNU 2001）。これは「必要摂取カロリーを満たす」という特定の「機能」達成のみに着目した測定上の定義である（Ravallion 2012a：82）。発展途上国の貧困測定だけでなく、先進国アメリカでもオーシャンスキー貧困閾値（Orshansky Poverty Threshold）として社会保障庁で使用されている（Fisher 1992）。

この指標は「絶対的」という言葉とは裏腹に、平均消費額の上昇に伴う人々の嗜好の変化（たとえば同じ栄養量でも芋から穀類、肉・魚などの多い食事への変化）により発展途上国でも上昇することが明らかになっている（Ravallion 2012a：76－77）。つまり実際には経済成長に伴い変動する「相対的」な指標といえる。

①相対的、②客観的、③一元的な指標の例として、第1節で説明したOECD貧困基準が挙げられる。相対的指標は、個人の厚生は、その個人が属する社会（あるいは特定の準拠集団）の一般的な厚生水準（一元的基準では所得・消費の平均値や中央値、後述する多元的基準では標準的な生活様式）を参照し決まる、との仮定に基づく。

ただし先述したように、「相対的」貧困であっても、たとえばそのために社会参加が難しければ、その人は基本的な「機能」が欠如していることになり、「絶対的」貧困に陥っていることになる（Sen 1992，池本他訳 一九九九：一七九）。先進国においても測定上の「相対的」貧困が「絶対的」貧困を意味する可能性があることには注意が必要である。

なお名称的に混乱しやすいものとしてOECDで「絶対的」貧困と呼ばれる指標がある。これはある年のOECD相対的貧困基準を物価に合わせ伸ばしたもの（Förster and Pellizzari 2000：73）であり、経済成長による所得上昇分は考慮しない相対的貧困基準とも解釈できる。ただし近年では基準年固定型貧困（anchored poverty）という名称が用いられている（OECD 2013a：6）。

（3）相対的・客観的・多元的指標：相対的剝奪、社会的排除、多元的貧困指数

「相対的剝奪」、「社会的排除」、「多元的貧困指数」は、すべて①相対的、②客観的、③多元的指標である。いずれも、一元的あるいは絶対的な測定上の基準では現代の貧困を捉え切れない、という問題意識から考案された。

その社会における個人の相対的な窮乏状態を「相対的剝奪（relative deprivation）」と呼ぶ。貧困研究の文脈では「deprivation」を「剝奪」と訳すことが多いが、「欠乏」や「欠如」も意味する。相対的剝奪は、アメリカ軍兵士の研究（Stouffer et al. 1949）で最初に見いだされ、R・マートンやW・ランシマンがそれを理論的に整理し（Merton 1957：Runciman 1966）、より一般的な文脈で用いられるようになった（Townsend 1974，高山訳一九七七：三二：Hagenaars 1986：25：高坂 二〇〇九、二〇一三）。

タウンゼンドは「相対的剝奪」に基づく貧困の測定を推奨した（Townsend 1962）。「相対的剝奪」の測定上の定義は、彼の作業仮説（Townsend 1974：35）に基づけば「一定以上の『資源（resource）』の減少により全国的な『生活様式（style of living）』への参加が難しくなる（とくに資源が一定水準以下になると急速に参加が難しくなる）状況」となる。「資源」には、金銭的所得以外に、住宅、資産、企業内福利厚生・公的社会サービスによる現物給付と私的な現物所得（自家生産物、贈答品、

個人的な支援）が含まれる（Townsend 1974: 32)。

測定上の指標は「過去一二か月間に自宅を離れて一週間の休暇を過ごさなかった」「過去四週間に食事・軽食のため親類や友人を自宅に招かなかった」「一週間のうち四日間、新鮮な肉を（外食を含めて）食べなかった」「冷蔵庫がない」など一二項目に該当する人々の割合である（Townsend 1974 : 35－36)。測定結果からタウンゼンドは相対的剥奪の該当項目数が急激に増大する所得水準の閾値の存在を発見した（Townsend 1979 : 260－261）としている。

タウンゼンドの「相対的剥奪」指標は、就労、環境、公的サービスの剥奪が入っておらず限定的との批判以外に、「選択」（たとえば友人を招かなかった）と「制約（選択機会の欠如）」（友人を招けなかった）とが区別されていないとの批判（Piachaud 1981 : 421）を受けた。以降の調査（Mack and Lansley 1985 : Gordon and Patazis 1997 等）は、こうした批判に対応していく。ただし「相対的剥奪」を「選択機会の欠如」に限定すると「潜在能力の欠如」と極めて類似してくるとの指摘もある（Hick 2012 : 301)。

欧州連合統計局では、「社会的排除」は「貧困が理由となり、あるいは基礎的能力と生涯にわたる教育機会の欠如により、あるいは差別の結果として、人々が社会の周縁に追いやられ、十分に参加できなくなる一連の過程」と定義される（Eurostat 2015 : 138)。

現行の「貧困または社会的排除となる恐れがある人々（People at risk of poverty or social exclusion）」を測定するための指標は、①金銭的貧困（中位等価所得の六〇％未満で定義される貧困率）、②物質的剥奪（相対的剥奪の測定指標に類似する九指標の中、四指標を満たせない人々の割合）、③低就労密度（low work intensity：学生を除く一八―五九歳の世帯員の就労可能月数の中、実際の就労可能月数が二〇％未満である世帯に属する〇―五九歳の世帯員割合）の三つから成る（European Commission 2012 : 100－107)。

ただし「社会的排除」も「潜在能力の一部を欠いた状態および潜在能力を欠く要因」と概念的に整理可能（Sen 2000 : 4－5）であり、既存の概念以上の何かを理論的・実証的に明らかにしたかという点で議論の余地がある（Lister 2004 : 51－73 : Hick 2012 : 297－300)。

センも関わった国連開発計画『人間開発報告』の「多元的貧困指数」は、「潜在能力」に基づく（Anand and Sen 1997)。定義は「人間開発（それは長寿、健康的・創造的な人生に導き、そして適正な生活水準、自由、尊厳、自尊、他者の尊敬を享受させる）に対する最も基本的な機会と選択が否定されていること」である（UNDP 1997 : 15)。現行の測定のための指標は、①健康（低栄養状態と乳幼児死亡率の二指標）、②教育（教育年数と就学率の二指標）、③生活水準（電気・飲料水・調理用燃料等へのアクセスと耐久消費財保有状況の六指標）の計三次元、一〇指標から成る（Alkire and Santos 2010 : UNDP 2015 : 8－10)。

（4）主観的指標：主観的厚生、主観的所得最低限

多元的指標を用いる測定には二つの問題がある。第一は、何を指標として選択するかである。たとえば、専門家が指標を選択した場合、一般の人々が重要と考える指標と乖離する可能性がある。つまり指標選択を専門家に委ねるという意味で「民主的アプローチ」でない（Lister 2004 : 45)。この問題への対応として、何が必需項目であるか自体を一般の人々に調査する方法（Mack and Lansley 1985 : Gordon and Pantazis 1997 : 阿部彩 二〇〇七）や必要最低限度の生活の定義自体から一般市民が参画して決める方法（Veit-Wilson 1994 : ラフバラ

大学社会政策研究センター、www.lboro.ac.uk/research/crsp/mis/、二〇一六年一月一九日最終確認：岩永・岩田 二〇一二）などがある。

第二はウェイト（重みづけ）である。現実社会での貧困の現れ方を、より多くの次元・指標で幅広く捉えようとするほど、各指標の数値を羅列しただけの結果からは解釈が難しくなる。そのため複数の指標を一つの数値にまとめるためのウェイトが必要となる。しかし各指標の重要度や指標間の相関は異なり、どうウェイトに反映させるかが問題となる（Aaberge and Brandolini 2015）。

「相対的剥奪」のもともとの意味は、個人が相対的に剥奪されている「状態（conditions）」ではなく、相対的に剥奪されているという「感情（feelings）」であった（Townsend 1974：25）。であれば、一般の人々の相対的に剥奪されているとの感情（主観）を測定上の定義として、指標を定めるのは「相対的剥奪」のもともとの意味に適う方法といえる。また一般市民の主観という一次元の指標に集約されるため、上記二つの問題も回避できる。

主に二種類の指標が用いられている（Ravallion 2012b：7）。一つは厚生水準の質的区分によるもので、「最も貧しい人々が最も低い一番目の段階、富裕な人々が最も高い六番目の段階とすると、あなたはどの段階にいるか」という主観的な経済的地位の指標や、「全般にあなたは自分の生活にどれほど満足しているか（「非常に不満」から「非常に満足」までの五段階）」という主観的な生活満足度指標である。もう一つは主観的厚生の金銭的換算によるもので「あなたが考える絶対的に最低限度の所得水準はどのようなものか。その水準未満ではあなたが生活をやりくりできないものとする」といった指標で計測される。

こうした主観的貧困指標と他の測定指標との間の相関は興味深い問題であるが、研究蓄積は少ない（Ravallion 2012a：94）。また第2節で紹介したセンの批判、すなわち個人の力では変えられない困窮下で、人々は自分の欲望を達成可能な水準まで切り下げ、その欲望の充足に限定してしまう可能性にどう対処するのか、という問題は残る。

（5）所得と消費のどちらを指標に用いるべきか

貧困を識別する測定上の指標として、消費と所得のどちらを使用すべきか、という議論がある。一般に経済学では、財・サービスの消費量が効用水準を決め、また消費支出額は長期的な所得水準に基づき決まる（恒常所得仮説）と想定されているため、所得より消費の方が望ましい指標とされる。しかし、その前提となる仮定（恒常所得仮説や将来所得を担保に十分な借金が可能等）が現実には成立していないので、所得ではなく消費を使うべき先験的理由はないという主張（Moreill, Smeeding and Thompson 2015：596－597）もある。

さらに消費に基づく場合、実現した消費が効用最大化の結果なのかどうか（たとえば食費が極端に少ない場合、断食という「選択の結果」なのか、飢餓という「制約の結果」なのか）分からないことも問題点として指摘される（Ravallion 2012a）。

加えてより現実的問題として、消費より所得データの方が入手しやすいという統計的制約もある。そもそもOECDで所得データが採用された理由は、各国・各時点とも入手容易なデータだったからである（Atkinson et al. 1995：13－16）。

（6）等価尺度の選択と貧困率

以上のようにして測定上の定義・指標を設定しても、異なる世帯類型の貧困を同一基準で比較するために、多くの指標で世帯規模の調整係数、「等価尺度」が必要となる。

等価尺度を定める実証的方法は二つある。異なる世帯類型における①消費支出に基づく方法と②主観的厚生水準（前項参照）に基づく方法である。各方法で行われた数々の先行研究の中央値をとると、①は世帯員数の〇・五七乗、②は世帯員数の〇・二五乗（Atkinson et al. 1995：21）となる。つまり②主観的厚生水準に基づく方法は相対的に、世帯規模の経済性を大きく評価してしまい、世帯員数が多くても追加的に必要な所得を小さく見積もる。

等価尺度となる「世帯員数の乗数」に大きな値を採用するほど、貧困者に占める多人数世帯（子どものいる世帯等）の割合は大きく、少人数世帯（高齢単身や夫婦世帯等）の割合は小さくなる（Buhmann et al. 1988）。また横軸に乗数（0, 0.33, 0.55, 0.73, 1）をとり、縦軸に貧困率をとるとU字型の折れ線を描き、多くの国では〇・七三乗で貧困率は最小値を取る（Förster 1994：14）。ただし両研究とも、先進国間で世帯構造は似ており、乗数の選択により貧困率の順位や貧困者の人口構成は大きく変わらないとも指摘する。

また多くの等価尺度では各世帯内で世帯員間に資源が平等に分配されていることが暗黙の仮定となっている。貧困の世代間連鎖防止の観点からは、子どもへの実際の資源（金銭的所得のみならず親がどのように子どもをケアしているか等も含む）の配分が重要である。しかし、世帯内での資源配分決定に関する理論モデルはあるが、実際の世帯内での子どもへの資源配分に関する知見はまだ乏しい（Chiappori and Meghir 2015）とされる。

（7）望ましい貧困尺度

等価尺度が決まり、異なる世帯類型に同一の貧困基準が設定されても、まだ貧困を測定できない。測定には貧困基準に基づく何らかの貧困尺度（poverty measure）が必要になるからだ。よく用いられている貧困尺度は、人口に占める貧困基準未満の人々の割合（Head-count ratio）、すなわち「貧困率」である。

しかしセンは貧困尺度が満たすべき公理（axiom）を設定し、「貧困率」の問題を指摘する。センはまず「他の条件を一定とすれば、貧困基準未満の、ある個人の所得低下は、かならず貧困尺度の値を増加させなければならない」という単調性（Monotonicity）公理および「他の条件を一定とすれば、貧困基準未満である個人から、その人より所得の高い誰かへの純粋な所得移転は、かならず貧困尺度の値を増加させなければならない」という移転（transfer）公理を設定した。そして「貧困率」はいずれの公理も満たせないと指摘した（Sen 1976：219－220）。

また「貧困の深さ」を表す尺度として、貧困線からの貧困者の所得の乖離幅の合計額（＝貧困撲滅に必要な所得の合計額）を全人口で平均した「貧困ギャップ（Poverty Gap）」がある。センはこの尺度も単調性公理は満たすが、移転公理は満たせないと指摘した（Sen 1976：220）。

言い換えると、貧困基準未満の人々の数は変わらないが、貧困基準未満の人々だけ所得がさらに低くなる、あるいは貧困線よりかなり低い極貧層から貧困線近くの貧困層への所得移転が起こるなど、貧困状況が明らかに悪化した状況を、「貧困率」や「貧困ギャップ」という尺度では捉えきれない（指数値が変化しない）点を、センは批判したのである。

センはその上で、貧困基準未満の人々の所得分配に感応的な、より厳しい公理体系を満たす貧困尺度「セン指数（Sen Index）」を提案した（Sen 1976：223）。セン指数は、貧困率、貧困ギャップと貧困者のジニ係数（所得格差指標の一つで完全平等で〇、完全不平等で一をとる）を組み合せた尺度である。

P・ラムバートは、このセンの論文を「パンドラの箱を開けた」と評した。触発された研究者達により二〇を超える貧困尺度が提案されるに至ったからである。その後、貧困尺度に関する理論研究の焦点は、「中核的な公理体系を満たす貧困尺度の中、ある所得分配が別の所得分配より貧困が少ないといえる条件とは何か」に移っていった（Lambert 2001：133）。

移転公理は、貧困基準未満の人々の間の所得分配の状況変化に貧困尺度が感応的であることを要求するので格差指標と関係が深い。この点に関し、S・イツハキは、格差指標の分解により貧困尺度が導出可能なこと、すなわち貧困基準は重要であるにせよ、貧困尺度自体は格差指標の一部であり、重複することを示した（Yitzhaki 2002）。

なお貧困尺度に関する複数の公理とそれらを満たす貧困尺度の解説およびその推計結果がまとめられた邦文文献として橘木・浦川（二〇〇六）三章が参考になる。

貧困測定で明らかにされたこと・明らかにすべきこと

（1）相対的な測定上の貧困指標で明らかにされたこと

本章では概念上・測定上の貧困基準を説明することを通じて、頻用されるOECD貧困基準（相対的な測定上の指標）で分析を行う場合に、いくつかの注意点があることを示した。しかしOECD貧困基準が有用であることに変わりはない。

第一にOECD貧困基準と日本の生活保護基準で把握される人々は大部分が重なっている（山田他 二〇一〇：山田 二〇一四）。つまり日本では、OECD貧困基準は社会保障制度の安全網である生活保護制度と密接な基準である。

第二に国際比較のレベルでは、OECD相対的貧困率は物質的剥奪の指標（暖房不備、食べ物の選択の制約、狭隘な住宅、光熱費・家賃等の滞納など）や再発的・持続的貧困（三年間で三年とも、あるいは二年間貧困）とも相関が高い（OECD 2008：18）。

第三にOECD相対的貧困率による国際比較は、日本の社会政策の重要課題も明らかにした。とくに、①就業者や子どものいる世帯で社会保障給付受給および直接税・社会保険料控除の「前」より「後」で貧困率が高くなること（Whiteford and Adema 2007：大沢 二〇〇八：二〇一三：二〇一四：駒村他 二〇一〇）、②世帯内の就業者数が増えても貧困率は低くならないこと（OECD 2013b：163）、③子ども・若年および高齢者で貧困率は相対的に高いこと（OECD 2001a：清家・山田 二〇〇四：一九四—一九六：阿部 二〇〇八）が明らかになったことはとくに重要である。

（2）絶対的な概念上の貧困を明らかにするために

一九九〇年代半ば以降、物価調整後のOECD貧困基準が先進主要国の中で唯一日本だけ一三％ポイントも下がる中（駒村他 二〇一五：一四一）、日本の子ども・現役世代の貧困率は上昇した。日本ではOECD貧困基準でみた相対的貧困が概念上の「絶対的」貧困を示す可能性が高まっているといえよう。

実際、所得に基づく貧困指標では捉えにくい（Lister 2004：83-84）とされる社会的孤立の指標値は日本では高く（OECD 2005：82-83）、社会参加という基本的な機能すら人々が欠く状況の広がりが懸念される。また所得に基づく貧困指標では捉えにくい「時間の貧困」（石井・浦川 二〇一四：大石 二〇一五）、住宅や通信等の生活基盤費による生活の圧迫（村上 二〇一一：丸山 二〇一三）、同居により隠れた若年者の貧困（四方他 二〇一一）や貧困の世代間連鎖（本書第8章参照）なども懸念される。

「相対的」な測定上の指標であるOECD貧困

基準が低下する今日の日本において、現代日本における「絶対的」な概念上の貧困を捉えるため、多種多様な貧困基準の計測上の定義や指標および貧困尺度に基づく研究の重要性は以前にも増している。また現行の計測上の貧困の定義や指標について、概念上の絶対的貧困を正しく捉えているか・齟齬が生じていないか、時代・社会の変化とともに常に見直すことも求められている。

【参考文献】

阿部彩（二〇〇七）「日本における社会的排除の実態とその要因」『季刊社会保障研究』第四三巻第一号、二七—四〇頁。

阿部彩（二〇〇八）『子どもの貧困——日本の不公平を考える』岩波書店。

阿部實（一九九〇）『チャールズ・ブースの研究——貧困の科学的解明と公的扶助制度』中央法規出版。

石井加代子・浦川邦夫（二〇一四）「生活時間を考慮した貧困分析」『三田商学研究』第五七巻第四号、九七—一二二頁。

一圓光彌（二〇一四）「解説　ベヴァリッジ報告の意義」ウィリアム・ベヴァリッジ／一圓光彌監訳『ベヴァリッジ報告——社会保険および関連サービス』法律文化社。

岩田正美・阿部彩・山田篤裕（二〇一〇）「鼎談　貧困率をどうとらえるか」『貧困研究』四号、四五—五四頁。

岩永理恵・岩田正美（二〇一二）「小特集二に寄せて（イギリスのミニマム・インカム・スタンダードを用いた日本の最低生活費研究）」『社会政策』第四巻第一号、五八—六〇頁。

大石亜希子（二〇一五）「母子世帯の『時間の貧困』——子どもの権利として「親と過ごす時間」の確保を」『週刊社会保障』二八一九号、五八—六三頁。

大沢真理（二〇〇八）「生活保障システムという射程の社会政策研究」『社会政策』第一巻第一号、三一—四三頁。

大沢真理（二〇一三）『生活保障のガバナンス——ジェンダーとお金の流れで読み解く』有斐閣。

経済企画庁経済研究所編（一九九八）『日本の所得格差——国際比較の視点から（経済分析　政策研究の視点シリーズ11）』大蔵省印刷局。

髙坂健次（二〇〇九）「相対的剥奪論　再訪（一）」『関西学院大学社会学部紀要』一〇八号、一二一—一三二頁。

髙坂健次（二〇一三）「相対的剥奪論　再訪（九）」『関西学院大学社会学部紀要』一一六号、一三五—一四三頁。

駒村康平・山田篤裕・四方理人・田中聡一郎（二〇一〇）「社会移転が相対的貧困率に与える影響」樋口美雄・宮内環・C・R・マッケンジー編『貧困のダイナミズム』慶應義塾大学出版会。

駒村康平・山田篤裕・四方理人・田中聡一郎・丸山桂（二〇一五）『社会政策——福祉と労働の経済学』有斐閣。

四方理人・渡辺久里子・駒村康平（二〇一一）「親と同居する若年者の貧困について——親世帯との分離のマイクロ・シミュレーション」樋口美雄・宮内環・C・R・マッケンジー編『教育・健康と貧困のダイナミズム——所得格差に与える税社会保障制度の効果』慶應義塾大学出版会。

清家篤・山田篤裕（二〇〇四）『高齢者就業の経済学』日本経済新聞社。

橘木俊詔（一九九八）『日本の経済格差』岩波書店。

橘木俊詔・浦川邦夫（二〇〇六）『日本の貧困研究』東京大学出版会。

内閣府・総務省・厚生労働省（二〇一五）『相対的貧困率等に関する調査分析結果について（平成二七年一二月一八日）』(http://www5.cao.go.jp/keizai3/kakusa.html、二〇一六年一月二九日最終確認)。

丸山桂（二〇一三）「居住水準を考慮した低所得者向け住宅政策の実証分析」『成蹊大学経済学部論集』第四四巻第一号、七七—一〇二頁。

村上英吾（二〇一一）「『流動社会』における生活最低限の実証的研究（3）——『全国消費実態調査』との比較」『貧困研究』六号、三五—四二頁。

山田篤裕（二〇一二）「高齢期における所得格差と貧困」橘木俊詔・宮本太郎監修『格差社会（福祉＋α①）』ミネルヴァ書房。

山田篤裕（二〇一四）「相対貧困基準と生活保護基準で捉えた低所得層の重なり——国民生活基礎調査に基づく三時点比較」『三田学会雑誌』第一〇六巻第四号、五一七—五三五頁。

山田篤裕・四方理人・田中聡一郎・駒村康平（二〇一〇）「貧困基準の重なり——ＯＥＣＤ相対的貧困基準と生活保護基準の重なりと等価尺度の問題」『貧困研究』四号、五五—六六頁。

Aaberge, R., and A. Brandolini (2015) "Multidimensional Poverty and Inequality," in A. B. Atkinson and F. Bourguignon (eds.), *Handbook of Income Distribution*, vol. 2A: 141-216, Elsevier B.V.

Alkire, S., and M. Santos (2010) "Acute Multidimensional Poverty: A New Index for Developing Countries," *Oxford Poverty and Human Development Initiative Working Paper*, No. 38.

Anand, S., and A. Sen (1997) "Concepts of Human Development and Poverty: A Multidimensional Perspective," *Human Development Report Papers 1997*, UNDP.

Atkinson, A. B., L. Rainwater and T. Smeeding (1995) *Income Distribution in OECD Countries: Evidence from the Luxembourg Income Study (Social Policy Studies: No. 18)*, OECD.

Buhmann, B. L. Rainwater, G. Schmaus, and T. Smeeding (1988) "Equivalence Scales, Well-Being, Inequality, and Poverty: Sensitivity Estimates across Ten Countries using the LIS Database," *Review of Income and Wealth*, No. 34, pp. 115-142.

Burniaux, J-M., T-T. Dang, D. Fore, M. Förster, M. Mira D'Ercole and H. Oxley (1998) "Income Distribution and Poverty in Selected Countries," *Economics*

Department Working Paper, No. 189, OECD.

Chiappori and Meghir (2015) "Intrahousehold Inequality," in A. B. Atkinson and F. Bourguignon (eds.), *Handbook of Income Distribution,* vol. 2B: 1369-1418, Elsevier B.V.

Easton, B. (2002) "Beware the Median," *Social Policy Research Centre News Letter,* 82, pp. 6-7. (https://www.sprc.unsw.edu.au/media/SPRCFile/sprc_newsletter_82.pdf).

European Commission (2012) *Employment and Social Developments in Europe 2011,* European Union.

European Parliament, Committee on Employment and Social Affairs (2008) "Draft on Promoting Social Inclusion and Combating Poverty, including Child Poverty," in the EU, 2008/2034 (INI).

Eurostat (2015) *Smarter, Greener, More Inclusive? : Indicators to Support the Europe 2020 Strategy,* the European Union.

Finkelstein, A., E. Luttmer, and M. Notowidigdo (2013) "What Good is Wealth without Health? The Effect of Health on the Marginal Utility of Consumption," *Journal of the European Economic Association,* 11(S1): 221-258.

Fisher, GM. (1992) "The Development and History of the Poverty Thresholds," *Social Security Bulletin,* 55(4), pp. 3-14.

Food and Agriculture Organization of the United Nations (FAO), World Health Organization (WHO), and the United Nations University (UNU) (2001) "Human Energy Requirements: Report of a Joint FAO/WHO/UNU Expert Consultation," *FAO Food and Nutrition Technical Report Series,* No. 1.

Förster, M. (1994) "Measurement of Low Incomes and Poverty in a Perspective of International Comparisons," *Labour Market and Social Policy Occasional Papers,* No. 14, OECD.

Förster, M., and M. Pellizzari (2000) "Trends and Driving Factors in Income Distribution and Poverty in the OECD Area," *Labour Market and Social Policy Occasional Papers,* No. 42, OECD.

Förster, M., and Marco Mira d'Ercole (2005) "Income Distribution and Poverty in OECD Countries in the Second Half of the 1990s," *OECD Social, Employment and Migration Working Papers,* No. 22, OECD.

Frey, B. (2008) *Happiness: A Revolution in Economics,* The MIT Press（白石小百合訳（二〇一二）『幸福度をはかる経済学』ＮＴＴ出版）.

Fuchs, V. R. (1967) "Redefining Poverty and Redistributing Income," *The Public Interest,* Summer 1967, pp. 89-95.

Gordon, D., and C. Pantazis (eds.) (1997) *Breadline Britain in the 1990s,* Ashgate.

Hagenaars, A. (1986) *the Perception of Poverty,* North-Holland.

Hagenaars, A., K. de Vos and M.A. Zaidi (1994) *Poverty Statistics in the Late 1980s: Research Based on Micro-data,* European Communities.

Hick, R. (2012) "The Capability Approach: Insights for a New Poverty Focus," *Journal of Social Policy,* 41, pp. 291-308.

Lambert, P. (2001) *the Distribution and Redistribution of Income: 3rd Edition,* Manchester University Press.

Lister, R. (2004) *Poverty,* Polity Press（松本伊智朗監訳・立木勝訳（二〇一一）『貧困とは何か――概念・言説・ポリティクス』明石書店）.

Mack, J., and S. Lansley (1985) *Poor Britain,* G. Allen & Unwin.

Merton, R. K. (1957) *Social Theory and Social Structure* (rev. and enl. ed.), Free Press.

de Mesnard, L. (2007) "Poverty Reduction: The Paradox of the Endogenous Poverty Line," *LEG, Economy Series, Working Paper* No. 2007-05.

Moreill, S., T. Smeeding and J. Thompson (2015) "Post-1970 Trends in Within-Country Inequality and Poverty: Rich and Middle-Income Countries," in A. B. Atkinson and F. Bourguignon (eds.), *Handbook of Income Distribution,* vol. 2A, pp. 596-597, Elsevier B.V.

OECD (1982) *The OECD List of Social Indicators,* OECD.

OECD (2001a) *Ageing and Income: Financial Resources and Retirement in 9 OECD Countries,* OECD.

OECD (2001b) *Society at a Glance,* OECD.

OECD (2005) *Society at a Glance 2005: OECD Social Indicators,* OECD.

OECD (2008) *Growing Unequal,* OECD（小島克久・金子能宏訳（二〇一〇）『格差は拡大しているか――ＯＥＣＤ加盟国における所得分布と貧困』明石書店）.

OECD (2011) *What are Equivalence Scales?* (http://www.oecd.org/eco/growth/OECD-Note-EquivalenceScales.pdf), OECD.

OECD (2012) *Quality Review of the OECD Database on Household Incomes and Poverty and the OECD Earnings Database,* Part I (http://www.oecd.org/els/soc/OECDIncomeDistributionQualityReview_PartI.pdf), OECD.

OECD (2013a) *Crisis Squeezes Income and Puts Pressure on Inequality and Poverty: Results from the OECD Income Distribution Database* (http://www.oecd.org/els/soc/OECD2013-Inequality-and-Poverty-8p.pdf), OECD.

OECD (2013b) *How's Life 2013: Measuring Well-being,* OECD.

OECD (2015) *Terms of Reference: OECD Project on the Distribution of Household Incomes* (http://www.oecd.org/els/soc/IDD-ToR.pdf), OECD.

Oxley, H., J. Burniaux, T. Dang and M. d'Ercole (1999) "Income Distribution and Poverty in 13 OECD Countries," *OECD Economic Studies,* 29, pp. 55-94, OECD.

Piachaud, D. (1981) "Peter Townsend and the Holy Grail," *New Society,* 10 September 1981, 982, pp. 419-421.

Ravallion, M. (1998) "Poverty Lines in Theory and Practice," *Living Standards Measurement Study Working*

Paper, 133, The World Bank.

Ravallion, M. (2012a.) "Poverty Lines across the World," P. Jefferson (ed.), *The Oxford Handbook of the Economics of Poverty*.

Ravallion, M. (2012b) "Poor, or Just Feeling Poor? On the Using Subjective Data in Measuring Poverty," *Policy Research Working Paper*, 5968, the World Bank.

Rowntree, B. S. (1901) *Poverty: a Study of Town Life*, Macmillan and Co..

Roy, A.D. (1951) "Some Thoughts on the Distribution of Earnings," *Oxford Economic Papers*, 3(2), pp. 135-146.

Runciman, W. (1966) *Relative Deprivation and Social Justice: A Study of Attitudes to Social Inequality in Twentieth-Century England*, Routledge & Kegan Paul.

Saunders, P., and T. Smeeding (2002a) "Beware the Mean!" *Social Policy Research Centre News Letter*, 81, pp. 4-5 (https://www.sprc.unsw.edu.au/media/SPRCFile/sprc_newsletter_81.pdf).

Saunders, P., and T. Smeeding (2002b) "A Brief Response to Brian Easton," *Social Policy Research Centre News Letter*, 82, pp. 7, 13.(https://www.sprc.unsw.edu.au/media/SPRCFile/sprc_newsletter_82.pdf).

Sawyer, M. (1976) "Income Distribution in OECD Countries," *OECD Economic Outlook: Occasional Studies*, pp.1-36, OECD.

Sen, A. (1976) "Poverty: an Ordinal Approach to Measurement," *Econometrica*, 44(2), pp. 219-231.

Sen, A. (1985) *Commodities and Capabilities*, Elsevier Science Publishers（鈴村興太郎訳（一九八八）『福祉の経済学――財と潜在能力』岩波書店）.

Sen, A. (1992) *Inequality Reexamined*, Oxford University Press（池本幸生・野上裕生・佐藤仁訳（一九九九）『不平等の再検討――潜在能力と自由』岩波書店）.

Sen, A. (2000) "Social Exclusion: Concept Application, and Scrutiny," *Social Development Papers*, No. 1, Office of Environment and Social Development, Asian Development Bank.

Spicker, P. (2007) *the Idea of Poverty*, the Policy Press（圷洋一監訳（二〇〇八）『貧困の概念――理解と応答のために』生活書院）.

Stouffer S. A., E. Suchman, L. Devinney, S. Star, and R. Williams. (1949) *The American Soldier (Vol. I): Adjustment during Army Life*, Princeton University Press.

Tengstam, S. (2014) "Disability and Marginal Utility of Income: Evidence from Hypothetical Choices," *Health Economics*, 23, pp. 268-282.

Townsend, P. (1974) "Poverty as Relative Deprivation: Resources and Style of Living," in D. Wedderburn (ed.), *Poverty, Inequality and Class Structure*, Cambridge University Press（高山武訳（一九七七）「相対的収奪としての貧困――生活資源と生活様式」『イギリスにおける貧困の論理』光生館）.

Townsend, P. (1979) *Poverty in the United Kingdom: a Survey of Household Resources and Standards of Living*, Allen Lane.

Townsend, P. (1993) *the International Analysis of Poverty*, Harvester Wheatsheaf.

United Nations Development Programme (1997) *Human Development Report 1997*, UNDP.

United Nations Development Programme (2015) *Human Development Report 2015: Technical Notes*, UNDP（http://hdr.undp.org/sites/default/files/hdr2015_technical_notes.pdf′ 最終アクセス二〇一五年一一月一〇日）.

Veit-Wilson, J. (1994) *Dignity not Poverty: A Minimum Income Standard for the UK*, Institute for Public Policy Research.

Viscusi, W., and W. Evans (1990) "Utility Functions that Depend on Health Status: Estimates and Economic Implications," *The American Economic Review*, 80: 3, pp.353-374.

Whiteford, P., and W. Adema (2007) "What Works Best In Reducing Child Poverty: A Benefit Or Work Strategy?" *OECD Social, Employment and Migration Working Papers*, No. 51, OECD.

World Health Organization (1985) "Energy and Protein Requirements," *WHO Technical Report Series*, No. 724.

Yitzhaki, S. (2002) "Do We Need a Separate Poverty Measurement?" *European Journal of Political Economy*, 18, pp. 61- 85.

第4章 貧困研究の系譜

岩永理恵・岩田正美

貧困とは現在まで論争の絶えない概念であって、その貧困を捉えようとする調査・研究は多種多様である。本章では、これらのうち貧困把握や基準設定についての主要ないくつかの研究を取り上げ、貧困研究の系譜を述べる。貧困研究のあゆみを知ることで、これからの貧困研究に求められる視点や方法へのヒントを得ていただければと考える。

1 貧困概念とその測定手法の探求

貧困は現在に至るまで論争の絶えない概念である。どのような状態を貧困と判断するかをめぐり様々な議論がなされてきた。「誰のいかなる状態が貧困なのか」という問いは、「誰のいかなる状態の貧困を救済すべきか」という貧困政策と不可分の関係にある。他方で、貧困には、社会がそれに与えるマイナスの「意味」がつきまとい、それは貧困のただ中にある人びとの生活や意識にも反映していく。それゆえ、貧困とは何かという問いへの唯一正解はなく、絶えずその問い返しがなされてきている。

本章で取り上げるのは、この貧困をめぐる研究の系譜である。貧困とその原因や対策を検討することへの本格的な関心があらわれるのは一九世紀末以降であるが、本章では、そのころから今日までの主要な貧困研究をたどることとしたい。なお、貧困研究にとっては、ナイーブではあるが、細部まで貧困を描写したルポルタージュや、スラム調査等、多様な貧困形態に迫ろうとした調査研究は多数あり、それぞれに重要である。だがここでは紙面の制約もあり、貧困把握の方法や基準設定についての、主要な研究の範囲に留めた。

貧困の「量」と「分布」の調査

(1) チャールズ・ブースの来歴

「世界の工場」としての地位を築いていた一九世紀半ばのイギリスは、近代の自助規範が強く、貧困はもっぱら個人的な徳性または能力に結び付けて考えられてきた。これに疑惑をいだき、「貧困者とは誰で、どこに、どの程度存在しているのか」をあらためて問う回路を開いたのが、チャールズ・ブースである（石田 一九五九）。

ブースが調査をはじめたきっかけは、一八八〇年の大不況下の中で展開された貧困問題をめぐる論争に関心をもち、左右両派の主張に耳を傾けつつ、その根拠に疑問を抱いたからだという。社会主義者による「労働者階級の四分の一以上の人々が人間として健康を維持するのに不適切な生活を送っている」という調査結果を誇張と考え、根拠をもって否定し、造船企業経営者一族のひとりでもあった彼自身の経営観の正当性を実証しようと考えた（阿部實 一九九〇：二一―二二）。

調査は一八八六～一九〇三年まで一七年にわたって実施され、調査報告書は最終的に一七巻に及んだ。これは「ロンドン調査」（Inquiry into the Life and Labour of the People in London）と呼ばれ、社会調査の先駆としても名高いものである。調査方法は複雑で独特であり、調査員の多くは、大学セツルメントの拠点であるトインビーホールの関係者から構成された。調査員には、のちのベアトリス・ウェッブも含まれ、彼女の一九二六年の著書によれば、センサスを基礎データとし、大規模インタビュー法（method of wholesale interviewing）という、学務委員会の訪問員（school board visitors）に面接調査し必要な情報を集める方法で、四〇〇万人のロンドン市民を調査した。

(2) 調査と分析の特徴

ブースの調査と分析の大きな特徴は、ロンドン市民を地域別と職業別に区分する二重の方法（double method）（Booth 1902-1903：1）を用いたことにある。つまり、貧困がどのような地域分布をもち、また職業階層とどう関連しているかを明らかにしようとしたわけである。特に職業分類との関係は、資本主義工場制度と貧困との関係を問うものとなった。ただし、調査対象としての家族は、あらかじめ定めたA～Hまでの八つの生活水準によって分類された。貧困はA、Bの極貧層、C、Dの貧困層の四つの階層とし、貧困を分かつ境界は、DとEの間に引かれた。

全ロンドンの最終結果である表４－１をご覧いただきたい。ロンドン全人口の最大の部分を構成するのは、階級EとFである。その生活水準が「見苦しくない自立的生活」「人間としての普通の運命」を代表するものと判断された層である。他方でA～Dの貧困に分類された人口は、ロンドン全体で三〇・七％（修正前三〇・七）を占めるという結果となり、先の社会主義者たちの主張より大きい結果となり、ブース自身驚いたといわれている（阿部實 一九九〇：五七）。

しかも、表で示されているように、その中には、工場で働く常用労働者も一部含まれるなど、いわゆるワーキングプアの発見を伴っており、また無職の高齢者の貧困も浮き彫りとなった。さらにブースは、住民の階級分類に応じて各街路を七つに分類し、それぞれ異なる色で色づけした「貧困地図」を作成した。これによりロンドンの全家族の経済的、社会的環境が、現実的な資料に基づいて一連の地図の上に表示され、貧困の「分布」が明らかになったのである。

ブースの「階級」分類とA～Hの分類は経験的なものであり、その妥当性については批判もある（石田 一九五九：阿部實 一九九〇）。だがブースの

表4－1　全ロンドンの最終結果

			（人）	（%）	
A	最下層	臨時日雇労働・浮浪者および準犯罪人	37,610	0.9	貧　困（30.7%）
B	極　貧	臨時的労働・その日暮しの生活・慢性的窮乏	316,834	7.5	
CとD	貧　困	雇用が不規則なために稼得が少額の人々や規則的な雇用であるにもかかわらず働いても過酷な賃金しかもらえないような人々を包含	938,293	22.3	
EとF	労働階級・愉楽	規則的に雇用され、また公正な賃金を支払われているすべての職種の労働者階級	2,166,503	51.5	愉　楽（69.3%）
GとH	中産階級およびそれ以上	中産階級の上、下およびこの水準以上のすべての人々	749,930	17.8	
総　計			4,209,170	100.0	
施設収容者			99,830		
ロンドンの全人口			4,309,000		

出所：阿部實（1990：55-56）表3－1に追記して引用。

調査は、貧困者個人の道徳的欠陥による貧困という見方から、貧困と資本主義との関係をはじめ、貧困の社会的諸条件を分析視点とする貧困研究への接近の途を開いたのである（石田 一九六一：一二八）。

3　貧困基準とライフサイクルの解明

(1) B・S・ラウントリーの功績

チャールズ・ブースの成果をさらに進めたのが、その業績に感動して貧困調査に取り掛かったB・S・ラウントリーである。彼もまた成功した実業家家族の一員であり、その一族は博愛事業の三つのトラストを設立したことで現在でも広く知られている。彼は、生まれ育った地方都市のヨークを調査地とし、労働者階級の生活状態、とりわけ貧困の問題を探究しようと、五〇年ほどの間に三回の調査を実施した。

今日まで注目されている成果は、主に三つある（小沼 一九七六）。①貧困線を用いた貧困の「量」を把握したこと、②その貧困線の算定方法としてその後マーケット・バスケット方式と称される方式を採用したこと、③都市の労働者家族が貧困線を下回る時期が三回あり、経済的浮き沈みがあるというライフサイクル論を実証したこと、である。

ラウントリーの調査方法と結果について、出発点であった第一回調査報告書（長沼訳 一九五九）から詳細にみてみよう（以下、本節の引用で頁数のみは、長沼訳（一九五九）からの引用・参照である）。彼は、ブースの業績を大いに参照し、ときには直接たずねながら調査を進めており、調査範囲と調査実施の方法の決定に注意を払ったという（一七—二一頁）。召使をおく階級を対象外とし、労働者階級の住居、職業および所得を調査範囲とした。調査方法は、調査担当者が各戸ごとに規則的に訪問することで多くの資料を集める直接調査方法を中心とした。その他、一般の篤志家や地区訪問者、僧侶などから提供された資料や、賃金の算定を斟酌するため、労働組合、雇用主、労働者自身が提供する資料を用いた。

(2) 貧困線の設定、ライフサイクル論

ラウントリーの独特な点は、ブースが経験的に設定した生活水準A～Hを、「科学的な」貧困線として設定したことである。すなわち、「肉体的能率を保持するために必要な最小限度」を食物、家賃、家庭雑貨、の三項目に分け、各項目の必要

量、それらを充足する具体的なアイテムと量、その価格を明らかにするという手順をとった。食物の基礎としての栄養量は、当時開花しつつあった生理学・栄養学の研究成果を利用し推計した。父、母、子ども三人の家族の経費は、ヨークでは二一シリング八ペンスとされた。これは、単なる肉体的能率の保持のために絶対に必要なもの以外の支出は全く認めておらず、「なんら人間的な愉楽のない急迫したもの」であるが、この程度の生活すらできない人々が総人口の一〇%ほどいることを明らかにした（三三三頁）。

さらに、ラウントリーは、上記の貧困線以下の家庭、すなわち(A)その総収入が、単なる肉体的能率を保持するために必要な最小限度にも足りない場合を「第一次貧困」とし、その上で、(B)その総収入の一部が、有用無用のいかんにかかわらず、他の支出に充当されない限り、いちおう肉体的能率を保持するに足る。この程度の貧困を「第二次貧困」とする（九七—九八頁）と、二本の貧困線を設定したことである。後者は家計のやりくりの問題や飲酒等によって、実質的にその消費水準が貧困線以下になっている状態を示している（表4-2）。

ラウントリーの調査結果も、チャールズ・ブースのロンドン調査の結果とほぼ同数値で、人口の約三〇%が貧困な生活をしていることは社会的に重大な意味をもつとした（一三三頁）。だが、ラウントリーの独自性は、この結果をライフサイクルの動態によって示したことにある。すなわち、「第一次貧困」状態にある七二三〇人とは、たまたま調査が行われたときに貧困状態にあった人の数を代表しているにすぎない。これを年齢別に並び替えると、図4-1にあるように、一生涯の間に貧困線を上回ったり下回ったりする時期が観察できる。もちろんこれは本格的な縦断調査ではなく、一時点の結果をライフサイクルとして組み直したものにすぎないが、ここから、普通の労働者の人生は三回の貧困と、やや余裕のある時期に分かれるという結論を導いた。すなわち自分の少年時代と自分の子供の養育期、および引退後の老齢期の貧困の発見である。このラウントリーのライフサイクルと貧困の関係は、年金や児童手当等の重要性を示唆し、戦後の福祉国家建設への道を切り開いた。

ラウントリーの貧困線設定の方法は、理論生計費方式、マーケット・バスケット方式などと呼ば

表4-2　「第一次貧困」と「第二次貧困」の人数と割合

	人　数	ヨークの総人口に対する割合（%）
「第一次貧困」線以下の者	7,230	9.91
「第二次貧困」線以下の者	13,072	17.93
貧困者の総数	20,302	27.84

出所：第1回調査報告書（長沼訳 1959：334）から一部文言を換えて引用。

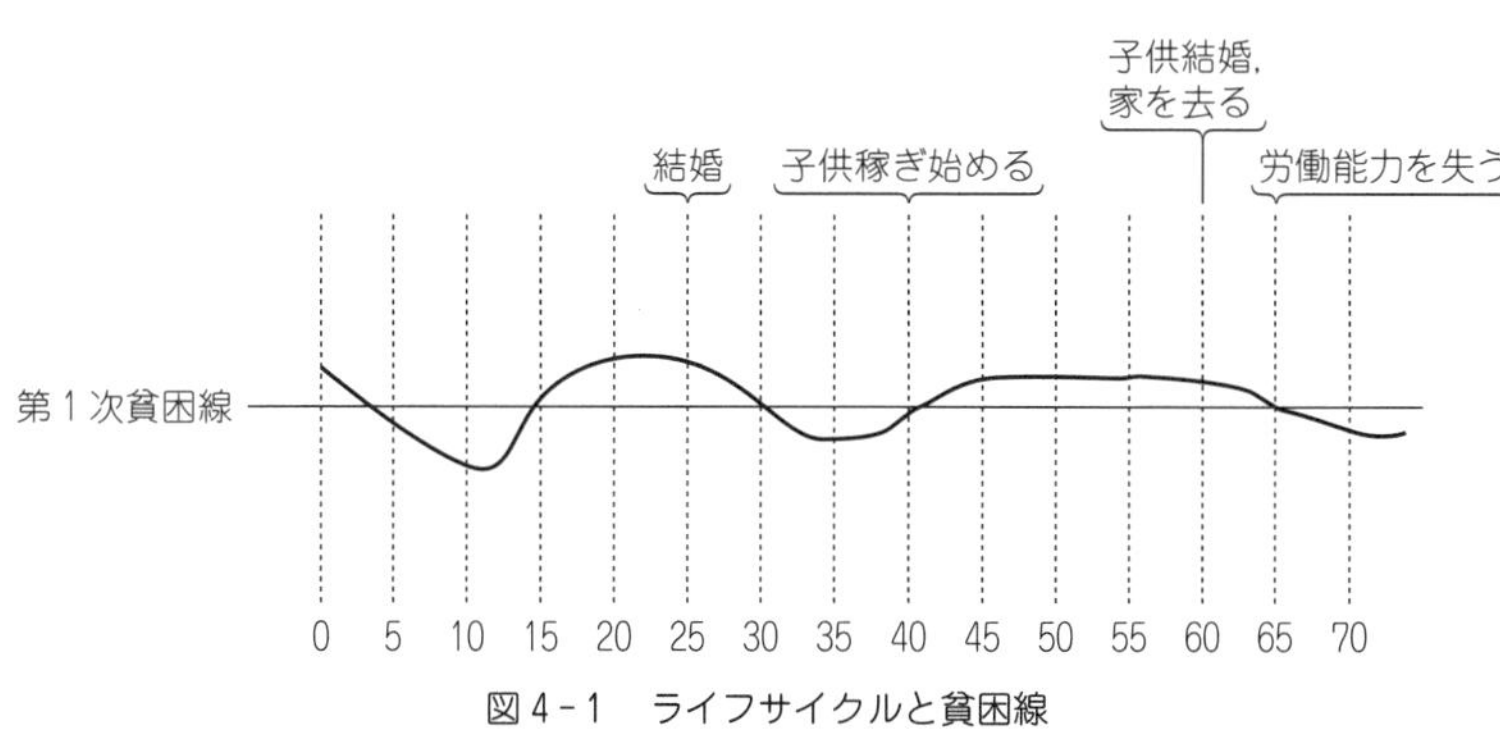

図4-1　ライフサイクルと貧困線

出所：第1回調査報告書（長沼訳 1959：152）より，一部文言を換えて引用。

れ、日本でも一九四八年から生活保護基準の算定に用いられるなど、大きな影響を与えている。アメリカでも、一九六三年に社会保険庁（Social Security Administration：SSA）のモリー・オーシャンスキー（Mollie Orshansky）が、適切な栄養を維持する費用を基礎にした貧困線（poverty line）を定め、今日まで活用されている。

4　エンゲル法則とエンゲル法則の逆転

（1）エンゲル法則

ところで、日本に早くから紹介され、統計学、経済学、社会政策の世界に大きな影響を与えたのは、エルンスト・エンゲルによる家計研究である。エンゲルの功績は、家計調査の実施というより、その分析から次の法則を導いたことにある。すなわち、その第一法則は「家族が貧しければ貧しいだけ、総支出中のいよいよ大きな部分を飲食物の調達のために充当しなければならぬ」、というものであり、第二法則は「同じ事情のもとにあっては、栄養のための支出の度合が一般に人口の物質的状態の的確な尺度である」（エンゲル／森戸訳 一九六八：五三、以下同様）。この第一法則により、家計総支出に占める飲食物費の割合がエンゲル係数と呼ばれ、第二法則もふくめて、豊かさと貧困を表す指標となった。

もう一つの功績は、家族構成に左右されない計量単位（消費単位）「ケット」を用いたことである。生理学者・化学者の業績を応用して飲食物費の消費を分析し、成人男子（三・五ケット）一人当りの食糧当額を社会階級ごとに導き出している（八八頁）。一家族の栄養の食糧規額はその総生活費を説明し、総生活費はさらに全生活水準の規準となると考えた。生理学上、十分な栄養とそれ以外の生活満足を許す、という限界数字を計算し、一九九のベルギー家族のうち一八〇家族が、この金額に達しないことを明らかにしている（九四頁）。

エンゲルは、二一歳でフライブルクの鉱業専門学校に入学し採鉱冶金学を修めた（村上 二〇一一）。卒業直後の見学旅行の過程で、「近代統計学の父」と呼ばれるケトレーや、冶金学教授であり社会科学者のルプレーとの出会いがあって統計学に進み、社会問題に深くかかわる（太田 二〇一一）。「ケット」という名称は、エンゲルのケトレーへの尊敬の念を表し、その業績を永遠に讃えるためであった（二七頁）。エンゲルは一八四八年ザクセンへ戻るが、その頃革命が起こり、国家が社会調査により労働者の状態等を把握し、統計を整備する必要性が強く意識された。その仕事の中心を担ったのが、ザクセン王国統計局長、プロイセン王国統計局長を歴任したエンゲルであった（村上 二〇一一）。

（2）日本的展開：エンゲル法則の逆転と生活構造論

前記で引用したエンゲルの『ベルギー労働者家族の生活費』を訳した森戸辰男は、序文において、日本で最初の近代的家計調査とされる「東京ニ於ケル二十職工家計調査」（一九一六）を実施した高野岩三郎も、エンゲルの業績から刺激と示唆を受けたはず、と述べている。日本の貧困研究は、戦前の横山源之助「日本之下層社会」（一八九九）をはじめ、多くの優れた調査研究を生み出している。ラウントリーの方式をさらに徹底させた労働科学研究所の総物量方式による最低生活費測定の試み（いわゆる労研方式）などもあるが、ここでは、エンゲルの影響を受けて、戦時中から展開された生活構造論を紹介しておこう。

生活構造論という用語は、かなり多様に用いられているが、貧困研究との関わりでは、社会政策論の系譜における「戦時国民生活論」がその源流にあると言ってよかろう。戦時体制下の「国民生活論」は、永野順三、安藤政吉、大河内一男、篭山京によって取り組まれた。戦後の生活構造論はこれを受け継ぎ、エンゲル法則の停止ないしは変曲を示す家計現象を説明する理論として発展させられた。

とくに敗戦直後の日本では、当時の家計調査の結果から、実収入の低下にともなってエンゲル係数が上昇する法則は、限られた実収入の範囲でしか当てはまらず、ある程度以下の収入階層では、逆にエンゲル係数が低下する傾向が見出された（中川 二〇〇〇：一〇九）。これを篭山京は「エンゲル線の変曲」と呼んだ。篭山は、この現象は「食物に対する欲求を抑えて生活構造の枠組にあわせざるを得ないから」だとした（篭山 一九八二：一六四）。

中鉢正美は、この現象を生活構造の「履歴効果」による「抵抗」として説明した。抵抗は、先行する家計の型が「履歴効果（アフターエフェクト）」をもつからだと中鉢は説明する。また、同型家計集団の「生活構造と所得がバランスを維持している状態が生活標準であり、両者の間に攪乱と抵抗をひきおこす限界点が最低生活水準である」と述べる。

ただし、中鉢の生活構造論は、個別の貧困裁定のための理論、あるいは、より一般的な理論というよりは、日本の近代化の過程で、都市においてその家族形成を始めた雇用労働者（生産期核家族）の生活構造が、敗戦を挟んで戦後「生涯核家族」を形成していく変容過程で、どのようにその変容に「抵抗」し、あるいは大きく変貌する外部条件に対する展望をどう切り開いていったかという、歴史分析のツールとして、応用されている（中川 二〇〇〇）。

5　貧困は相対的?!

(1) タウンゼントによる相対的剥奪アプローチの提唱

戦中から構想されたベヴァリッジ報告は、イギリス国民の熱狂的な支持を受けて戦後の制度改革の中で実現し、他の先進諸国にも伝播した。ベヴァリッジ報告は、全国民に最低生活＝ナショナル・ミニマムを保障することを目的とし、その具体的な水準については、ラウントリー等からなる小委員会の提案を受けたのである（ベヴァリッジ／一圓監訳 二〇一四）。

ラウントリーの最後の調査は第二次世界大戦後の一九五〇年であったが、その方法に疑問が投げかけられ、また福祉国家が貧困を削減したとする結論に対して、ブライアン・エーベルスミスとピーター・タウンゼントによる批判がなされた。すなわち、両者は、労働省の所得・消費調査をデータとし、貧困線に当時の国民扶助申請者の生活水準をあてはめた。だが、申請者の現実の生活水準は多様であり、基本基準以下、一・二倍、一・四倍の三つのグループに分けてみると、結局一・四倍水準が妥当だとして、これで推計を行っている（The poor and the poorest, 1965）。国民扶助基準は、「公式の貧困線」であり、いわゆる捕捉率の推計にも役立つため、政策批判としても有効であった。このように、ここでは独自の貧困線を作ることはしなかったが、後にタウンゼントは相対的剥奪という概念の使用により貧困概念を拡張して、ラウントリーの絶対的貧困に基づいて、貧困が除去されたとする戦後福祉国家の達成感を批判した。タウンゼントが提唱した相対的剥奪アプローチの要約は次の通りである（Townsend 1979）。

貧困は、相対的剥奪の概念によってのみ客観的に定義され、かつ一貫して矛盾することなく、

> 使用されうる。これが本書のテーマである。ここでは貧困という用語は、主観的よりむしろ客観的に理解されている。個人、家族、諸集団は、その所属する社会で習慣になっている、あるいは少なくとも広く奨励または是認されている種の食事をとったり、社会諸活動に参加したり、あるいは生活の必要諸条件や快適さを獲得するために必要な資源が欠けているとき、全人口のうちでは貧困状態にあるとされるのである。貧困な人の資源は、平均的な個人や家族が自由にできる資源に比べて、あまりにも劣っているために、通常社会で当然とみなされている生活パターン（living patterns）や習慣、社会的活動から事実上締め出されている。（Townsend 1979：31）

　すなわち、タウンゼントは、資源だけではなく、その背後にある生活様式に着目した。貧困は人びとが参加することを当然とされている習慣や活動である生活様式を獲得するために必要な資源がない、あるいは資源が少ないために生活様式を獲得できない、相対的に剥奪された状態と定義された。彼は、社会のメンバーシップとして当然の生活条件を獲得するのに必要な資源を欠いている、あるいは資源を与えられない人びとの状態が貧困状態であるとも述べている（Townsend 1979：915）。

　ところで、タウンゼントは、剥奪を指標として表している。全部で六〇の指標があるが、貧困を議論する際に用いたのは、次の一二の要約剥奪指標である。一二のうち当てはまる指標が五つか六つ以上あれば「普遍的剥奪」とした。

1．過去一二ヶ月間に、家庭外で一週間の休日を過ごさなかったもの。
2．（大人のみ）過去四週間に親類または友人を家での食事もしくは軽食に招いたことがなかったもの。
3．（大人のみ）過去四週間に親類または友人の家に食事にいったことがなかったもの。
4．（一五歳以下の子供のみ）過去四週間に友人と遊ぶこと、あるいはお茶を飲むことをまったくしなかったもの。
5．（一五歳以下の子供のみ）最近の誕生日にパーティーをしなかったもの。
6．過去二週間に、娯楽のために午後または晩に外出したことがなかったもの。
7．一週間に四日以上新鮮な肉（外食を含めて）を食べることがなかったもの。
8．過去二週間に、調理された食事を食べない日が一日以上あったもの。
9．一週間の大部分、調理された朝食を食べなかったもの。
10．家に冷蔵庫がないもの。
11．家では四回に三回以上日曜日の集まりを行わないもの。
12．家の中に、単独で使用できる次の四種の室内設備がないもの：水洗トイレ、流しまたは洗面台と冷水の出る蛇口、固定された風呂またはシャワー、電気またはガスレンジ。

（訳は、高山一九七七：四五―四六を参照し、一部加筆した）

　さらに、この剥奪指標をスコア化した点数と所得との関係を調べた。減少する所得と増加する剥奪間の関係を示し、それ以下になると人びとが所得と不釣合いに剥奪を経験する所得「閾値（threshold）」を示唆した。これにより、相対的剥奪アプローチによる貧困の測定を可能にし、既存の貧困基準（たとえば補足給付の給付基準）では捉えられない貧困の存在を明らかにしたのである。

(2)「絶対的」貧困と「相対的」貧困

このタウンゼントの貧困定義は「相対的」とされるのに対し、先に述べたラウントリーの貧困定義は、「その総収入が、単なる肉体的能率を保持するために必要な最小限度にも足りない」というもので、生存の問題として定義されるという意味で「絶対的」定義といわれる。タウンゼントは、ラウントリーの「絶対的」貧困へのアンチテーゼとして、社会への参加を含めた幅広い「相対的」貧困を採用したのであり、両者は対照的なものと理解されてきた。

しかし、近年ルース・リスター（二〇〇四＝二〇一一：四九）は、こうした説明は「神話」であって、読み間違いだという。ラウントリーもブースも、タウンゼントほどではないが、慣習的な生活様式との関係で貧困を定義している。たとえば、ブースのA～Hの生活水準は現実の経験からもたらされたものであり、ラウントリーの必需品リストには、栄養的な価値はないがイギリスでは社会的・心理的に重要なものとされる紅茶を含む。貧困の絶対的定義と思われているものにも相対的な要素が含まれている。他方で、地球上には大多数の人びとが貧しい国々が存在するのだから、相対概念では、最底辺の貧困層しか把握できない。したがって、両者を対立させるのではなく、統合する枠組みが必要だとリスターは強調している。

このような統合枠組みの一つとして、アマルティア・センは、機能とケーパビリティという二つの概念を使って相対的な貧困の定義に対し、貧困には「絶対的中核」があると主張した。これに対し、タウンゼントは、もっとも基本的な身体的必要ですら社会的に決定されるとし、「絶対的中核」という考えを拒絶した（リスター 二〇〇四＝二〇一一：五五）。

リスターは、タウンゼントがセンからの批判に対し自らの相対主義の立場を擁護したのは、センの立場は「最低限度の給付という国家の強硬な解釈に扉を開く」と考えていたからであるという（リスター 二〇〇四＝二〇一一：六一）。リスターが強調するのは、相対：絶対の論争は、異なった貧困「解釈」に基づいている点である。つまり、「事実」の問題ではなく異なった解釈が政治的に機能しているという文脈である。

6　社会的排除、現代の貧困

(1) リスターの貧困概念の整理

貧困の絶対性と相対性に関する論争を前のように総括したリスターは、図4－2にある「貧困の車輪」として貧困概念を整理した。リスターのアプローチは、相対的なものに近いが普遍的・絶対的必要の存在も認めている。また、物的貧困に対して、関係的象徴的側面の重要性を指摘している。

> これは貧困の物質的な面と関係的・象徴的な面との類似性と独立性を表している。車輪の内部をみると、貧困の〈物質的核〉が車輪の位置にきている。この核は「容認できない困窮」といわれるもので、スピッカーが、別の枠組みを展開するなかで言及している。一方、外輪部は、容認できない物質的困窮のなかで暮らしている人々が経験する、貧困の関係的・象徴的な側面を表している。中心部も外輪部も、それぞれを形成しているのは社会的・文化的な関係である。すなわち、中心部にある物質的な必要は社会的・文化的に定義され、関係的・象徴的な外輪部に取り次がれ、解釈される。そしてその外輪部自体も、社会的・文化的な領域で回転しているのである。（リスター 二〇〇四＝二〇一一：二三）

物質的な中核とともに関係的・象徴的・文化的

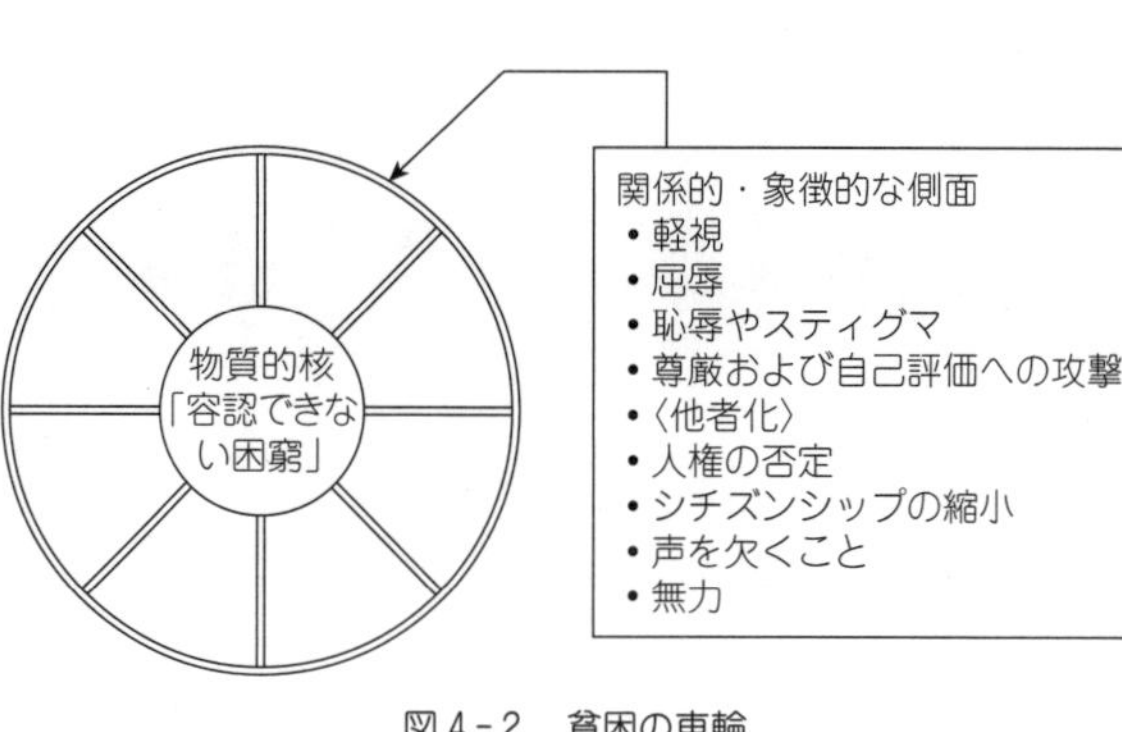

図４-２　貧困の車輪
出所：リスター（2004＝2011：22）．

な面をもつこと、貧困状態で暮らす者の行為における主体性（エイジェンシー、agency）、結果とプロセスと動的側面が重要であり、それを支える貧困経験者の視点と見方、これら四つの側面に配慮し、貧困の概念化を行う必要がある、とリスターは述べている（リスター 二〇〇四：二六）。図4-2「貧困の車輪」は、貧困のポリティクスを構成する闘争を再概念化する枠組みを提供する（＝二〇一一：二六七）。貧困状態にある人びとは、参加の同等性を否定されている。リスターが強調するのは、社会正義のための闘いは、再分配および、承認と尊重・敬意の両方を含まなければならないことである（＝二〇一一：二七〇）。

（2）社会的排除論

このように貧困研究に、主体的行為（エイジェンシー）と構造的な動的なプロセスへまなざしを向けるよう促したのが、社会的排除をめぐる議論である。その議論には、様々なバリエーションがあるが、一九八〇年代以降のグローバリゼーションとポスト工業社会への変貌という大きな社会変動と、その変動が生み出した「社会分裂」の一つの帰結として議論されているという特徴がある。グローバリゼーション時代の労働市場再編による、非正規化、若者の長期失業化に加え、移民／難民の流入による国民の分裂、男女の分裂、「健常者と障害者」の分裂などがあり、社会的排除は、こうした社会の分裂が引き起こす様々な社会問題の新しい呼び名であった（岩田 二〇〇八：三二―三九）。これを回避して、社会的包摂を促す政策立案と、いわば対になって使われている。

日本の社会的排除の「典型」の一つは、一九九〇年代以降に顕在化した路上で寝泊りするホームレスである。二〇〇〇年代に入ってからは、ネットカフェやマンガ喫茶など二四時間営業の店を住居がわりに利用して生活する人びとが「ネットカフェ難民」という名でマスコミにも取り上げられた。調査・研究により、ホームレス状態に至るプロセスが検討され、そこには失業や倒産、多重債務、疾病、低学歴、不安定な家族関係、ＤＶなど様々な問題が絡み合っていることが明らかになった。

もちろん、社会的排除という用語を、貧困に代わって用いることには多くの批判がある。貧困概念も拡張され、また貧困動態分析なども行われるようになったので、わざわざ社会的排除を用いる必要はない、という考えもある。だが、社会的排除は、従来の福祉国家の諸制度からの排除という側面も示唆する。言い換えれば、従来の福祉国家の限界を示す概念でもある。したがって、社会的排除は、貧困の重要な諸側面に鋭く焦点を絞るとともに、貧困分析の幅広い枠組みを促進するものであるといえよう（リスター 二〇〇四＝二〇一一：一四五）。

（3）日本における最近の貧困研究：市民参加による最低生活費測定の新たな試み

最後に、日本における最近の貧困研究の動向に触れておこう。人びとの雇用状況や生活環境が不安定化して生活保障の仕組みが揺らぐ中で、賃金、社会保障、税制の総合的な再検討の必要が叫ばれて久しい。その議論において、従来の福祉国家の基礎を成すナショナル・ミニマムに代わるような新たな政策基準の検討が求められていた。これに応じるように、日本でも貧困の再検討、貧困測定の開発が試行されている。

二〇〇〇年代初頭、連合労働条件局が「賃金ミニマム指標プロジェクト報告書」（二〇〇三）、京都総評が「格差社会への挑戦　『構造改革』のもとでの『生活崩壊』と最低生計費試算」報告書（二〇〇六）を発表するなど、賃金を視野にいれた国民・労働者の最低限を模索する動きがあった。そこでは、栄養科学に基づく伝統的なマーケット・バスケット方式を踏襲しつつ、「生活実態調査」や「価格調査」を参照して、世帯類型別の最低生活費算定を試みている（金澤 二〇〇九）。

これに対し、先述した主体的行為（エイジェンシー）を重視し、市民参加型の最低生活費算定アプローチがある。日本で試行したのは、MIS（Minimum Income Standard）法と呼ばれる、イギリスにおいて、ラフバラ大学 CRSP（Centre for Research in Social Policy）が開発した方法である（岩永・岩田 二〇一二）（http://www.lboro.ac.uk/research/crsp/mis/ 最終アクセス日：二〇一七年一〇月二〇日）。この特徴は、マーケット・バスケット方式を基礎としつつ、バスケットに入れるアイテムや価格の決定過程を市民に委ねるところにある。

MIS 法は、最低生活の定義をはじめ、その定義に照らして生活に必要な財やサービスの項目の決定を、普通の市民によって構成される少人数のフォーカスグループの話し合いに委ねるところに特徴がある。研究者の役割は、話し合いの中身を整理し、次のフォーカスグループに伝えること、必要とされた財の市場価格調査を行うことなどであり、サポート役、ファシリテーターに徹する。

もちろん、これにより貧困の定義や測定をめぐる困難をすべて回避できるわけではない。参加可能な市民の数は限定されており、ファシリテーターの在り方も論点となろう。とはいえ、MIS 法の趣旨は、「討議デモクラシー」の実践の流れにも位置づけ可能なものであり、市民社会の諸制度を再構想する手段の一つであろう。従来の研究を踏まえつつ、新たな方法の模索が始まっている。

7　求められる貧困研究の深化

はじめに述べたように、「誰のいかなる状態が貧困なのか」という問いに、唯一の普遍性的「正解」は存在しない。しかし、貧困研究の長いあゆみは、物的なレベル、関係的なレベル、長期的視野、さらには人びとの行為における主体性（エイジェンシー）にまでその視野を広げ、さらに、その政治的意味を問うまでの豊富な議論とデータを形成してきた。他方で、貧困の自己責任論はどのような時代にも「健在」であり、「働かない」生活保護受給者へのバッシングは止まない。貧困は、社会が作り出した資源配分の不平等、政治的無力さ、文化的制約といった構造の一部であり、同時に貧困に対する「見方」とその政治的文脈を含んでいる。ここに貧困研究の意義があり、表層的な貧困現象だけでなく、その深い分析が求められているといえよう。

【参考文献】

阿部彩（二〇一四）「生活保護・貧困研究の五〇年――『季刊社会保障研究』掲載論文を中心に」『季刊社会保障研究』第五〇巻第一・二合併号、四―一七頁。

阿部實（一九九〇）『チャールズ・ブース研究――貧困の科学的解明と公的扶助制度』中央法規出版。

石田忠（一九五九）「チャールズ・ブースのロンドン調査について」『社會學研究』二号、三一三—八五頁。

岩田正美（一九九五）『戦後社会福祉の展開と大都市最底辺』ミネルヴァ書房。

岩田正美（二〇〇七）『現代の貧困——ワーキングプア／ホームレス／生活保護』筑摩書房。

岩田正美（二〇〇八）『社会的排除——参加の欠如・不確かな帰属』有斐閣。

岩田正美（二〇一〇）『リーディングス 日本の社会福祉 2貧困と社会福祉』日本図書センター。

岩永理恵・岩田正美（二〇一二）「小特集二に寄せて（イギリスのミニマム・インカム・スタンダードを用いた日本の最低生活費研究）」『社会政策』第四巻第一号、五八—六〇頁。

ヴァーノン、アン／佐伯岩夫・岡村東洋訳（一九八七＝二〇〇六）『ジョーゼフ・ラウントリーの生涯——あるクエーカー事業家のなしたフィランソロピー』創元社。

ウェッダーバーン、D編著／高山武志訳（一九七七）『イギリスにおける貧困論理』光生館。

浦川邦夫（二〇一四）「貧困線の設定と貧困の測定」『貧困研究』一三号、四—一六頁。

エンゲル、エルンスト／森戸辰男訳／高野岩三郎校閲（一九六八）『ベルギー労働者家族の生活費』第一出版。

太田和（二〇一一）「エルンスト・エンゲルの修業時代」『北海学園大学経済論集』第五九巻第三号、一—一五頁。

篭山京（一九八二）『篭山京著作集第二巻　最低生活費研究』ドメス出版。

金澤誠一編著（二〇〇九）『「現代の貧困」とナショナル・ミニマム』高菅出版。

小沼正（一九八〇）『貧困——その測定と生活保護　第二版』東京大学出版会。

小沼正（一九七六）「シーボム・ラウントリーのプロフィルと業績——貧困調査を中心として」『月刊福祉』第五九巻第一〇号、四八—五二頁。

篠原一編（二〇一二）『討議デモクラシーの挑戦——ミニ・パブリックスが拓く新しい政治』岩波書店。

武田尚子（二〇一四）『二〇世紀イギリスの都市労働者と生活——ロウントリーの貧困研究と調査の軌跡』ミネルヴァ書房。

中川清（二〇〇〇）『日本都市の生活変動』勁草書房。

ブース、チャールズ／沢村美佐子訳（一九六二）「ロンドンにおける民衆の生活と労働」『社会福祉』八号、九四—一〇四頁。

ベヴァリッジ、ウィリアム著／一圓光彌監訳（二〇一四）『ベヴァリッジ報告——社会保険及び関連サービス』法律文化社。

村上文司（二〇一一）「エルンスト・エンゲルの生涯」『釧路公立大学紀要　人文・自然科学研究』二三号、一—二三頁。

リスター、ルース（二〇〇四＝二〇一一）『貧困とはなにか——概念・言説・ポリティクス』明石書店。

Abel-Smith, B & Townsend, P. (1965) The Poor and the Poorest G. Bell & Sons Ltd.

Beatrice, W. (1926) *My apprenticeship*. Longmans.

Booth, C. (1902-1903) *Life and Labour of the People in London* (17 Volumes), Macmillan and Co.

Briggs, A. (1961) "*A study of the work of Seebohm Rowntree, 1871-1954*" Longmans.

Rowntree, B.S. (1901) *Poverty : a study of town life*, Palgrave Macmillan（長沼弘毅訳（一九五九）『貧乏研究』ダイヤモンド社）.

Townsend, P. (1979) *Poverty in the United Kingdom*, Allen Lane and Penguin Books.

Townsend, P. (2000) "Post-1945 Poverty Research and Things to Come," Bradshaw, J. and Sainsbury, R. eds., *Researching Poverty*, Ashgate Publising, pp. 5-36.

第5章

日本における貧困率の推計(1)

渡辺久里子・四方理人

日本では総務省「全国消費実態調査」と厚生労働省「国民生活基礎調査」のそれぞれを用いた相対的貧困率が政府より公表されている。しかしながら、この二つの統計調査により推計された貧困率の水準は、大きく異なっている。本章では、統計調査による貧困率の差が生じる理由を検討し、また、貧困率の国際比較を行うことで、日本の貧困の特徴を示す。

1　相対的貧困基準と生活保護基準

一九九〇年代からの経済不況や非正規労働者の増加を背景として、日本の貧困問題が顕在化し、貧困研究の蓄積も進んでいる（西崎他 一九九八：駒村 二〇〇三：阿部 二〇〇六：橘木・浦川 二〇〇六：小塩・浦川 二〇〇八：小塩 二〇一〇：駒村他 二〇一七など）。研究結果からは、日本の貧困率は一九九〇年代からゆるやかな上昇傾向にあることが示されているが、貧困率の水準や近年の変動については、使用する貧困基準やデータによって異なる。

まず、貧困基準については、相対的貧困基準と日本の最低生活費である生活保護基準の二つが主に用いられる。相対的貧困基準は、中位収入・所得の一定割合を貧困の閾値としており、平均的な収入・所得が上がれば相対的貧困基準も上がり、平均的な収入・所得が下がれば相対的貧困基準も下がる。近年、ＯＥＣＤなどによる貧困率の国際比較においては、中位等価可処分所得の五〇％が貧困線として定められることが一般的である。一方、生活保護基準は、「健康で文化的な最低限度の生活」のための最低生活費を貧困の閾値としており、収入・所得が最低生活費を下回っている場合に貧困とみなす。

そして、多くの貧困研究で使用されている日本の公的統計は、総務省「全国消費実態調査」（以下、「全消」）、厚生労働省「国民生活基礎調査」（以下、「国生」）、「所得再分配調査」である。

例えば、小塩・浦川（二〇〇八）と駒村他（二〇一七）は、同じ相対的貧困基準を用いているが、前者は「国生」、後者は「全消」から貧困率を推計している。その結果、小塩・浦川（二〇〇八）は、二〇〇三年の相対的貧困率は一七・四％であったとしているが、駒村他（二〇一七）では、二〇〇四年時点で八・七％と推計しており、大きくかい離している。

また、橘木・浦川（二〇〇六）では、相対的貧困基準と生活保護基準を用いて、一九九五～二〇〇一年の「所得再分配調査」から貧困率を推計しているが、生活保護基準の貧困率は相対的貧困基準の五～六割程度となっている。

図5-1では、使用データ（＝「全消」と「国生」）と貧困基準（＝相対的貧困基準と生活保護基準）により、貧困率の推移にどのような違いがあるか示している。まず「全消」では、一九九四年から二〇〇九年にかけて、相対的貧困基準の貧困率は一％程度の上昇だったが、生活保護基準の貧困率は四％近くも上昇している。結果として、一九九四年においては生活保護基準より相対的貧困基準を用いた貧困率のほうが高かったが、二〇〇九年では生活保護基準による貧困率のほうが高くなっている。これは、同期間において平均的な世帯所得が下がり、相対的貧困線もそれに伴って低下した一方で、生活保護基準にはほとんど変化がなかったことが理由であると考えられる(2)。

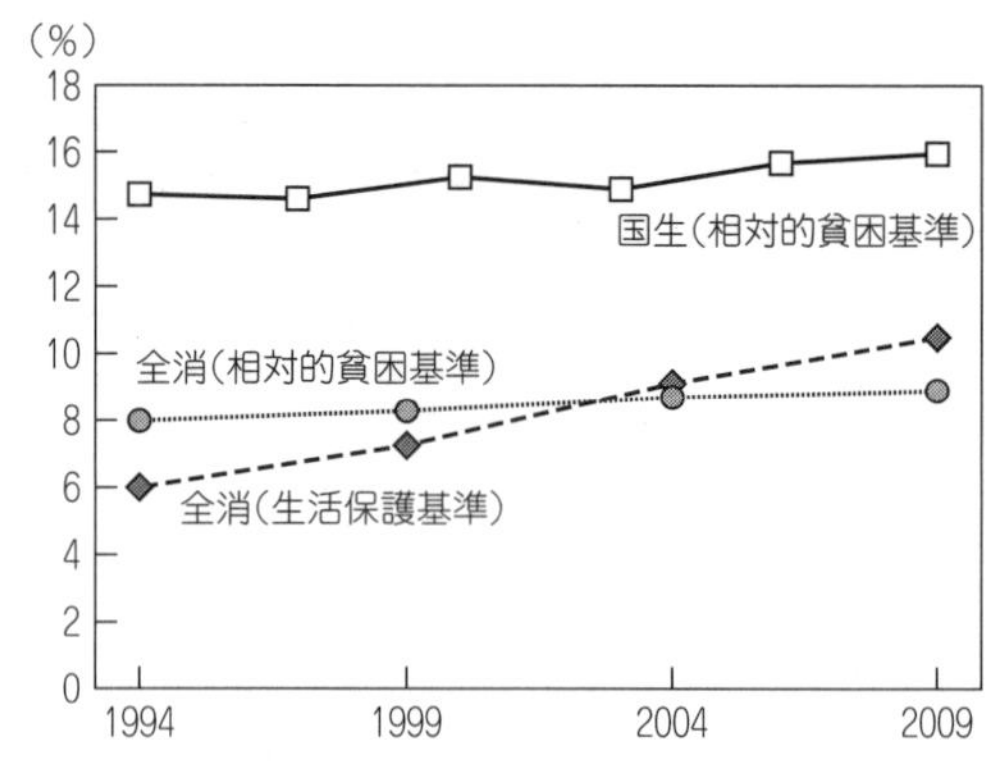

図5-1　相対的貧困基準と生活保護基準に基づく貧困率の推移

資料：全消（相対的貧困基準）の貧困率は駒村他（2017），全消（生活保護基準）は渡辺・四方（近刊），国生（相対的貧困基準）は厚生労働省（2014）。

出所：筆者ら作成。

「国生」の相対的貧困率は、「全消」を用いた相対的貧困率だけでなく、生活保護基準による貧困率より高いことが見てとれる。ただし、一九九四年から二〇〇九年の相対的貧困率の上昇幅は、「国生」も「全消」も一％程度と同水準である。

このように、「全消」と「国生」で相対的貧困率の水準は大きく違うものの、推移の傾向は近いといえる。一方で、相対的貧困基準と生活保護基準は、同一データを用いた貧困率の水準は近いものの変化の程度は異なっている。

本章では、「全消」と「国生」のデータの特性を確認したうえで、データによって貧困率に差が生じる理由の考察を行う。また、それぞれのデータを用いた貧困率の国際比較から日本の貧困の特徴を述べる。

2　日本の所得調査について

（1）「全消」と「国生」の特性

本節では、日本の貧困率の測定に用いられてきた大規模統計調査として、総務省の「全消」と厚生労働省の「国生」の比較検討を行う(3)。

「全消」は五年ごとの大規模調査であり、家計支出を記載する家計簿票に調査月の収入と税・社会保険料の項目が設けられており、年間収入は年収・貯蓄等調査票で把握されている。しかし、家計簿票による月収の把握は、勤労者世帯と無業世帯に限られており、自営業の世帯では月収と税・社会保険料は把握されていない。一方で、年収・貯蓄等調査票は全世帯が対象となっているものの、税・社会保険料が尋ねられていない。ただし、税・社会保険料については、世帯や個人ごとに推計を行い、可処分所得を把握するという試みがいくつかの先行研究で行われている。[4]

一方、「国生」では年収票から年間収入と税・社会保険料を捕捉することができるため、全世帯の可処分所得が長期間把握できる調査となっている。

(2) 所得分布の比較

まず、「全消」と「国生」の総所得で見た所得分布を他の大規模調査と比較したものが表5－1である。[5] この表から、総所得が二〇〇万円未満の割合は、「全消」が他の調査より低いことが見て取れる。

「就業構造基本調査」と「住宅・土地統計調査」は、年金等を含む世帯の総所得を階級値で選択する調査票となっている。選択式の場合、記入が容易であるためサンプルの偏りが少ないと考えられる。そして、「国生」は「全消」よりこの二つの所得分布に近く、偏りの少ない所得分布を反映しているように見える。しかし、一〇〇〇～一五〇〇万円および一五〇〇万円以上の高所得の割合は、「全消」と「国生」が他の調査より高く、比較的近い水準となっている。「全消」は、家計簿を数か月間記入する必要があり、調査対象者にとって負担の大きい調査方法である。そのため、機会費用の高い高所得層が抜け落ちやすいと考えられるにもかかわらず、「就業構造基本調査」と「住宅・土地統計調査」より高い割合で高所得者層を把握している。

この理由として、「全消」と「国生」は、各世帯員の所得を所得源泉ごとに尋ねるため、各世帯員の所得を漏れなく把握しているのではないかと考えられる。一方で、「就業構造基本調査」と「住宅・土地統計調査」は、記入者以外の他の世帯員の所得や労働所得以外の所得を十分に捉えられていないため、高所得の割合が低くなっているのではないだろうか。

そうだとすると「就業構造基本調査」と「住宅・土地統計調査」では、どの所得階層でも世帯主以外の所得や細かい所得源泉別の収入が把握されておらず、過少申告の可能性がある。しかしながら、二〇〇万円未満の所得割合は、これらの調査と「国生」が近い水準で、「全消」で低い。この差はなぜ生じるのであろうか。

表5－1　各調査による総所得の分布

（%）

調査名	全国消費実態調査		国民生活基礎調査		就業構造基本調査	住宅・土地統計調査
調査年	2009	2014	2010	2016	2012	2013
200万未満	12.7	13.8	18.5	19.6	22.4	20.7
200～300	13.3	14.6	13.5	13.7	15.2	17.8
300～400	15.2	15.8	13.1	13.2	13.8	15.7
400～500	13.4	12.8	11.1	10.4	10.9	12.6
500～1000	34.7	33.4	31.7	31.4	28.7	26.9
1000～1500	8.2	7.4	8.7	8.4	6.8	4.7
1500万以上	2.5	2.3	3.4	3.3	2.2	1.6

注：1）「就業構造基本調査」「住宅・土地統計調査」は，「不詳」を除いた。
　　2）社会保障給付等を含む総所得（税・社会保険料控除前）である。
出所：各調査の報告書より筆者作成。

（3）統計調査によって所得分布が異なる理由

この差については、前述したように「全消」の家計簿をつけるという負担の大きさが考えられる。低所得層において、家計簿をつける負担が回答拒否に結びついているかは明らかでないが、高所得層のほうが専業主婦世帯の割合が高いため、家計簿をつけることへの抵抗が小さいかもしれない。

次に、調査設計と集計方法も異なっている。「国生」は、調査時点の都道府県人口が母集団となっているが、「全消」の場合、各調査時点の四年前の国勢調査が母集団となっている(6)。そのため、同年の調査であったとしても、「全消」は実際より四年前の人口構成を代表する。しかしながら、「全消」では調査年の「労働力調査」を用いて、地域、世帯人員数、年齢、性別を補正し、集計を行っている。一方で、「国生」ではそのような補正を行っておらず、回答拒否等が多く発生すると、母集団の世帯分布とのずれが大きくなってしまう。

実際に、二〇一四年の「全消」と二〇一五年の「国生」の世帯主年齢別の世帯割合を、「国勢調査」と比較したものが図5-2である(7)。「全消」の七五歳以上の割合は、二〇一〇年と二〇一五年の「国勢調査」の間の水準である。一方、「国生」の七五歳以上の割合は、どの調査よりも高いことが見て取れる。

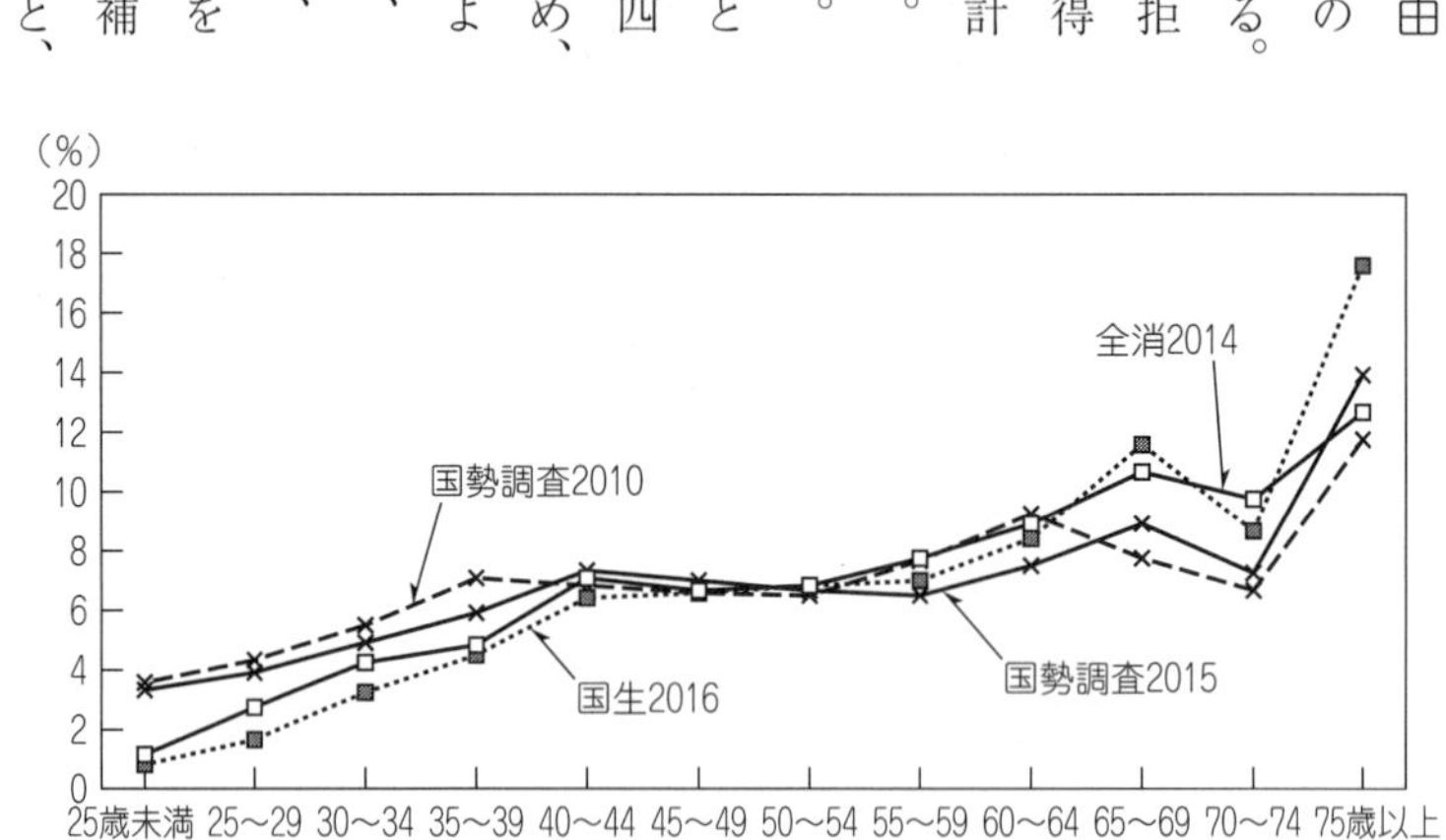

図5-2　世帯主年齢分布の比較

注：全国消費実態調査（2014年調査）と国民生活基礎調査（2016年調査：所得票）。
出所：各調査の公表統計より筆者作成。

若年層について、二〇歳代の世帯主割合は、「全消」も「国生」も「国勢調査」より低い。そして、三〇歳代四〇歳代では「全消」が二〇一五年の「国勢調査」に近く、「国生」がそれらより低い割合となっている。

そこで、世帯主年齢が二九歳以下と七〇歳以上を除いた「全消」と「国生」の所得分布を、全世帯の所得分布と比較したものが、図5-3となる。年齢による限定を行わない図5-3-Aでは、二〇〇万円未満の世帯割合が「全消」と「国生」で五・八％ポイント離れているが、世帯主年齢を三〇～六九歳に限定した図5-3-Bでは、三・七％ポイントに縮小しており、両調査の所得分布が近づいていることがわかる。

佐野他（二〇一五）は、「全消」と「国生」では二人以上世帯については世帯属性の平均に大きな違いはないが、単身世帯については、国勢調査との比較で「国生」の割合が低く、また、年齢構成も高齢者に偏っていると指摘している。前述したように「全消」は、年齢構成や世帯人員数等を集計時点に補正しているが、「国生」では行われておらず、単身世帯で偏りが生じている。

以上の点から、「全消」は家計簿をつける必要があるため回答者が偏り、高所得者と低所得者を十分に捕捉できない可能性があるが(8)、「国生」は世帯主が高齢者に偏っていること、単身世帯が過少に把握されていることが、所得分布を歪めている可能性がある。

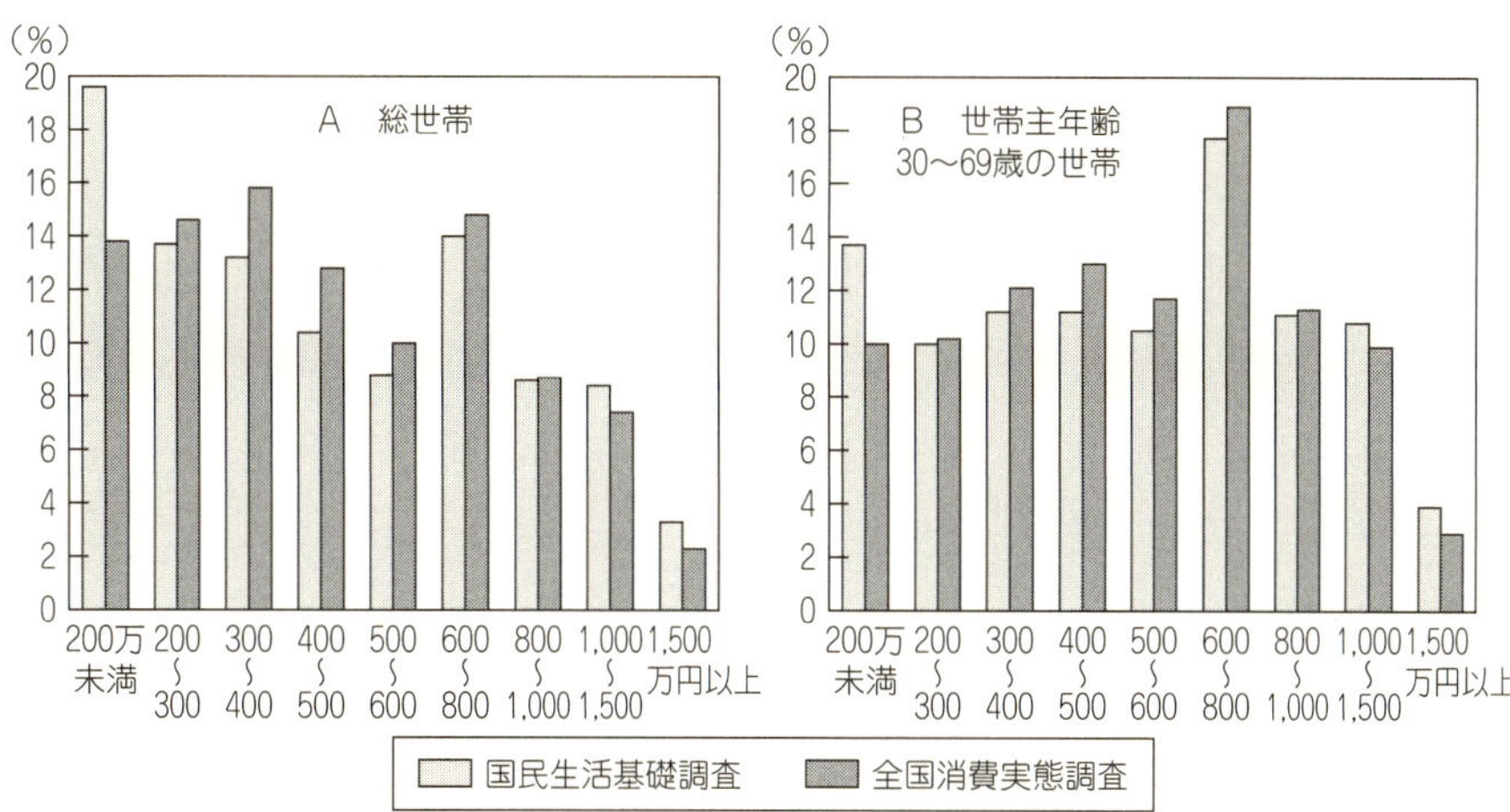

図5-3　「国生」と「全消」の総所得の分布

注：全国消費実態調査（2014年調査）と国民生活基礎調査（2016年調査：所得票）。

出所：各調査の公表統計より筆者作成。

3　貧困率の国際比較

（1）年齢階級別貧困率の比較

前節では、「国生」と「全消」のデータ特性について説明した。本節では、データ特性の違いが貧困率に与える影響はどれくらいあるのか、国際比較と併せて示したい。OECDのIncome Distribution Databaseには、各国の貧困・格差指標等が掲載されている。日本は、「国生」を用いた結果が登録されているため、「全消」による分析を行った駒村他（二〇一七）と比較することで、「国生」と「全消」の比較、さらには国際比較が可能である。

図5-4は、二〇〇九年時点のOECD諸国の相対的貧困率を年齢階級別に示したものである。「JPN（国生）」は「国生」による貧困率、「JPN（全消）」は「全消」による貧困率である（以下、同じ）。この図から二つのことが指摘できる。

第一に、「国生」による貧困率で見れば、日本はOECD諸国三四か国の中で、六番目に高く、アメリカの次に位置する。一方、「全消」で見れば二三番目と平均より低く、ドイツ、ベルギーなど大陸ヨーロッパ並みであることがわかる。

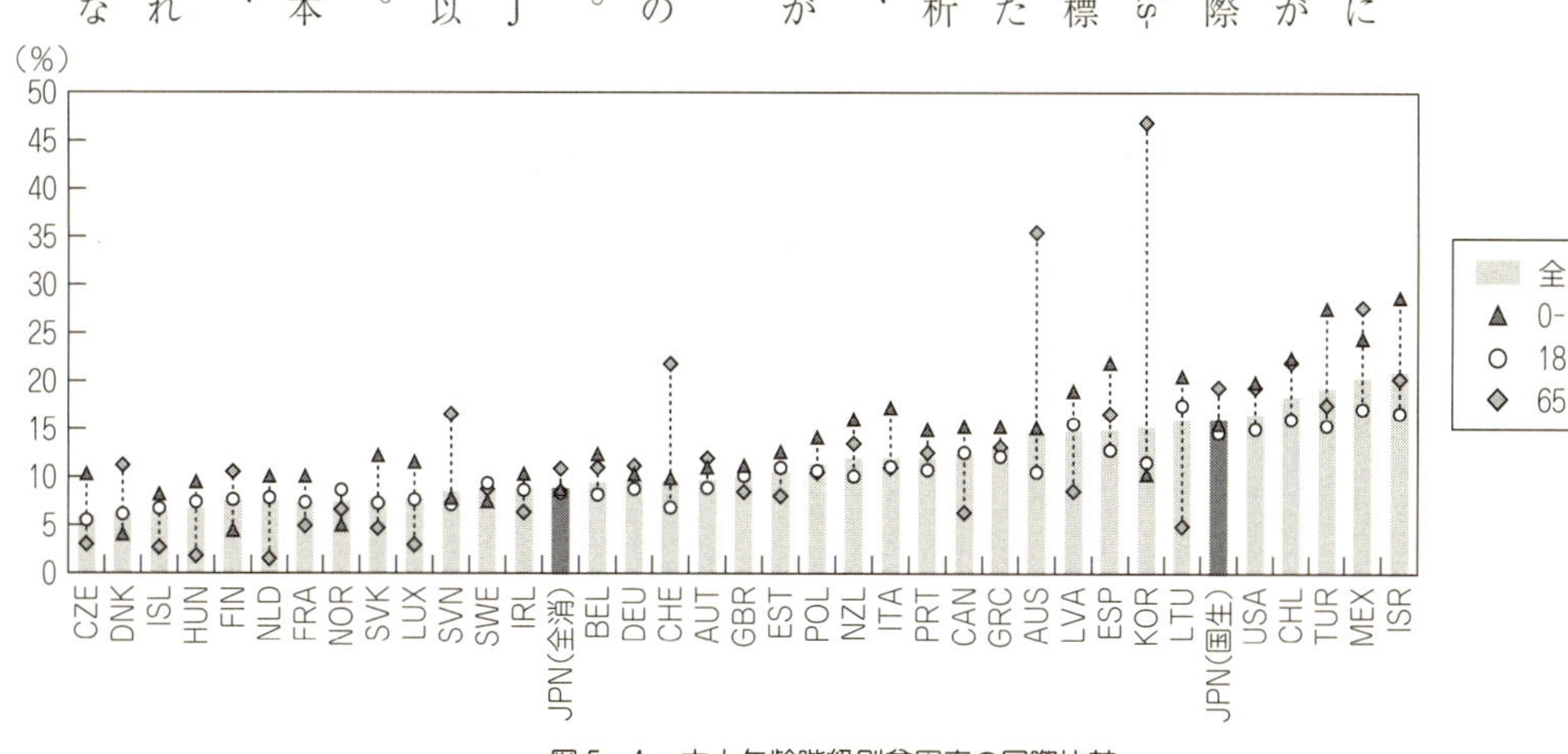

図5-4　本人年齢階級別貧困率の国際比較

注：オーストラリアとメキシコは2010年，それ以外の国は2009年のデータである。

資料：JPN（全消）は駒村他（2017），それ以外の国はOECD Income Distribution Database。

出所：筆者ら作成。

第二に年齢階級別に見ると、日本は「国生」でも「全消」でも高齢（六六歳以上）が最も高くなっている。[9] しかし、諸外国においては、半数以上の国で高齢者より子どもの貧困率のほうが高くなっている。

（2）子どものいる世帯の貧困率

そこで以下では、子どもと高齢者の貧困率について、詳細に比較をしたい。図5－5から図5－7は、子どものいる世帯の貧困率を低い順に並べて示している。図5－5を見ると、「全消」による貧困率は、三三か国中低いほうから四番目である一方、「国生」では二七番目と高いグループに属している。「全消」と「国生」では、子どものいる世帯の貧困率が大きく異なっていることがわかる。

しかし、世帯の就労人数から子どものいる世帯の貧困率を比較するとデータの違いを超えた、日本の特徴が明らかとなる。図5－6からふたり親世帯の貧困率を就労人数別に見ると、[10] 諸外国においては就労者が追加的に増えると、貧困率は顕著に低下する。日本でも、就労者なしと比べ就労者が一人になると貧困率が大きく低下するが、就労者が一人から二人以上になってもほとんど貧困率が下がらない。これは、主に夫の所得が高くなると、妻は就労しない傾向にあり、また、妻が就労したとしても多くがパートタイム就労などの非正規雇用であるため、妻の就労収入が低いことが影響していると考えられる。

図5－7のひとり親世帯の結果からも同様のことがいえる。諸外国においては、ひとり親が就労することによって貧困率は大幅に低下しているが、日本ではその低下幅が小さい。そのため、ひとり親が就労している場合の貧困率は、「全消」で見ても「国生」で見ても日本は諸外国の中で最も高くなっている。これも、ひとり親が就労する場合、非正規雇用が多いことが要因である。実際に、厚生労働省「平成二三年度全国母子世帯等調査」によると、就労している母子世帯のうち六割が非正規雇用もしくは自営業・家族従業者である。

（3）高齢者の貧困率

続いて、高齢者の貧困率を国際比較する。図5－8は、高齢世帯主の世帯構成

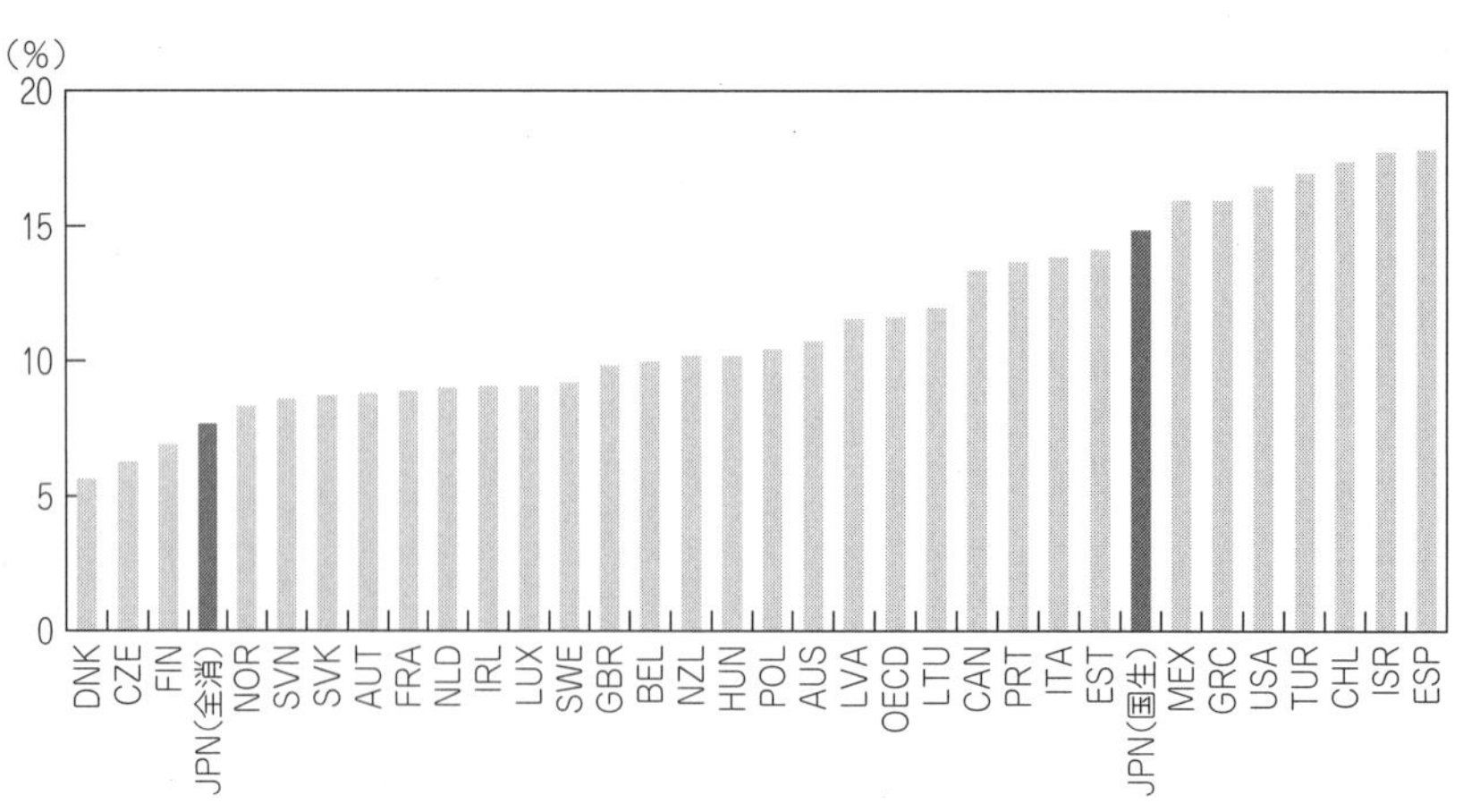

図5－5　子どものいる世帯の貧困率

注：1）JPN（全消）は2009年のデータ，それ以外は2013年前後のデータである。
　　2）子どものいる世帯の貧困率は，大人（18～64歳）と子ども（18歳未満）がそれぞれ1人以上いる世帯のヘッドカウント率を示す。
資料：JPN（全消）は駒村他（2017），それ以外の国はOECD Family Database。
出所：筆者ら作成。

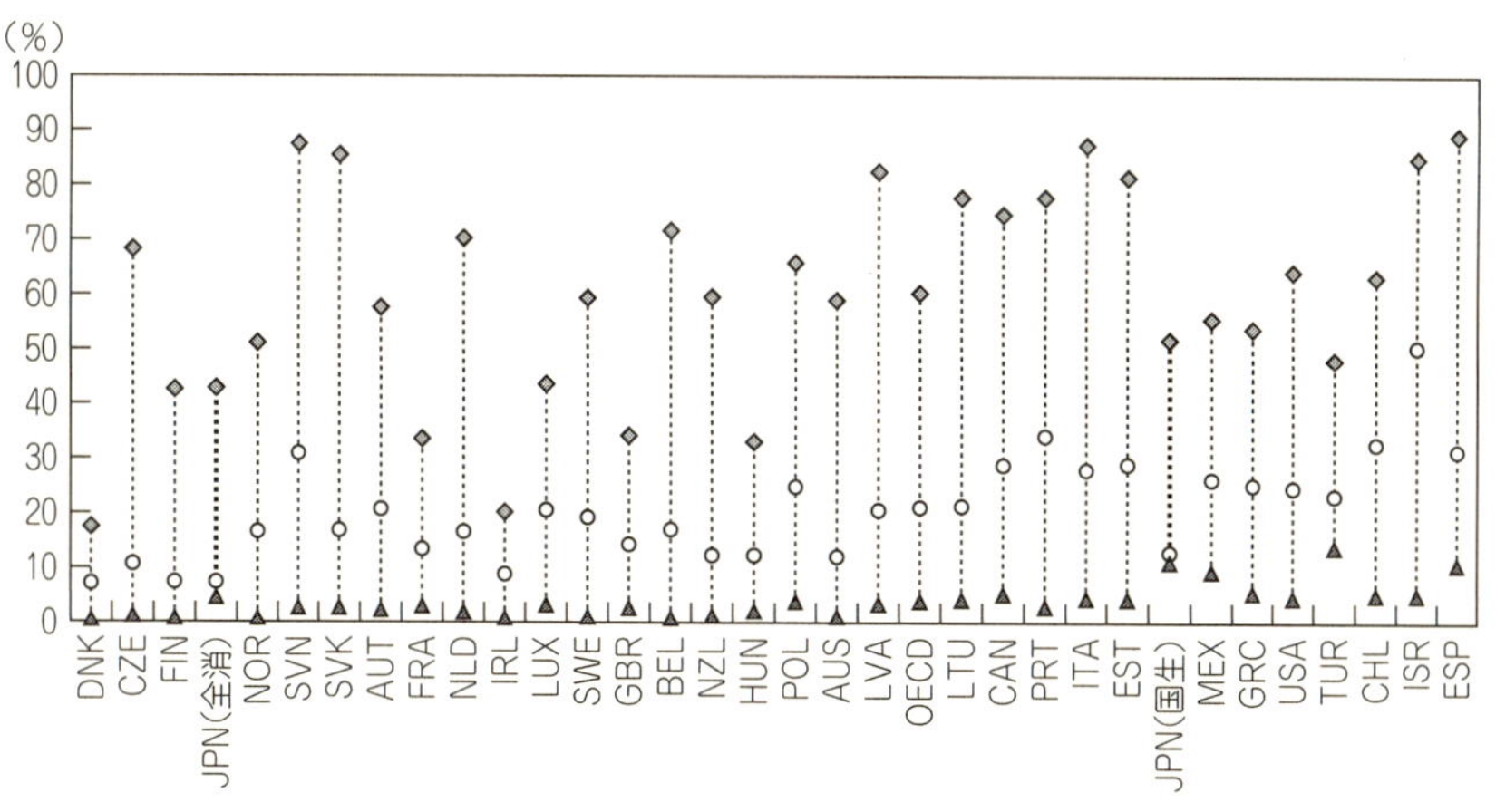

図5-6　ふたり親（大人2人以上）世帯の貧困率

注：1）JPN（全消）は2009年のデータ，それ以外の国は2013年前後のデータである。

2）大人（18～64歳）2人以上と子ども（18歳未満）が1人以上いる世帯のヘッドカウント率を示す。

資料：JPN（全消）は駒村他（2017），それ以外の国はOECD Family Database。

出所：筆者ら作成。

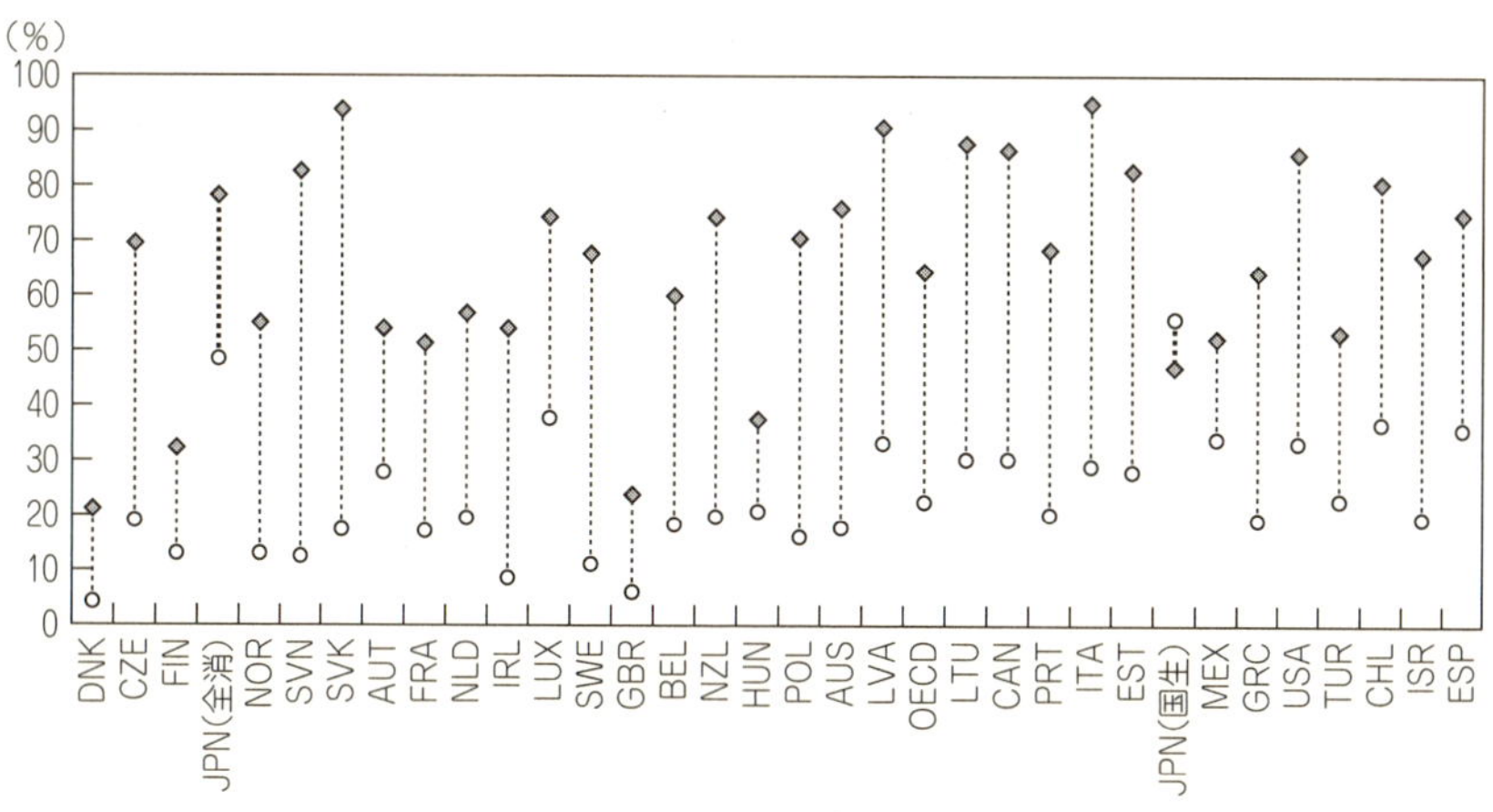

図5-7　ひとり親（大人1人）世帯の貧困率

注：1）JPN（全消）は2009年のデータ，それ以外の国は2013年前後のデータである。

2）大人（18～64歳）が1人と子ども（18歳未満）が1人以上いる世帯のヘッドカウント率を示す。

資料：JPN（全消）は駒村他（2017），それ以外の国はOECD Family Database。

出所：筆者ら作成。

別貧困率である。いずれの国においても単身高齢者の貧困率は、夫婦高齢者の貧困率よりも高くなっている。ただし、オランダ、チェコ、ルクセンブルク、ニュージーランドなどは世帯構成による貧困率の差はほとんどない。

図5-9は高齢者の男女別貧困率である。この図からどの国においても、高齢女性のほうが高齢男性よりも貧困率が高くなっていることがわかる。ただし、男女差の程度は国によって異なり、アイルランド、ルクセンブルク、オランダ、フランスなどは小さい一方で、スロベニア、アメリカ、ドイツなどでは大きい。日本は、「国生」の結果は非公表であったが、「全消」で見るとおよそOECD平均並みである。

OECD（2009）は、高齢者貧困率の男女差の最大の理由は世代効果（cohort or generational effects）であると指摘している。すなわち、現在の後期高齢者の多くが働き始めたのは一九六〇年代であり、その当時は平均第一子出産年齢が若く、平均子ども数も多か

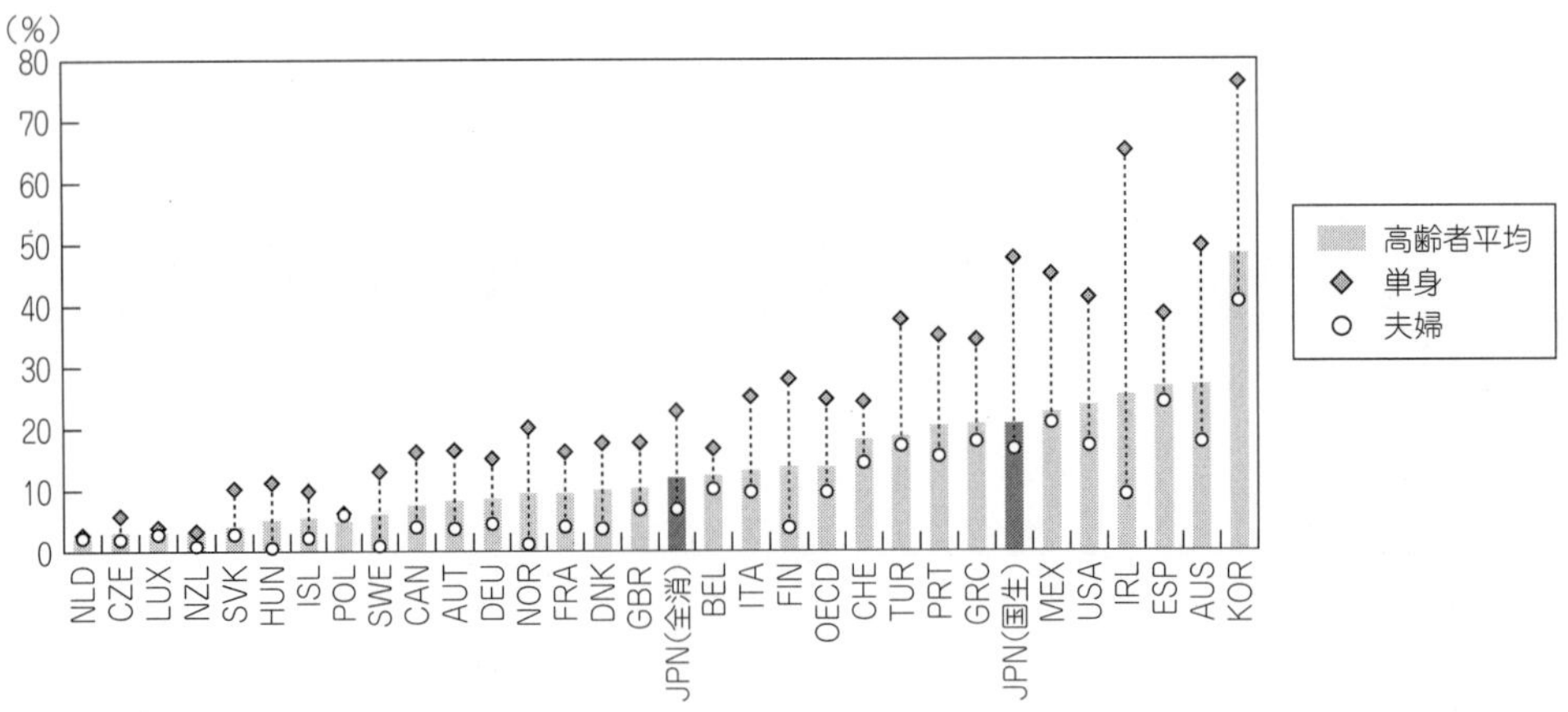

図5-8　世帯構成別高齢者世帯主の貧困率

注：JPN（全消）は2009年のデータである。JPN（全消）は世帯主年齢ではなく，本人年齢で測定された結果である。
出所：JPN（全消）は駒村他（2017），それ以外の国はOECD（2008）。

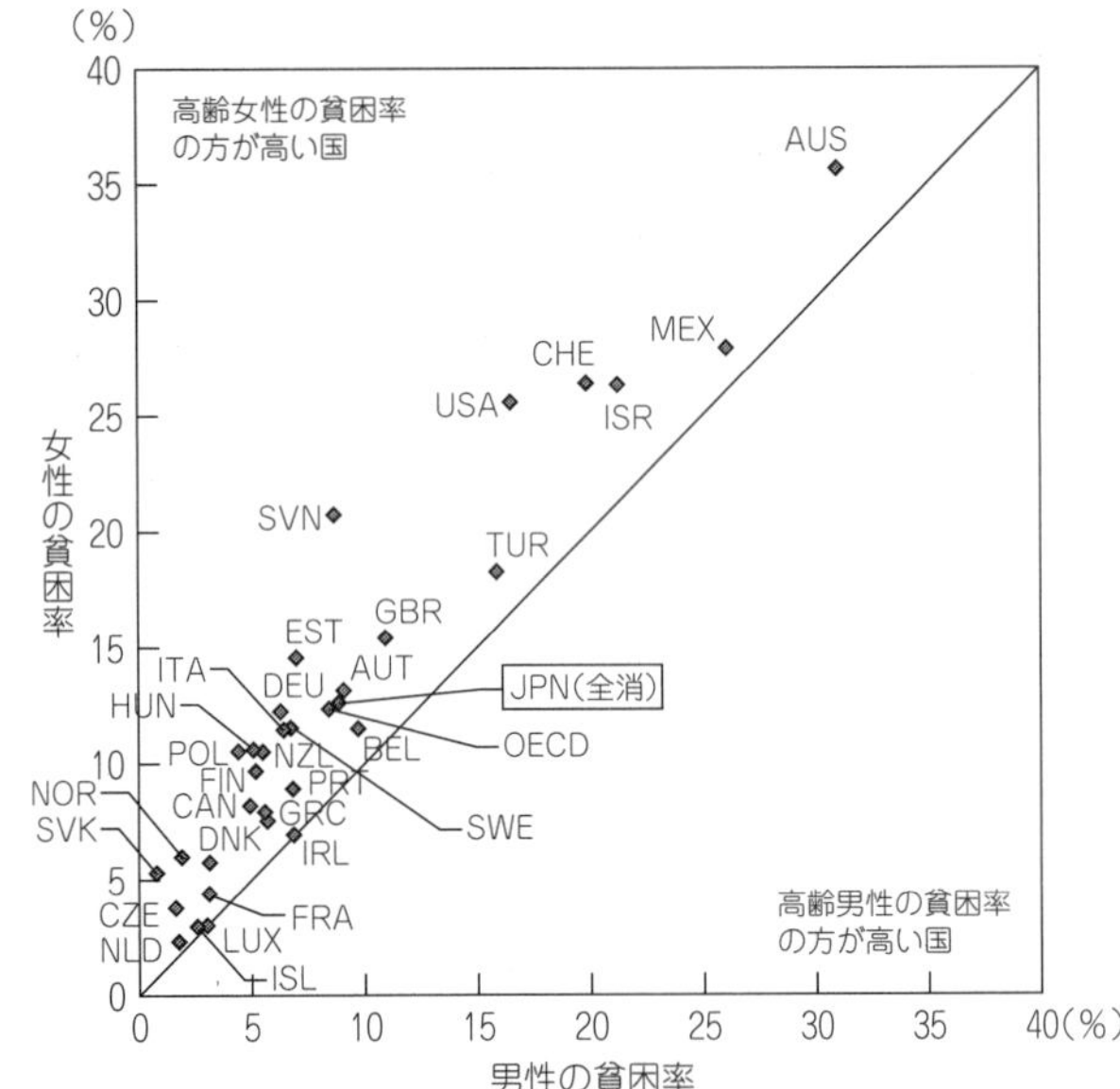

図5-9　男女別高齢者の貧困率

注：JPN（全消），チリ，フィンランド，ハンガリー，イスラエル，オランダ，アメリカ，韓国は2009年のデータ，トルコは2011年のデータ，それ以外の国は2012年のデータ。
出所：JPN（全消）は駒村他（2017），それ以外の国はOECD（2015）。

ったため、女性は子育てによるキャリア中断が長かった可能性がある。また、男女の賃金ギャップが現在よりも大きく、保険料拠出期間も短かったため、女性が自身の年金権を確立していてもその給付額は少ないか、あるいは夫の給付に依存していることも多かった。年金制度上の制約としては、以前は女性の年金支給開始年齢が男性よりも早く、その分保険料拠出期間が短かったことも、給付額が少なくなる要因となっていた。これらが世代効果となって、高齢女性の貧困率は高齢男性よりも高い傾向になっている可能性が指摘されている。

清家・山田（二〇〇四）や山田他（二〇一四）によると、日本において高齢女性の貧困率が高くなる理由は、夫との死別に伴う就労所得の喪失が大きく、特に夫が自営業であった場合に、その喪失を埋め合わせるだけの公的年金が不十分である点を指摘している。

（4）貧困リスクグループの変化

最後に、図5-10は高齢者の貧困率と全人口の貧困率をプロットしたものである。図の右下のエリアは高齢者の貧困率が、全人口の貧困率よりも低いことを示す。図の左上のエリアは、その逆である。二〇〇〇年代半ばの時点では、高齢者の貧困率のほうが高い国は、三〇か国中一九か国であったが、リーマンショック直後の二〇〇九年には三六か国中一七か国となった。そして、二〇一二年には三六か国中一四か国となり、高齢者の貧困率が全人口の貧困率よりも高い国のほうが少なくなっている。

日本においては、「全消」でも「国生」でも高齢者の貧困率は過去二〇年間で低下していたが、全人口の貧困率より高い状況が続いている（駒村他二〇一七）。つまり、諸外国においては貧困に陥りやすいグループが高齢者から子どもおよび若年へと変化していったのに対し、日本では依然として高齢者がリスクグループであるといえる。

山田・四方（二〇一六）が指摘するように、日本において高齢単身世帯および高齢夫婦のみの世帯の貧困率が近年大きく低下しているにもかかわらず、高齢者全体の貧困率の低下幅が小さい理由は、もともと貧困率の低い有配偶の子と同居する高齢者の割合が大きく低下したことによる。

日本における貧困研究の課題

本章では、推計に用いる統計調査によって日本の貧困率はどのように異なるか、またそれらの結果を国際比較すると日本の特徴はどのように記述できるか検討した。その結果は次の三つに要約できよう。

第一に、「全消」と「国生」の貧困率は大きく異なり、ＯＥＣＤ諸国と比較すると、「全消」は中位程度であったのに対し、「国生」では貧困率の高い国に位置していた。この理由としては、「全消」が他の調査との比較で低所得世帯の割合が低い点、「国生」の高齢世帯主割合が国勢調査とかい離している点などをあげることができる。

第二に、子どもの貧困率も「全消」と「国生」で大きく異なっているが、ふたり親世帯において、就労者が一人だけの世帯と二人以上の世帯で貧困率が変わらない点、ひとり親世帯の貧困率が高く、特に親が就労している場合での貧困率がＯＥＣＤの中で最も高い点が、両調査で共通した特徴となっている。

第三に、日本の高齢者の貧困率は、現役世代や子どもの貧困率よりも高くなっている。この点は、国際比較上では一般的とはいえず、現在では、ＯＥＣＤ諸国の中で高齢者の貧困率が全人口の貧困率よりも低い国の方が多い傾向にある。

最後に、日本における貧困率の測定についての今後の課題をあげる。まず、本章では「全消」と「国生」での所得分布の違いについて、「全消」では家計簿を記入する調査方法であること、「国生」における世帯分布の歪みなどを指摘したが、「全消」と「国生」の貧困率の差が生じる理由については十分に解明されているわけではない。実際に、両調査の相対的貧困率の差について、内閣府、総務省、厚生労働省の三府省合同で検証した結果、世帯主年齢と世帯類型のそれぞれを調整した場合においても、「全消」、「国生」ともに貧困率に大きな変化がなかったとされる（内閣府・総務省・厚生労働省 二〇一五）。したがって、両調査の貧困率の差が生じる理由については、残された検証課題であるといえる。

次に、貧困率に対する政策効果の議論が不十分であるといえる。特に、公的年金や社会手当などの現金給付については高齢者と子どもの貧困率に影響を与える。「全消」の二〇一四年調査では子どもの貧困率が前回調査（二〇〇九年）より低下

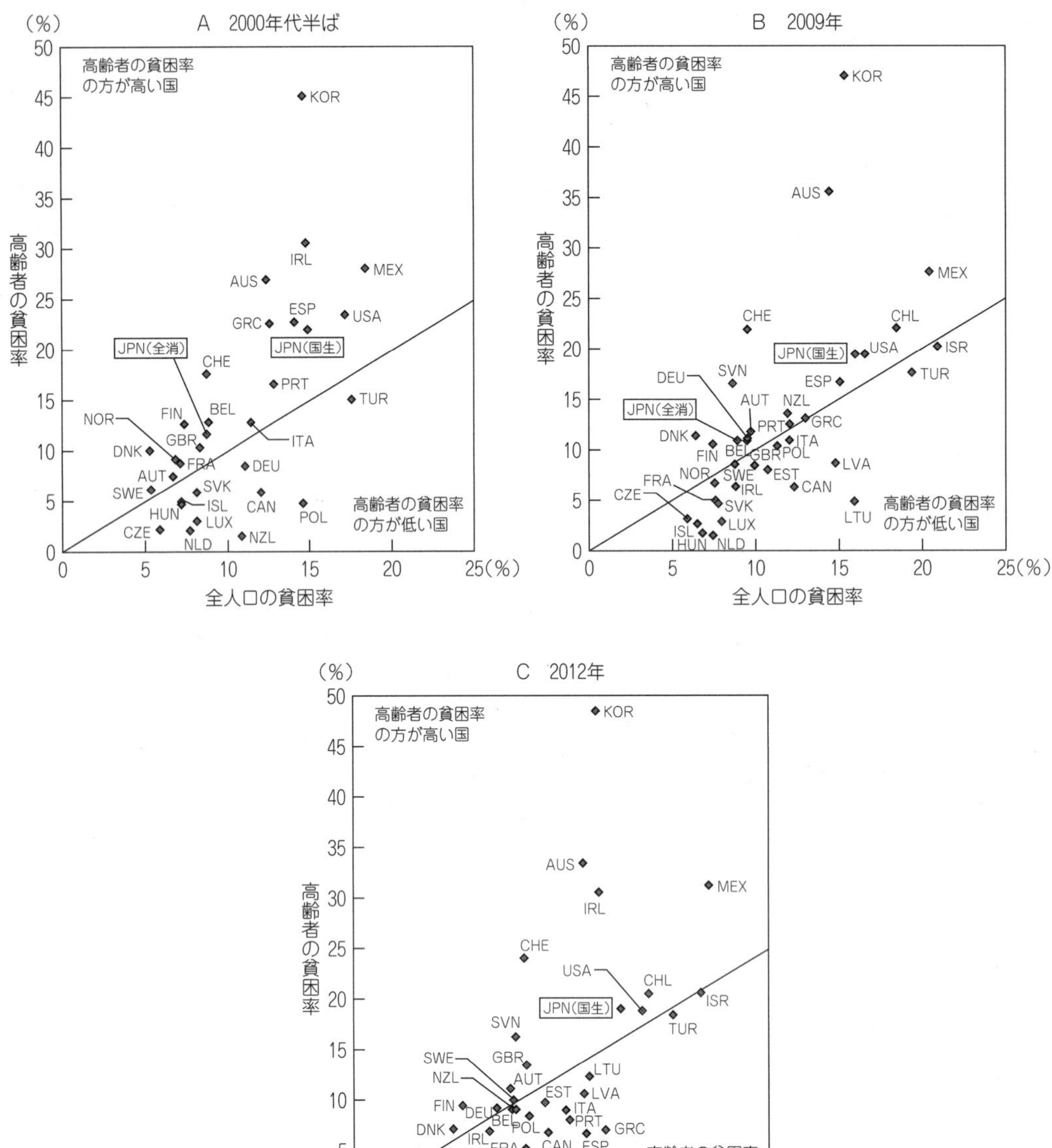

図5-10　全人口と高齢者における貧困率の比較

注：1）パネルAについては，JPN（全消）は2004年のデータ。

2）パネルBについては，オーストラリアとメキシコは2010年，JPN（全消）を含むそれ以外の国は2009年のデータである。

3）パネルCについては，カナダ，チリ，デンマーク，フランス，ドイツ，イスラエル，ニュージーランド，ノルウェー，スウェーデン，スイス，トルコ，イギリスは2011年のデータである。それ以外の国は2012年のデータである。

出所：JPN（全消）は，駒村他（2017）。諸外国データは，パネルAはOECD（2009），パネルBおよびCはOECD Income Distribution Database。

したが、同時期の「国生」ではそのような低下が観察されていない。この低下の原因については、アベノミクスの成果という評価があるものの、田中（二〇一七）は公表データを用いて可処分所得の検証を行い、二〇一〇年の子ども手当の導入を経た児童手当の給付水準の引き上げの影響があることを示している。

また、高齢者の貧困の防止と再分配は、公的年金の目的の一つとしてあげることができるが、今後マクロ経済スライドにより公的年金が実質的に引き下げられることが予想されている。年金額の水準は保険料の拠出歴に左右されるため、高齢者の貧困率がマクロ経済スライドによりどのように推移するかの予測には、現在の現役世代を含めた社会保険料拠出の情報を用いたマイクロシミュレーションの手法による将来推計が必要となる。[11]このような、政策効果や年金制度改正の影響の測定には個人の年金記録を用いたデータ分析を行うなどの研究が望まれる。

【注】

（1）本章は、科学研究費助成事業（学術研究助成基金助成金）（基盤研究(C)「所得・消費・資産・主観的データを用いた貧困基準の総合的研究」（研究代表者：駒村康平）の研究の一環として行われた。なお、本章は筆者らの所属機関の見解を示すものではなく、すべての誤りは筆者らに帰する。本章の第2節は、四方（二〇一五）を改定したものである。

（2）小塩・浦川（二〇〇八）は、一九九八年から二〇〇六年の「国生」を用いて相対的貧困率の推計を行っているが、所得分布の全体的な低所得化が進む中で相対的貧困基準の貧困線が下方シフトしたため、二〇〇〇年代前半において貧困率が低下しなかったとしている。

（3）そのほかに、厚生労働省の「所得再分配調査」があるが、この調査は「国生」のサブサンプルとなっている。

（4）税・社会保険料の推計については、田中・四方（二〇一二）に詳しい。

（5）「所得再分配調査」は、社会保障給付が含まれない当初所得の所得分布は公表されているが、総所得の所得分布については公表されていない。

（6）そのほかに、単身の学生の世帯が「国生」には含まれるが、「全消」には含まれないといった違いがある。母集団の調査設計の違いについては、舟岡（二〇〇一）が詳しい。

（7）ただし、「全消」での世帯主の定義は「世帯主とは、名義上の世帯主ではなく、その世帯の家計の主たる収入を得ている人」である。一方、「国生」での定義が「年齢や所得にかかわらず、世帯の中心となって物事をとりはかる者」となっている。そして、「国勢調査」では、「収入の多少、住民基本台帳の届出等に関係なく、各世帯の判断」によると、三調査とも異なることに注意が必要である。

（8）宇南山（二〇一一）は、「全消」と同様に家計簿をつける必要がある「家計調査」（総務省）について、専業主婦割合が過大であることを指摘している。

（9）OECDでは、高齢者の定義が六六歳以上となっているが、日本は例外的に六五歳以上の結果が登録されている。

（10）ただし、OECDでは大人一人または二人と子どもの世帯について貧困率を比較しており、大人と子どもの続柄は考慮されていない。そのため、大人が子どもの親であるとは限らないが、多くの場合は親子関係であると考えられることから、本章では便宜的にふたり親およびひとり親と表記した。

（11）稲垣（二〇一三）は、独自のダイナミック・マイクロシミュレーションにより結婚・離婚行動の変化が将来の高齢者の貧困率がどのように変化するかを推定している。また、稲垣（二〇一六）では、二〇〇九年の財政検証を反映するかたちで、ダイナミック・マイクロシミュレーションの手法を用い、第3号被保険者制度を廃止し、専業主婦も保険料を納付することによって、基礎年金水準が上昇し、未婚・離婚の高齢女性の貧困率が改善することを示している。

【参考文献】

阿部彩（二〇〇六）「貧困の現状とその要因——一九八〇—二〇〇〇年代の貧困率上昇の要因分析」小塩隆士・田近栄治・府川哲夫編『日本の所得分配—格差拡大と政策の役割』東京大学出版会。

稲垣誠一（二〇一三）「高齢者の同居家族の変容と貧困率の将来見通し——結婚・離婚行動変化の影響評価」『季刊社会保障研究』第四八巻第四号、三九六—四〇九頁。

稲垣誠一（二〇一六）「第3号被保険者制度廃止の財政的影響と貧困率の将来見通し」『日本年金学会誌』第三五号、三〇—三五頁。

宇南山卓（二〇一一）「家計調査の課題と改善に向けて」『統計と日本経済』第一巻第一号、三—二八頁。

小塩隆士（二〇一〇）『再分配の厚生分析—公平と効率を問う』日本評論社。

小塩隆士・浦川邦夫（二〇〇八）「二〇〇〇年代前半の貧困化傾向と再分配政策」『季刊社会保障研究』第四四巻第三号、二七八—二九〇頁。

駒村康平（二〇〇三）「低所得世帯の推計と生活保護」『三田商学研究』第四六巻第三号、一〇七—一二六頁。

駒村康平・渡辺久里子・田中聡一郎・四方理人（二〇一七）「日本の所得格差と貧困——『全国消費実態調査』（一九九四—二〇〇九）を用いた検証」『Keio-IES Discussion Paper Series』DP2017-013.

厚生労働省（二〇一四）『平成二五年国民生活基礎調査の概況』http://www.mhlw.go.jp/toukei/saikin/hw/k-tyosa/k-tyosa13/dl/16.pdf（最終確認　二〇一六年一二月一日）。

佐野晋平・多田隼人・山本学（二〇一五）「世帯調査の方法と調査世帯の性質――世帯構成、年収、学歴に関する比較」『フィナンシャル・レビュー』第一二二号、四―二四頁。

四方理人（二〇一五）「所得格差の研究動向――所得格差と人口高齢化を中心として」『貧困研究』第一四号、四七―六三頁。

清家篤・山田篤裕（二〇〇四）『高齢者就業の経済学』日本経済新聞社。

田中聡一郎（二〇一七）「子どもの貧困率二％減を考える――平成二六年全国消費実態調査の検討から」『週刊社会保障』第二九一三号、五四―五九頁。

田中聡一郎・四方理人（二〇一二）「マイクロシミュレーションによる税・社会保険料の推計」ソシオネットワーク戦略ディスカッションペーパーシリーズ（関西大学ソシオネットワーク戦略研究機構）第二五号。

橘木俊詔・浦川邦夫（二〇〇六）『日本の貧困研究』東京大学出版会。

内閣府・総務省・厚生労働省（二〇一五）『相対的貧困率等に関する調査分析結果について』http://www5.cao.go.jp/keizai3/kakusa/20151218kakusa.pdf（最終確認　二〇一六年一二月一日）。

西崎文平・山田泰・安藤栄祐（一九九八）「日本の所得格差――国際比較の視点から」『経済分析―経済研究の視点シリーズ』第一一号。

舟岡忠雄（二〇〇一）「日本の所得格差についての検討」『経済研究』第五二巻第二号、一一七―一三一頁。

山田篤裕・四方理人（二〇一六）「高齢者の貧困の構造変化と老齢加算廃止による消費への影響」『社会保障研究』第一巻第二号、三九九―四一七頁。

山田篤裕・小林江里香・Jersey Liang（二〇一四）「所得の世代間連鎖とその男女差――全国高齢者パネル調査（JAHEAD）子ども調査に基づく新たな証拠」『貧困研究』第一三号、三九―五一頁。

渡辺久里子・四方理人「所得・資産を用いた生活保護基準未満世帯の推移」『三田学会雑誌』近刊。

OECD (2008) Growing Unequal?: Income Distribution and Poverty in OECD Countries, OECD Publishing.

OECD (2009) Pensions at a Glance: Retirement-income Systems in OECD Countries, OECD Publishing.

OECD (2015) Pensions at a Glance: OECD and G20 Indicators, OECD Publishing.

第 II 部

貧困の原因と様態

第6章 単身世帯と貧困

藤森克彦

長らく日本では、正社員として働く夫と、妻と子どもからなる世帯を「標準世帯」として、世帯内の支え合いによって、貧困を含む様々な生活上のリスクに対応してきた。
しかし、世帯類型が多様化しており、従来のように世帯の中で貧困リスクなどへ対応することが難しくなっている。単身世帯は、その象徴といえる。というのも、単身世帯は同居人からの支援を受けられないので、病気や失業などによって本人が無収入になれば貧困に陥りやすい。また、高齢単身世帯は他の世帯類型に比べて、貧困に陥る人の比率が高い。
そこで本章では、単身世帯の増加状況とその背景を概観した上で、単身世帯の貧困の実態とその要因を考察する。そして最後に、単身世帯の貧困への対応策を考える。

1 単身世帯の増加の実態と将来予測

(1) 単身世帯の増加状況

まず、単身世帯[1]の増加状況を概観していこう。

二〇一五年現在、日本では一八四二万人が一人暮らしをしており、全国民の七人に一人(一四・五%)が一人暮らしという状況だ。一九八五年は、全国民の一六人に一人強(六・五%)が一人暮らしだったので、総人口に占める一人暮らしの比率は、この三〇年間で二・二倍に高まった。

男女別・年齢階層別に一九八五年から二〇一五年にかけての単身世帯の増加状況をみると、単身世帯は中年層や高齢者層で大きく増加している(図6-1)。具体的には、一九八五年から二〇一

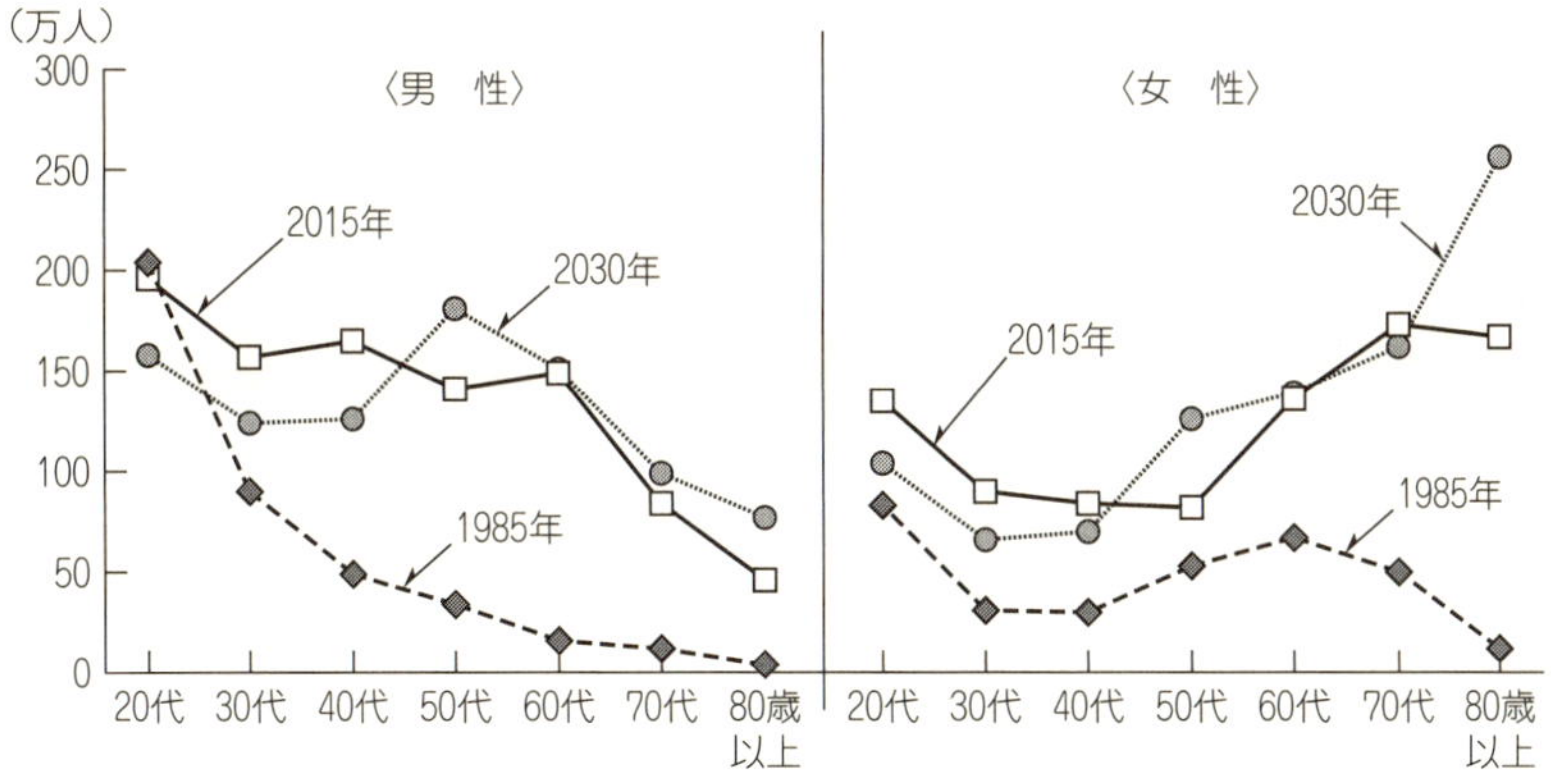

五年にかけて単身世帯が四倍以上増加した年齢階層をあげると、男性では五〇代（四・二倍）、六〇代（九・一倍）、七〇代（七・〇倍）、八〇歳以上（一一・〇倍）、女性では八〇歳以上（一三・七倍）である。一方、二〇代・三〇代の単身世帯の伸びは、男女ともに一～三倍弱であり、中年層や高年齢層に比べて伸びが小さい。

図6-1　男女別・年齢階層別の単身世帯数の推移

出所：1985年と2015年は総務省「国勢調査」（実績値）。2030年は国立社会保障・人口問題研究所「日本の世帯数の将来推計（全国推計）」（2013年1月推計）による将来推計に基づき，筆者作成。

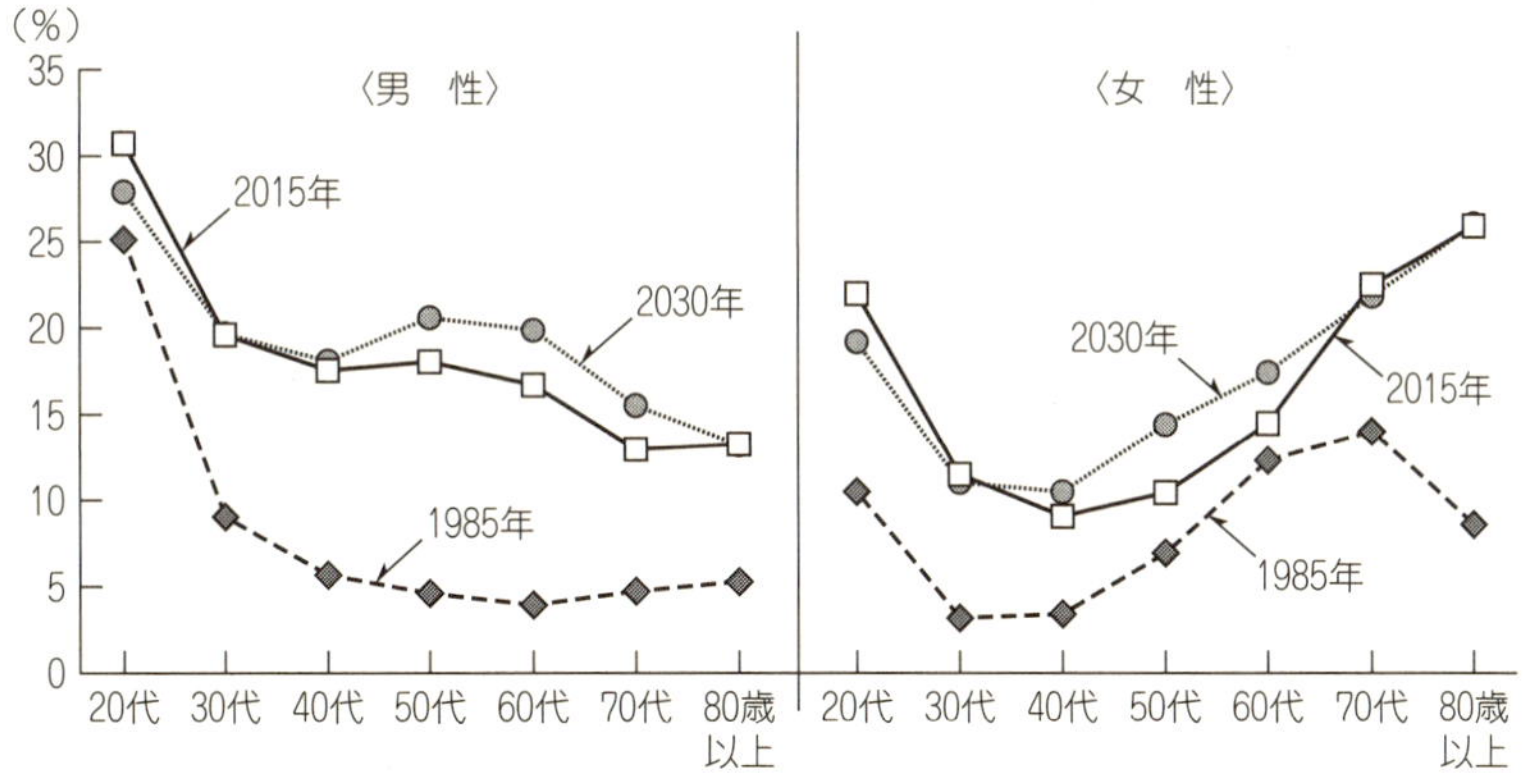

　次に、男女別・年齢階層別人口に占める単身世帯の比率をみると、男性では五〇代・六〇代の中年層、女性では七〇代・八〇代の高齢者層で単身世帯比率が大きく上昇している（図6-2）。具体的には、一九八五年に五〇代男性に占める単身者の割合は五％であったが、二〇一五年には一八％になった。今では、五〇代男性の五人に一人弱が一人暮らしである。また、女性で単身世帯比率が大きく変化してきたのは、八〇歳以上である。一九八五年には八〇歳以上女性の九％が一人暮らしであったが、二〇一五年には二六％に上昇した。実に、八〇歳以上女性の四人に一人が単身世帯になっている。

図6-2　男女別・年齢階層別人口に占める単身者の割合の推移

注：1985年，2015年は実績値。2030年は推計値（2010年基準推計）。

出所：1985年，2015年の値は総務省「国勢調査」。2030年は，国立社会保障・人口問題研究所編「日本の世帯数の将来推計（全国推計）」（2013年1月推計）と，同「日本の将来推計人口（2012年1月推計）」（中位推計）により，筆者作成。

（2）今後の単身世帯の増加状況

　二〇一五年から二〇三〇年にかけての単身世帯数について、国立社会保障・人口問題研究所の将来推計（二〇一〇年基準推計）をみると、二〇代から四〇代で単身世帯数が減少する一方で、五〇代と八〇歳以上で単身世帯数が大きく増加していくとみられている。

　具体的には、二〇一五年現在、男性で最も多くの単身世帯を抱える年齢階層は「二〇代」である。しかし、二〇代男性の一人暮らしは、少子化の影響を受けて二〇三〇年までに二割ほど減っていく（前掲、図6-1）。また、二〇代のみならず、三〇代と四〇代においても、少子化の影響を受けて男性の単身世帯は減少する。女性においても同様で、二〇代から四〇代にかけて単身世帯数は減少するとみられている。

一方、二〇三〇年になると、男女ともに「八〇歳以上」で単身世帯数が大きく伸びる。具体的には、二〇三〇年の八〇歳以上の単身世帯数（男女合計）は、二〇一五年の一・六倍になると推計されている。

そして、二〇三〇年に八〇歳以上に次いで多くの単身世帯数を抱える年齢階層は、「五〇代」である。二〇三〇年の五〇代の単身世帯数（男女合計）は、二〇一五年の一・四倍になるとみられている。

（3）なぜ単身世帯は増えていくのか

では、なぜ今後、中年層や高齢者で単身世帯が増加するのか。

中年層で単身世帯が増加していく最大の要因は、未婚化の進展である。未婚者は、配偶者がいないので、単身世帯になりやすい。ちなみに、五〇歳時点で一度も結婚をしたことのない人の割合を「生涯未婚率」と呼ぶ。男性の生涯未婚率は一九八五年まで一～三％台で推移したが、九〇年以降、急激に上昇を始め、二〇一五年には二三％となった。そして二〇三〇年になると、男性の生涯未婚率は二八％になると推計されている。女性の生涯未婚率も、二〇一五年の一四％が二〇三〇年には一九％に高まるとみられている。

また、これに加えて、二〇三〇年には「団塊ジュニア（一九七一～七四年生まれ）」が五〇代になるので、五〇代の人口増加の影響によって単身世帯数が増えていく。

一方、八〇歳以上の高齢者で単身世帯が増加する最大の要因は、八〇歳以上の人口の増加である。二〇三〇年になると、人口規模の大きい「団塊の世代（一九四七～四九年生まれ）」が全員八〇歳以上になる。八〇歳以上人口が大きく伸びていくために、それに伴って八〇歳以上の単身世帯数も増加していく。

2　単身世帯の収入や資産状況

次に、単身世帯の収入や金融資産の状況を二人以上世帯と比べていく。

（1）単身世帯の収入状況

単身世帯と二人以上世帯の収入を比べる前に、「収入」について説明しておく。二人以上世帯は単身世帯よりも世帯員数が多いので、単純に世帯収入を比べた場合、世帯員の多い二人以上世帯の収入の方が高くなる。これでは生活実態を反映した収入の比較にはならない。そこで、二人以上世帯については、世帯所得を世帯人員一人あたりの生活水準を表すように調整する。具体的には、世帯所得を世帯員数の平方根で割ることによって「等価所得」を算出する（等価所得＝世帯所得／√世帯人員数）。

前記の手法から単身世帯と二人以上世帯の年間収入（等価所得ベース）を年齢階層別に比較すると、勤労期においては単身世帯の年収が二人以上世帯よりも高い水準にあるが、高齢期になると逆転する。すなわち、単身男性の年収は五〇代までは二人以上世帯を上回り、六〇代以降になると二人以上世帯の年収の方が高くなる（図6-3）。一方、単身女性の年収は、四〇代までは二人以上世帯を上回るが、五〇代以降になると二人以上世帯の年収を下回る。単身女性では、単身男性よりも一〇年早く二人以上世帯との間で年収の逆転が起こる。

（2）単身世帯と二人以上世帯の金融資産の比較

次に、単身世帯と二人以上世帯で金融資産を比較すると、前記と同様の点を指摘できる。貯蓄現在高は、いずれの年齢階層においても二人以上世

表6-1　単身世帯と二人以上世帯の貯蓄と負債（2014年）

（万円）

		30歳未満	30代	40代	50代	60代	70歳以上
単身男性	貯蓄現在高①	199	589	781	1,508	1,622	1,420
	負債現在高②	257	493	262	166	66	47
	金融資産（①－②）	−58	96	518	1,342	1,556	1,373
単身女性	貯蓄現在高①	148	385	936	1,376	1,651	1,344
	負債現在高②	83	33	383	151	50	33
	金融資産（①－②）	64	351	554	1,225	1,600	1,311
二人以上世帯	貯蓄現在高①	361	600	924	1,596	2,129	2,059
	負債現在高②	468	1,056	961	607	267	115
	金融資産（①－②）	−107	−456	−36	989	1,862	1,944

出所：総務省「平成26年全国消費実態調査（家計資産編）」第60-1表，第66表より筆者作成。

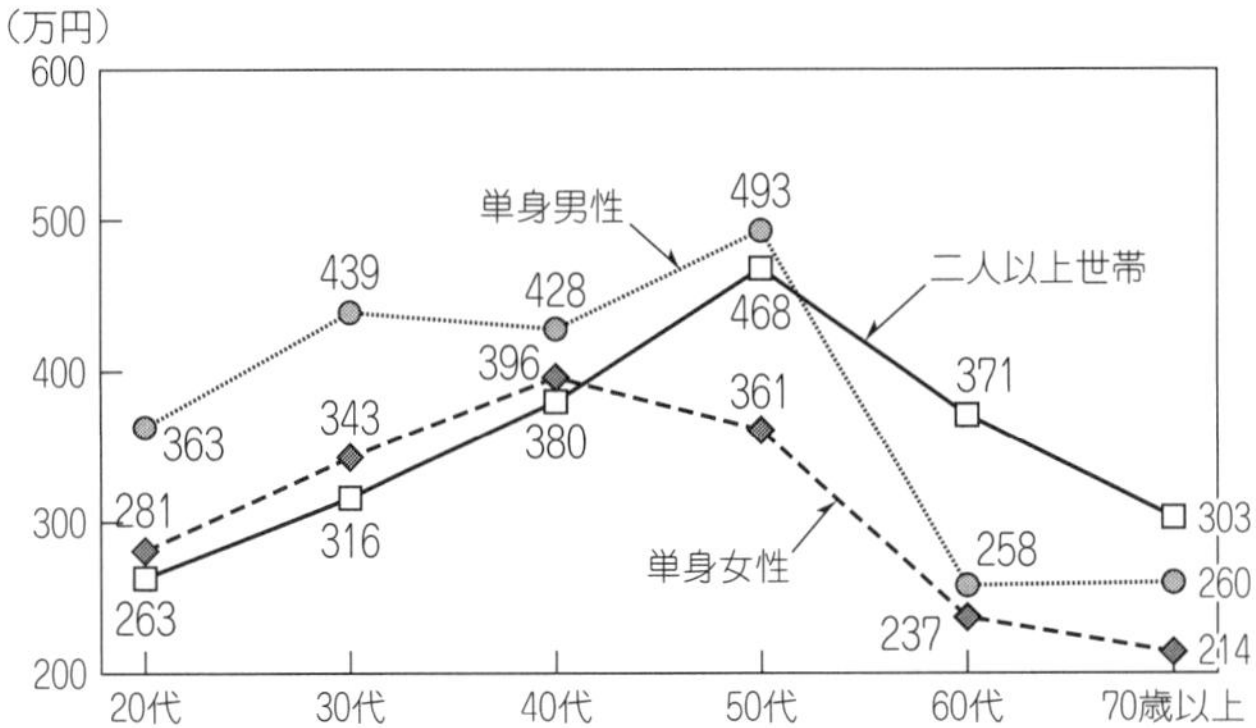

図6-3　年齢階層別にみた単身男女と二人以上世帯の年間収入の比較（2014年）

注：「年間収入」は，税込み収入であり，世帯員全員の現金収入（社会保障給付を含む）を合計した金額。なお，二人以上世帯の年間収入は，単身世帯の年間収入と比較するため，「年間収入／世帯人員の平方根」によって世帯規模を調整した「等価所得」である。

出所：総務省「平成26年　全国消費実態調査（家計資産編・純資産）」第60-1表，第66表により筆者作成。

帯の方が高いが、二人以上世帯では負債現在高も大きい（表6-1）。このため、貯蓄現在高から負債現在高を差し引いた「金融資産」は、四〇代までは単身男女の方が二人以上世帯よりも高い。しかし、単身男性では五〇代以降、単身女性では六〇代以降になると、二人以上世帯の金融資産を下回る。

では、なぜ勤労期の二人以上世帯では負債が多いのか。これは、二人以上世帯は単身世帯よりも持ち家率が高いため、住宅ローンを抱えていることが主因だと考えられる。単身世帯と二人以上世帯で年齢階層別の持ち家率を比較すると、単身世帯の持ち家率は相当程度低い（表6-2）。例えば、

表6-2　単身世帯と二人以上世帯の持ち家率の比較（2013年）

（%）

		30歳未満	30代	40代	50代	60代	70歳以上
二人以上世帯		19.1	50.1	69.9	81.3	87.0	88.5
単身世帯		2.9	10.8	24.3	38.2	53.8	68.4
	男性	3.2	12.1	23.0	33.9	49.2	64.8
	女性	2.5	8.7	26.7	45.6	58.7	70.0

注：1）二人以上世帯の年齢階層は，世帯主の年齢に基づく。
　　2）持ち家率は，「持ち家の世帯数／主世帯数」で算出。

出所：総務省「平成25年住宅・土地統計調査（確報集計）」（第59表）により筆者作成。

四〇代の単身世帯の持ち家率は二四・三％であり、二人以上世帯の六九・九％よりも四五・六ポイントも低い水準にある。しかし、住宅ローンの返済終了時期にあたる六〇歳以降になると、二人以上世帯の負債現在高が減少し、二人以上世帯の金融資産が単身世帯を上回るようになる。

そして単身世帯と二人以上世帯で持ち家率が大きく異なる背景には、二人以上世帯では、結婚や出産などによって住宅購入を検討する機会があるのに対して、単身世帯では未婚者を中心にこのような機会が乏しいことが考えられる。そして、借家住まいの単身世帯が高齢期になると、年金収入から家賃を捻出することになり、家賃負担が重くのしかかることが懸念される。

3　勤労期における単身世帯の貧困の実態とその要因

前節では、勤労期の単身世帯は、二人以上世帯に比べて収入や金融資産が高い水準にあるが、高齢期には二人以上世帯よりも低い水準になることを指摘した。

しかし、単身世帯の経済的側面を平均値でみることには限界がある。というのも、単身世帯は二人以上世帯よりも、所得格差が大きいからだ。例えば、厚生労働省『平成二六年（二〇一四年）所得再分配調査報告書』から世帯類型別の当初所得のジニ係数をみると、単身世帯は〇・七〇一〇なのに対して、夫婦のみ世帯〇・六五五四、夫婦と未婚の子のみの世帯〇・三五八四、一人親と未婚の子のみの世帯〇・四七五四、三世代世帯〇・三五六四となっていて、単身世帯における所得格差が最も大きい。

そこで以下では、勤労期（二〇～六四歳）と高齢期（六五歳以上）に分けて、世帯類型別に貧困に陥っている人の割合を比較した上で、貧困に陥る要因を考察していく。まず本節では勤労期の単身世帯を取り上げて、次節で高齢期の単身世帯を取り上げる。

（1）勤労期の単身世帯の貧困率

貧困に陥る人の割合を測る指標としては、所得をベースとした「相対的貧困率」を用いることが一般的である。相対的貧困率とは、所属する世帯の可処分所得から世帯規模を調整した「等価可処分所得」を算出した上で、同所得の中央値の五〇％（貧困線）未満で生活する人々の割合を示す。

ちなみに、厚生労働省「平成二五年国民生活基礎調査」によれば、二〇一二年の貧困線は年収一二二万円であり、これに満たない人の割合が相対的貧困率となる。

勤労期の単身世帯の相対的貧困率をみると、男性二三・二％、女性三三・三％となっている（図6-4）。勤労世代全体の貧困率が男性一三・六％、女性一五・〇％なので、単身世帯の相対的

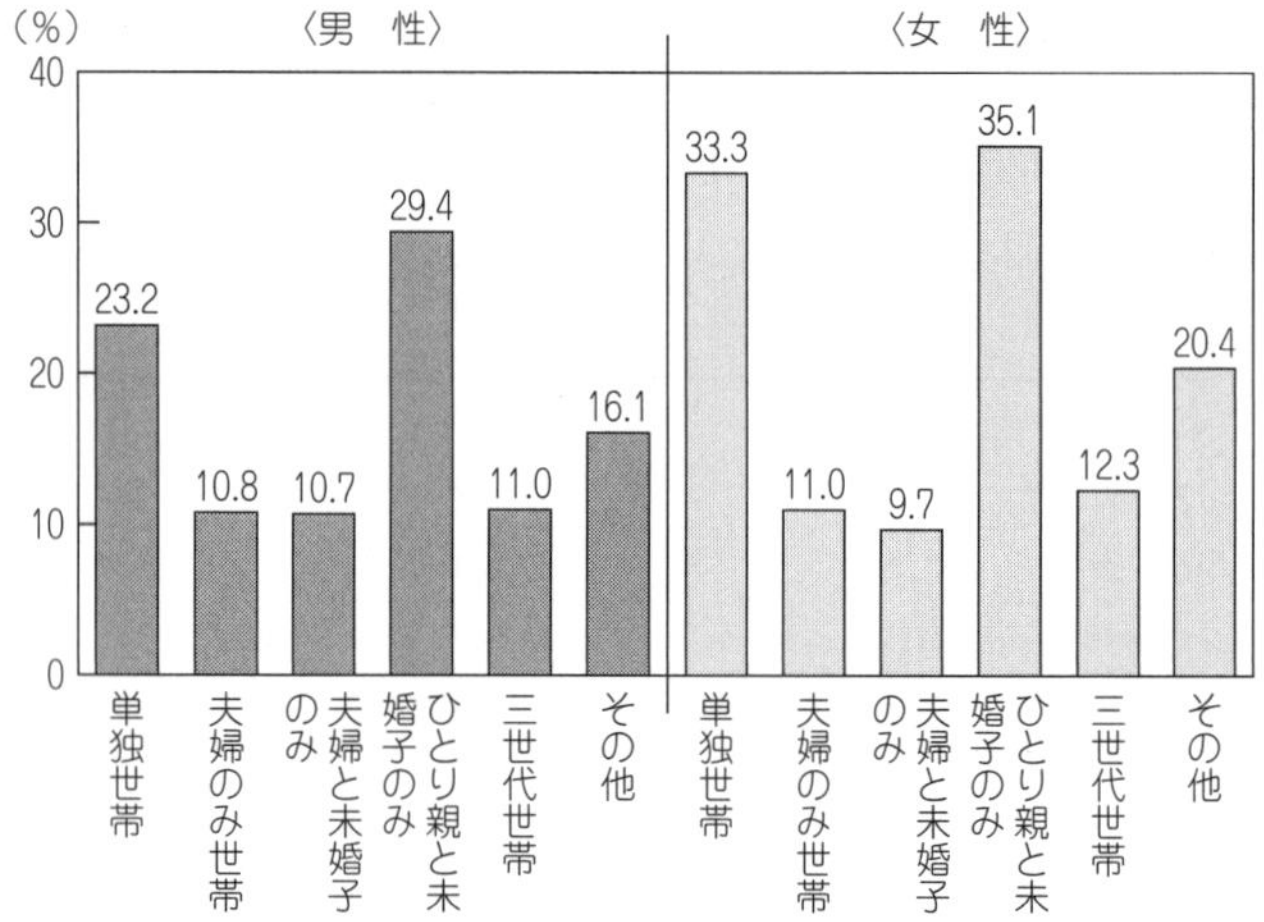

(%)	単独世帯	夫婦のみ世帯	夫婦と未婚子のみ	ひとり親と未婚子のみ	三世代世帯	その他
〈男性〉	23.2	10.8	10.7	29.4	11.0	16.1
〈女性〉	33.3	11.0	9.7	35.1	12.3	20.4

図6-4　世帯類型別にみた勤労期の相対的貧困率（2012年）

注：「相対的貧困率」とは，世帯員ごとに所属する世帯の可処分所得から世帯規模を調整した「等価可処分所得」を算出した上で，同所得の中央値の50％（貧困線）未満で生活する人々の割合を示す。

出所：阿部彩（2014）「相対的貧困率の動向：2006，2009，2012年」貧困統計ホームページより引用。

貧困率は高い水準にある。他の世帯類型と比べると、相対的貧困率が最も高いのは「ひとり親と未婚子のみの世帯」であるが、単身世帯は男女ともにそれに次いで高い水準にある。

(2) 勤労期の単身世帯が貧困に陥る背景

以上のように、勤労期の単身世帯は、他の世帯類型に比べて相対的貧困率が高い。では、なぜ勤労期の単身世帯では相対的貧困率が高いのだろうか。

① 勤労期の単身世帯の就業状態

勤労期の単身世帯で相対的貧困率が高い要因としては、①非正規労働者として働く人の割合が高いこと、②失業や病気などによって無業者となる人の割合が高いこと、といった点が考えられる。

実際、単身男女と二人以上世帯の世帯主について、年齢階層別に従業上の地位の構成比をみると、単身世帯は、二人以上世帯の世帯主よりも「非正規雇用者」の割合が高い（表6-3）。特に単身女性の非正規労働者の割合は、二〇〜五〇代の全年齢階層を通じて二割以上の高い水準になっている。

また、単身世帯では二人以上世帯の世帯主に比べて「無業者」の割合も高い。例えば、五〇代の無業者の割合は、二人以上世帯の世帯主の同割合

表6-3　単身世帯と二人以上世帯の世帯主の就業状態の比較（2010年）

（%）

		有業者				無業者		
			雇用者		自営・家族従業者		完全失業者	非労働力
			正　規	非正規				
20代	二人以上世帯の世帯主	92.7	77.8	11.8	3.1	7.3	3.6	3.7
	単身男性	74.9	56.5	17.7	0.8	25.1	3.9	21.2
	単身女性	78.7	53.6	24.6	0.5	21.3	3.8	17.5
30代	二人以上世帯の世帯主	95.4	81.4	7.6	6.4	4.6	2.6	1.9
	単身男性	89.3	73.6	11.7	4.0	10.7	8.2	2.5
	単身女性	88.5	62.2	23.7	2.6	11.5	6.9	4.6
40代	二人以上世帯の世帯主	94.1	75.8	9.1	9.2	5.9	3.2	2.8
	単身男性	86.0	69.5	10.1	6.4	14.0	10.7	3.3
	単身女性	82.8	53.4	24.2	5.2	17.2	8.8	8.4
50代	二人以上世帯の世帯主	90.7	66.5	10.2	14.0	9.3	4.6	4.7
	単身男性	77.5	56.8	11.9	8.8	22.5	14.7	7.7
	単身女性	73.2	36.6	29.6	7.0	26.8	7.8	18.9

注：1）単身世帯では就業状態の不詳者が数多くみられる。そこで二人以上世帯の世帯主も含め，不詳者は除外して，就業形態別割合を求めた。
2）「二人以上世帯の世帯主」は，男女を問わず，世帯主の就業状態を示す。
3）「正規雇用者」とは，勤め先で，一般職員または正社員と呼ばれている人。「非正規雇用者」とは，派遣社員，パート・アルバイト・契約社員，嘱託社員をいう。
4）「完全失業者」とは調査期間中，収入を伴う仕事を全くしなかった人のうち，仕事に就くことが可能で，かつ公共職業安定所に申し込むなどして積極的に仕事を探していた人。「非労働力」とは，同期間中に収入を伴う仕事を全くしなかった人のうち，休業者や完全失業者以外の人。
出所：総務省「平成22年国勢調査」（第2次基本集計）第14表により，筆者作成。

は四・六%なのに、単身男性は二二・五%、単身女性は二六・八%となっている。

さらに無業者の内訳をみると、単身男女の「非労働力」――無職であり、かつ求職活動をしていない人――の割合が、二人以上世帯の世帯主を大きく上回る。例えば、五〇代をみると、二人以上世帯の世帯主における非労働力率の割合は四・七%なのに対して、単身男性七・七%、単身女性一八・九%となっている。

そして、就業を希望しない四五～五四歳の無業の単身男女――「非労働力」に該当――に「就業を希望しない理由」を尋ねると、単身男性六一・九%、単身女性四九・八%が「病気やけがのため」と回答しており、最も高い（総務省「平成二四年就業構造基本調査」）。単身世帯では稼ぎ手が本人のみのため、失業や病気などによって職を失い、貧困に陥るリスクが高いことが推察される。

②　勤労期の単身世帯で無業者や非正規労働者の割合が高い理由

では、なぜ勤労期の単身世帯では、二人以上世帯の世帯主に比べて、無業者や非正規労働者の割合が高いのだろうか。企業が社員を採用する際に、就職希望者が単身世帯に属するか、あるいは二人以上世帯に属するかといった点を判断材料とする合理性はない。したがって、「単身世帯であるがゆえに、無業者・非正規労働者になった」というよりも、「無業者・非正規労働者であるがゆえに単身世帯となった」という側面が強いであろう。つまり、無業者・非正規労働者は経済的に不安定なために結婚が難しく、結果として単身世帯になることが考えられる。

この点、男性労働者の賃金カーブを、正規労働者と非正規労働者で比べると、男性正規労働者は五〇代前半まで大きく上昇していくのに対して、男性非正規労働者の賃金カーブの上昇は緩やかで、三〇代後半以降はほぼ横ばいである（図6－5）。一方、家庭をもてば、子供の成長に伴って教育費や住宅費が増えていくが、非正規労働者の賃金カーブはフラットなため、結婚してもこうした費用を賄っていくことが難しい。将来の生活費を賄うことが難しく、雇用も不安定であることが、単身世帯で未婚化が進む一因になっていると考えられる。

実際、厚生労働省「平成二七年労働力調査」から、二五～三九歳の就業形態別の未婚率をみると、男性の正規労働者では四一・四%なのに対して、男性の非正規労働者では七五・七%となっている。非正規労働者は、正規労働者に比べて未婚率が著しく高い。一方、女性では、正規労働者の未婚率は五二・八%なのに、非正規労働者の未婚率は三五・四%となっていて、正規労働者の未婚率が非正規労働者よりも高い。これは、女性の場合、結婚や出産を機に退職をするが、その後非正規労働者として子育てをしながら働く人が多いためであ

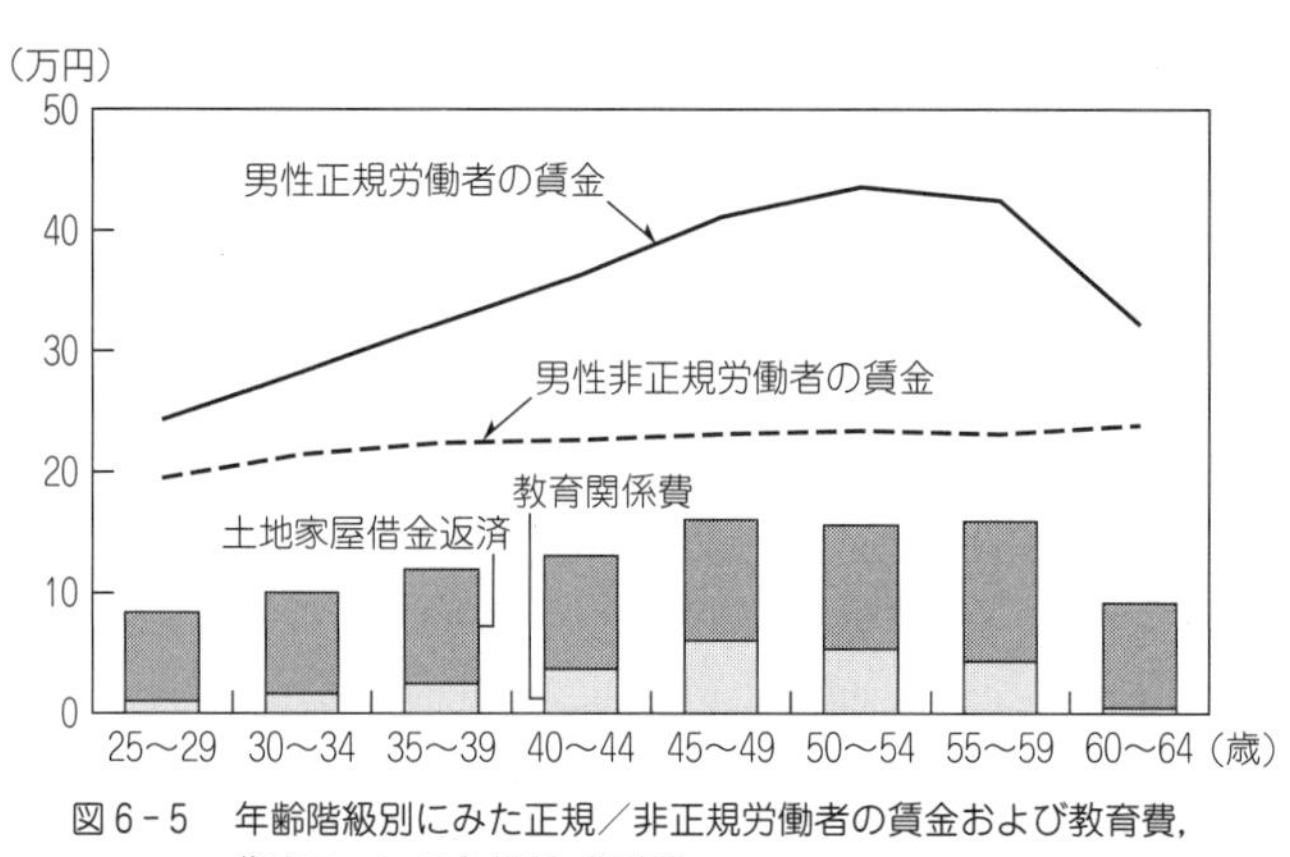

(万円)
50
40
30
20
10
0
男性正規労働者の賃金
男性非正規労働者の賃金
教育関係費
土地家屋借金返済
25～29　30～34　35～39　40～44　45～49　50～54　55～59　60～64（歳）

図6－5　年齢階級別にみた正規／非正規労働者の賃金および教育費，住宅ローンの負担額（月額）

注：1）「教育関係費」と「土地家屋借金返済」は，二人以上の勤労世帯で住宅ローンを返済している世帯。
　　2）正規労働者と非正規労働者の賃金は，おのおの総世帯の賃金であって，教育費や土地家屋借金返済の負担をしている世帯の賃金ではないことに注意。
出所：総務省「平成26年家計調査」（2014年）および厚生労働省「賃金構造基本調査」（2014年）により筆者作成。

る。

そして九〇年代以降、特に男性において顕著に非正規労働者の比率が高まっている。二五～三四歳の男性雇用者に占める非正規労働者の割合は、一九九〇年には三・二％であったが、二〇一六年には一五・九％に上昇した（総務省「労働力調査」）。また、三五～四四歳の男性の非正規労働者の割合も、九〇年の三・三％から二〇一六年には九・五％へと約三倍になっている。非正規労働者の増加が、男性を中心に未婚化の要因となって、単身世帯の増加を招いていることが考えられる。

4　高齢期における単身世帯の貧困の実態とその要因

（1）高齢単身世帯の収入源

次に、高齢期（六五歳以上）の単身世帯の相対的貧困率をみると、男性二九・三％、女性四四・六％である（図6－6）。高齢者全体の相対的貧困率が男性一五・一％、女性二二・一％なので、高齢単身世帯の相対的貧困率は、高齢者全体の二倍程度の高い水準になっている。また、他の世帯類型と比べても、男女ともに高齢単身世帯の貧困率が最も高い。

（2）高齢単身世帯の貧困率が高い背景

では、なぜ高齢単身世帯の貧困率は高いのだろうか。この点、世帯類型別に高齢者世帯の総所得に占める所得種類別金額割合をみると、高齢単身世帯では公的年金七一・七％、稼働所得一四・一％、仕送り・企業年金四・四％、財産所得六・六％となっている（厚生労働省「平成二五年国民生活基礎調査」）。一方、高齢夫婦のみ世帯では、総所得に占める公的年金の割合は六一・九％、稼働所得は二五・二％となっていて、高齢単身世帯よりも公的年金の比率が低い。さらに、三世代同居世帯では、同居の成人子の稼働所得などがあるため稼働所得の比率が七四・二％と高く、公的年金は一九・一％である。高齢単身世帯は、高齢夫婦のみ世帯や三世代同居世帯に比べて、収入に占める公的年金の比重が大きい。

そこで以下では、公的年金との関係から、高齢単身世帯が貧困に陥りやすい要因を三点指摘していく。

①　公的年金の二階部分を受給できないこと

第一に、高齢単身世帯では、老齢基礎年金（あるいは旧国民年金）のみを受給し、厚生年金や共済年金といったいわゆる「公的年金の二階部分」を受給しない高齢者の比率が高いことがあげられる。

表6－4は、高齢単身世帯の男女と高齢夫婦世帯について、厚生年金・共済年金（遺族厚生年金、遺族共済年金を含む）の受給の有無を尋ねたものである。世帯として厚生年金・共済年金を受給していない人の割合は、夫婦世帯では一・七％なのに対して、単身男性では七・八％、単身女性では一

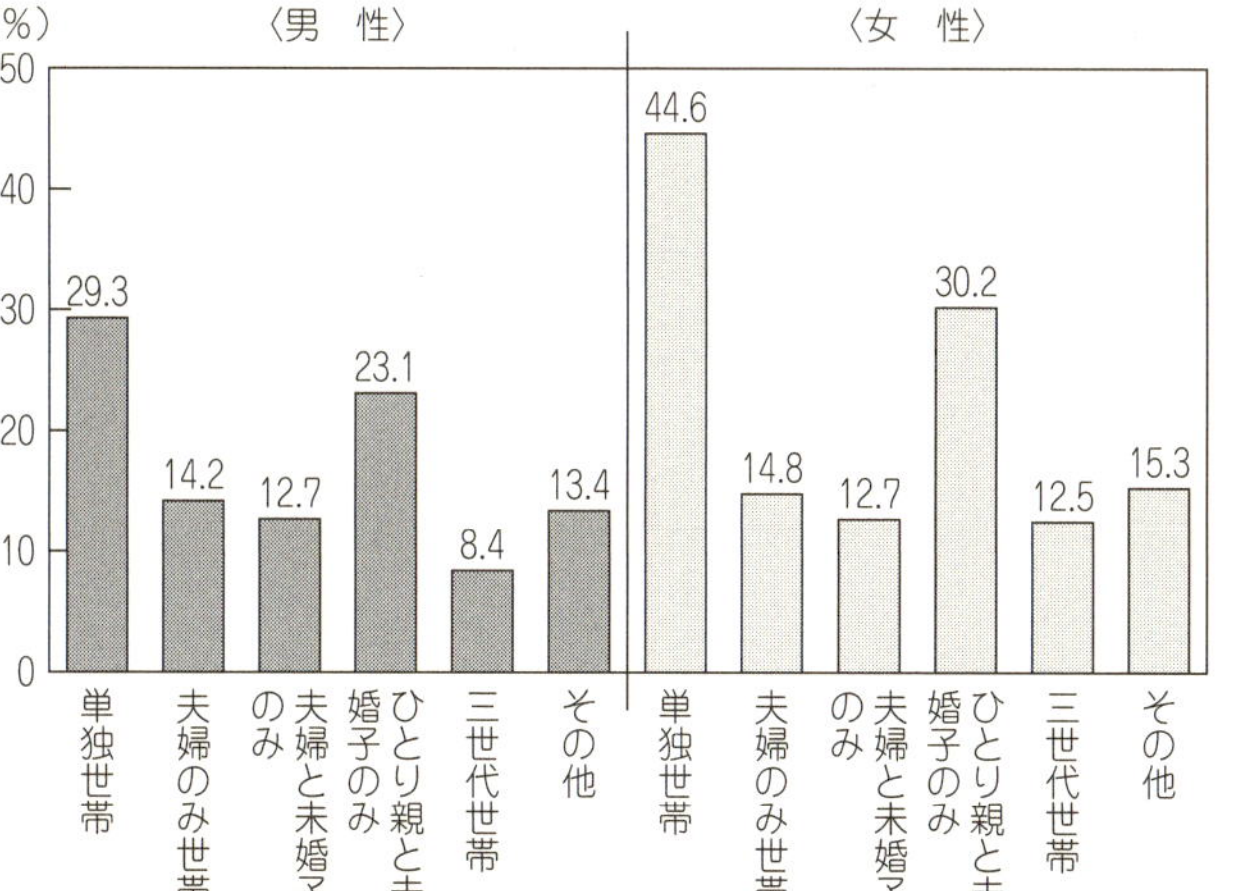

図6－6　世帯類型別にみた高齢者の相対的貧困率（2012年）

注：所得の定義は，等価可処分世帯所得（再分配後所得）。

出所：阿部彩（2014）「相対的貧困率の動向：2006, 2009, 2012年」貧困統計ホームページより引用。

表6-4　世帯類型別にみた公的年金の受給状況（2012年）

	受給者に占める構成比（%）		公的年金受給額（万円）		世帯収入（万円）		世帯収入150万円未満の世帯の割合（%）	
厚生年金・共済年金の有無[1]	あり	なし	あり	なし	あり	なし	あり	なし
単身男性	92.2%	7.8%	187.1	60.3	245.3	119.8	28.9%	80.8%
単身女性	85.3%	14.7%	151.8	53.8	181.3	73.9	45.0%	91.7%
夫婦世帯	93.9%[2]	1.7%[2]	216.2[3]	99.6[3]	298.6[4]	196.7[4]	10.3%[5]	58.1%[5]

注：1）調査対象は，厚生年金および国民年金の受給者23,000人（有効回答数13,495件，回収率58.7%）。
2）夫婦世帯では「あり」「なし」を合計しても100%にならない。これは，「有無不明」が4.4%（224件）あるため。また，夫婦世帯では，夫婦のどちらかに厚生年金・共済年金があれば，「あり」になる。
3）夫婦世帯の年金額や世帯収入は，世帯員数の平方根で除した「等価所得」を示した。原数値は「あり」（305.7万円），「なし」（140.8万円）。
4）上記3）と同じ。原数値は「あり」（422.3万円），「なし」（278.3万円）。
5）夫婦世帯では200万円未満（等価所得ベースで141万円未満）の世帯割合を示した。
出所：厚生労働省「老齢年金受給者実態調査」（2012年）により，筆者作成。

四・七%と高い水準にある。

そして、厚生年金・共済年金を受給しない単身世帯の公的年金受給額は、それらを受給する単身世帯の受給額の三分の一程度の水準になっている（表6-4）。また、世帯収入一五〇万円以下の低所得世帯の割合も、厚生年金・共済年金を受給する単身世帯では三～四割なのに対して、厚生・共済年金を受給しない単身世帯では八～九割程度にのぼる。厚生年金・共済年金を受給できるか否かは、世帯収入に大きな影響を与えている。

それでは、基礎年金のみを受給する高齢単身世帯とは、どのような人々なのだろうか。まず、自営業や農業従業者であった人が廃業して高齢期に一人暮らしをすれば、公的年金は国民年金（基礎年金）のみを受給していくことになる。また、現役時代に非正規労働に従事していた未婚者が未婚のまま高齢期を迎えれば、公的年金としては基礎年金のみを受給することになる。こうした人々は、貧困に陥りやすい。

実際、六五歳以上の老齢年金受給者について、現役時代の主たる経歴別に年収一〇〇万円未満の高齢者の割合をみると、現役時代に「正社員中心」であれば、年収一〇〇万円未満の割合は男性三・六%、女性一七・二%と低い水準である。これに対して、現役時代に無職の期間が中心であった人や、アルバイトなどの非正規労働の期間が中心であった人をみると、年収一〇〇万円未満の人の割合が四割以上の高い水準になっている（表6-5）。

なお、同じ一人暮らしであっても、正社員であった配偶者と死別した人で、亡くなった配偶者によって生計を維持されていた人は、自らの基礎年金に加えて、遺族厚生年金を受給できるので、貧困に陥りにくい。

②　現役時代の賃金が低いか、就労期間が短いこと

第二に、現役時代の賃金が低いことや、就労期間が短いことが考えられる。表6-4に示されている通り、厚生年金・共済年金を受給する単身世帯であっても、単身男性では二八・九%、単身女性では四五・〇%が世帯年収一五〇万円未満となっている。厚生年金や共済年金の給付水準は、現役時代の賃金水準や就労期間の影響を受ける。賃金が低かったり、就労期間が短かったりすれば、それに応じて公的年金の給付水準も低下する。

特に、厚生年金・共済年金を受給する単身女性の四五・〇%が年収一五〇万円未満となっている。この背景には、女性の賃金の低いことや、正規労

表6－5　65歳以上の老齢年金受給者の現役時代の経歴と老後の年収（2012年）

（%）

		高齢男性		高齢女性	
		年収100万円未満	構成比	年収100万円未満	構成比
老齢年金受給者総数		12.1	100.0	48.3	100.0
	収入を伴う仕事をしていない期間中心	42.9	0.1	65.3	16.0
	アルバイト中心	42.2	1.3	61.0	2.5
	自営業中心	36.2	16.0	56.5	17.2
	中間的な経歴	26.6	1.6	60.0	10.2
	常勤パート中心	16.4	1.5	44.4	11.0
	正社員中心	3.6	72.7	17.4	23.2
	不　　明	35.4	6.7	58.1	19.8

出所：厚生労働省「老齢年金受給者実態調査」（2012年）により，筆者作成。

働者として働く期間が短いことがあると推測される。

③　公的年金を受給できない無年金者

第三に、無年金者は公的年金を受給できないために、貧困に陥りやすいことがあげられる。公的年金を受給するには、受給資格期間として「保険料納付済み期間」と「保険料免除・猶予期間」などを合算して二五年を満たすことが必要である。この期間を満たさないと無年金者となり、公的年金を受給できない。

厚生労働省「平成二五年国民生活基礎調査」（二〇一三年）において、「六五歳以上の者のいる世帯」のうち「公的年金・恩給受給者のいない世帯」の割合をみると、夫婦のみ世帯では二・九％なのに、単身男性の九・七％、単身女性の四・七％が無年金者になっている。単身男性における無年金者の割合は、他の世帯類型と比較して著しく高い。

なお、公的年金の受給資格期間は、二〇一七年八月に改正され、これまでの二五年間が一〇年間に短縮されている。

5　単身世帯の社会的孤立

次に、単身世帯の社会的孤立について考えていこう。現代の貧困は、単に経済的に困窮しているのみならず、社会的孤立も一緒に生じていることが指摘されている。社会的孤立には一義的な定義があるわけではないが、ここでは会話頻度や「頼れる人」の有無といった点から孤立状況をみていく。その上で、社会的孤立が顕在化した究極の事例として、単身世帯の「孤立死（孤独死）」の現状を概観する。

（1）単身世帯と会話頻度

世帯類型別に会話頻度をみると、単身世帯は会話頻度が低い。「会話頻度が二週間に一回以下」となる人の割合は、夫婦のみ世帯が三・七％、子どものある世帯は一・三％であるのに対して、単身世帯では一四・四％となっている（国立社会保障・人口問題研究所 二〇一四：二〇）。特に、会話頻度が低いのが、六五歳以上の単身男性である。会話頻度をみると、六五歳以上の男女別・世帯類型別の会話頻度をみると、単身男性の一六・七％が「二週間に一回以下」の会話頻度となっている。

そして、一般に低所得層ほど会話頻度が少なく孤立しがちなことが指摘されている。具体的には、会話頻度が「二週間に一回以下」の人の割合をみると、所得階層上位二〇%では〇・九%なのに対して、所得階層下位二〇%では四・九%となっている（国立社会保障・人口問題研究所 二〇一四：二九四）。

(2) 単身世帯の「頼れる人」の有無

次に、世帯類型別に、手助けや相談などについて「頼れる人（サポート提供者）の有無」をみると、単身世帯は「頼れる人がいない」と回答する人の比率が高くなっている。例えば、「看病や介護、子どもの世話」に対して「頼れる人の有無」を世帯類型別に尋ねると、単身世帯では「頼れる人がいない」という回答が最も高い（表6-6）。特に、単身男性で高くなっている。

なお、所得階層別に「看病や介護、子どもの世話」について「頼れる人がいない」と回答した人の割合をみると、勤労世代では所得階層上位三〇%では三・三%なのに対して、所得階層下位三〇%では八・一%となっている。また、高齢世代においても、所得階層上位三〇%では一・二%なのに対して、所得階層下位三〇%では六・二%である（国立社会保障・人口問題研究所 二〇一三：二二―二三）。低所得者層ほど「頼れる人がいない」という回答が高くなる傾向がみられる。これは単身世帯のみを対象にした調査結果ではないが、単身世帯においても、低所得者層で社会的孤立に陥りがちなことが推察される。

表6-6　世帯類型別にみた「看病や看護，子どもの世話」について「頼れる人がいない」人の割合

（%）

		65歳未満		65歳以上	
		男性	女性	男性	女性
子どものいない世帯	単身世帯	21.8	11.2	18.8	8.1
	夫婦のみ世帯	3.1	4.4	2.9	3.1
	その他世帯	5.6	3.7	1.5	2.2
子どものいる世帯		2.4	2.6	1.5	1.1

出所：国立社会保障・人口問題研究所『2012年社会保障・人口問題基本調査　生活と支え合いに関する調査　結果の概要』2013年7月24日公表，21頁に基づき，筆者作成。

(3) 単身世帯と孤立死

そして、単身世帯の社会的孤立が顕在化した究極の出来事が「孤立死（孤独死）」と考えられる。「孤立死（孤独死）」は統一的な定義があるわけではないが、生前に社会から「孤立」したために、死後、長期間放置される死と考えられる（高齢者等が一人でも安心して暮らせるコミュニティづくり推進会議 二〇〇八：一一）。つまり、「亡くなる瞬間」に親族や友人がいたかどうかが問題ではなく、生前から社会的に孤立していたために、死亡が誰にも気づかれずに放置された場合などが「孤立死」にあたる。

それでは、「孤立死」はどの程度発生しているのだろうか。「孤立死」の全国的な把握はなされていないが、東京都二三区については東京都監察医務院が調査している（東京都監察医務院 二〇一〇）。ただし、東京都監察医務院の「孤立死」の定義は、「自宅で死亡した一人暮らしの異常死」である。そして「異常死」とは、最初から病死と分かっている「自然死」を除いて、自殺・事故死・死因不明（病死を含む）をいう。

東京都監察医務院の定義に従って、東京都二三区の「孤立死」の発生件数をみると、二〇一四年は四四六六件であった（東京都監察医務院HP 二〇一四）。このうち、六五歳以上の孤立死は二八八五件であり、都区内の孤立死総数の六四・六%が

六五歳以上高齢者の孤立死となっている。また、二〇一四年の都区内の死亡者総数に占める孤立死の割合は五・九%である。さらに、二〇一四年の都区内の自宅死亡者のうち三三・二%が孤立死となっている（東京都監察医務院HP 二〇一四と厚生労働省「平成二六年人口動態統計」を参考に筆者計算）。

時系列でみると、孤立死の発生件数は、二〇〇三年には二八六一件だったのが、二〇一四年には四四六六件となり五六・一%増加している。ただし、自宅死亡者数も二〇〇三年から二〇一四年にかけて五六・四%増えているので、孤立死の発生件数の増加は自宅死亡者数の増加に伴うものと考えられる。

一方、孤立死の発生から発見されるまでに要した死後経過日数（二〇一五年）をみると、死後経過日数一五日以上の単身男性の比率が、二〇〇五年は一七・三%だったが、二〇一五年の二三・〇%へと五・七ポイント上昇している。また、単身女性においても、二〇〇五年の八・七%から二〇一五年の一一・六%へと二・九ポイント高まっている。この一〇年間で発見までの経過日数は確実に長くなっており、生前の社会的孤立が窺える「孤立死」が増えている。

孤立死は、亡くなった本人にとっても、また遺された家族にとっても痛ましい。「孤立死」は社会的孤立が顕在化した現象であるので、その防止には「社会的孤立」をなくしていくことだろう。住民による地域のネットワークづくりが大切になっている。

6　単身世帯の貧困への対応策

では、単身世帯の貧困に対して、どのような対応策が必要か。以下では、①社会保障の機能強化、②パートタイム労働者への厚生年金の適用拡大、③働き続けられる環境整備、④地域づくり、について検討していく。

(1) 社会保障制度の機能強化

第一に、社会保障制度の機能強化である。一般に、高齢化率が高い国は、社会保障給付費も高くなる傾向がみられるが、日本はそうなっていない。ここではOECD統計を使って、社会保障給付費よりも広い概念である社会支出（対GDP比）と高齢化率をクロスさせて、日本の社会保障の規模を国際比較していこう。日本の高齢化率は、OECD三三カ国中トップだというのに、社会支出（対GDP比）の比率は回帰直線を大きく下回っている（図6-7）。高齢化率も勘案すれば、「低福祉」の水準だ。

この背景には、日本では家族が社会保障制度を補う役割を果たしてきたことが考えられる。例えば公的介護保険が導入されたにもかかわらず、在宅で要介護者を抱える世帯の七割が「主な介護者

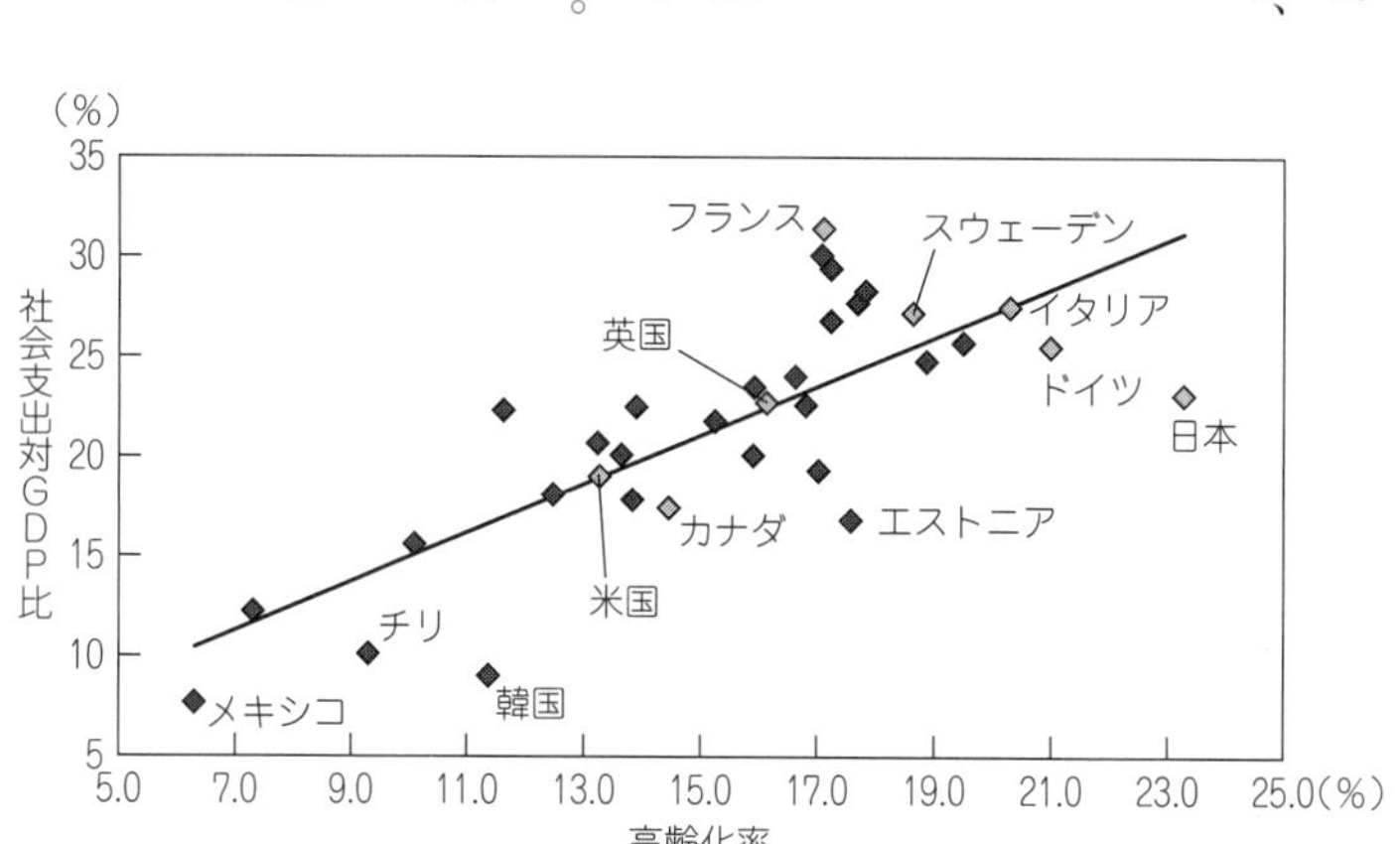

図6-7　65歳以上人口比率と社会支出の対GDP比国際比較（2011年）

出所：OECD Stat より，筆者作成。

は家族」と回答している。

しかし、単身世帯化が進むなど家族のあり方が大きく変化している。好むと好まざるとにかかわらず、家族に従来通りの役割を求めるのは難しく、社会保障の機能強化が求められる。

そして、社会保障の機能強化のためには財源の確保が必要だ。無駄の削減は当然としても、それだけで財源を捻出するのは難しい。税や社会保険料の引き上げは不可避である。幸いなことに日本の国民負担率――国民所得に占める税と社会保険料の負担率――は主要先進国に比べてまだ低い水準にある。二〇一三年の国民負担率を主要先進国間で国際比較をすると、フランス（六七・六％）、スウェーデン（五五・六％）、ドイツ（五二・六％）、英国（四六・五％）、日本（四一・六％）、米国（三二・五％）となっていて、日本は米国に次いで低い水準にある（財務省 二〇一六）。個々人の負担能力に配慮しつつ、税や社会保険料を引き上げる余地は残されている。

(2) パートタイム労働者への厚生年金の適用拡大

第二に、パートタイム労働者への厚生年金の適用拡大である。公的年金は二階建て構造になっていて、一階部分が二〇歳から六〇歳未満のすべての国民が加入する「国民年金（基礎年金）」である。そして、国民年金加入者のうち、「サラリーマン（被用者）グループ」だけが二階部分の「厚生年金」に加入できる。厚生年金は、事業主と雇用者が労使折半で保険料を支払うので受給額が高く、高齢期の貧困予防となる。一方、「自営業者グループ（農業従事者や学生などを含む）」は二階部分の厚生年金に加入できない。

ところで、非正規労働者の半分を占めているパートタイム労働者は、サラリーマン（被用者）であるにもかかわらず「自営業者グループ」に加入している。つまり、厚生年金を受給できない。

そもそも自営業者や農業従事者が厚生年金に加入できないのは、「所得」の把握が難しいことがある。すなわち、厚生年金は所得比例で保険料が課せられ、所得比例で給付額が支払われるので、「所得」が基準になっている。しかし、自営業者や農業従事者は、所得を正確に把握することが難しい。例えば、税務署が課税対象となる所得をどの程度把握しているかについて、給与所得者は九割、自営業者は六割、農林漁業従事者は四割といった状況であり「クロヨン」と呼ばれてきた。所得の把握が難しいので、定額保険料で定額給付の「国民年金（基礎年金）」に加入して、厚生年金が適用されなかったのである。

また、自営業者や農業従事者は、被用者と異なり定年がないので、高齢期になっても自営業収入を得られることが考えられる。

ところで、パートタイム労働者は、被用者なので所得の捕捉は正確に行える。また、パートタイム労働者には定年があるので、高齢期に収入を得る手段は乏しい。つまり、パートタイム労働者は、正確な所得捕捉ができ、定年もあるのだから、厚生年金が適用されないのは不適切である。

もしパートタイム労働者への厚生年金の適用拡大をしていかないと、パートタイム労働者が高齢期に貧困に陥ることが懸念される。こうした状況を予防するために、パートタイム労働者への厚生年金の適用拡大を、今から行っていかなくてはならない。

もっとも、二〇一六年一〇月に施行された年金機能強化法によって短時間労働者への厚生年金の適用拡大が実施され、新たに二五万人のパートタイム労働者が厚生年金の適用対象になった（厚生労働省 二〇一四）。しかし同法では、適用拡大の対象者に様々な条件を課したため、週二〇時間以上三〇時間未満で働く短時間労働者のうち、わずか六%が適用拡大の対象者となったにすぎない。短時間労働者への一層の厚生年金の適用拡大が必要である。

(3) 働き続けられる環境の整備

第三に、働き続けられる環境の整備である。就労意欲があって元気な高齢者であれば、働くことが貧困や社会的孤立の防止策になる。働けば収入を得られるので、安定した生活の基盤になる。また働けば、職場の仲間達と人間関係が生まれる。さらに、仕事を通じて社会との接点をもち、自己有用感を得やすい。働くことは、単に収入を得るための手段ではなく、社会的孤立にも有効である。

特に、高齢期には公的年金が主たる収入源となる人が多い。しかし、今後は少子高齢化に伴って公的年金の給付水準の低下が予想されている。給付水準の低下を補うためには、働く意欲がある人は、できる限り長く働き続け、受給開始年齢を遅らせて割増された公的年金を受け取るといった対応が望まれる。

具体的には、現行の公的年金制度は、二〇歳以上六〇歳未満の人が保険料を四〇年間拠出して、六五歳から年金受給を開始することを基本としている。しかし本人が希望すれば、受給開始を六五歳以降に繰り下げることができ、その場合には年金額が割り増しされる。これは、「繰り下げ受給」と呼ばれている。例えば、六八歳から受給を始めれば、六五歳に受け取り始めた場合に比べて、二五%増の年金額を死亡するまで受け取れる。もし七〇歳から受け取り始めれば、四二%増の年金を受け取れる。平均寿命も健康寿命も延びているのだから、その分長く働き続けるという選択肢があってよい。そして本当に働けなくなったときに十分な年金給付を得られるように、働き続けられる環境の整備が求められる。

この点、六〇代後半の高齢単身世帯の就業率(二〇一二年)をみると三四・九%であり、二人以上世帯の世帯主の同割合(五〇・一%)よりも低い水準にある。一方、無業の高齢単身世帯に占める就業希望者の割合をみると、六〇代後半で二一・六%であり、二人以上世帯世帯主の同割合(二三・六%)とほぼ同程度である。就労意欲をもつ無業の高齢単身世帯は、男性を中心に高いので、就労できる環境を整備することは重要である(総務省「平成二四年就業構造基本調査」)。

また、労働力人口が大きく減少していく日本にとって、高齢者の労働は重要になっていく。高齢者の雇用機会の創出や、年齢によらない人事雇用管理を考えていく必要がある。

(4) 地域づくり

第四に、地域づくりである。退職をした高齢単身者にとって、今後、地域が「社会とつながる場」になりうる。そして、いくつかの地域では、NPO法人などが「就労の場」や「交流できる居場所」を創設している。こうした活動は、貧困や社会的孤立の防止に有効と考えられる。

例えば、千葉県柏市では、高齢者が働きたいときに無理なく働けて、かつ地域の課題解決に貢献できる「生きがい就労事業」を始めている(木村二〇一六b、柏市二〇一三)。同事業は、柏市、(独)都市再生機構、東京大学が三者協定を結んで、共同で実施した。

具体的には、「農」「食」「保育」「生活支援」「福祉」の五領域で、「都市型農業事業」「ミニ野菜工場事業」「屋上農園事業」「コミュニティ食堂」「移動販売・配食サービス」「保育・子育て支援事業」「生活支援・生活充実事業」「福祉サービス事業」の八つの就労事業モデルを開発した。そして、二〇一四年五月までに二三五名が就労した。多くの事業で最低賃金以上の賃金が支払われているという。

また、「生きがい就労」事業に参加した高齢者は、収入を得るだけでなく、認知能力の向上、生活習慣の改善、健康向上といった点での効果があったことが指摘されている。

以上のように、単身世帯の貧困に対する対応策としては、①社会保障の機能強化、②パートタイム労働者への厚生年金の適用拡大、③働き続けられる環境整備、④地域づくり、といった点があげられる。

長らく日本では、正社員として働く夫と妻と子どもからなる世帯を「標準」として、様々な生活上のリスクに対応することができた。単身世帯は、少なくとも同居家族がいないので、世帯としてのリスクヘッジ機能が脆弱である。働き続けられる環境を整備するとともに、公的にも、地域としても、「支え合う社会」の構築が求められている。

【注】

（1）単身世帯とは、「世帯人員一人の一般世帯」であり、①一戸を構えて住んでいる単身者、②住居を共にして別に生計を維持している間借り人や下宿人などの単身者、③会社・官公庁などの寄宿舎・独身寮などで居住している単身者、をいう（総務省『国勢調査』の定義）。なお、老人ホームに一人で入所したり、病院に入院しても、単身世帯には含まれない。

【参考文献】

柏市（二〇一三）「柏市における長寿社会のまちづくり」。

木村清一（二〇一六a）「長寿社会のまちづくり（柏プロジェクトの実践）」『電機連合NAVI』二〇一六年春号。

木村清一（二〇一六b）「柏市の生きがい就労と地域包括ケアの構築に向けた取り組み（基調講演資料）」みずほ情報総研イノベーションフォーラム、二〇一六年三月二二日。

金明中（二〇一五）「非正規雇用増加の要因としての社会保険料事業主負担の可能性」『日本労働研究雑誌』六五九号、二〇一五年六月。

玄田有史（二〇一三）『孤立無業（SNEP）』日本経済新聞出版社。

権丈善一（二〇一五）『年金、民主主義、経済学――再分配政策の政治経済学Ⅶ』慶應義塾大学出版会。

厚生労働省（二〇一四）『短時間労働者に対する被用者保険の適用拡大』第二四回社会保障審議会年金部会資料、二〇一四年九月一八日。

高齢者等が一人でも安心して暮らせるコミュニティづくり推進会議（二〇〇八）『高齢者等が一人でも安心して暮らせるコミュニティづくり推進会議（孤立死ゼロを目指して）報告書』二〇〇八年三月。

国立社会保障・人口問題研究所（二〇一三）『生活と支え合いに関する調査　結果の概要』二〇一三年七月二四日公表。

国立社会保障・人口問題研究所（二〇一四）『二〇一二年社会保障・人口問題基本調査　生活と支え合いに関する調査報告書』。

財務省（二〇一六）『日本の財政関係資料』。

東京都監察医務院（二〇一〇）『東京都二三区における孤独死の実態』二〇一〇年。

東京都監察医務院HP（二〇一四）「東京都区部の死後経過時間・世帯類型別異常死数」。

内閣府（二〇一五）『一人暮らし高齢者に関する意識調査』。

藤森克彦（二〇一〇）『単身急増社会の衝撃』日本経済新聞出版社。

藤森克彦（二〇一二）「低所得高齢者の実態と求められる所得保障制度」『年金と経済』第三〇巻四号、二〇一二年一月。

藤森克彦（二〇一五）「子どもの有無別・所得階層別にみた一人暮らし高齢者の貧困・要介護・孤立への不安感―内閣府「平成二六年度一人暮らし高齢者の意識調査」の分析」『新情報』一〇三号、一般社団法人新情報センター、二〇一五年一一月。

藤森克彦（二〇一六）「中年未婚者の生活実態と老後リスクについて――『親などと同居する二人以上世帯』と『単身世帯』からの分析」Web Journal『年金研究』三号、公益財団法人年金シニアプラン総合研究機構、二〇一六年六月。

藤森克彦（二〇一七）『単身急増社会の希望』日本経済新聞出版社。

山内昌和（二〇一二）「単独世帯の動向と今後の見通し」『季刊家計経済研究』九四号、二〇一二年四月。

OECD (2008). *Social Expenditure Database 2008ed.*

第7章 母子世帯と貧困

田宮遊子

母子世帯は増加傾向にあり、一〇〇万世帯を超えている。経済状況の相対的に厳しい離別・未婚の母子世帯の割合が高まっており、さらなる母子世帯の貧困拡大の要因となりうる。母子世帯は経済的貧困に陥りやすいだけでなく、その程度が重く、慢性化する傾向もみられる。また、社会的排除の指標や、時間貧困の観点からも、母子世帯の貧困リスクは高い。また、母子世帯全体の三割が、三世代世帯を含む非核家族世帯となっている。親との同居によって、母子世帯の経済的な貧困リスクは低下しているが、母子世帯の社会的排除や時間貧困への効果は明確ではない。

1 現代社会での貧困リスク

母子世帯の経済的貧困の深刻さは、二〇〇〇年代後半以降、日本社会で改めて意識されるようになっている。ただし、日本ではそれほど多数ではない母子世帯が、貧困世帯の典型の一つとして意識されるのは、貧困をとらえようとする大きな枠組みに、ぴたりとはまってきたからではないか。

貧困の女性化が指摘された欧米諸国における一九七〇年代以降の事象は、女性世帯主や母子世帯の増加とその構成の変化（死別母子世帯の減少、離別・未婚母子世帯の増加と主流化）が貧困と結びつくことであった（Piearce 1978）。

また、早い国では一九七〇年代に、遅いところでは一九九〇年代半ば以降、脱工業化社会の新しい社会的リスクにさらされるようになる。脱工業化社会でのサービス産業化は、教育や職業訓練を受けて生涯にわたってスキルを向上させる必要性を高め、このことは、教育年数の短さと貧困が結びつきやすくなったことを意味する。あわせて、女性の労働市場への進出、離婚率の上昇に伴うひとり親世帯の増加といった、ジェンダー役割や家族形態の変化によって、仕事とケアの両立が新たな課題となる。この両立に失敗することは、とりわけ低所得や教育年数の短い者にとって、貧困化をもたらす危険をはらむようになった（Bonoli 2007；Taylor-Gooby 2004）。

本章は、母子世帯の貧困削減にむけた議論の糸口となるべく、日本の母子世帯の貧困問題を実証的に分析した近年の研究をレビューし、その実態についての理解を深めることを目的とする。

以下では、まず母子世帯の近年の世帯数の動向を整理する。そのうえで、母子世帯の貧困の現状について、その広がり、深さ、動態や、所得貧困以外の多元的な貧困の指標をもとに推計された結果をみていく。さらに、生活保護を受給している母子世帯の特徴や、三世代同居母子世帯と貧困リスクとの関係についての実証分析の結果をみていく。

2　母子世帯の状況

まず、母子世帯の状況を国勢調査から確認しよう。

母子世帯数は一九九五年の約七四万世帯から二〇一〇年には約一〇八万世帯に増加している（図7-1）。増加率でみると、一九九五年から二〇〇〇年にかけて一八％、二〇〇〇年から二〇〇五年にかけて二二％と大幅に伸びてきたが、二〇〇五年から二〇一〇年にかけての増加率は三％とゆるやかな伸びにとどまった。父子世帯は二〇一〇年で約二〇万世帯であることから、母子世帯はひとり親世帯全体の約八四％を占めている。父子世帯数が母子世帯の六分の一程度にとどまるのは、離婚時に夫が子の親権を持つ件数と対応している（西・菅 二〇〇七）。

くわえて特徴的なのは、他の世帯員を含む母子世帯が増加していることである。二〇〇〇年以降、世帯員が母と子のみである母子世帯よりも、母と子と他の世帯員のいる母子世帯の増加率が大きく、二〇一〇年には母子世帯全体の三割を超えるに至っている。父子世帯では、父と子のみの父子世帯よりもその他の世帯員を含む場合の方がむしろ多数を占めている。また、配偶関係別にみると、未婚母子世帯で同居率が目立って高く（二〇一〇年の未婚母子世帯の四二％）、次いで、離別（二九％）、死別（二四％）と続く。

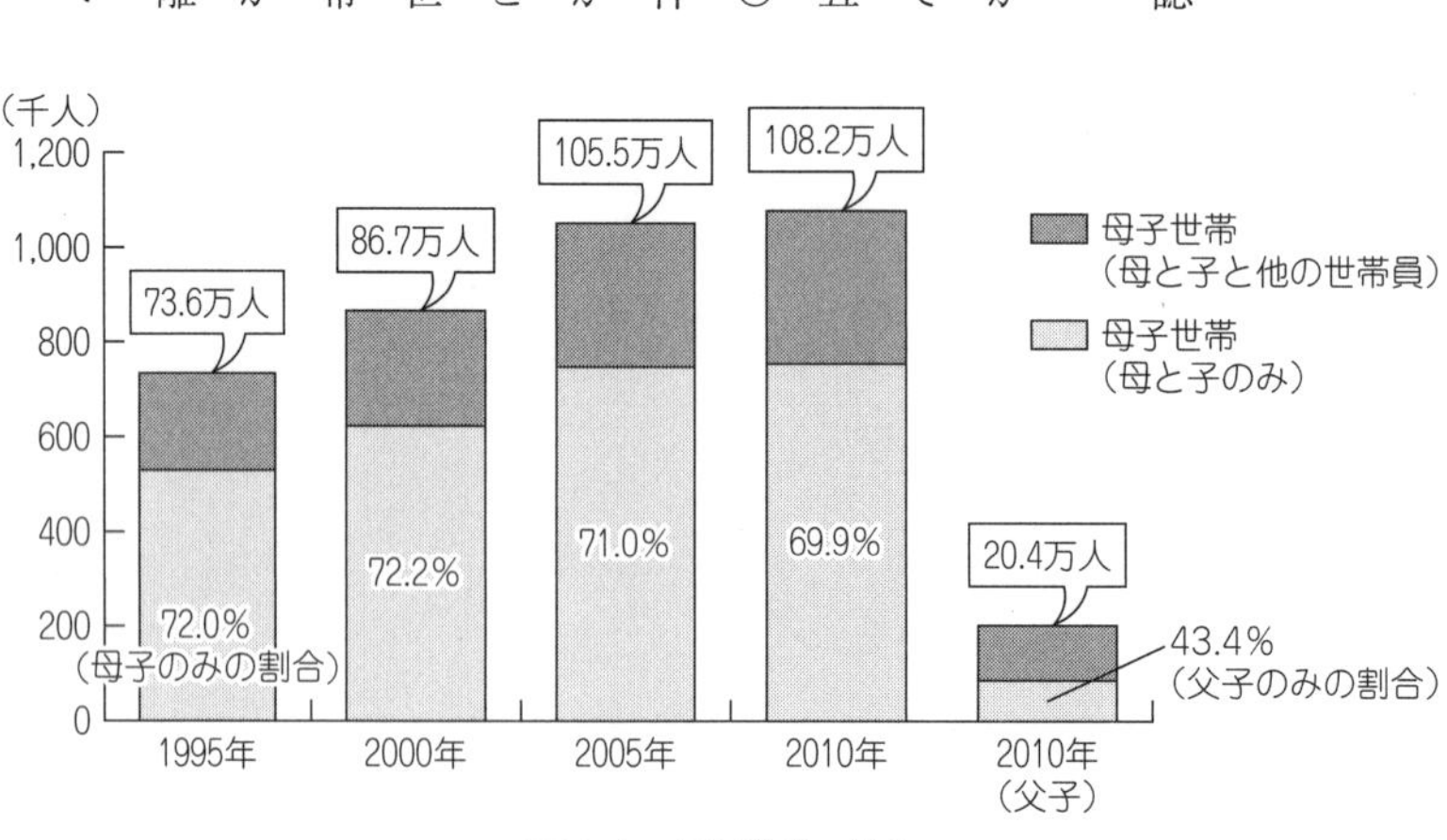

図7-1　母子世帯の推移

注：ここでの母子世帯（母と子のみ）とは，「国勢調査」の「女親と子供から成る世帯」のうち，「未婚，死別又は離別の女親と未婚の20歳未満の子供のみから成る世帯」，母子世帯（母と子と他の世帯員）とは，「未婚，死別又は離別の女親とその未婚の20歳未満の子供及び他の世帯員（20歳以上の子供を除く。）から成る世帯」。

出所：総務省統計局（2014），表13-7，表13-10より筆者作成。

「他の世帯員」の続柄は公表統計からは不明だが、その多くが父母（子の祖父母）と考えてよいだろう。調査は異なるが、厚生労働省の「平成二三年度全国母子世帯等調査」では、子ども以外に同居している者がいる世帯の約七割が親との同居であった。もちろん、「他の世帯員」のなかには、母のきょうだいなど親以外の世帯員も含まれているため、他の世帯員を含む母子世帯がすべて三世代同居世帯とは限らない。

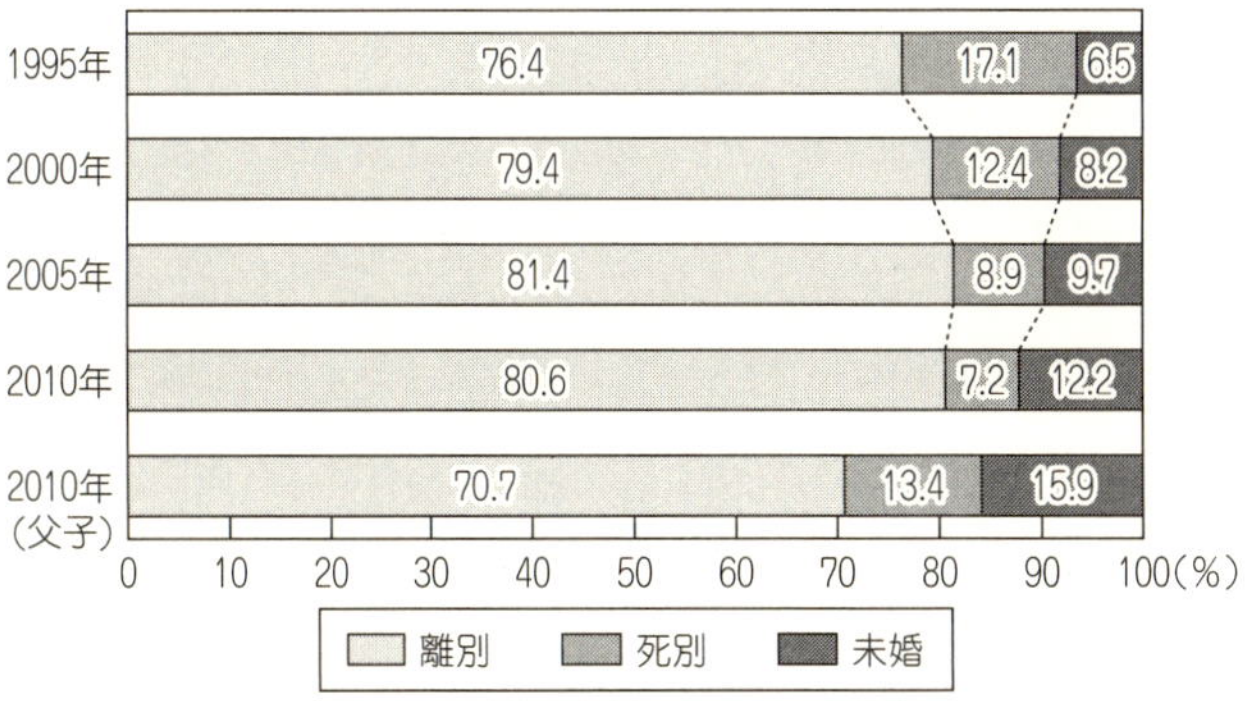

	離別	死別	未婚
1995年	76.4	17.1	6.5
2000年	79.4	12.4	8.2
2005年	81.4	8.9	9.7
2010年	80.6	7.2	12.2
2010年（父子）	70.7	13.4	15.9

（0　10　20　30　40　50　60　70　80　90　100（%））

図7-2　母子世帯の配偶関係の推移

注：ここでの母子世帯とは，「国勢調査」の「未婚，死別又は離別の女親と未婚の20歳未満の子供のみから成る世帯」と，「未婚，死別又は離別の女親とその未婚の20歳未満の子供及び他の世帯員（20歳以上の子供を除く。）から成る世帯」とをあわせたもの。

出所：図7-1に同じ。

次に、母子世帯の配偶関係の推移をみていこう（図7-2）。母の配偶関係を離別、死別、未婚に分け、その構成比を示した図7-2をみると、一九九五年から二〇一〇年にわたり、離別が約八割と多数を占めており、その趨勢に大きな変化はない。他方で、死別と未婚の動向には変化がみられる。死別母子は漸減傾向にあるのに対し、未婚母子は増加しており、その増加率は顕著に大きい（一九九五年から二〇〇〇年にかけて四八%増、二〇〇〇年から二〇〇五年で四四%増、二〇〇五年から二〇一〇年で二九%増）。二〇〇五年には、母子世帯に占める未婚母子世帯の割合は死別を上回るに至っている。

核家族以外の世帯は減少傾向にあるのが日本全体の趨勢であるのに対して、母子世帯ではその逆の傾向が進行していることを先にみたが、母子世帯の配偶関係別にみると、未婚・離別で三世代同居が多いが、死別母子については母と子のみの核家族世帯化が進んでいる。ただし、母子世帯の数としては前二者が大半を占め、死別自体が減少傾向にあるため、母子世帯全体では非核家族化が進行している（西・菅 二〇〇七）。

こうした世帯の状況の変化を貧困との関係でみると、中井（二〇一一）は、「社会階層と社会移動全国調査（二〇〇五年SSM調査）」の分析から、一九七九年以前に結婚した人の間では、男女とも高学歴層にやや離婚率が高い傾向にあったが、一九八〇年以降に結婚した層では、男女ともに高学歴層で離婚率は相対的に低く、とくに女性については教育年数の短い者（中学卒）に離婚経験率が高いことを示している。教育年数の短い女性の間で離婚が発生しやすいのであれば、経済的にもより不利な状態にある母子世帯が増加することとなる。離別・未婚のひとり親世帯の増加は、経済状況の相対的に厳しい母子世帯の増加につながり、貧困拡大の要因となっているかもしれない。

他方で、三世代同居では、母子とその親が所得を共有することで一定の所得水準を維持できるのであれば、母子世帯の貧困を縮小する要因となっているかもしれない。こうした論点については六節で改めて立ち返ることとする。

3　日本の母子世帯の貧困

次に、母子世帯の貧困の実態をみていこう。

(1) 貧困の頻度

まず、母子世帯のなかで貧困に陥っている人はどの程度なのか、貧困の頻度を確認する。

政府は、厚生労働省「国民生活基礎調査」と総務省「全国消費実態調査」から相対的貧困率を推計したものを公表しており、そのなかで、子どもがいる現役世帯のうち大人が一人の場合の貧困率がひとり親世帯の貧困率に該当する。ここでの相対的貧困率とは、等価可処分所得の中央値の五〇%に満たない者の割合である。

図7-3で示しているように、国民生活基礎調査の推計値では、一九九四年から二〇一二年の間、子どもの貧困率が一二・一%から一六・三%の間を推移しているのに対し、ひとり親世帯の貧困率は五〇・八%から六三・一%の間を推移している。全国消費実態調査の推計値では、一九九九年から二〇一五年の間、子どもの貧困率が七・九%から九・九%、ひとり親世帯では、四七・七%から六二・七%の間を推移している。両調査で貧困率の変動の傾向はやや異なっているものの、ひとり親世帯の貧困率がきわめて高位に推移していることは共通している。

母子世帯と父子世帯を区別した貧困率は阿部（二〇〇八、二〇一〇）で推計されている。阿部（二〇一〇）では一九九五年、二〇〇四年、二〇〇七年の「国民生活基礎調査」を用いて子どもの貧困率を推計しており、母子世帯の子どもの貧困率は五三〜六一%であった。他方で、父子世帯の子どもの貧困率は一六〜二五%であり、ひとり親のなかでも母子世帯の子どもの貧困率の高さが突出していることが示されている（阿部 二〇一〇）。

以上のように、各種の調査を用いた貧困率の推計では、母子世帯（あるいは母子世帯の子ども）の貧困率はおおむね五〇%を超えており、母子世帯（あるいは母子世帯の子ども）の半数以上が経済的な貧困の状況におかれていることを示している。

こうした母子世帯の貧困の広がりは、貧困率全体にどの程度の影響を及ぼしているのだろうか。「所得再分配調査」の個票データを用いて相対的貧困率を推計した橋木・浦川（二〇〇六）によれば、貧困世帯に占める母子世帯のシェアは一九九五年で四・六%、二〇〇一年で四・七%と一割に満たない。他方で、母子世帯以外の子どものいる核家族世帯のシェアは二一・八%（一九九五年）、一五・四%（二〇〇一年）であった（橋木・浦川 二〇〇六）。このように、母子世帯が貧困世帯に占める割合は小さく、母子世帯の貧困が貧困率全体に与える影響は限定的である。ただし、今後も母子世帯の経済的状況が改善されないままその数が増えていけば、貧困世帯に占めるシェアが増加し、全体の貧困率を一定程度押し上げていく要因になると考えられる。

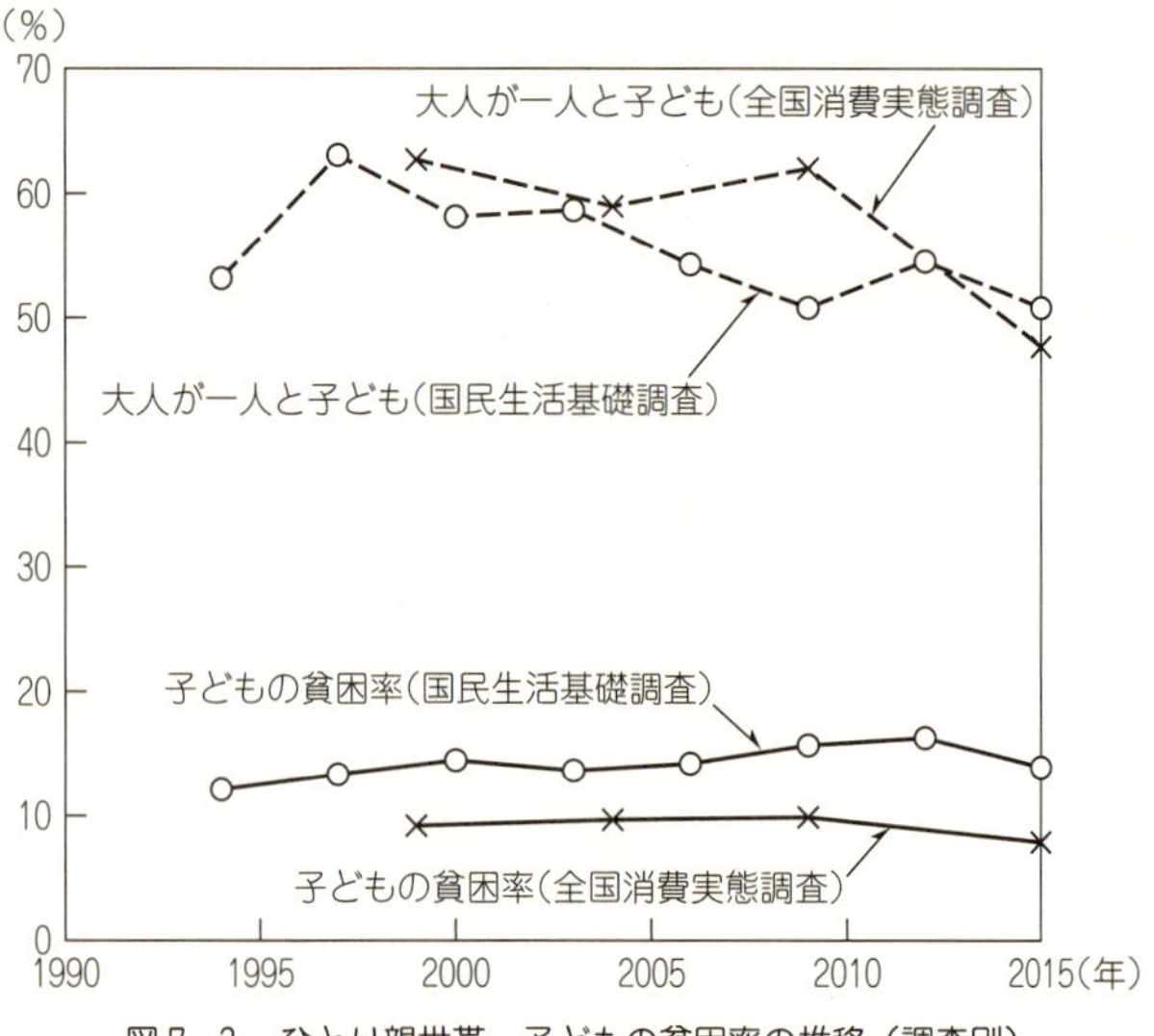

図7-3　ひとり親世帯，子どもの貧困率の推移（調査別）

注：相対的貧困率とは，等価可処分所得の中央値の50%未満の者の割合。
「大人が一人と子ども」の貧困率とは18歳以上の大人と18歳未満の子どもからなる世帯の貧困率。
子どもの貧困率は，18歳未満の子どもの貧困率。

出所：厚生労働省「国民生活基礎調査」，総務省「平成26年全国消費実態調査所得分布に関する結果」。

（2）貧困の強度

次に、母子世帯の貧困がどの程度深刻なものなのか。この貧困の強度について、貧困ギャップ率からみていく。これは、貧困率と所得ギャップ率（貧困線以下にいる世帯の平均所得を貧困線上の所得で除して標準化した数値）をかけあわせたもので、貧困の頻度と強度の両方を考慮した指標となる（橘木・浦川 二〇〇六）。つまり、貧困率が上昇した場合と、貧困線以下に位置する貧困層の所得が低下した場合に貧困ギャップ率は高い数値となる。

橘木・浦川（二〇〇六）は、一九九六年、二〇〇二年の「所得再分配調査」を用いて世帯類型ごとに各世帯の貧困ギャップ率を推計している。母子世帯は一八・七％（一九九五年所得）、一八・三％（二〇〇一年所得）と高齢単身世帯（二〇・二％、一六・〇％）と並び高い数値となっている。同じく二〇〇二年の「所得再分配調査」を用いて、阿部（二〇〇八）では母子世帯の子どもの貧困ギャップ率を推計している。それによれば、可処分所得での貧困ギャップ率は二二・二％と、他の属性と比べてきわめて高い値であった（阿部 二〇〇八）。こうした貧困ギャップ率の高さは、母子世帯（あるいは母子世帯の子ども）が貧困にさらされやすいだけでなく、所得が極めて低い状態にある人たちが少なくないことを示唆している。

（3）貧困の動態

さらに、母子世帯の貧困は、離婚直後の激変期にみられるような一時的なものなのか、あるいは、継続的なものなのだろうか。この点については、同一人物を追跡して調査するパネル調査を用いた分析が明らかにしている。

家計経済研究所「消費生活に関するパネル調査」を用いた岩田・濱本（二〇〇四）、濱本（二〇〇五a、二〇〇五b）では、一九九四年から二〇〇二年までの間の貧困の動態を分析している。ここでは生活保護基準の一・二倍を貧困線に設定している。母子世帯の場合、九年間のうち一回でも貧困に陥った世帯は九割と極めて多数であり、慢性的に貧困状態にある世帯は五割にのぼっていた（岩田・濱本 二〇〇四）。また、九年間のうちひとり親となった時期を一度でも経験した世帯のうち、慢性的貧困である世帯の割合は、四〇％から五七％にまで上昇していた（濱本二〇〇五a）。

濱本（二〇〇五b）では、母子世帯となる前後の生活状況の変化という観点から分析している。母子世帯になることで、その九割が経済状況の悪化を経験している。ただし、母子世帯になる前から常勤職に就いており、常勤職を継続できている場合、貧困率は低い。もし常勤を継続した場合に母子世帯一年目に貧困に陥ったとしても、その後貧困から脱する割合が高いのに対し、パート就労を継続している場合には三年経過しても貧困倍率に変化がみられず、貧困から脱することが難しいことを示している（濱本 二〇〇五b）。

また、石井・山田（二〇〇九）は、「慶應義塾家計パネル調査（KHPS）」を用いて、二〇〇五年から二〇〇七年の三年間の貧困動態を検討している。一時的貧困（三年間で貧困線を下回る経験が一回または二回）、慢性的貧困（三年間すべて貧困線を下回る）に陥る確率についての多項ロジット分析の結果、ひとり親世帯は一時的貧困の確率よりも、慢性的貧困に陥る確率が顕著に高く、世帯主の就業形態、年齢、教育歴、性別をコントロールしても、ひとり親であることは慢性的貧困にある確率を有意に高めていることを明らかにしている。

このように、貧困動態の研究からは、母子世帯は貧困に陥る割合が高いだけでなく、貧困に陥ったら一定期間その状態が継続し、貧困が慢性化していることがわかる。

4 多元的な貧困

（1）社会的排除

貧困を所得だけで測定するのではなく、物質的な側面や社会参加の側面等も含め、多元的に把握する試みが行われている。たとえば、阿部（二〇〇七、二〇一一a）は、社会的排除の状況を独自の調査（「社会生活に関する実態調査」）から分析している。八つの社会的排除の次元（基本ニーズの欠如、物質的剝奪、制度からの排除、社会関係の欠如、不適切な住居、不十分な社会参加、経済的ストレス、低所得）のそれぞれについて具体的にたてられた複数の調査項目のうち、排除されている項目数が基準よりも多い人の割合を社会的排除率としている。離別女性の排除のリスクは、社会関係の欠如、不十分な社会参加を除くすべての次元で統計的に有意に高かった（阿部 二〇一一a）。また、不利なライフイベントを過去に経験している人は、社会的排除率が高く、また、複数の次元で排除されており、離婚経験があることは排除率を高める過去の不利な出来事の典型例の一つとして位置づけられている（阿部 二〇〇七）。

（2）時間の貧困

次に、母子世帯の生活時間に注目してみよう。家計を支えるための労働と育児の双方を担うシングルマザーにとっては、時間のやりくりが必要になる。低賃金の仕事に就いているのであれば、十分な収入を得るために労働時間を延ばさざるを得ないが、その分、子どもと過ごす時間や自身の睡眠時間を削らざるを得ない。母子世帯では、家庭生活を送るうえで必要な時間を確保できているだろうか。

田宮・四方（二〇〇七）では、母子世帯の仕事と育児の状況について、各国の生活時間調査を用い、日本の有子夫婦世帯との比較、および、国際比較を行っている。日本のシングルマザーは、欧米各国との比較において、顕著に仕事時間が長く育児時間が短い。子どもの年齢と就業状態をコントロールしたデータを用いた日米比較からも、日本のシングルマザーは労働時間が長く、育児時間が短い傾向がみられた。さらに、日本のデータを用いて夫婦世帯と母子世帯との時系列比較を行ったところ、両者の仕事時間の差と育児時間の差がともに拡大傾向にあることが指摘されている。

石井・浦川（二〇一四）は、慶應義塾大学パネルデータ設計・解析センター「日本家計パネル調査（Japan Household Panel Survey：JHPS）」の二〇一一年から二〇一三年のデータを用いて時間貧困と所得貧困の関係を検討している。ここでは、二四時間から、基礎的活動（睡眠や食事）に要する時間、各世帯類型の標準的な家事・育児時間を引いた残りを各自が配分可能な時間とおき、労働時間が配分可能な時間を上回る場合に時間貧困と判断している。時間貧困、所得貧困の要因に関するロジット分析から、ひとり親世帯は、時間貧困に陥る確率が顕著に高いことが明らかにされている。

ＪＩＬＰＴ「就業・社会参加に関する調査」（二〇〇六年）を用いた阿部（二〇一一b）では、シングルマザーは、末子年齢、就労状況をコントロールしても、シングルマザー以外の女性に比べて家事時間と睡眠時間が短く、労働時間が長いことが自由時間を確保できない確率を高めているとしている。

5 生活に困窮している母子世帯の特徴

母子世帯の貧困の頻度は高く、その強度や継続性が強いことが貧困率の推計から確認できたが、そうした貧困状態にある母子世帯はどのような特徴を持っているのだろうか。

駒村他（二〇一二）、藤原他（二〇一〇）では、生活保護を受給している母子世帯の状況を詳しく分析している。

駒村他（二〇一二）は、大都市圏近郊X市で生活保護を受給している母子世帯の状況について、二〇〇八年と二〇一〇年の二時点で行った調査から分析している。それによれば、成育期に生活保護を受給した経験と一〇代での出産の経験は、成育後の生活保護の受給に対して統計的に有意にプラスの影響を与えており、生活保護を受給する以前からの環境が成人してからの困窮に連鎖していることを指摘している。

藤原他（二〇一〇）では、A自治体で二〇〇五年度に生活保護が廃止となった母子世帯の保護開始時と廃止時の状況について分析している。生活保護受給開始時の特徴として、教育年数の短さ、親との離死別経験、配偶者からの暴力、借金問題が挙げられている。

6　三世代同居と貧困

第2節では、母と子のみの世帯よりも、三世代同居世帯のような核家族以外の母子世帯の増加率が高いことをみた。では、親と同居することは、母子世帯の貧困を軽減する効果をもつのだろうか。

阿部（二〇〇五）では、「国民生活基礎調査」の一九九八年、一九九九年、二〇〇一年の個票データを用いてひとり親の子どもの世帯構造別に相対的貧困率を推計している。親等と同居する母子世帯の貧困率は、母と子のみの独立母子世帯の半分程度であることから、親等との同居は母子世帯の経済状況の改善に寄与していると指摘する。

Shirahase and Raymo（2014）も、「国民生活基礎調査」の一九八六年から二〇〇七年までの大調査年の個票データを用いて、母と子以外の同居者の有無別に母子世帯の貧困率を推計している。母と子のみの母子世帯の貧困率は五二〜六五％の間を推移しているが、親などと同居している同居母子世帯については貧困率が半減する結果となっている（Shirahase and Raymo 2014）。

では、母子世帯が親と同居する目的はどこにあるのだろうか。

阿部・大石（二〇〇五）は、阿部（二〇〇五）と同じデータを用い、母子世帯が親族と同居する理由を検討している。親族と同居する母子世帯では、母親の年齢が若く、子どもの年齢が低く、就労率が低い傾向があることから、育児への支援の必要性が同居率を高めている可能性があるとしている。

また、同居母子世帯で持ち家率が高いことから、住居費の軽減のために同居を選択している可能性を示唆している。一方、同居母子世帯であっても所得や金融資産の額は他の有子世帯と比べて低位にあり、同居によって経済的問題が解消されてはいないことを指摘している。

Shirahase and Raymo（2014）では、同居母子世帯において、同居している者の所得が無かった場合、その貧困率（一九九五年から二〇〇七年までの平均値）は三一％から七九％に上昇すると推計している。これは、母親本人の収入が無かった場合の貧困率、社会保障給付が無かった場合の貧困率のいずれの場合の推計値よりも高位であった。このことから、同居母子世帯は同居している親の所得をシェアすることで母と子のみの母子世帯よりも貧困リスクを低下させているとしている。

また、Raymo et al.（2014）では、シングルマザーが子どもと過ごす時間を増やすために親と同居をしている可能性に注目している。ここでは、JILPT「子どものいる世帯の生活状況および保護者の就業に関する調査」を用い、子どもと一緒に過ごす時間数、子どもと一緒に夕食をとる頻度について、母子世帯とふたり親世帯とで比較している。順序ロジットによる分析結果から、シングルマザーは有配偶の母親と比べて、子どもと一緒に過ごす時間は有意に短く、子どもとの夕食の頻度も少なかった。さらに、親と同居しているシングルマザーの方が母と子のみの世帯よりも、子どもと過ごす時間が短く、夕食の頻度も少なかった。これは、シングルマザーが親と同居しているならば、親のサポートによって、母と子が過ごす時間は長くなるのではないか、との仮説が支持されなかったことを示している。

　このように、先行研究からは親等との同居によって、母子世帯の貧困リスクはたしかに低下することが実証されているものの、同居の理由・目的については複数の可能性が検討されている段階にある。

7　母子世帯の貧困リスク

　母子世帯は増加傾向にあり、二〇一〇年には一〇〇万世帯を超えた。ただし、二〇〇五年から二〇一〇年の増加率はゆるやかであった。

　母子世帯の配偶関係をみると、離別が多数を占める。未婚母子世帯は増加傾向にある一方で、死別が減少しており、二〇〇五年以降は死別と未婚の割合が逆転し、後者が多数になるに至っている。未婚母子は若年化しており、また、教育年数の短い女性で離婚に至りやすい傾向があるなど、不利な状況でひとり親となる女性の割合が高まることが予想される。さらに、離婚経験をはじめ、成育期の貧困経験や若年出産などの不利なライフイベントを過去に経験していることは、その後も貧困に陥る確率を高めることが指摘されている。

　また、母と子のみの母子世帯の増加率よりも、三世代世帯など、その他の世帯員を含む母子世帯の増加率が大きく、二〇一〇年には母子世帯全体の三割が非核家族世帯となっている。親との同居によって、母子世帯の経済的な貧困リスクは低下しているが、母子世帯の社会的排除や時間貧困への効果は明確ではない。

　母子世帯は貧困に陥りやすいだけでなく、貧困の程度が深刻になったり、慢性化してしまう傾向がみられる。母子世帯の相対的貧困率はおおむね五〇%を超えており、今後も母子世帯の経済的状況が改善されないままその数が増えていけば、貧困世帯に占めるシェアも増加し、全体の貧困率を押し上げると考えられる。貧困の強度を測る貧困ギャップ率をみても、母子世帯の数値は高く、所得が極めて低い人たちが貧困層内で少なくない。また、母子世帯が貧困に陥ると、短期間で貧困から脱却できず、貧困が継続する確率も高い。

　他方で、物質的剥奪や住宅問題等の社会的排除の指標でみても離別女性の排除のリスクは高い。労働時間が長く、子どもとの時間や睡眠時間を確保できない時間貧困の状態もみられる。

　こうした状況分析をふまえると、母子世帯の貧困を削減していくためには、教育、就労、社会保障など、重層的な政策的アプローチが求められよう。

＊　本研究はＪＳＰＳ科研費（ＪＰ二六三六〇〇五七）の助成を受けている。

【参考文献】

阿部彩（二〇〇五）「子どもの貧困」国立社会保障・人口問題研究所編『子育て世帯の社会保障』東京大学出版会。

阿部彩（二〇〇七）「現代日本の社会的排除の現状」福原宏幸編著『社会的排除／包摂と社会政策』法律文化社。

阿部彩（二〇〇八）「日本の貧困の実態と貧困政策」阿部彩・國枝繁樹・鈴木亘・林正義『生活保護の経済学』東京大学出版会。

阿部彩（二〇一〇）「日本の貧困の動向と社会経済階層による健康格差の状況」内閣府男女共同参画会議監視・影響評価専門委員会『生活困難を抱える男女に関する検討会報告書――就業構造基本調査・国民生活基礎調査特別集計――最終報告書』。

阿部彩（二〇一一ａ）「貧困と社会的排除――ジェンダーの視点からみた実態」大沢真理編『承認と包摂へ

――労働と生活の保障』岩波書店。

阿部彩（二〇一一ｂ）「時間の貧困――ジェンダーと社会経済階層と時間格差」ＪＩＬＰＴ労働政策研究報告書『シングルマザーの就業と経済的自立』一六九―一八八頁。

阿部彩・大石亜希子（二〇〇五）「母子世帯の経済状況と社会保障」国立社会保障・人口問題研究所編『子育て世帯の社会保障』東京大学出版会。

石井加代子・浦川邦夫（二〇一四）「生活時間を考慮した貧困分析」『三田商学研究』第五七巻第四号、九七―一二一頁。

石井加代子・山田篤裕（二〇〇九）「年齢階級・世帯類型別にみた日本の貧困動態の特徴――慶應義塾家計パネル調査（ＫＨＰＳ）に基づく貧困動態分析」『社会政策研究』九号、三八―六三頁。

岩田正美・濱本知寿香（二〇〇四）「デフレ不況下の『貧困の経験』」樋口美雄・太田清・家計経済研究所編『女性たちの平成不況――デフレで働き方・暮らしはどう変わったか』日本経済新聞社、二〇三―二三三頁。

駒村康平・道中隆・丸山桂（二〇一一）「被保護母子世帯における貧困の世代間連鎖と生活上の問題」『三田学会雑誌』第一〇三巻第四号、六一九―六四五頁。

総務省統計局（二〇一四）『日本の人口・世帯――平成二二年国勢調査最終報告書（上巻――解説・資料編）』日本統計協会。

橘木俊詔・浦川邦夫（二〇〇六）『日本の貧困研究』東京大学出版会。

田宮遊子・四方理人（二〇〇七）「母子世帯の仕事と育児――生活時間の国際比較から」『季刊社会保障研究』第四三巻第三号、二一九―二三一頁。

中井美樹（二〇一一）「ライフイベントとジェンダー格差――性別役割分業型ライフコースの貧困リスク」『現代の階層社会――格差と多様性』東京大学出版会、一四三―一五九頁。

西文彦・菅まり（二〇〇七）「シングル・マザーとシングル・ファーザーの比較分析」『統計』第五八巻第九号、六三―六五頁。

濱本知寿香（二〇〇五ａ）「収入からみた貧困の分布とダイナミックス」岩田正美・西澤晃彦編著『貧困と社会的排除――福祉社会を蝕むもの』ミネルヴァ書房。

濱本知寿香（二〇〇五ｂ）「母子世帯の生活状況とその施策」『季刊社会保障研究』第四一巻第二号、九六―一一〇頁。

藤原千沙・湯澤直美・石田浩（二〇一〇）「生活保護の受給期間――廃止世帯からみた考察」『社会政策』第一巻第四号、八七―九九頁。

Bonoli, G. (2007) "Time Matters Postindustrialization, New Social Risks, and Welfare State Adaptation in Advanced Industrial Democracies." *Comparative Political Studies*, 40(5), pp. 495-520.

Piearce, Diana. (1978) "The feminization of poverty," *The urban and social change review*, 11.

Raymo, J.M., Park, H., Iwasawa, M., Zhou, Y. (2014) "Single Motherhood, Living Arrangements, and Time With Children in Japan." *Journal of marriage and the family*, 76(4), pp. 843-861.

Shirahase, Sawako and James M. Raymo (2014) "Single Mothers and Poverty in Japan: The Role of Intergenerational Coresidence." *Social Forces*, Vol. 93, No 2, pp. 545-569.

Taylor-Gooby, P. (Ed.) (2004) *New Risks, New Welfare: The Transformation of the European Welfare State*, OUP Oxford.

第8章 貧困の世代間連鎖

駒村康平・丸山　桂

本章では、貧困の世代間連鎖を扱う。日本の子どもの貧困率は国際比較でも上位にあり、子どもの貧困問題は重要な政策課題になっている。子ども時代の貧困経験は、学力、就労、健康以外にも非認知能力（達成心、社会的感受性、自制心、誠実性、情緒安定性）、価値観など複雑なルートで、成人後の生活、経済状況に影響を与えている。このルートについては、多くの実証研究で確認されるようになったが、そのメカニズムまでは十分に明らかになっていない。こうしたなか、最近発展が著しい認知科学の研究は、認知機能を通じた貧困の世代間連鎖のメカニズムも明らかにしつつある。政府は、ようやく子どもの貧困対策に力を入れつつあるが、政策評価や有効な支援プログラムは模索中で、こうした様々な分野の研究蓄積を生かした貧困の世代間連鎖防止の政策が急がれる。

1 貧困の世代間連鎖研究の様相

第5章でもあつかったように子どもの貧困問題は、きわめて重要な社会問題である。日本財団・三菱UFJリサーチ&コンサルティング（二〇一五）の推計によれば、現在一五歳である子どもの貧困問題を放置するだけで生涯所得総額が二・九兆円減少し、税・社会保障の純負担額が一・一兆円増加するという。

子ども時代の貧困経験は、その時点での困窮のみならず、成人した後も、健康、就労、経済といった点で深刻な影響を与える。子どもの貧困は親の貧困に直接起因するが、子ども時代の貧困経験が成人後にどのような影響を与えるかという研究は、広義には社会的流動性、狭義には貧困の悪循環や貧困の世代間連鎖に関する研究として、諸外国では多くの研究蓄積がある。しかし、日本では、幼少期の貧困経験が成育後に及ぼす影響に焦点をあてた研究蓄積は限られている。その原因は、日本では個人を長期追跡したパネルデータの蓄積が遅れている点にある。Esping-Andersen（2005）が指摘するように一時点の「スナップショット」ではその原因や分析には限界があり、生涯にわたる貧困動態や不平等の連鎖の分析には、長期的な追跡調査が不可欠である。また最近、発展の著しい認知科学分野（認知科学、神経科学、認知心理学）の研究により、子どもの生活状況や経験が知能などに与える影響や貧困が子どもの成長に与えるメカニズムが次第に明らかになってきている。

2　貧困の世代間連鎖の国際比較

本章では、貧困の世代間連鎖に焦点をあてて、関連する研究、調査、政策動向を紹介する。

図8-1は、不平等と世代間の親子所得の相関性の国際比較を見たもので、「グレートギャッツビーカーブ」として知られている。横軸に所得格差の大きさを示すジニ係数（一九八五年時点）、縦軸に世代間の所得弾性値を取っている。世代間の所得弾性値とは、親の世代の所得が一％上昇した場合に子どもの成人後の所得がどの程度影響を受けるかを示した指標であり、これが高いほど親子間で所得の相関が大きいとされる。逆に、子どもの世代の所得が親の世代の所得から独立していれば弾性値は低くなる。図8-1は、所得格差が大きい国ほど、親子間（父親と成人した息子）の所得の相関性が強いことを示している。

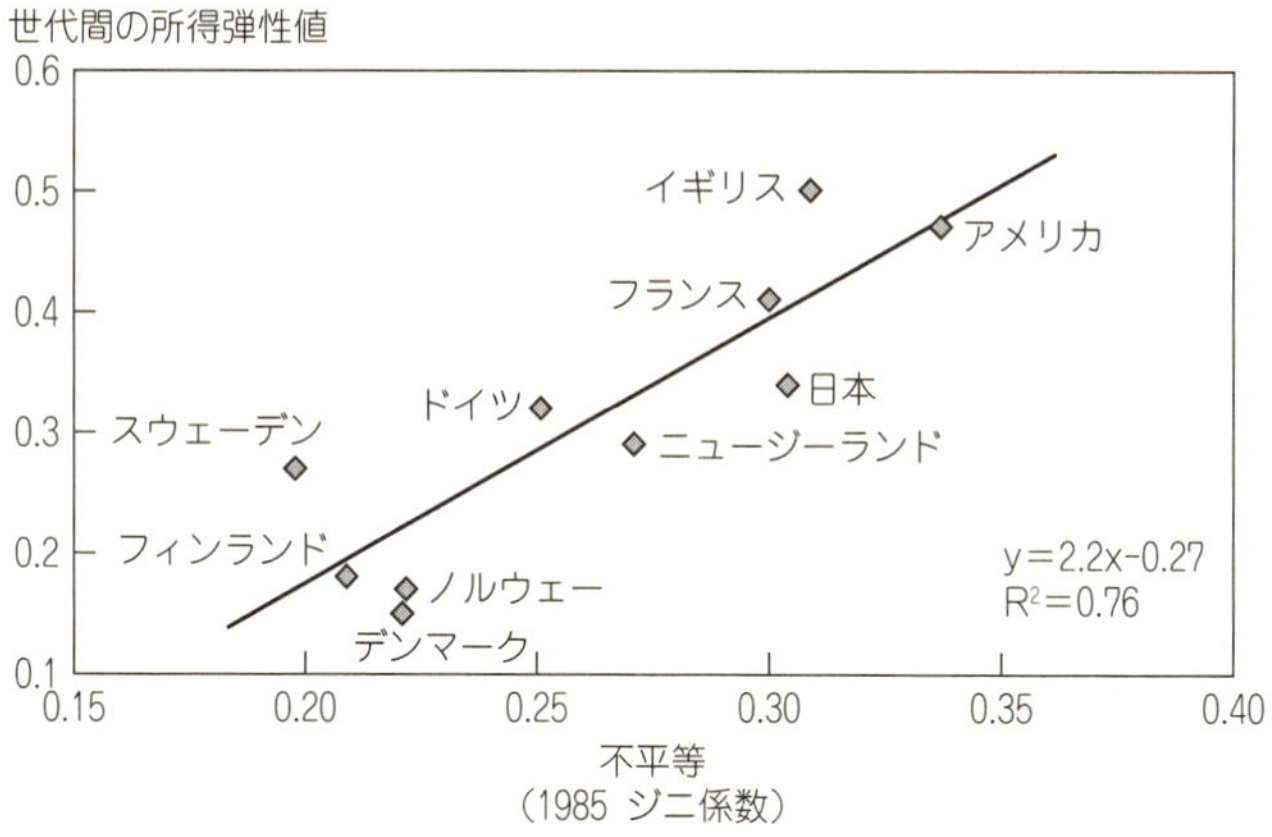

図8-1　ジニ係数と親子間の所得の相関性

出所：Corak（2013）.

傾向としては、アメリカ、イギリスなどのいわゆるアングロサクソン系の国ではジニ係数が高く親子間の所得の相関性が高いことが確認され、北欧各国はジニ係数が低く、親子間の所得の相関性が低いことが確認されている。親子間での所得の相関性にはIQなどの遺伝的な要素の影響も考えられるので、一定の相関性があることは否定できないが、各国で親子間のIQなどの相関性が異ならないとすれば、アングロサクソン圏と北欧各国との親子間の所得の相関性のギャップは社会経済状況、政策・制度によって生み出されていると推測される[1]。逆にいうと社会経済状況、政策・制度を変えれば、親子間の所得の相関性を一定水準まで小さくできる、すなわち貧困の世代間連鎖を縮小できることを示唆している。

3　貧困の世代間連鎖に関する研究

本章で扱う貧困の世代間連鎖の議論は、広い意味で貧困の動態的な側面に着目したものであるが、

①ボーダーライン層、ワーキングプア層のように貧困線ぎりぎりの貧困層が景気の循環とともに貧困と非貧困層の間を揺れ動く「周期的貧困」の議論や貧困状態の継続性に着目した「貧困の継続期間」に関する研究と、②「親」と「成人した子」という「世代間」の問題に着目している点で区別される必要がある。

①の貧困の継続性に関する研究としては、Oxley et al.（2000）によると先進国では、六年以上の貧困状態が継続する家計は二～六％とされているが、本章で扱う課題は②の世代間という長期の問題を取り扱う。

（1）貧困の世代間連鎖の複雑なルートに関する概要

貧困の世代間連鎖については、経済学のみならず多くのアプローチがあり、それらの研究を整理すると、①所得を通じたルート[2]、②健康を通じたルート、③居住環境、④親子間の生物的・遺伝的な影響、⑤認知機能、精神的な課題（精神疾患、行動障害などの精神障害）、生活習慣・価値観・交友関係（コネクション）とそれらと密接に関係する非認知能力（達成心、社会的感受性、自制心、誠実性、情緒安定性）を通じたルート、などが考えられる。

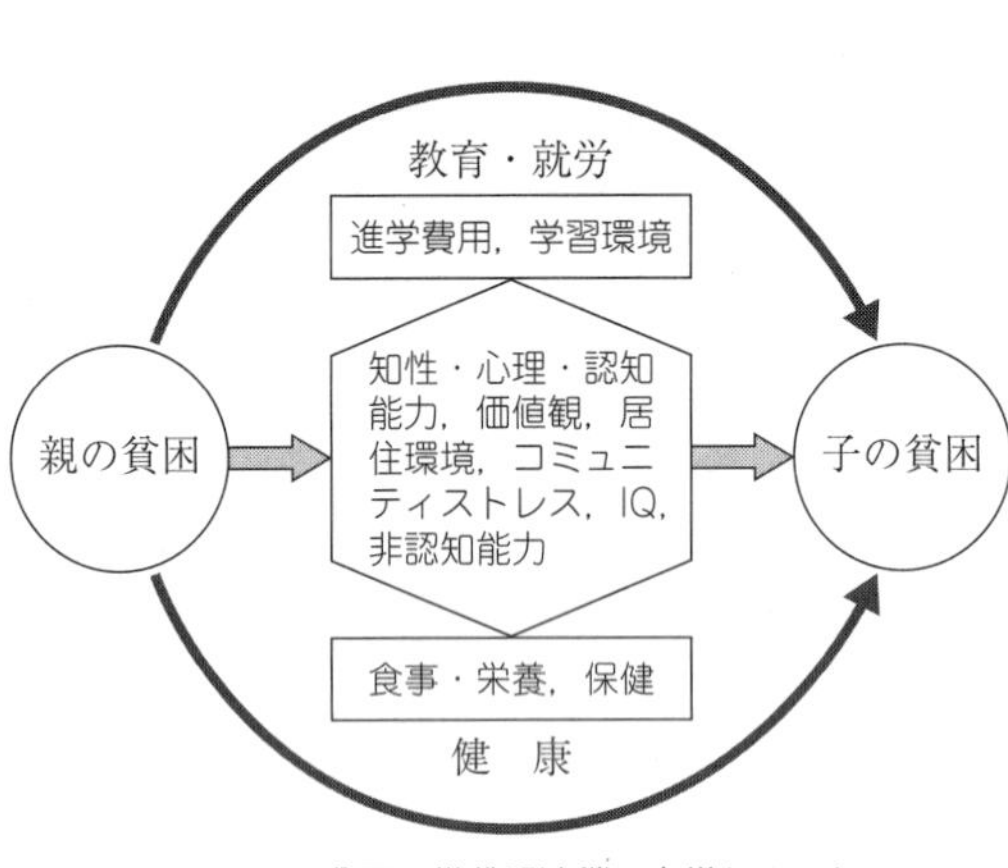

図８－２　貧困の世代間連鎖の多様なルート

ただし、これらの要因は個別に議論されるべきではなく、複雑に絡み合っている点に留意が必要である（図８－２参照）。

①については、狭義には所得の不足は子どもの進学機会、学力を制限し、そして就労機会をも左右する（野崎 二〇一七）。また当然、貧困は、②の栄養摂取や医療・保健サービスなどへのアクセスにも影響を与える。さらに貧困は、③の居住環境を劣化させ、学力、健康状態にも負の影響を与えることになる。

④は、「所得とＩＱの関係性」、そして「ＩＱが遺伝的な影響を受ける、生来的な要素」ということから、ＩＱなどの能力の親子間の遺伝的な部分で貧困が世代間連鎖するという見方である。すなわち「ＩＱが高い親は所得が高い。そしてＩＱの高い親から生まれた子どもは高いＩＱとなり、所得が高くなる（Lynn and Vanhanen 2002 : Dickerson 2006）。貧困層では親のＩＱが低いから所得も低く、親のＩＱが低いから子どものＩＱも低くなり、貧困になる」というロジックである。こうしたＩＱによる能力の遺伝による貧困や格差の連鎖の見方については、①ＩＱは知性の尺度としても不完全であり、また②ＩＱの値は決して安定したものではなく、生活環境によって変わりうるものであり、さらに③ＩＱより自己管理能力の方が学業成績を左右するとし、ＩＱを根拠にした貧困の遺伝的な要因は大きなものではないという指摘がある[3]。

⑤については、貧困層の持つ生活習慣、価値観、交友関係、非認知能力あるいは精神的な課題も貧困の連鎖を強めるとする見方である。この問題は、かつて「貧困の文化」として、アメリカの文化人類学者のオスカー・ルイスによって提唱された。貧困世帯では、その行動パターンや生活態度が、

貧困や欠乏状態に順応する。貧困の生活環境で育った人は、一般とは異なる特有の考え方や行動を学習し、また親から子どもにそれらの特徴が伝わり、そしてコミュニティがそれを共有するという見方である。貧困の実態についてヒアリング調査にいくと、ケースワーカーなどから生活保護受給者の価値観、生活態度について、「消費や健康について、刹那的な態度で欲望の先延ばしができない」「物事の優先順位がつけられない」「将来の計画に関心がない」「家族間の相互不信が強い」といった印象を聞くことも多い。いずれも非認知能力とつながる部分でもある。しかし、こうした価値観、生活態度を生来のものあるいは固定した貧困の文化とするレッテルを貼るべきではない。

所得と子どもの精神的な課題については、所得の低さそれ自体が子どもの精神的課題に直接影響を与えることは確認されていないが、養育状況・環境、親のストレスや悪化した精神状態が子どもの精神状態にも長期的に悪影響を与えることが確認されている（レイヤード・クラーク 二〇一七：一〇九）。

Layard et al.（2014）は、子ども時代の貧困状態、親の心理的な課題は、長期にわたって子どもに影響を与え、「子どものときの環境」「学業成績」「生活態度」「親や家族の感情的健康」のいずれもが「子どもが三四歳になった時点の満足度」に影響を与えることを確認している。

さらに子ども時代の精神的な課題や行動障害の影響が人生にわたって悪影響を与えること、すなわち①感情面での問題を持っている子どもは、そうでない子どもと比較して、喫煙・ドラック依存、自傷行為などの問題の発生率は四倍高くなる、②子どもの頃に行為障害を持つ場合は、そうでない子どもに比較して、成人後に暴力犯罪の確率が一〇倍、薬物依存、一〇代で親となる確率、自殺確率は四倍、生活保護利用率は三倍高くなる、さらに③身体的虐待を受けた子どもはそうでない子どもと比較して、虐待的な親になる確率は六倍高い、ということが確認されている（レイヤード・クラーク 二〇一七：一〇八）。

このように貧困がもたらすストレス、環境、社会的排除・孤立、虐待といった経験が、非認知能力、価値観・行動パターン、精神的課題に大きな影響を与えることに注目する必要がある（パットナム 二〇一七：一三九）。

（2）貧困によるストレスが子どもの成長に与える影響

経済学のアプローチでは、貧困の問題は、所得制約からくる教育と健康への支出の不足が人的資本形成を阻害するという①と②のルートが着目される。貧困の世代間連鎖がこうした所得要因だけであれば、現金給付や特定の財・サービスの給付や価格補助によって貧困の世代間連鎖は解消されることになる。

しかし、一般的な現金給付の場合、貧困世帯がそれを子どもの教育や健康に使うかどうかはわからない。現金給付が現実の消費につながるかは、家計の選択による。家計が将来よりも現在の消費を重視する場合、給付金が教育・健康といった将来投資、子どもの人的資本投資のために使われず、日々の生活や嗜好品に消費される可能性も十分にあり得る。貧困層の価値観や選好が現在の消費に偏っている場合は、現金給付は所期の目的を達成しないであろう。このため、諸外国では子どもの発達のために使途を限定する「条件付き現金給付」が行われている。

条件付き現金給付以外に、貧困の世代間連鎖の解消には、家計の持つ価値観・選好の修正や現物給付による介入もある。もちろん価値観・選好といった個人の自由に政府がどこまで介入できるかは議論もある。しかし、貧困経験そのものによってそうした将来の価値を低く評価する非認知能力、価値観・選好が形成されたものだとするとどうだろうか（ボウルズ 二〇一七）。近年、発達著しい認知科学の研究では、子ども時代の経験、家族や大人との関係、そしてストレス（毒性ストレス）[4]が脳や心理の発達を阻害し、個人の価値観などに影響を与えていることが明らかにされている[5]。

たとえば、「自己肯定感」や「忍耐力」は学力や健康維持のためには不可欠である。子ども時代に「自己肯定感」「忍耐力」に基づいて「自己規制の技術」を学ぶことは、学習のみならず、生涯にわたる健康にも重要である。健康習慣は児童期、青年期に身に付き、栄養摂取、体力、薬物乱用、非行、暴力に対する自己管理法を身に付けることになる。しかし、ある程度の成功を経験しないと学習意欲も健康習慣も形成されない。継続的な貧困はこうした成功体験の阻害要因になる。

ストレスそのものが直接、学習効率を下げるという研究もある。長期の貧困とそこから派生するストレスが子どもの記憶力・一時メモリーを低下させるのである[6]。貧困は、ストレスを経由し、子どもの認知機能、学力に負の影響を与え、自己肯定感を低くさせる可能性もある。加えて毒性ストレスは、脳内の感情調整を司る部分の機能に障害を起こし、社会への信頼度を引き下げ、健康面でも免疫能力を下げることも明らかになっている[7]。

精神的な課題を持つ子どもに対し、現金給付等の経済的な支援と心理的なカウンセリングのいずれがより効果があるかという点については、Lund et al.（2011）は対照群と非対照群を無作為抽出し、現金給付等の経済的支援、心理療法カウンセリング支援といった介入プログラムが精神的課題軽減に与える効果を比較している。その結果、経済的支援より心理療法的カウンセリング支援の方が効果が大きいことを確認している（図8－3参照）。

貧困による成育環境の劣化の結果、ストレスによって非認知機能・学力が低下すると貧困の世代間連鎖はより確実になる。加えて、人生の初期における学業不振は攻撃的なライフスタイルと反社会的な行動を誘発することが確認されており、知的効力感の低い子どもは学業的な価値やライフスタイルに重きをおかない仲間達に引き寄せられ、進学や良好な職業の機会を失うことになる。

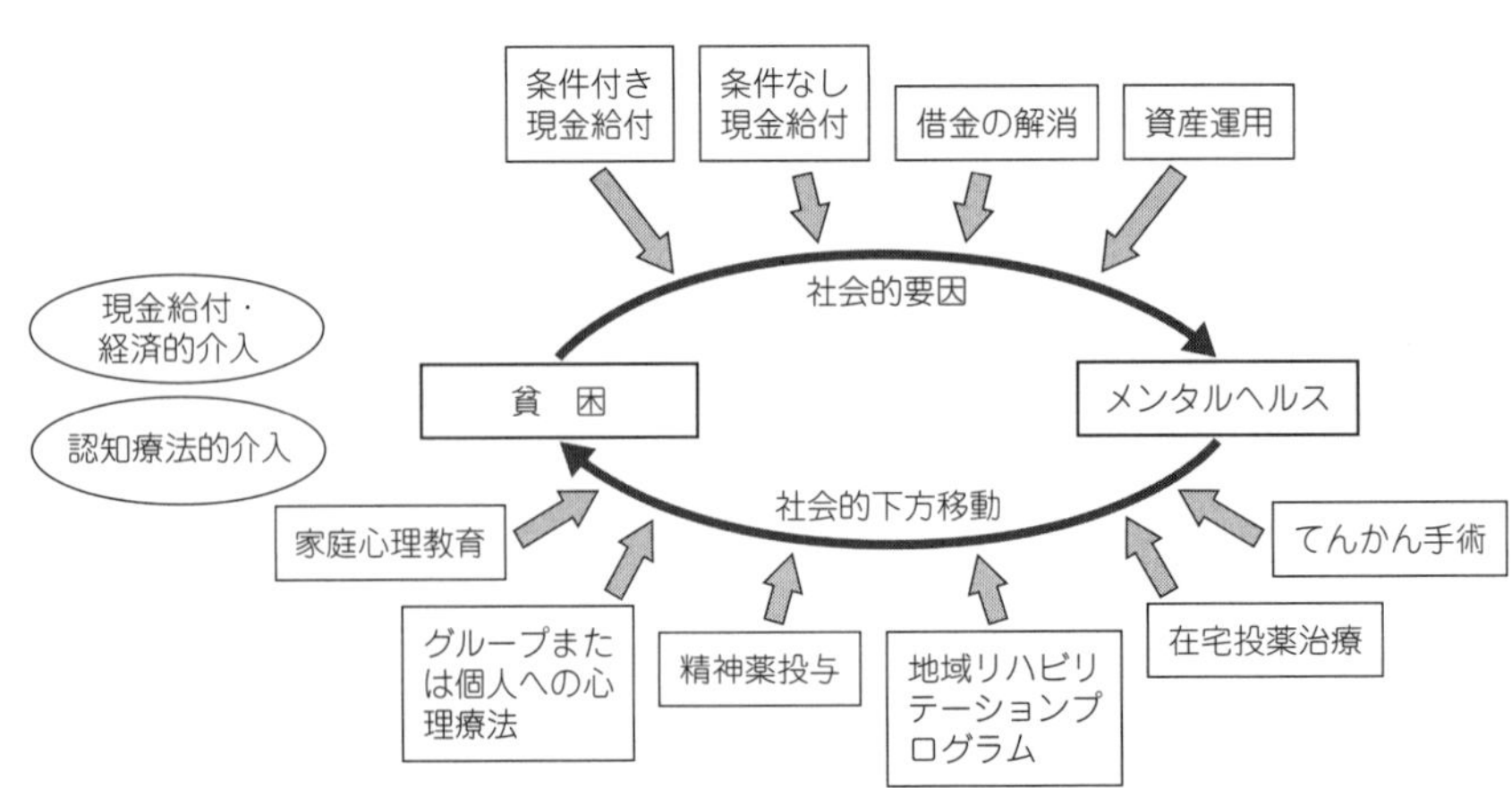

図8－3　精神的課題を持つ子どもに対する現金給付等の経済的支援と心理療法によるカウンセリングによる支援の効果の比較
出所：Lund et al.（2011）をもとに筆者作成。

さらに貧困世帯で多発する虐待・ネグレクトは子どもの心理面，認知機能に深刻な影響を与える。(8) 友田（二〇一二）は，虐待・ネグレクトは脳の成長（脳の各部位における容積）に深刻なダメージを与えることを紹介している。(9)

貧困は子どもに短期・長期双方で深刻な影響をもたらすが，特に極貧状態は短期間であっても，深刻な影響を引き起こす。さらに出生直後の極貧は子どもにとって回復不能な精神的，身体的，心理的な損傷を与えることが明らかになっている（Brooks-Gunn and Duncan 1997）。

貧困と健康状態に関する先行研究も非常に多い。例えば，子どもの健康面での不利という視点では，栄養不良の問題は，知的能力に影響を与え，その影響は，胎児のときから始まるという。低体重児や発育遅延の悪影響は一〇代から成人後も病気への耐性の低下，より高い疾病罹患リスクにつながり，特に女性には深刻な影響をもたらすことが確認されている。

Starfield et al.（1991）は，貧困家庭において低体重児が生まれる確率が高いことに着目し，白人の子どもに限った上で，母親の学歴や喫煙などをコントロールしても，母親の貧困状況は低体重児出産につながりやすく，さらに母親自身が幼少期に貧困であった場合には低体重児を出産しやすいことを明らかにしている。このほかアメリカでは親の収監が子どもの健康に深刻な影響を与えることも確認されている（Turney 2014）。

日本においては，川口・野口（二〇一四）が，母親の喫煙と出産前一年のフルタイム労働が出産時体重を下げることを確認している一方，野崎・佐野（二〇一六）は，出生時体重と小中学校時の学力，問題行動については，関連性が確認できないとしている。

居住環境やコミュニティの影響も無視できない。アメリカでは所得階層間での居住地域の分離が進んでいるという指摘もある。(10) 居住環境や社会的排除，物理的および社会的に孤立した状態は子ども，特に青少年期の子どもの成長に有害な影響を与える。たとえば，アメリカでは住民間の社会的規範が低い状態が子どもに有害な影響を与える近隣効果が確認されている。(11)

（3）貧困経験に関する実証研究

養育された家庭の所得や環境面での不利益と青年期や成人後の貧困という状況の負の連鎖に関する実証研究は，貧困の世代間連鎖が深刻な問題となっているイギリス，アメリカで多くの蓄積がある。

Blanden and Gibbons（2006）は，二世代をこえた貧困の連鎖の実態を異なるコホートで分析している。彼らは，一〇代の貧困と成人後の貧困の関係は強く，さらに，一九七〇年代に一〇代であった世代層と一九八〇年代に一〇代であった層とは貧困に至るプロセスに違いがみられると指摘する。前者は，低学歴や無職の親などの家庭環境に起因した貧困が多いが，後者は貧困そのものの影響が強く，一〇代で貧困を経験した者が成人後に貧困である確率は，後者の方が前者の二倍と高くなっており，イギリス社会で若年世代ほど貧困の世代間連鎖が強くなっているとしている。

複雑な貧困連鎖を解明し，効果的な政策を作るために各国は貧困メカニズムの把握に努めている。イギリスではブレア政権時代に「子どもの貧困撲滅」が公約にかかげられたため，二〇〇四年九月の政府報告書 Office of the Deputy Prime Minister（2004）において，イギリスの児童貧困の状況，不利の連鎖につながる社会的排除の実態が詳細に分析され，政府として一〇代の貧困経験と成人後の所得との相関を認めている。

ニュージーランド・ダニーディン市で行われた約一〇〇〇人の子ども達に対する二〇年に及ぶ長期追跡調査では，家庭の社会経済状態と子どもの発達についての多くの重要な点を明らかにしている（シルバ・スタントン 二〇一〇）。そこでは、①家族状態、夫婦の関係、離別、母親の精神状況や出産時期が子どもの認知機能、学力、精神状態に影響を与えること、②両親の健康状態と子どもの健康状態の関連性の強さ、③ネグレクトや虐待が長期的には子どもの反社会、犯罪行動の大きな要因になることなどが確認されている[12]。

アメリカでは、Corcoran and Adams（1997）が、ミシガン大学のPanel Study of Income Dynamics（PSID）を用い、調査対象者から生まれた子どもを追跡調査している。その結果、一五歳以下の貧困経験の期間と、現在の貧困率には相関があり、さらに、白人に比べ、黒人の方が貧困の連鎖が強く、非経済的要因（親の教育水準、親がひとり親（有無、期間）、親の障害、世帯主の就業時間）を調整すると、親子間の貧困連鎖は低下傾向にはあるが、なお高い数値であるという。また、貧困の深さ、貧困期間の長さと成人後の貧困経験には高い相関があり、成人後の貧困率は、女性の方が男性よりも低く（結婚による影響と推測）、黒人男性については親の就業時間と現在の就業時間に強い相関があること、現在の所得と親の非経済的要因（居住地等）との相関は、親の経済状況よりも小さいとしている。また、一〇代の出産経験がある女性に貧困率が高いことなど、様々な指標を組み入れた分析をしている。

さらに、PSIDを用いたWagmiller and Adelman（2009）によれば（表8-1参照）、一五歳までの期間に貧困経験がない者は、その後の人生において貧困を経験する割合は最大で四～五％である一方で、わずか一年でも貧困経験があると、その後の貧困率はまったく経験がない者に比べ、急激に高くなる。さらに、子ども時代の累積貧困期間の影響についてみると、一五歳までの累積貧困経験期間が五〇％以下の者と五〇％超の者では、成人後の貧困率に三倍超から五倍超の格差が生じ、しかもその差は年齢を経るに従って拡大する傾向にある。また、白人に比べ、アフリカ系アメリカ人の子どもに貧困率の継承が高いことを見いだしている。

（4）子ども時代の貧困の時期が与える影響

特定の個人を長期に追跡できるパネル調査が整備されている欧米では、貧困の世代間連鎖について、貧困を経験した時期がもたらす

表8-1　子ども時代の貧困期間と20，25，30，35歳時点での貧困率（アメリカ）

	子ども時代（15歳まで）の累積貧困年数（%，年）		20歳時点の貧困率(%)	25歳時点の貧困率(%)	30歳時点の貧困率(%)	35歳時点の貧困率(%)
合　計	0%	0年	4.1	5.3	4.3	0.6
	1～100%	最低1年以上	20.8	20.1	13.6	13.3
	1～50%	1-7年	12.4	13.6	7.3	8.1
	51～100%	8-14年	46.0	40.0	33.6	45.3
白　人	0%	0年	4.0	5.1	4.2	0.4
	1～100%	最低1年以上	15.2	13.9	7.9	7.3
	1～50%	1-7年	10.7	10.4	4.7	4.2
	51～100%	8-14年	40.0	31.7	25.0	**
アフリカ系アメリカ人	0%	0年	4.7	8.1	6.9	5.2
	1～100%	最低1年以上	34.6	38.9	29.6	27.1
	1～50%	1-7年	19.4	29.8	19.0	20.0
	51～100%	8-14年	51.3	48.4	41.8	43.4

注：1）35歳をこえる時点の貧困率は標本数が少ないため、分析から除外している。
　　2）**は、標本数が20人以下である。
出所：Wagmiller and Adelman（2009：5）.

影響をより詳細に分析した研究が多い（Duncan and Brooks-Gunn 1997：The Children's Defense Fund 2001 and Ferguson など）。

以下、パネルデータ研究から明らかになった就学前の「初期」「初期から中期」「中期から思春期以降」と子ども期を大別して、日本の研究蓄積も参照しながら、貧困経験の影響を整理してみよう。

①　就学前「初期」の貧困

就学前の初期の貧困経験が子どもに及ぼす影響のほとんどは、幼児期の貧困経験が子どもの知能の発達（ＩＱ）に影響の項目に集中している。Duncan and Brooks-Gunn（1997）は、家族や親の教育水準を調整してもなお、〇～五歳の親の平均所得が子どもの学校卒業に及ぼす影響が大きいことを指摘している。

その要因としては、貧困家庭の栄養不足が脳の発達に影響を及ぼすとする知見（The Children's Defense Fund 2001）やアメリカ国立小児保健・人間発達研究所の長期追跡研究による、規則正しい生活、本や教育的玩具、家庭内外の活動に積極的に参加できる家庭で養育されたかどうかが、社会性においても知的な面の発達に影響を与えるとする研究（日本子ども学会 二〇〇九：三七）もある。Guryan et al.（2008）は、アメリカの American Time Use Surveys（ATUS）を用いて、父母の教育水準（高校中退歴や教育年数）と子育ての時間が比例していること、また一四カ国についての生活時間調査データから、親の教育水準と所得、子育て時間に密接な関係があることを指摘している。また、アメリカ国立小児保健・人間発達研究所による、家庭の収入と保育時間、問題行動と就学前学力についての分析結果によれば、家庭の収入が低いほど、問題行動に関する指標の得点が高くなり、家庭収入が高いほど就学前学力が高くなる傾向があるという。さらに、生物学的な遺伝要因と子どもの家庭環境のなかでの経験を分別できないとしながらも、家庭の特徴が保育の特徴よりも強力に四歳半までの子どもの発達に関連していることを指摘している。

②　就学期の「初期から中期」と「中期」

この時期の影響は、ほとんどが学校成績による指標と健康面への影響である。親の低所得によって進学費用や学校外教育費を捻出できないために、「教育費の不足→低学歴→低賃金」という図式は明瞭になる。父と息子間の教育水準の相関の高さはすでに多くの研究で立証されており、日本でも耳塚・牧野（二〇〇七）の研究によれば親の所得水準と子どもの学力には強い相関があること、苅谷（二〇〇四）、金子（二〇〇四）は小学生の学力テストと生活・学習状況アンケート調査を組み合わせることによって、親の学歴、文化的階層、努力（勉強時間）が子どもの学力に及ぼす影響について分析している。親の学歴および文化資本格差は直接的に子どもの学力に影響し、特に勉強時間の短い子どもたちの学力に及ぼす影響が大きいことを明らかにしている。

以上のように日本では、一時点の異なる世帯・個人を分析したクロスセクションの研究が中心であるが、少数ながら同一世帯・個人を追跡したパネルデータによる研究もある。中村他（二〇一六）はパネルデータを使って所得が学力に与える影響を分析した結果、クロスセクションの分析では必ずしも把握できなかった点、すなわち子どもの成長段階ごとに世帯所得や父母の学歴と子どもの学力の間の相関関係が異なることを明らかにしている。また、赤林・敷島（二〇一六）はパネルデータを使って社会経済的地位が子どもの非認知能力（心理状態、性格など）に、そして家庭環境が子どもの問題行動、ＱＯＬに与える影響を明らかにしているが、そこではクロスセクションとは異なり世帯所得が子どもの問題行動、ＱＯＬに与える影響は確認できなかったとしており、その原因を非認知能力における遺伝要因に求めている。

③「中期から思春期以降」

この時期以降は、高等教育機関への進学、就職などがその後の本人の貧困に直接影響を与える強い要因となっていることが確認されている。

4　日本における貧困の世代間連鎖に関する研究

すでに述べたように、日本には現時点では子どもから成人後までの所得、資産、家庭状況を追跡できる長期にわたる大規模パネルデータが存在しない。そのため、分析では「貧困、格差の連鎖」を親子間の所得階層、学歴、職業の移動という経済状況の代理指標や一五歳のときの暮らしぶりの自己評価などで代用する研究手法を採用している。

その手法は、おおむね以下の二つのパターンに大別される。一つめは、すべての所得階層を対象とした統計調査データから、親と子世代の所得や学歴などの経済的側面を説明する変数の移動状況を追跡する手法である。しかし、成育期の親の所得水準を回顧させるのが困難であるため、ほとんどの研究は親の学歴や職業などの代理指標や一五歳のときの暮らしぶりを相対評価させる方法で子どもの頃の成育環境を推定し、現在の所得水準や学歴、暮らしぶりと比較している。このような手法は、多数の標本数が得られる利点がある一方で、十分な数の「貧困」経験がある者を標本数として確保するのが難しいこと、また子ども時代の養育環境はあくまでも推定値にすぎないことや「記憶」という限界もある。

もう一つは、生活保護受給者に限定し、被保護者台帳などの資料から生育歴を使ったり、あるいはアンケート調査、聞き取り調査を行ったりするものである。聞き取り調査の場合は、多くのデータを集めることができないことや、アンケート調査の場合も生活保護受給経験者が少ないため、かなり多くの回答者を得る必要がある。

（1）代理指標に基づく貧困の世代間連鎖の研究

社会学の分野では、SSM調査[13]などを使用した階層移動を検証する「社会的流動性」の研究は、従来から行われてきた。これらの研究では、主として父親と息子の職業階層を、親子間の階層移動の代理指標として分析しているが、直接「貧困の世代間連鎖」をとりあげたものは、そう多くはない。佐藤・吉田（二〇〇七）によれば、所得四分位による最上位層で世代間移動が進んでいるが、「貧困の世代間連鎖」は弱く、むしろ「富裕の世代連鎖」が強いとしている。

経済学をベースとした、直接的に貧困の連鎖に焦点をあてた研究では、一五歳時点の暮らし向きの主観的評価を貧困の代理指標として使用する研究が多い。大石（二〇〇七）と阿部（二〇〇七）は、ともに国立社会保障・人口問題研究所の「社会生活に関する実態調査」から回答者の一五歳時点における世帯所得に関する回顧的評価を手がかりに、世代間連鎖を分析している。その結果、大石（二〇〇七）は親の低学歴は子どもの低学歴につながるものの、現在の所得の間には明確な相関関係がみられないとしている。しかし、阿部（二〇〇七）では現在の所得や配偶関係をコントロールしても、子ども期の貧困が成人となってからの実質的な生活水準（基礎的ニーズや物質的剝奪）に影響していることを明らかにしている。

小塩（二〇一〇）は、子ども時代の貧困経験は、最終学歴、成人後に得る所得、幸福度や主観的健康度も低く、その将来に無視できない影響を及ぼしているとしている。阿部（二〇一一b）は国立社会保障・人口問題研究所による「社会保障実態調査」を用いて、一五歳時点で「暮らし向きをたいへん苦しい」と回答した者を「子ども時代の貧困経験」とみなして、その後のライフコースを分析している。子ども期の貧困の影響の一部は、低学歴・非正規労働・低所得という一般に考えられる経路以外にも、子ども期の貧困の直接的な影響が確認され、教育投資だけでは世代間の貧困連鎖の解消は難しいとしている。また、若いコホートと中年コホートを比較すると、若いコホートの方が子ども期に貧困で育った経験が直接的に現在の生活困難に及ぼす影響が強くなったとしている。

この他、これまでの研究は、父親と息子の間の経済的地位の連鎖の研究が中心であったが、山田他（二〇一四）は、父親と娘に関する分析を行っているが、息子ほど明確な世代間連鎖を確認できなかったとしている。

（2）日本の生活保護受給の世代間連鎖に関する研究

図8－4は戦後直後から今日までの子どもの年齢別の生活保護受給率の推移である。戦後直後は、敗戦後の混乱期ということもあり子どもの生活保護受給率はきわめて高いが、その後、経済成長、社会保障制度の充実に応じて受給率は徐々に低下した。その後、バブル崩壊後、九〇年代後半から子どもの受給率は上昇傾向にあるが、これは大人の受給率とほぼ同じ傾向にある。現在、子どもの受給率は年齢の順に高い状況にある。

生活保護受給という貧困経験の連鎖について焦点をあてた研究は、家庭環境の複合した不利が子どもの成長に与える影響を明らかにしている。

表8－2は、日本の生活保護受給者に対する調査での貧困の世代間連鎖に関する研究成果の一覧である。

利用したデータによって世代間連鎖の程度は異なるが、福岡県立大学附属研究所（二〇〇八）はケース記録には児童期の生活保護受給歴の調査は必須項目となっていないため、低めに出やすいことを言及している。また、中囿（二〇〇六）はアンケート調査であるために、保護受給歴を隠している可能性や「わからない」とする者が多い傾向にある。

これらの研究では、単に経済的状況の連鎖だけではなく、被保護世帯、特に被保護母子世帯の様々な生活上の困難が明らかにされている。

丹念な聞き取り調査を行った青木（二〇〇三）は、被保護母子世帯の母親は、低学歴や疾病という直接的な経済的不利の要因を抱えているだけでなく、幼少時代にも経済的困窮の経験がある者が多く、前夫もまた経済的困窮のなかで育っていた

表8－2　日本における生活保護受給の世代間連鎖に関する先行研究

論文名	利用データ	受給世帯の世代間連鎖の有無、程度
青木（2003）	北海道Ｂ市の被保護母子世帯の聞き取り調査（19ケース）	3/19件（15.8％）件が生活保護受給歴あり。経済的困窮経験は15/19件（79％）。
中囿（2006）	北海道釧路市被保護母子世帯アンケート（181ケース）	14.6％（結婚するまでの期間）
福岡県立大学附属研究所（2008）	福岡県田川地区の生活保護廃止台帳（502ケース）	8.4％。ただし世帯主の年齢が若くなるほど、連鎖は高くなる。1966年以降の生まれでは、29.4％。児童期に保護歴がある者の46.4％が、親や兄弟姉妹、親族も受給中。
道中（2009）	Ａ市のケースワーク記録	約25％。母子世帯では約40％と高い。
駒村・道中・丸山（2011）	Ｘ市の被保護母子世帯のケースワーク記録（318ケース）	32％。

出所：駒村他（2011）をもとに加筆。

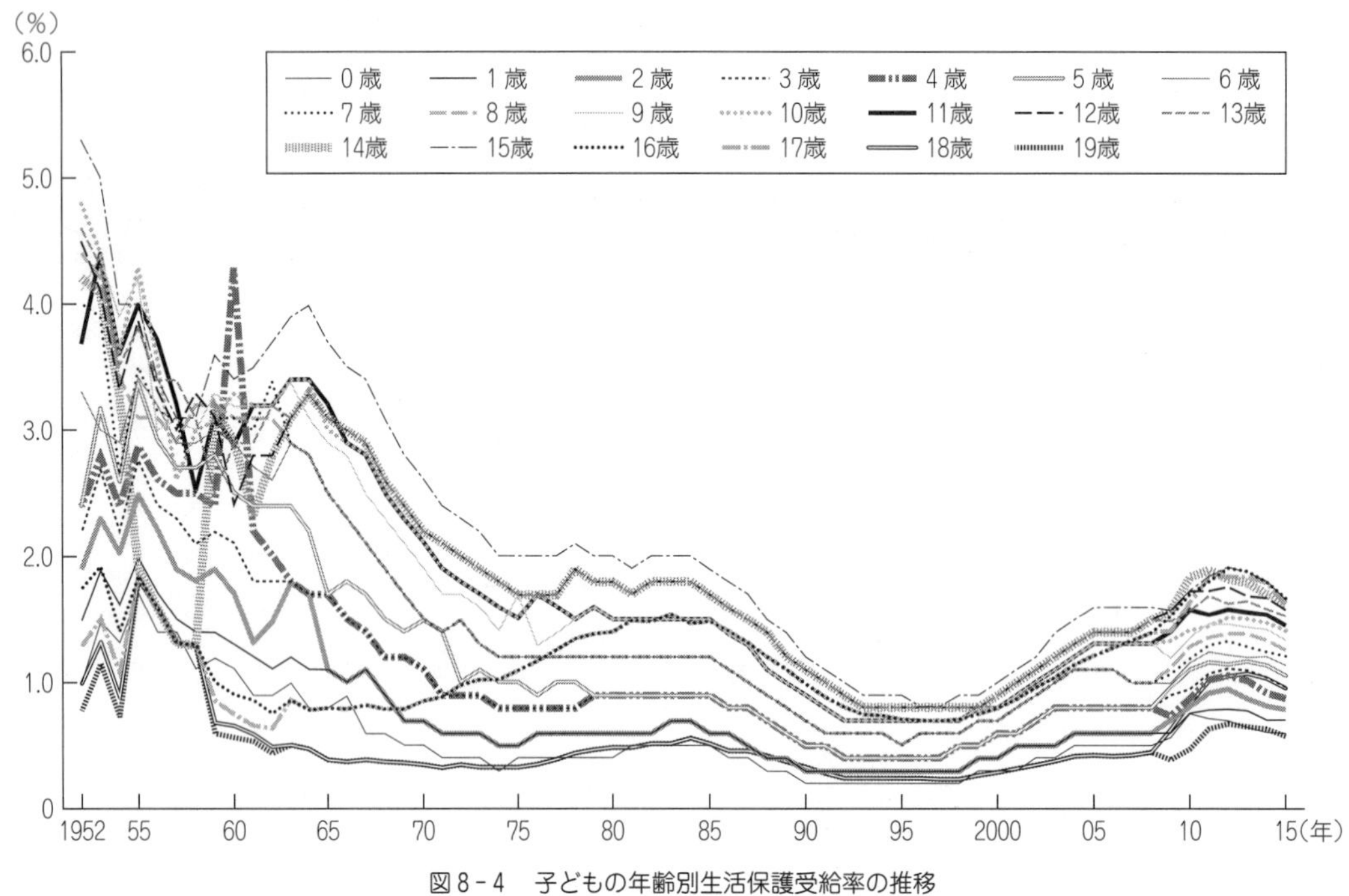

図8-4　子どもの年齢別生活保護受給率の推移

出所：厚生労働省「福祉行政等統計調査」各年より作成。

ことを明らかにしている。中囿（二〇〇六）は北海道釧路市の被保護母子世帯のアンケート調査から、母親の父母の学歴、職業、生活保護受給歴などを調査している。父では四割、母では五割が中卒・高校中退者であり、父母とも雇用形態は無職や非正規社員が多く、経済的に不安定な家庭での成育経験者が多いことを明らかにしている。福岡県立大学附属研究所（二〇〇八）は、旧産炭地の福岡県田川地区における生活保護廃止台帳の詳細な分析を行い、保護二世、三世、四世と代を重ねるごとに深刻化する長期の貧困状態や貧困の悪循環による負の影響を指摘している。

道中（二〇〇九）は、被保護世帯の貧困の世代間連鎖について調査し、被保護世帯の四分の一が生家での生活保護受給歴があり、母子世帯ではこの割合が約四割にもなり、被保護世帯のなかでも母子世帯の貧困の世代間連鎖の強さを指摘している。

駒村他（二〇一一）はX市のケースワーク記録を分析し、被保護母子世帯の三二％が、成育期に生活保護受給歴があることを明らかにしている。[14]共分散分析の結果、高卒未満という学歴や一〇代出産、児童養護施設や里親、祖父母による養育経験などの事柄が現在の生活の負荷になっていること、DV、児童虐待、非嫡出子などの割合も高く、母子ともに健康状態が悪い世帯が多く、単に貧困だけではない家族内のハンディが累積・集中していることを確認している。

5　生活保護経験が与える影響に関する分析

次に回顧データも含めたアンケート調査を行った「生活保護受給経験に関する調査（以下、本調査）[15]」の個票分析の結果を紹介しよう。

（1）調査概要

本調査は二段階の調査で構成される。第一段階の予備調査は、ネットマイル社のポイント・プログラムに参加している約四〇〇万人のモニターのうち、対象者年齢を二〇歳以上六五歳未満である者のうち、一〇万人に対し、生活保護受給経験と基本属性について尋ねた。生活保護受給者あるいは受給経験者を重点的に抽出するため、二〇一一年四月に、予備調査回答者のなかからさらに二回目の調査を実施した。そして、調査票のスクリーニング過程で、著しく記入状況が不良な者や論理矛盾をしている回答者については、分析から除外した。二段階目の調査による標本数は、「生活保護をかつて受給していたが現在は受給していない者」が一二五五サンプル（五七・六％）、「生活保護を現在受給している」が五一一サンプル（二三・五％）、「一度も生活保護を受給したことはない」が四一一サンプル（一八・五％）となった。調査内容は人的ネットワーク、対人関係、ライフコース上の経験、中学校時代の学業成績・学校生活（本人、長子）、小学校時代に受けた躾・習慣（本人、長子）、現在の仕事、家計、本人属性、配偶者属性について質問をした。

（2）生活保護の世代間連鎖

本研究では、中学あるいは一八歳までの生活保護受給経験が、成人後の生活保護受給率に影響を与えるかどうかを分析した。図8-5は、年代別に「生活保護の経験がなかった」「中学校までの期間に生活保護を経験した」「一八歳までの期間に生活保護を経験した（高校生時代、それ以前を含めて）」の三グループに分けて、「親元等から独立してから（成人後）生活保護を受給した割合」を聞いたものである。「生活保護の受給の経験がない」グループは、独立後の生活保護受給率はもっとも低く、すべての年齢層で一％程度となっており、国民全体の保護率を下回っており、貧困リスクは低いことがわかる。一方、中学校までないしは高校まで（一八歳まで）に生活保護受給経験があると、「親元等から独立してから生活保護（成人後）」の受給率が高まり、生活保護受給の世代間連鎖が確認できる。またその傾向は若い世代になるほど高まり、二〇歳代では、一八歳（高校時代）までに生活保護を受けた人の三七％が親元から独立した後に生活保護を受けていることになる。

次に、図8-6は、「成人後、生活保護を受けたことがある（過去受給者）」「現在、生活保護を受けている（現在受給者）」「（成人後）生活保護を受けたことがない（未受給者）」別に、これまで人生で経験したハンディについての状況である。生活保護受給者、経験者が多くのハンディを経験していることがわかる。

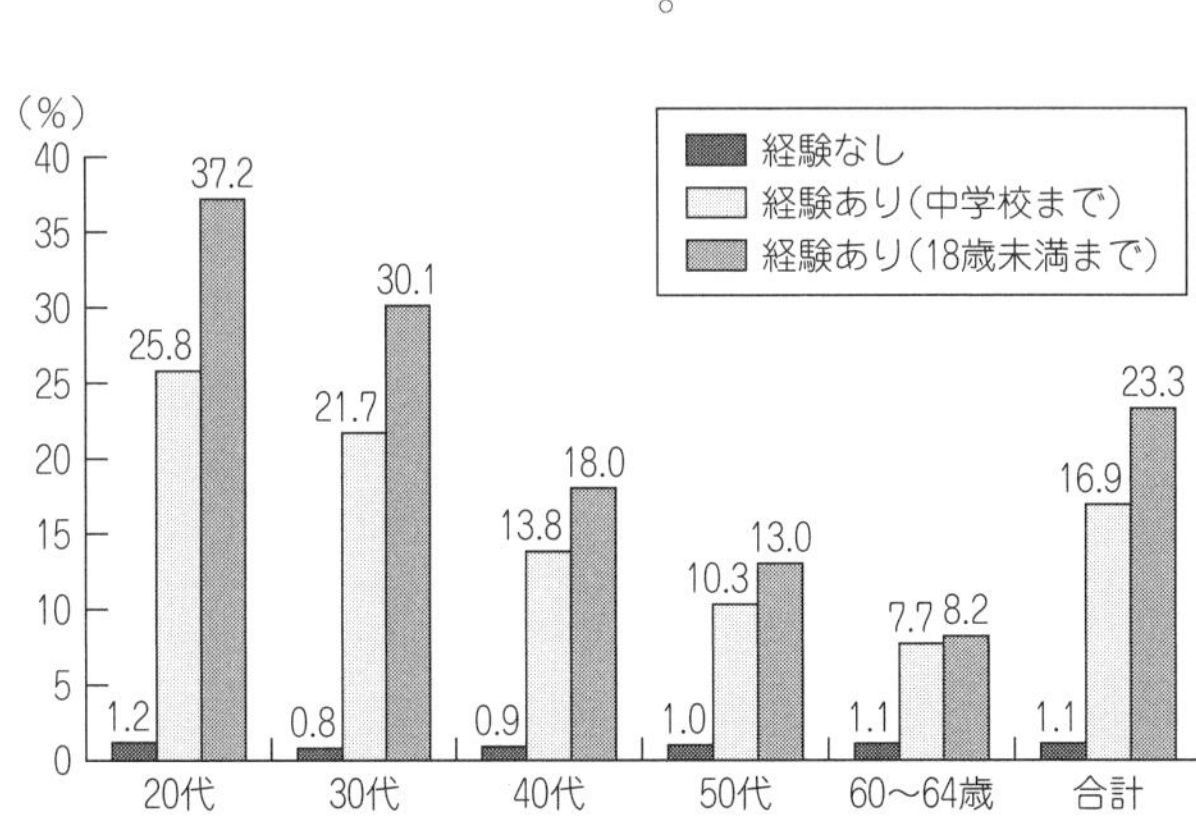

図8-5　子ども時代の生活保護経験別の成人後の生活保護率
%は親元等から独立してから成人後に生活保護を受給した割合（生活保護の世代間連鎖）

図8-7は子ども時代の生活・家庭環境について、「生活保護を受けている（現在受給者）」「（成人後、）生活保護を受けたことがある（過去受給者）」「成人後生活保護を受けたことがない（未受給者）」にわけて見たものである。生活保護受給者・受給経験者の多くが、体罰、貧困、アルコール中毒・薬物使用者との同居、両親の離婚など前述の「逆境的児童期体験尺度」に合致した不利な経験、子

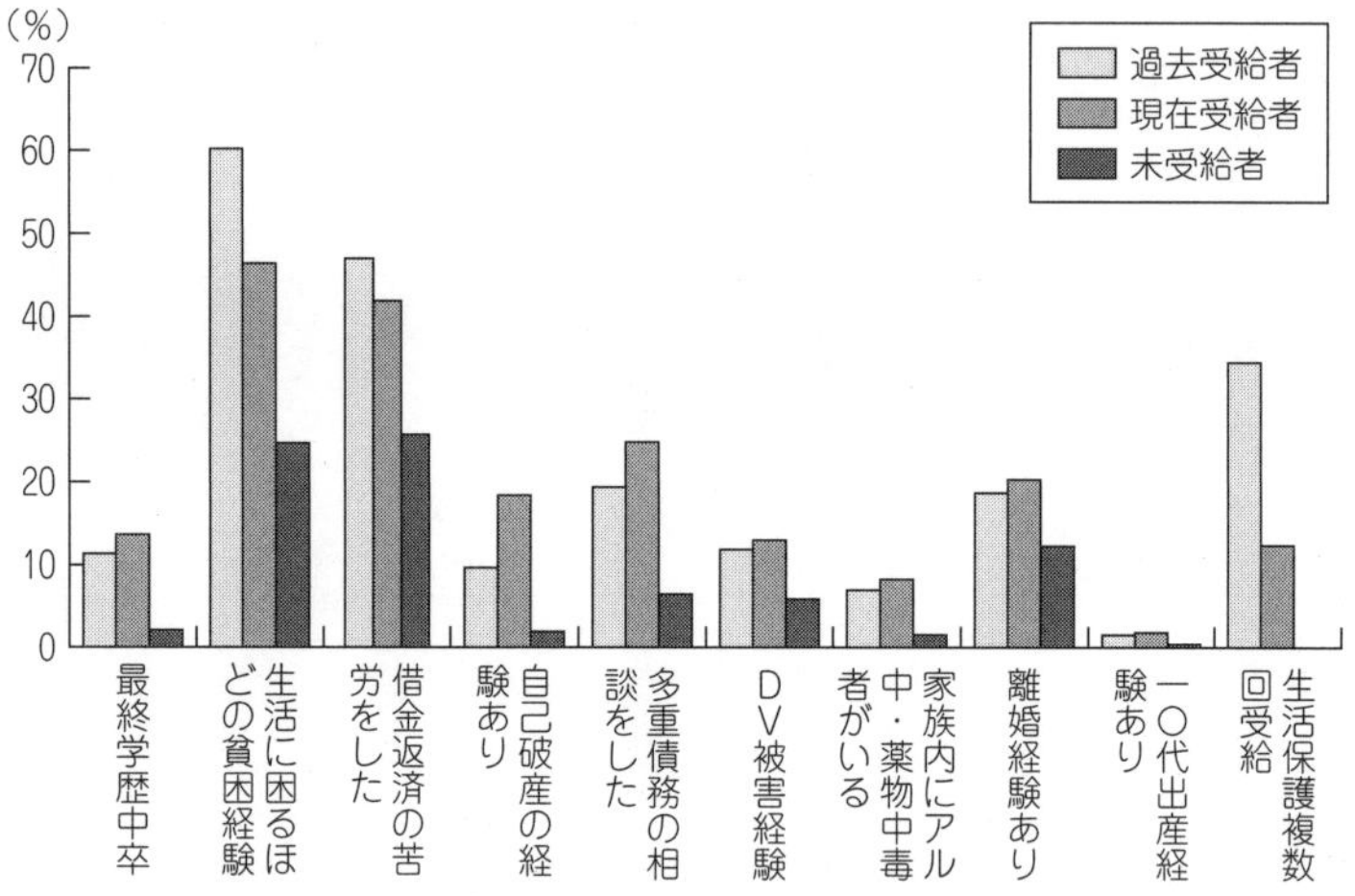

図8－6　これまで経験したハンディと生活保護の受給状況

ども時代に劣悪な生活・家庭環境にあったことが確認できる。

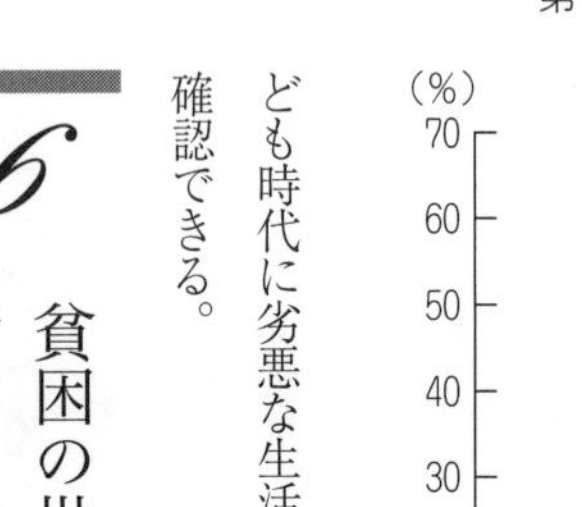

6　貧困の世代間連鎖に対する政策

以上、見てきたように貧困の世代間連鎖は様々なルートで発生している。そこで、政府は二〇一三年六月に「子どもの貧困対策法（子どもの貧困対策の推進に関する法律）」（二〇一四年一月施行）を成立させ、子どもの貧困対策を進めている。

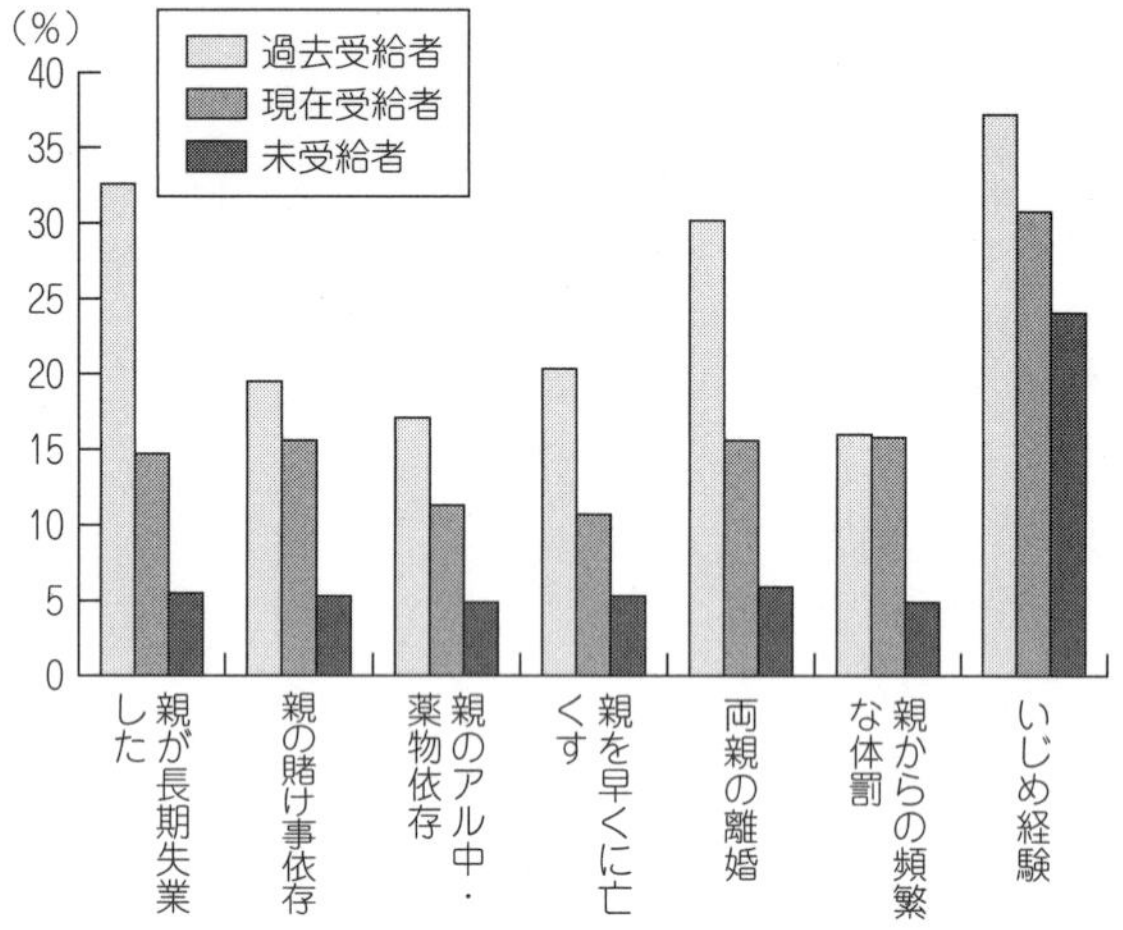

図8－7　子ども時代の家庭環境と生活保護の受給状況生活

（1）国の取り組み

政府は、二〇一四年八月に「子供の貧困対策に関する大綱について」（以下、大綱）を閣議決定し、内閣府に「子どもの貧困対策会議」を設置し、「子供の未来応援国民運動」を推進している。また子どもの貧困状況を把握するために「地域子供の未来応援交付金」を創設し、都道府県や市町村の調査費の四分の三を補助している。また大綱では、子どもの貧困の動向を把握するための指標を設定し、関係施策の実施状況や対策の効果等を検証・評価し、必要に応じて対策を見直すとしており、二〇一六年末にはその改定を行っている。大綱を見ると、その基本的な方針、指標は包括的である。政府は二〇一七年度より奨学金制度を充実させ、給付型奨学金制度を導入し、子どもの貧困対策を強化しつつある。

（2）自治体の子ども貧困に関する調査

すべての都道府県と一部を除く多くの政令指定都市ではすでに「子どもの貧困対策計画」が策定された。しかし、自治体による子どもの貧困実態の把握は、政府からの支援があるにもかかわらず足立区、荒川区、横浜市、沖縄県、神奈川県、大阪市、東京都などの一部にとどまっている。こうした一部の自治体の調査でも、子どもの貧困率やその深刻な状況が報告されている。

（3）生活困窮者自立支援における「学習支援」の充実と根拠に基づく支援

大綱における具体的な施策の指数を見ると、保育所・幼稚園への就園率の上昇、進学率の上昇、高校中退防止、学力課題の解消からなる「教育の機会均等」と生活習慣・食生活の改善、社会とのつながり、保護者の就労や所得といった「健やかな成育環境」の確保が掲げられている。ただ、教育政策と児童福祉政策の連携は、現場レベルではなかなか進んでいないとも聞く。

二〇一五年に生活困窮者自立支援法が成立し、子ども向けの支援として「学習支援事業」が行われている。しかし、学習支援については、①任意事業で、国の補助率が低いこともあり、導入する自治体数が伸び悩んでいること、②学習支援という目的に引きずられて塾の代替機能という理解をしている自治体もあり、親支援の側面と子どもの自己肯定感、社会信頼感の向上という目的が十分に理解されていないこと、③子どもに対するアウトリーチの手法や親との関係強化についての手法開発が開発途上にあること、④地域未来塾という文部科学省の地域学習教室の事業との連携、役割分担が不十分な点などの課題がある。(16)またこれまでの研究紹介でも明らかになったように、フードバンク、子ども食堂などの地域コミュニティによる様々な子ども支援策との連携も重要である。(17)

貧困の世代間連鎖を解消するためには、学力面のみならず心理・健康面でのサポートを強化し、子ども自己肯定感や社会への信頼感を醸成し、すべての子どもに良好な成育環境を保障することが重要である。

7　エビデンスに基づく政策の必要性

子どもの貧困対策の効果を高め、貧困の世代間連鎖を抑制するためには、本章でも紹介したように、社会政策においても心理学や認知科学の成果も大いに活用すべきである（OECD教育研究革新センター 二〇〇五：一一〇）。本章でも紹介したストレスが子どもの認知機能や心理に与える影響に関する実証的な認知科学の研究蓄積は、経済・法律・倫理面にも大きな影響を与え「社会神経科学」という研究分野が確立しつつある（苧坂 二〇一五）。具体的な根拠に基づく支援政策が貧困の世代間連鎖の克服に活用される必要がある。前述のように、日本の貧困の世代間連鎖は先進国間では中程度であるが、貧困率の上昇、所得格差の拡大は貧困の世代間連鎖の先行指数である（パットナム 二〇一七：二五六）。

また子どもの貧困対策については、本格的な財源確保が必要である。すでに述べたように生活困窮者自立支援制度の学習支援事業は地方負担分が多いため、十分に普及していない。さらに特に劣悪な環境に置かれ、被虐待児などの社会的養護の状況にある子どもたちへの支援も不十分である。(18)本来、二〇一二年の社会保障・税一体改革では、子ども・子育て支援は量的にも質的にも拡充されることになっていたはずであるが、社会保障目的の消費税の追加引き上げが先延ばしされるなかで十分な予算拡充が行われていない。政府は、子どもの貧困防止政策の財源を確保し、政策のさらなる拡充を図るべきである。

【注】

（1）親子間の学歴の相関性については、アメリカ、イタリアが高く、北欧が低い傾向にあり、日本は中間に位置しているとされる。樋口・萩原（二〇一七）参照。

（2）たとえば、日本のパネルデータを使った佐野他（二〇一六）によると、世帯所得一％の増加に対して、各子どもに対する教育投資は〇・三％増加すると推計している。

（3）グールド（二〇〇八）参照。IQなどの遺伝的な要素と生育環境要因の関係については、ニスベット（二〇一〇）参照。さらに、学力が所得格差に与える説明力は四％にすぎないとされる。

（4）パットナム（二〇一七：一二九―一三一）参照。毒性ストレスになる出来事は「逆境的児童期体験尺度」とされ、尺度として①家にいた大人に身体的に恥をかかされたり脅かされたりした、②家にいた大人に殴られたり、たたかれたり、傷つけられたりした、③大人から性的虐待を受けた、④愛してくれたり支えてくれる人間が家族にいないと感じた、⑤親が別居、離婚した、⑥親の飲み過ぎや中毒で面倒を見てもらえず、食事や衣服に事欠いた、⑦母親／継母に身体的虐待を受けた、⑧アルコール中毒者や薬物使用者と住んでいた、⑨家族のなかにうつ病になったり自殺の恐れがあるものがいた、⑩家族のなかに服役したものがいた、という項目が示されている。

(5)　パットナム（二〇一七）は、年少時の経験、特に家族や大人との関係が人生に影響を与える点について、「年少の子どもの早期経験および社会経済的な環境が、いかにその神経生物学的発達に影響を与えるか、そして早期の神経生物学的発達が今度は、いかにその後の人生に影響を与えるかについては理解が広がってきた」「すなわち脳回路の発達から児童の共感能力にいたるまで、胎児期に始まり幼年期まで続く期間に遭遇した環境および経験による累積的な影響」「早期の人生経験は、非常に強力に皮膚下に浸透する」と指摘し、大人とのつながりから学ぶメカニズム「随伴的互酬性」の重要性を指摘している。

(6)　Evans and Schamberg (2009) 参照。また Hanson et al. (2013) は裕福な世帯で暮らす子どもと比較して、貧困世帯で生活する子どもの脳の成長は遅く灰白質が小さいことをＭＲＩで確認している。

(7)　パットナム（二〇一七）によると貧困世帯の子どもたちは他者に対する信頼度が低いと報告している。二〇一六年の横浜市子どもの貧困に関する計画の調査でも、社会的養護にある子どもたちは他者への信頼度が低いことが確認されている。

(8)　Widom and Nikulina (2012) は、貧困世帯における虐待やネグレクトの発生率は非貧困世帯に比較して五倍程度高いことを確認している。

(9)　他にも友田（二〇一五）参照。Nelson et al. (2014) は、ルーマニアの養護施設の児童を対象にした無作為化研究で、極端なネグレクトがＩＱや精神的健康、社会適応、そして脳の構造に深刻な影響を与えることを確認している。またこうした損傷は二歳までに家庭養育の環境に置くことで回復可能であることも確認している。

(10)　パットナム（二〇一七：四八）。また居住分離に加えて階層間での学校の分離、教育上の分離も起きているとしている。

(11)　McBride et al. (2011) は近隣効果は幼児期と思春期後期で大きな影響を持つとしている。また Widom and Nikulina (2012) によると、バウチャーを使った実験では、劣悪な住環境にいる世帯にランダムに住宅補助を支給したあとに、住宅補助を受けずにその地域に住み続けた子どもと転居した子どもを比較すると、転居した子どもの方が学力や社会規範について有意に改善効果があったことが確認されている。Orfield and Eaton (1996) も貧困世帯の子どもが高所得者の多い学校にいると学力が上昇することを指摘し、在籍する高校やクラスメートの家庭的背景が貧困世帯の家族環境の負の影響を凌駕するとしている。

(12)　一〇歳までに虐待を受けた子どもは二〇年後の炎症バイオマーカー（疾患の存在、進行を示す血液中指数）と高い相関があることも確認されている。

(13)　日本社会学会による一九五五年を調査開始年とし、一〇年に一度全国の男女を調査対象とする大規模調査である。社会学では職業を重要視するため、階層移動は親子間の職業移動で説明されている。

(14)　厚生労働省社会保障審議会生活困窮者自立支援及び生活保護部会における二〇一七年七月一一日開催第四回資料（http://www.mhlw.go.jp/file/05-Shingikai-12601000-Seisakutoukatsukan-Sanjikanshitsu_Shakaihoshoutantou/0000169130_4.pdf 最終アクセス日：二〇一七年一〇月一日）では、親子間での貧困の連鎖を六・八％と推計している。

(15)　二〇一一年度厚生労働科学研究補助金政策科学推進研究事業「低所得者・生活困窮者の実態把握及び支援策の在り方に対する調査研究」（研究代表者：駒村康平）において行われたインターネット調査である。調査方法に関する記述は、山田他（二〇一二）に依拠するところが大きい。

(16)　学習支援事業に関する全国的な実態把握を行った調査として、さいたまユースサポートネット（二〇一七）がある。

(17)　地域と学校が連携した取り組みについては柏木・仲田（二〇一七）が、アウトリーチ型のスクールソーシャルワーカーなど多くの事例を紹介している。

(18)　二〇一六年に児童福祉法が改正され家庭養護の原則、特別養子縁組の積極活用が進められることになった。

【参考文献】

青木紀（二〇〇三）「貧困の世代内再生産の現状——Ｂ市における実態」青木紀編著『現代日本の「見えない」貧困』明石書店、三一—八三頁。

赤林英夫・敷島千鶴（二〇一六）「親の社会経済的背景と子どもの問題行動・ＱＯＬ」赤林英夫他編著『学力・心理・家庭環境の経済分析』有斐閣、一〇五—一三〇頁。

阿部彩（二〇〇七）「日本における社会的排除の実態とその要因」『季刊社会保障研究』第四三巻第一号、二七—四〇頁。

阿部彩（二〇一一ａ）「子どもの健康格差は存在するか——厚労省二一世紀出生児パネル調査を使った分析」IPSS Discussion Paper Series (No. 2010-J03)。

阿部彩（二〇一一ｂ）「子ども期の貧困が成人後の生活困難（デプリベーション）に与える影響の分析」『季刊社会保障研究』第四六巻四号、三五四—三六七頁。

石田浩・近藤博之・中尾啓子編（二〇一一）『現代の階層社会二　階層と移動の構造』東京大学出版会。

ＯＥＣＤ教育研究革新センター／小泉英明監修／小山麻紀訳（二〇〇五）『脳を育む　学習と教育の科学』明石書店。

ＯＥＣＤ教育研究革新センター／小泉英明監修／小山麻紀・徳永優子訳（二〇一〇）『脳からみた学習』明石書店。

大石亜希子（二〇〇七）「子どもの貧困の動向とその経済的帰結」国立社会保障・人口問題研究所『季刊社会保障研究』第四三巻第一号、五四—六四頁。

苧坂直行編（二〇一五）『成長し衰退する脳』新曜社。

小塩隆士（二〇一〇）『再分配の厚生分析　公平と効率を問う』日本評論社。

柏木智子・仲田康一（二〇一七）『子どもの貧困・不利・困難を越える学校――行政・地域と学校がつながって実現する子ども支援』学事出版。

金子真理子（二〇〇四）「学力の規定要因――家庭背景と個人の努力は、どう影響するか」苅谷剛彦・志水宏吉編『学力の社会学』岩波書店。

苅谷剛彦（二〇〇四）「『学力』の階層差は拡大したか」苅谷剛彦・志水宏吉編『学力の社会学』岩波書店。

川口大司・野口晴子（二〇一四）「低体重出生――原因と帰結」北村行伸編『応用ミクロ計量経済学二』日本評論社、三―二三頁。

グールド、スティーヴン・J．／鈴木善次・森脇靖子訳（二〇〇八）『人間の測りまちがい――差別の科学史（上下）』河出書房新社。

駒村康平・道中隆・丸山桂（二〇一一）「被保護母子世帯における貧困の世代間連鎖と生活上の問題」『三田学会雑誌』第一〇三巻第四号、六一九―六四五頁。

さいたまユースサポートネット（二〇一七）『平成二八年度厚生労働省社会福祉推進事業「子どもの学習支援事業の効果的な異分野連携と事業の効果検証に関する調査研究事業」報告書』（http://www.saitamayouthnet.org/pdf/%E5%A0%B1%E5%91%8A%E6%9B%B8web.pdf 最終アクセス日：二〇一七年九月十日）。

佐藤俊樹（二〇〇〇）『不平等社会日本』中央公論新社。

佐藤嘉倫・吉田崇（二〇〇七）「貧困の世代間連鎖の実証研究」労働政策研究・研修機構『日本労働研究雑誌』第四九巻第六号、七五―八三頁。

佐野晋平・妹尾渉・中村亮介・野崎華世（二〇一六）「教育投資と経済格差」赤林英夫他『学力・心理・家庭環境の経済分析』有斐閣、一七九―二〇三頁。

友田明美（二〇一一）「子どもの脳に残る傷跡――癒やされない傷」『こころの科学』一五九号、六三―六七頁。

友田明美（二〇一五）「社会脳からみた児童虐待」苧坂直行編『成長し衰退する脳』新曜社、二二七―二四六頁。

中村亮介・直井道生・敷島千鶴・赤林英夫（二〇一六）「親の経済力と子どもの学力」赤林英夫他編著『学力・心理・家庭環境の経済分析』有斐閣。

中囿桐代（二〇〇六）「第二部　母子世帯の母親の就労支援に関するアンケート調査」釧路公立大学地域経済研究センター『釧路市の母子世帯の母への就労支援に関する調査報告』。

ニスベット、リチャード・E．／水谷淳訳（二〇一〇）『頭のでき――決めるのは遺伝か、環境か』ダイヤモンド社。

日本子ども学会編（二〇〇九）『保育の質と子どもの発達――アメリカ国立小児保健人間発達研究所の長期追跡研究から』赤ちゃんとママ社。

日本財団・三菱ＵＦＪリサーチ&コンサルティング（二〇一五）『子どもの貧困の社会的損失推計』（http://www.nippon-foundation.or.jp/news/articles/2015/img/71/1.pdf）。

野崎華世（二〇一七）「親の所得と大学進学率」樋口美雄・萩原里沙編著『大学への教育投資と世代間移転――奨学金は救世主か』勁草書房、一三―四五頁。

野崎華世・佐野晋平（二〇一六）「子どもの発達と出生時の健康」赤林英夫他編著『学力・心理・家庭環境の経済分析』有斐閣、一五九―一七七頁。

パットナム、ロバート／柴内康文訳（二〇一七）『われらの子ども』創元社。

樋口美雄・萩原里沙（二〇一七）「教育投資は所得階層を固定化するのか――国際比較と日本の動き」樋口美雄・萩原里沙編著『大学への教育投資と世代間所得移転――奨学金は救世主か』勁草書房、三―一一頁。

福岡県立大学附属研究所（二〇〇八）『生活保護自立阻害要因の研究――福岡県田川地区生活保護廃止台帳の分析から』受託研究「田川郡における被保護者の自立阻害要因に係る分析」報告書。

シルバ、フィル・A・スタントン、ワレン・R編著／酒井厚訳（二〇一〇）『ダニーディン子どもの健康と発達に関する長期追跡研究――ニュージーランドの一〇〇〇人・二〇年にわたる調査から』明石書店。

ボウルズ、サミュエル／植村博恭・磯谷明徳・遠山弘徳訳（二〇一七）『モラル・エコノミー』ＮＴＴ出版。

耳塚寛明・牧野カツコ（二〇〇七）『学力とトランジションの危機』金子書房。

道中隆（二〇〇九）『生活保護と日本型ワーキングプア――貧困の固定化と世代間継承』ミネルヴァ書房。

山田篤裕・駒村康平・丸山桂・四方理人（二〇一二）「生活保護受給経験に関する調査報告」『厚生労働科学研究費補助金　政策科学推進研究事業　低所得者、生活困窮者の実態把握及び支援策の在り方に対する調査研究　平成二三年度総括・分担研究報告書』、三五―一四九頁。

山田篤裕・小林江里香 Jersey Liang（二〇一四）「所得の世代間連鎖とその男女差――全国高齢者パネル調査（ＪＡＨＥＡＤ）子ども調査に基づく新たな証拠（特集 貧困研究のフロンティア）」『貧困研究』一三号、三九―五一頁。

横浜市（二〇一六）『横浜市子どもの貧困対策に関する計画』（http://www.city.yokohama.lg.jp/kodomo/action/plan/kodomoplan2016-2021.html）。

レイヤード、リチャード・クラーク、デイヴィッド・M／丹野義彦監訳（二〇一七）『心理療法がひらく未来――エビデンスにもとづく幸福改革』ちとせプレス。

Altintas, Evrim (2016) "The Widening Education Gap in Developmental Child Care Activities in the United States, 1965-2013," *Journal of Marriage and Family*, (78)1, pp. 26-42.

Blanden, J. and Gibbons, S. (2006) *The persistence of poverty across generations: A view from two British cohorts*, The Policy Press.

Brooks-Gunn, Jeanne, and Greg J. Duncan (1997) "The Effects of Poverty on Children," *CHILDREN AND POVERTY*, 7(2), pp. 55-71.

Corak, Miles (2013) "Inequality from Generation to Generation: The United States in Comparison," in Robert Rycroft (ed.), *The Economics of Inequality, Poverty, and Discrimination in the 21st Century*, Routledge, pp. 107-126.

Corcoran Many and Terry Adams (1997) "Race, Sex,

and the Intergenerational Transmission of Poverty," in Duncan, G., and Brooks-Gunn, J. (Eds.). *Consequences of Growing Up Poor.*, Russel Sage Foundation, pp. 461–517.

Duncan, G and Brooks-Gunn, J. (1997) "Income Effects Across the Life Span: Integration and Interpretation," In Duncan, G. and Brooks-Gunn, J. (Eds.). *Consequences of Growing Up Poor.*, Russel Sage Foundation, pp. 596–610.

Dickerson, Richard E. (2006) "Exponential correlation of IQ and the wealth of nations," *Intelligence*, 34 (3) pp. 291–295.

Esping-Andersen, Gøsta (2005) "Inequality of Incomes and Opportunities," in Giddens, Anthony and Patric Diamond (eds.), *The New Egalitarianism*, Policy Network.

Esping-Andersen, Gøsta (2009) *The Incomplete Revolution: Adapting Welfare States to Women's New Roles*, Policy Press（大沢真理監訳（二〇一一）『平等と効率の福祉革命――新しい女性の役割』岩波書店）.

Evans, G. W., and Schamberg, M. A. (2009) "Childhood poverty, chronic stress, and adult working memory," *Proceedings of the National Academy of Sciences*, 106(16) pp. 6545–6549.

Guryan, Jonathan, Erik Hurst and Melissa Kearney (2008) "Parental Education and Parental Time with Children," NBER Working Paper No. 13993 (http://faculty.chicagobooth.edu/erik.hurst/research/guryan_hurst_kearney_nber_final.pdf#search='parental+education+and+parental+time+with+children).

Hauser, Robert M. and Sweeney, Megan M.(1997) "Does Poverty in Adolescence affect the life chances of High School graduates?" in Duncan,G. and J. Brooks-Gunn (eds.), *Consequences of Growing Up Poor*, Russel Sage Foundation, pp. 541–595.

Layard, Richard et al. (2014) "What predicts a successful life? A life-course model of well-being," *The Economic Journal*, 124, F720–F738.

Lund, Crick et al. (2011) "Poverty and mental disorders: breaking the cycle in low-income and middle-income countries," *The lancet*, (378)9801, pp. 1502–1514.

Lynn, Richard, and Tatu Vanhanen (2002) *IQ and the Wealth of Nations*, Praeger Pub Text; New.

McBride Murry, Velma et al. (2011) "Neighborhood poverty and adolescent development," *Journal of Research on Adolescence*, (21)1, pp. 114–128.

Nelson, Charles A. (2014) *Romania's Abandoned Children*, Harvard University Press.

Office of the Deputy Prime Minister (2004) "Breaking the Cycle: Taking stock of progress and priorities for the future".

Orfield, Gary, and Susan E. Eaton (1996) Dismantling Desegregation. The Quiet Reversal of Brown v. Board of Education. The New Press.

Oxley, Howard, D. Thai-Thanh, and Pablo Antolín (2000) "Poverty dynamics in six OECD countries," OECD Economic Studies: pp. 7–52.

Sampson, Robert J., Stephen W. Raudenbush, and Felton Earls (1997) "Neighborhoods and violent crime: A multilevel study of collective efficacy." *Science*, 277, pp. 918–924.

Starfield, Barbara Sam Shapiro, Judith Weiss, Kung-Yee Liang, Knut Ra, David Paige, and Xiaobin Wang (1991) "Race, Family Income, and Low Birth Weight," *American Journal of Epidemiology*, Vol 134, No 10, pp. 1167–1174.

The Children's Defense Fund (2001) *Wasting America's Future*: Boston, Beacon Press.

Turney, Kristin (2014) "Stress proliferation across generations? Examining the relationship between parental incarceration and childhood health," *Journal of Health and Social Behavior*, 55(3), pp. 302–319.

Wagmiller, R. L. and Adelman, R. M. (2009) "Childhood and Intergenerational Poverty: The Long-Term Consequences of Growing Up Poor," National center for Children in Poverty (http://hdl.handle.net/10022/AC:P:8870).

Widom, C. S., and Nikulina, V. (2012) "Long-Term Consequences of Child Neglect in Low-Income Families," in Rosalind King and Valerie Maholmes (eds.), *The Oxford Handbook of Poverty and Child Development*, Oxford University Press.

第9章 就労と貧困

村上雅俊

本章では、働きながらも所得が最低限度の生活水準に満たない層であるワーキングプアを取り巻く諸問題について述べる。第一に、ワーキングプアの定義と推計についての研究を紹介し、第二に、ワーキングプア問題に対する施策について、特に労働政策と所得保障政策という点から海外の動向を見ることとする。そして、ワーキングプアに陥りやすい層として指摘される若年層の問題について述べる。最後に、ワーキングプア、ひいては貧困統計の整備の重要性について述べる。

1 働いているのに貧困であること（ワーキングプア）と統計

働きながらも所得が最低限度の生活水準に満たない層であるワーキングプア（The Working Poor, In-Work Poverty Working Poverty）が国内外において大量に存在することが明らかとなり、日本においてはその規模の拡大が指摘されるようになっている。非正規雇用者の増加などを背景に、働きながらも、あるいは、労働市場で活動しながらも生活が成り立たない層の拡大があるということは、この問題への対策が主に政策立案側にとって急務であることを示唆している。しかしながら、ワーキングプアという層がそもそもどのような層であるかを厳密に定義しなければ、その対策もあいまいなものとなってしまう。それゆえワーキングプアをとらえた統計を作成・整備することが政策立案側にとって重要なイシューとなるのではあるが、現在、公的なワーキングプア統計は日本に存在しない。

本章では、ワーキングプア統計を日本で整備することの必要性・重要性を主張する。そのために、第一にこれまで蓄積されてきたワーキングプアの規模の推計について、日本を中心に述べ、第二にワーキングプア問題に対する各国政府の対処（最低賃金、勤労福祉政策、若年層への政策）について触れ、最後に本章のまとめと今後の課題について述べることとする。

2　ワーキングプアの定義・推計をめぐって

（1）欧州における近年の議論

Marx and Nolan（2014）によると、ワーキングプアの定義・推計を困難にさせる要因をめぐって、現在、欧州では以下のような議論が展開されている。欧州連合（EU）にある欧州委員会（European Commission）の一部局であり、加盟国の統計の調整を行っているEurostatでは、ワーキングプアを、対象期間中（一年）に主に働いており一人当たりの可処分所得が所得分布中位の六〇%未満であることとしている。しかしながら、この定義によるワーキングプアの推計には次のような問題があるという。すなわち、二つの水準（個人の労働市場での状態と世帯所得）の分析を組み合わせることにより、結果の解釈を複雑にすることがその一つである。第二に、労働市場での状態と所得水準を統計的にとらえる期間（reference period）が一年であることにより、どの程度働けば「就労」と見なされ、また、ワーキングプアと見なされるのかということである。そして、第三に、政策の成功・失敗の時点ならびに環境に潜在的に横たわる多様な要素（低（世帯）労働強度、不十分な失業給付、不十分な所得、不十分な所得補足給付、所得に対する扶養人員の数など）の同定（identity）が上記の定義では困難になることである（Mar and Nolan 2014 : 135）。

このように、ワーキングプアの定義と推計をめぐっては、これまで多様な定義が提起され、それをもとに推計がなされ、そして現在も国際的な議論が展開されているのである。

（2）日本における研究蓄積

日本においても、ワーキングプアの推計・分析が多様な形でなされるようになった。二〇〇五年以降に日本のワーキングプア層の規模を推計した研究として、後藤（二〇〇七、二〇一〇）、伍賀（二〇〇七）、駒村（二〇〇七）、駒村他（二〇〇九）、橘木・浦川（二〇〇七）、連合総研（二〇〇六）、阿部（二〇一〇）、厚生労働省社会・援護局保護課（二〇一〇）、四方・駒村（二〇一一）、戸室（二〇一三）があげられる。他に各研究者のワーキングプアの推計結果をまとめた研究として、「貧困統計ホームページ」がある。

ワーキングプアの規模の推計を行う際に、①ワーキングプアを個人の状態としてとらえるのか、世帯の状態としてとらえるのか、あるいは双方が関連した状態としてとらえるのか、②労働市場での活動を行った者を対象（失業者を含む）とするのか、ワーキングプアという名前から実際に働いている者を対象とするのか、③貧困基準をどのように設定するか、④働いたあるいは労働市場で活動した期間をどのように扱うか、の扱い方により推計結果が大きく異なることに注意を要する。

先述の研究蓄積のうち、後藤（二〇〇七、二〇一〇）、駒村（二〇〇七）、橘木・浦川（二〇〇七）、厚生労働省社会・援護局保護課（二〇一〇）は、ワーキングプアを世帯単位でとらえており、伍賀（二〇〇七）、連合総研（二〇〇六）は個人単位でとらえている。阿部（二〇一〇）は世帯所得を考慮して個人単位でとらえている。これらに加えて、駒村他（二〇〇九）は、世帯単位と個人単位の双方でワーキングプアをとらえ、精緻に分析している。直近の研究として、四方・駒村（二〇一一）、戸室（二〇一三）があげられる。四方・駒村（二〇一一）の研究は、失業状態にありかつ貧困状態にある層を失業者の属する世帯所得を考慮し推計・分析したものである。ワーキングプアを労働市場で活動する層ととらえるのであれば、四方・駒村（二〇一一）の研究もワーキングプアの規模の推計を行った重要な研究となる。加えて、戸室（二〇一三）はワーキングプアの定義を「世帯の主な収入が就業所得で成り立っている世帯（就業世帯）のうち、所得水準が最低生活以下の世帯（貧困就業世帯）」とし、世帯単位でワーキングプアをとらえ、都道府県別にワーキングプア率を推計している（戸室 二〇一三：五〇）。

これらの研究蓄積においてワーキングプアの推計に用いられる統計は、おおよそは大規模標本調査であるが、個票・集計データの別も含めてさまざまな統計が用いられている。後藤（二〇〇七、二〇一〇）、伍賀（二〇〇七）、連合総研（二〇〇六）は、『就業構造基本調査』の集計データを用いてワーキングプア層の規模を推計している。阿部（二〇一〇）は、『国民生活基礎調査』を用いてワーキングプア層の規模を推計している。

駒村（二〇〇七）は、『全国消費実態調査』を用いて、世帯を対象に、厳密な最低生活基準を提示し、ワーキングプアを推計している。橘木・浦川（二〇〇七）は、世帯主の職種別の貧困率を『所得再分配調査』を用いて推計している。加えて、駒村他（二〇〇九）は、『全国消費実態調査』の個票を用いてワーキングプアの規模を推計している。厚生労働省社会・援護局保護課（二〇一〇）は『全国消費実態調査』と『国民生活基礎調査』を用いてワーキングプア世帯の推計を行っている。四方・駒村（二〇一一）は、『就業構造基本調査』の個票データを用いて中年齢層男性失業者の貧困状態についての考察を行っている。各推計結果を、表9-1に示すこととする。

上記や表9-1に示す研究の多くは、全国規模あるいは地域区分をおおまかに区切ってワーキングプアの規模の推計を行っている。しかしながら、都道府県別にワーキングプアの規模がどうなるのかということやワーキングプアに陥る確率の地域間の差異の詳細は明らかではなかった。この点に関して戸室（二〇一三）は『就業構造基本調査』の個票をオーダーメード集計[1]し、都道府県別にワーキングプアの規模の推計を行っている。ワーキングプア率の都道府県別格差は小さくなっているが、それは「高位平準化」の結果であることが明らかにされている（戸室 二〇一三：五〇―五三）。

近年、政府によって『国民生活基礎調査』から間接的に算定した貧困率が公表されるようになった。ただし、これまで多くの指摘がありながらも低所得層・貧困層を対象とした公的な「貧困統計」あるいは「低所得者（世帯）統計」は公表されるに至っていない。ワーキングプア統計もまたしかりである。表9-1からも明らかなように、ワーキングプアの定義やその推計のために用いるデータの違いにより、ワーキングプアの規模の推計結果には大きな乖離が表れることとなっている[2]。ただし、これまでのワーキングプアの規模の推計に関する研究蓄積が示す分析結果は、共通して以下のことを示している。すなわち、若年層のワーキングプア率が高率であり、また、不安定な雇用（パート、アルバイトなど）に就く層のワーキングプア率が高率であるということである。

それでは、若年層、不安定雇用問題と低所得問題をはじめとする、主にワーキングプアを規定する要因に対して、その解決のためにどのような施策がとられているのか。次節ではこの点について述べる。

表9-1　日本のワーキングプアの規模の推計を行った研究の一覧

著者	対象	用いた調査	調査年（最新）	推計結果	貧困率（%）	備考
後藤（2007）	世帯	『就業構造基本調査』	2002年	総数	18.7	貧困世帯率として推計。就業世帯と失業世帯の合計。
後藤（2010）	世帯	『就業構造基本調査』	2007年	生活保護世帯最低生活費全国平均値：総数	8.3	「主な収入」が〈賃金・給与が主〉,〈農業が主〉,〈農業以外の事業収入が主〉,〈内職が主〉,〈雇用保険が主〉の世帯＋〈その他収入が主〉のなかで，求職活動をした者がいる世帯をワーキングプア世帯として推計。
				生活保護世帯最低生活費全国平均値×1.4：総数	16.3	
				生活保護世帯最低生活費全国平均値＋給与所得控除：総数	19.0	
伍賀（2007）	個人	『就業構造基本調査』	2002年	総数（就調）	29.5	個人所得が200万円未満の労働者をワーキングプアとして推計。雇用形態別推計がある。
		『労働力調査（詳細結果）』	2005年	総数（労調詳細）	33.4	
駒村（2007）	世帯	『全国消費実態調査』	1999年	65歳未満・普通世帯	4.55	65歳未満で世帯主が働いている普通世帯と，65歳未満の単身世帯について推計。ワーキングプア世帯・ボーダーライン世帯率として推計。
				65歳未満・単身世帯	11.10	
駒村・四方・山田・田中（2009）	世帯	『全国消費実態調査』（個票）	2004年	世帯	約7	（世帯単位）①世帯主に稼働収入がありながら，世帯の可処分所得の合計が生活保護制度で定める生活保護基準1級地1の基準を下回っており，かつ，②生活保護によってカバーされていない世帯の割合。世帯主年齢別，地域別に推計。（個人単位）①本人が就業を行っておりながら，かつ，②世帯の世帯規模を調整した等価可処分所得の合計が相対的貧困基準（中位値の50%もしくは60%）に満たない世帯に所属している。男女別・年齢別・就業形態別，世帯類型別に推計。生活保護基準を用いた推計もある。
	個人			個人16歳以上計（中位所得の60%基準）	14.20	
				個人16歳以上計（中位所得の50%基準）	8.50	
				個人16歳以上計（生活保護基準）	7.40	
橘木・浦川（2007）	世帯	『所得再分配調査』（個票）	2001年	一般常雇（企業規模30人未満）	12.6	世帯主の職種別の推計。
				一般常雇（企業規模30～99人）	10.2	
				一般常雇（企業規模100～999人）	5.3	
				一般常雇（企業規模1000人以上）	3.6	
				1年未満の契約の雇用者	30.4	
				自営業	23.9	
連合総研（2006）	個人	『就業構造基本調査』	2002年	単独最低生活費未満者	28.5	1人世帯の最低生活費を満たしていない雇用者を単独最低生活費未満者，3人世帯の最低生活費を満たしていない雇用者を世帯最低生活費未満者と定義して推計。自営業者除く。65歳以上除く。
				世帯最低生活費未満者	47.1	
阿部（2010）	個人	『人口推計（平成21年4月確定値）』	2007年	現役世代　男性	8.45	「主に仕事」をしていながらも，他の世帯員と合わせた合算所得（本人のみならず。家族の所得。年金，生活保護などの社会保障給付も考慮の上，世帯人数で調整した等価世帯所得）が貧困線に満たない人。
				現役世代　女性	6.21	
		『平成19年国民生活基礎調査』		高齢者　男性	4.34	
				高齢者　女性	2.03	
厚生労働省社会・援護局保護課（2010）	世帯	『全国消費実態調査』	2004年	最低生活費1（生活扶助，教育扶助）：資産考慮なし，総計	3.5	勤労者世帯に関する低所得世帯率として推計。他に「勤労者以外の世帯」,「無職世帯」に関しても推計している。平成16年被保護者全国一斉調査（個別調査）結果も推計値に含んでいる。
				最低生活費2（最低生活費1＋住宅扶助）：資産考慮なし，総計	5.4	
				最低生活費1（生活扶助，教育扶助）：資産考慮あり，総計	0.3	
				最低生活費2（最低生活費1＋住宅扶助）：資産考慮あり，総計	0.7	
		『国民生活基礎調査』	2007年	生活扶助（第1類費，第2類費，母子加算，児童養育加算）＋教育扶助＋高等学校等就学費：資産考慮なし，総計	8.3	
				生活扶助（第1類費，第2類費，母子加算，児童養育加算）＋教育扶助＋高等学校等就学費：資産考慮あり，総計	3.0	
四方・駒村（2011）	個人	『就業構造基本調査』	2002年	生活扶助，住宅扶助，教育扶助，勤労控除，老齢加算，母子（養育）加算，児童養育加算を考慮：男性	9.0	生活保護基準をもとに貧困世帯を特定し，年齢別就業状態別（男女）の貧困率，失業者の貧困率を推計している。
				生活扶助，住宅扶助，教育扶助，勤労控除，老齢加算，母子（養育）加算，児童養育加算を考慮：女性	11.7	
戸室（2013）	世帯	『就業構造基本調査』	2007年	『被保護者全国一斉調査』の「最低生活費」：生活扶助，住宅扶助，教育扶助，一時扶助，47都道府県	6.7（全国）	世帯の主な収入が就業所得で成り立っている世帯（就業世帯）のうち，所得水準が最低生活以下の世帯（貧困就業世帯）を47都道府県別に推計している。

出所：後藤（2007, 2010），伍賀（2007），駒村（2007），駒村・四方・山田・田中（2009），橘木・浦川（2007），連合総研（2006），阿部（2010），厚生労働省社会・援護局保護課（2010），四方・駒村（2011），戸室（2013）より作成。

ワーキングプア問題に対する政策

（1）労働政策と所得保障政策

ワーキングプアという状態は、低賃金、不安定な雇用という個人の状態に起因する一方で、多数の要扶養者とただひとりの稼得者といった世帯の状態に起因するものでもある。したがって、ワーキングプア問題は、労働政策のみ、あるいは、所得保障政策のみによって解決されるものではないと言える。諸外国では、「ワークフェア」や「アクティベーション」をキーワードに労働政策と所得保障政策を結びつけた政策の実施が試みられている。

ワーキングプアは労働政策と所得保障政策双方の政策対象となる。この点に触れたこれまでの研究として、駒村（二〇〇八）、福原（二〇〇八）がある。駒村（二〇〇八）は、労働政策・所得保障政策の政策対象としてのワーキングプアを、所得・余暇平面を用いて、いくつかのケースをあげつつ理論的に整理している（駒村 二〇〇八：五五）。一方で、福原（二〇〇八）は、実態的な側面から、「（狭義の）ワーキング・プア」「ボーダーライン就業者」「（広義の）ワーキング・プア」「失業貧困者」といった定義と各定義の間の関連（往還）を整理し提示している（福原 二〇〇八：五一―六）。また海外では、European Foundation for the Improvement of Living and Working Conditions (2010) が、ワーキングプアという状態が個人の状態と世帯の状態により起因するということを指摘している[3]（European Foundation for the Improvement of Living and Working Conditions 2010 : 2）。したがって、労働政策と所得保障政策のターゲットとなるワーキングプアを統計的にとらえるには、個人の労働市場での状態とその個人が属する世帯の状態双方をとらえた情報が必要になるのである。このような研究蓄積を背景に、本節では諸外国のワーキングプア問題への対策について、主に最低賃金政策、勤労福祉政策、若年層への政策に絞って整理することとする。

諸外国のワーキングプア問題への対策について取り扱った研究として、European Foundation for the Improvement of Living and Working Conditions (2010) がある。ワーキングプアに対する政策と貧困層に対する政策を厳密に分けているものではないが、二八カ国の主要な政策について記している。詳細は上記あるいは各国のレポートなどに譲ることとし、ここでいくつかの国（イギリス、ドイツ、フランス、スウェーデン）を取り上げて各国のワーキングプア問題への対策の概要を示すこととしよう。表9-2は、ワーキングプア問題に対する各国の政策を示したものである。

各国の社会的・経済的事情により、実施されている政策の内容は詳細な部分で異なっているが、表9-2に示した国々では一方で最低賃金や所得補助そして税控除などの政策を、また一方で世帯を対象とした給付などを行っていることがわかる。ワーキングプアという状態が、個人の状態と世帯の状態から起因するものであり、それゆえ各国では労働政策のみならず所得保障政策からワーキングプア問題に対処しようとしている。

（2）ワーキングプアと若年層

四方・駒村（二〇一一）、村上・岩井（二〇一〇）をはじめとするこれまでの研究に見られるワーキングプアの推計結果が提示するのは、若年層はワーキングプアに陥る確率が高齢層を除く他の年齢層と比較して高いということである。また、アメリカ労働統計局（Bureau of Labor Statistics, 以下BLS）のワーキングプア推計においても、若年層のワーキングプア率は高い数値を示しており、その原因を若年層の稼得の低さと失業率の高さに

表9-2　諸外国のワーキングプア問題に対する政策

	ワーキングプアに対する政策	政策の内容・目的
イギリス	・国定最低賃金 ・週当たり16時間未満労働の人々に対する所得補助	：貧困リスクにあるグループを対象に，就業者の所得，労働時間，貯蓄水準，総世帯所得などの要素から資格を判断。
	・勤労税額控除（Working Tax Credit）	：ワーキングプアに陥るリスクのある人々の所得を引き上げるため（雇用者だけでなく自営業者も利用できる）
	・子ども税額控除（Child Tax Credit）	：扶養児童のいる個人へ適用される。（雇用者だけでなく自営業者も利用できる）
ドイツ	・失業給付Ⅰ，失業給付Ⅱ，スタートアップ支援金，統合政策給付（integration benefits） ・児童扶養インフラ，育児休暇手当， ・初任給（starting income）への税率低減，税控除，	：ワーキングプアに対す政策は，労働市場，教育，家族，税制度，社会福祉給付といった多様な分野の中で考案されている。
	・月140ユーロを上限とする追加的な家族手当	：失業給付Ⅱを受け取れないが相対的に世帯所得が低い親に対して。上限3年間
	・低所得世帯に対する公的住宅手当	：低所得世帯に対して権利が与えられる。
フランス	・The tax credit Employment allowance（Prime Pour l' Emploi, PPE）	：低賃金および／または社会的所得（social income）を得る人々に，仕事に復職させそして雇用に留まらせるための金銭的なインセンティブ
	・社会的移転（児童給付，住宅給付，失業および障害給付，所得補償システム）	：低所得世帯に支払われる再分配システム
	・The Active Solidarity Income（Revenu de Solidarité Active, RSA）	：雇用とのより良い統合（better integration）により貧困を削減する。
スウェーデン	・最低賃金	：多くの低賃金リスクに関する合意をもとに取り決められる
	・失業保険 （ワーキングプア問題は実質的に失業問題であるという考え方による）	：一時的な失業の期間を補償し，パートタイムのみで働いた人々に対してもフルタイム賃金の価値まで補償する。2008年1月から，パートタイム就業者は，それまで最大300日だった失業給付の期間が最大75日に。（ワーキングプアのリスクを増大させるであろう）

出所：European Foundation for the Improvement of Living and Working Conditions（2010：34, Annex 2）より一部を抜粋し引用。

求めている（BLS 2014：2-3, 9, Table 2）。本項では、先の項に続いて若年層に対する政策とワーキングプアの関係について見てみることとする。

若年のワーキングプア層そのものをターゲットとした政策は日本にはない。しかしながら、困難な状況にある若年層が職に就き自活するための施策が講じられている。日本においては若年者雇用対策が実施されており、主な内容としては公共職業安定所における職業相談や若年者のためのワンストップサービスセンターにおける求職サービス、キャリア形成促進助成金などがあげられる。また、若年層への日本政府の対応についてはOECD（2009）においても詳細に論じられている(4)。

諸外国の困難な状況にある若年層への政策については、厚生労働省（二〇〇六）がまとめているのでそれをここで引用しておこう。アメリカ、イギリス、ドイツ、フランスにおける困難な状況にある若年層への施策について表9-3に示している。

表9-3を見ると、若年層に対する政策は、就労が困難な状況にある者に対する職業訓練、就職の相談・斡旋などを主な内容としており、政府が若年層にできるだけスムーズに労働市場へ参入・復帰させることを企図していることがわかる。こ

表9-3　各国の若年層に対する政策

	アメリカ	イギリス	ドイツ	フランス
(1)若者に対する義務付け		【若者向けニューディール】	【労働機会提供（1ユーロジョブ）】	
(2)教育・訓練の機会の提供	【ジョブ・コア（Job Corps：宿泊型若年者集団教育訓練）】 ・開始年月 1964年 ・管理運営主体 連邦労働省のジョブ・コアの本部（National Job Corps office） 6か所の地区管理支部（region office） 全米122か所のジョブコアセンター ・対象及び適用用件 16歳～24歳までの経済的に不利な立場にある青少年 ・具体的内容 参加者は，原則として寮に宿泊し，社会的生活を営む上での基本的なしつけから，読み書き，算数などの基礎的な学習及び職業訓練を受ける。 参加費は基本的に無料。さらに，毎月小遣いが支給される。 参加期間は原則として最長2年間。 研修中に高校卒業あるいはGED（高校卒業者と同様の素養を身につけていることの証明証書）の資格を取得可能。	【若者向けニューディール】 ・開始年月 1998年に全国導入 ・管理運営主体 ジョブセンタープラス ・対象及び適用用件 16歳～24歳までの若年者で，6か月以上失業状態にあり，求職者給付を受給しているすべての者。 ・具体的内容 参加者にはパーソナル・アドバイザーが付けられる。参加を拒否した者は，求職者給付の受給資格を失う。 プログラムは次の順に進められる。 ①ゲートウェイ 就職相談と集中的な求職支援サービス（最長4か月） ②オプション ゲートウェイ期間中に仕事を見つけられなかった者が以下のいずれかのプログラムに強制参加 （ア）地方公共団体等での就労 （イ）公的環境保護事業での就労 （ウ）フルタイムの教育や訓練の受講 （エ）自営業開始準備 ③フォロースルー ①及び②の段階で就職できなかった者が参加。助言等の就職活動支援を受けることができる（26週間）。	【職業準備年（BVJ）】 個人的・家庭の経済的・社会的理由によって義務教育を諦めた，又は授業についていけない者で，職業訓練を受ける（職業養成訓練生になる）機会を得られない者を対象にした制度である。 フルタイムの職業教育を行う。生徒はBVJを行うことで職業学校における修学義務を果たしたものと認められ，ハウプトシューレの卒業単位にも充当できる。 【職業基礎学習年（BGJ）】 職業学校におけるプログラム。①1年間のフルタイム授業か，②1年間のパートタイムの授業（同時にパートタイムでの事業所における職業訓練）である。 対象となるのは，主にハウプトシューレの修了を予定している若年者（職業教育義務がある）で，職業養成訓練生としての雇用の場を見つけられなかった者。 その者が職業養成訓練生になった場合に事業主の許で行ったであろう職業養成訓練を国が提供する。	【雇用支援契約（CAE）】 ・開始年月 2005年5月1日 ・管理運営主体 雇用庁（ANPE） ・対象及び適用用件 長期的な失業で就職が困難な者 ・具体的内容 長期失業者等の社会参入の難しい者を一時的に公共部門（地方自治体の組織，公的サービス提供法人など非営利団体）で雇用することを通じて社会の参加を支援。雇用主が国と結ぶ契約には，職業訓練を行うことを入れることが強く推奨されている。 【熟練契約（Contrat de professionalisation）】 ・開始年月 2004年11月1日 ・管理運営主体 地方が主導的役割 ・対象及び適用用件 16～25歳の若者及び26歳以上の求職者 ・具体的内容 対象者は事業主との間で雇用契約を締結。被用者となった者は，職業訓練機関又は職業訓練を行う企業と訓練協定を結び，職業訓練を受けながら，社会で通用する資格取得や就職・再就職を可能とする。
(3)就職などに関する相談支援	【WIA若年プログラム（WIA Youth Formula-Funded Grant Program）】 ・開始年月 1998年 ・管理運営主体 連邦労働省（U.S. Department of Labor/DOL）が資金提供し，各州政府が実施。 ・対象及び適用用件 14歳～21歳の就職困難者。 ・具体的内容 公共職業安定所であるワンストップ（キャリア）センター（One-Stop[Career]Center）と提携した地方公共団体で実施される，14～21歳の就職困難者のニーズに沿った各種の就職や進学のための支援に対して給付金を提供するプログラム	【若者向けニューディール】 【コネクションズ・サービス】 ・開始年月 2001年4月 ・管理運営主体 教育技能省などの省庁，学校や企業やNPO法人など，様々な機関の連携により運営。 ・対象及び適用用件 13歳～19歳までのイングランド在住のすべての若年者 ・具体的内容 パーソナル・アドバイザーが，学校において情報提供・ガイダンスを行うほか，義務教育終了後も若者に接触し，支援を行う。 早期からの総合的サポートシステムであり，教育，職業選択，差別，健康問題，住宅，ドラッグやアルコール，家族関係等若者の全ての問題に対して支援を行う。 このほか，電話・電子メール等により若者からの相談を受け付けるコネクションズ・ダイレクト等が行われている。	【職業相談・紹介サービス向上の取り組み】 25歳未満の若年者に，①職を与える（紹介する），②職業養成訓練の機会を与える，③就労等の機会を与えるべく，公共職業紹介機関において，（若年）求職者一人一人にオーダーメードの指導・助言を与えることを重視する観点から，ケースマネージャー式の職業指導体制整備の導入が図られた。現在は若年者75人に1人のケースワーカーを配置することとされている。	【TRACEプログラム】 ・開始年月 1998年7月 ・管理運営主体 各自治体 ・対象及び適用用件 学位や職業資格を得ないままに学業を終えた若者等，最も就職が困難な若年者 ・具体的内容 同一の相談員が，社会的参入の道筋を立て，求職活動と職業訓練に関してアドバイスする。具体的には，①職業能力診断，社会参入支援，②職業訓練研修，③就労の経験，④雇用支援措置のアクセス，⑤単発的金銭支援。⑥医療及び住居へのアクセスなど。 ※　このほか，低水準資格しか持たない若年者を対象とした「社会生活参入契約（CIVIS）」，失業者等を対象とした「ニュースタート」及び「雇用復帰支援計画（PARE）」がある。また，地域ミッションセンター（Missions Locales）及び受入・情報・指導センター（PAIO）では，社会生活・職業生活への参入に向けた個別指導など。

注：引用した表から一部レイアウトを変更している。

出所：厚生労働省（2006：15-16「2　困難な状況にある若者に対する施策」）より引用。

の他にも、若年層に対して最低賃金を一時的に減額し雇用機会を拡大するなどの施策や雇用主への金銭的支援といった施策が講じられている。

二〇〇八年九月に起きたリーマンショック後の若年層の状況および若年層に対する政策の変化を見るためには、OECD（2010）やOECD（2012）が参考になる。OECD（2010）によると、二〇〇九年から二〇一〇年に、多くの国が「経済危機への対応として、最も就業能力の乏しい若者にとって有効であるように評価し、少なくとも監視してきた既存のプログラムに対して助成を増やすことを決定した」ことが述べられている（OECD 2010：140：濱口監訳／中島訳 二〇一一：二〇一）。加えて、OECD（2012）では、若年層の学校から仕事への移行についての分析がなされており、若年層の雇用の促進を妨げることのない適切な労働市場政策が必要であることを提言している。

4　貧困と統計：日本における課題

本章では近年問題となっているワーキングプア問題について、その統計的定義ならびに統計整備の重要性について述べ、ワーキングプアに対する諸政策を整理してきた。諸外国の政策を見ると、最低賃金や失業給付などの労働政策に、各種の手当・控除などの所得保障政策を連動させていることがわかる。ワーキングプアに陥る確率の高い若年層に対しては、学校から仕事への移行をスムーズにするため、また、労働市場への参入・復帰を容易にするための施策が講じられていることがわかる。

このような政策の成否を何で判断するか。諸外国の多くでは、政府主導で実施する政策についての成否を判断するために貧困統計を用意、あるいは、既存の統計から貧困の規模を推計している。統計の対象を規定する定義をめぐってさまざまな議論が諸外国において展開されている。

ひるがえって日本の状況はどうか。日本に公的な貧困統計はない。ワーキングプアに対する政策を評価する手段の一つとして、その規模が拡大したか・縮小したかを的確にとらえる統計を用意する必要があるだろう。そのためには、ワーキングプアを厳密に定義し統計を作成することが必須となる。ワーキングプア推計の土台に据えられるべきは政府による貧困統計の整備である。なお、関連統計とのリンクを整備することが必要であることに論を待たない。

最後に、これまで述べてきたことを踏まえた今後の課題を述べ、本章のむすびとする。今後の課題の第一は、厳密なワーキングプアの定義・推計のために、現在の労働政策・所得保障政策の関連から妥当な日本のワーキングプアの再定義を行い、それをもとにワーキングプアの規模ならびにその増減を推計することである。Marx and Nolan（2014）も述べているように、対象期間を一年とする統計では、ワーキングプアに対する施策の効果、労働市場での活動の変化などがとらえられないという問題がある。例えば、一年のうち、ある時点は仕事に就き貧困ではなかったが、その他多くの期間は仕事に就いていなかった場合や、その逆の場合が考えられる。特に、日本におけるワーキングプアの研究蓄積では大規模標本調査が用いられており、それらはワーキングプア層の構造変化をとらえるには適しているが、時々刻々と変化する状況をとらえるには不十分である。

第二は、実施されている、あるいは、今後実施されるワーキングプアに対する政策の効果を計量的に検証することである。ワーキングプア問題に対する政策の整理とその効果の検証がほとんどなされていないからである。諸外国の、特に国際比較研究で実施されているようなマルチレベルモデルによる分析が必要である。例えば都道府県別の政策実施状況の相違が、ワーキングプアに陥る確率をどのように変化させるかである。

【注】

（1）独立行政法人統計センターが、個票データ利用申請者の申請様式に従って集計を行う方式である。匿名データよりも項目（変数）の分類が詳細な箇所がある。なお、『就業構造基本調査』の個票データ利用では、匿名データの提供の場合は二〇〇七年データまで、オーダーメード集計では二〇一二年データまでが利用できる。

（2）現在、他の先進諸国、例えばアメリカではCPS ASEC（The Annual Social and Economic Supplement to the Current Population Survey）調査に貧困統計を作成するための調査項目が設定されている。また、カナダでは、SCF（Survey of Consumer Finance）やSLID（Survey of Labour and Income Dynamics）を用いた低所得統計をカナダ統計局が発表している。加えてイギリスでは平均所得未満の世帯をとらえたHBAI（Households Below Average Income）がある。

（3）European Foundation for the Improvement of Living and Working Conditions (2010) p. 2を参照。

（4）日本政府による若年者雇用対策の詳細は、厚生労働省ホームページ（http://www.mhlw.go.jp/stf/seisakunitsuite/bunya/koyou_roudou/koyou/jakunen/index.html 最終アクセス日：二〇一七年一〇月二四日）を参照。

【参考文献】

阿部彩（二〇一〇）「ワーキング・プア対策としての給付つき税額控除」『平成二十一年度厚生労働省厚生労働科学研究費補助金政策科学推進研究事業総括研究報告書　低所得者の実態と社会保障のあり方に関する研究』一一三―一三二頁。

厚生労働省（二〇〇六）『2004～2005年　海外情勢報告　諸外国における若年者雇用・能力開発対策』厚生労働省ホームページ（http://www.mhlw.go.jp/wp/hakusyo/kaigai/06/ 最終アクセス日：二〇一七年一〇月二四日）。

厚生労働省社会・援護局保護課（二〇一〇）「生活保護基準未満の低所得世帯数の就労状況別推計について」厚生労働省ナショナルミニマム研究会（第九回）、資料三　二〇一一年二月二六日（http://www.mhlw.go.jp/shingi/2010/05/dl/s0510-8e.pdf 最終アクセス日：二〇一七年一〇月二四日）。

厚生労働省　若年者雇用対策ホームページ（http://www.mhlw.go.jp/stf/seisakunitsuite/bunya/koyou_roudou/koyou/jakunen/index.html 最終アクセス日：二〇一七年一〇月二四日）。

伍賀一道（二〇〇七）「今日のワーキングプアと不安定就業問題――間接雇用を中心に」静岡大学『経済研究』第一一巻第四号、五一九―五四二頁。

後藤道夫（二〇〇七）「格差社会の実態と背景」後藤道夫・吉崎祥司・竹内章郎・中西新太郎・渡辺憲正『格差社会とたたかう――〈努力・チャンス・自立〉論批判』青木書店、第一章。

後藤道夫（二〇一〇）「ワーキングプア急増の背景と日本社会の課題」『社会政策』第一巻第四号、ミネルヴァ書房、一四―二八頁。

駒村康平（二〇〇七）「ワーキングプア・ボーダーライン層と生活保護制度改革の動向」『日本労働研究雑誌』特集　貧困と労働、五六三号、独立行政法人労働政策研究・研修機構、四八―六〇頁。

駒村康平（二〇〇八）「ワーキングプアと所得保障政策の再構築」『都市問題』第九九巻第六号、東京市政調査会、五三―六二頁。

駒村康平・四方理人・山田篤裕・田中聡一郎（二〇〇九）「日本におけるワーキングプア――全国消費実態調査を使った税モデルによる貧困層の推計」『平成二十年度厚生労働省厚生労働科学研究費補助金政策科学推進研究事業総括・分担研究報告書　格差と社会保障のあり方に関する研究』九三―一〇二頁。

四方理人・駒村康平（二〇一一）「中年齢層男性の貧困リスク―失業者の貧困率の推計」『日本労働研究雑誌』特集　ミッドエイジの危機、六一六号、四六―五八頁。

橘木俊詔・浦川邦夫（二〇〇六）『日本の貧困研究』東京大学出版会。

橘木俊詔・浦川邦夫（二〇〇七）「日本の貧困と労働に関する実証分析」『日本労働研究雑誌』特集　貧困と労働、五六三号、独立行政法人労働政策研究・研修機構、四―一九頁。

戸室健作（二〇一三）「近年における都道府県別貧困率の推移について――ワーキングプアを中心に」『山形大学紀要（社会科学）』第四三巻第二号、三五―九二頁。

貧困統計ホームページ（http://www.hinkonstat.net/ 最終アクセス日：二〇一七年一〇月二四日）。

福原宏幸（二〇〇八）「稼働能力を持つ貧困者と就労支援政策――対峙する二つの政策潮流」大阪市立大学『經濟學雜誌』第一〇九巻第二号、一―一六頁。

村上雅俊・岩井浩（二〇一〇）「ワーキングプアの規定と推計」『統計学』第九八号、経済統計学会、一三―二四頁。

連合総研（二〇〇六）『公正で健全な経済社会への道――二〇〇六～二〇〇七年度経済情勢報告』第一書林。

BLS (2014) A Profile of the Working Poor 2012 *BLS Report*, Report 1047.

European Foundation for the Improvement of Living and Working Conditions (2010) *Working poor in Europe*, European Foundation for the Improvement of Living and Working Conditions.

Marx, I. and Nolan, B. (2014) "In-Work Poverty," in Cantillon, B. and Vandenbroucke, F., *Reconciling Work and Poverty Reduction*, Oxford University Press, pp. 131-156.

OECD (2009) *Jobs for Youth: Japan*, OECD Publishing（濱口桂一郎監訳／中島ゆり訳（二〇一〇）『日本の若者と雇用　OECD若年者雇用レビュー　日本』明石書店）.

OECD (2010) *Off to a Good Start? Jobs for Youth*, OECD Publishing (http://dx.doi.org/10.1787/9789264096127-en)（濱口桂一郎監訳／中島ゆり訳（二〇一一）『世界の若者と雇用　学校から職業への移行を支援する』明

石書店）.
OECD (2012) *The challenge of promoting youth employment in the G20 countries*, ＯＥＣＤホームページ（www.oecd.org/els/emp/50304960.pdf 最終アクセス日：二〇一七年一〇月二四日）.

第10章 障害者と貧困

百瀬　優

本章は、各種調査・統計やそれを用いた分析をもとに、障害者の所得の状況、障害者の貧困率、障害者の所得保障制度の現状などを提示し、障害者の貧困を可視化させる作業を試みている。その結果として、障害者は、本人所得が極めて低いだけでなく、世帯員の所得を考慮しても、相対的貧困状態に陥る可能性が高いこと、障害年金の防貧機能が低下する一方で、生活保護の受給に至る障害者が多くなっていることなどを確認している。今後は、障害者の貧困問題にかかわる定量的なデータの提示や分析がさらに進むこと、そして、そうした根拠に基づいて、貧困問題への政策的対応が強化されることが期待される。

1　障害者の貧困の見えにくさ

「障害者の貧困」は、その問題の大きさに比して、注目を集めていないと思われる。その理由として、障害者については、低位な生活状態にあることが社会的に容認されやすく、さらに、家族扶養が強調されるなかでその貧困が家族に包摂されて見えにくくなっていることが挙げられる（鈴木 二〇一〇）。

同時に、障害者の貧困に関する統計データが不足していることも、その理由のひとつとして考えられる。例えば、「子どもの貧困」が、子どもの貧困率の時系列変化や国際比較などをもとに注目を集めるようになっていることとは状況がかなり異なる。また、先行研究においても、諸外国の研究者によって行われているような障害者の貧困率を測定することが今後の課題として指摘されている（田中 二〇一〇）。

そこで、本章では、各種実態調査、厚生労働省「国民生活基礎調査」の個票を用いた研究、障害者の所得保障制度にかかわる統計などから、障害者の貧困がどのように把握できるかを整理し、障害者の貧困を可視化させる作業を試みたい。

なお、貧困は所得面だけで把握するだけでは不十分であり、特に、障害者の貧困を考える際には、教育や社会サービス、社会とのつながりや移動の自由まで含めて、多元的な把握が必要である。ただし、本章では、貧困問題の重要な要素である所得に限定して議論を進めていきたい。

2　障害者の所得の状況

(1) 国や地方自治体の調査から

まず、障害者の所得の状況を把握するための政府統計として、厚生労働省「平成二三年生活のしづらさなどに関する調査」がある。これは、障害者手帳所持者を中心に全国の在宅の障害児・者等、二万人以上を対象とした調査（調査票の回収率は六八・四％）であり、福祉サービスの利用状況などとあわせて、家計の状況も調査事項となっている。調査票では、障害者本人の一か月当たりの平均的な収入を給料・工賃等、障害年金などの公的年金等、公的な手当、家族や親戚からの仕送り、その他の五項目の合計で聞いている。

その結果によれば、一八歳以上六五歳未満の障害者手帳所持者では、全体の四割が一か月当たりの平均的な収入が九万円未満である。手帳の種別ごとに見た場合、九万円未満の割合は、身体障害者手帳所持者で三二・五％、療育手帳所持者で五四・二％、精神障害者保健福祉手帳所持者で五二・七％となっている。

その他に、内閣府「平成一九年度障害者施策総合調査」でも、障害者の収入が調査事項に入っている。同調査は、障害者団体を通じて全国の障害者を対象に実施された調査であるが、その結果によれば、一か月当たりの収入額（賃金・工賃、家族からの援助、年金、手当の合計額）が一一万円未満の者が全体の四七％を占めている。

また、地方自治体レベルでは、平成二五年度東京都福祉保健基礎調査「障害者の生活実態」がある。同調査は、東京都内に居住する一八歳以上の身体障害者四〇〇〇人、知的障害者一二〇〇人、精神障害者八〇〇人および難病患者一二〇〇人を対象にした調査（回収率は約七割）であり、そのなかで、都内に居住する障害者の平成二四年中の収入額が確認できる。

その結果によれば、一八歳以上の身体障害者では全体の約三六％、知的障害者では約四九％、精神障害者では約六八％が平成二四年中の収入額（働いて得た収入、就労継続支援事業所などからの収入、年金・手当による収入、家族からの仕送りやお小遣いを含むが、生活保護費を除く）が一〇〇万円未満（月額で約八・三万円未満）となっている。また、（この定義による）収入額がゼロの者も身体障害者、知的障害者で七％程度、精神障害者で二五％程度存在する。

(2) 当事者団体や研究グループの調査から

一方、障害者の所得状況を調査項目に入れた当事者団体や研究者グループによる調査もいくつか存在する。そのなかでも、比較的最近実施され、かつ、調査回答者数が多いものとして、きょうされん「障害のある人の地域生活実態調査」がある（きょうされん 二〇一二）。二〇一一年から二〇一二年にかけて実施された同調査には、就労継続支援A型やB型事業、就労移行支援事業、生活介護事業、地域活動支援センターなどの障害福祉サービスの利用者、約一万人（その九八・五％が障害者手帳所持者）が回答している。

その結果によれば、障害基礎・厚生年金、生活保護費、障害手当、給料、工賃など全て含む本人の月額収入八・三万円未満の者が全体の五六・一%となっている。生活保護費を含めているにもかかわらず、収入の低い者の割合が特に多いのは、調査回答者の七割が知的障害者であったことに由来すると推察される。

また、障害者の経済的な面から見た生活実態について詳しく調査したものとして、障害者生活実態調査研究会「障害者生活実態調査」が存在する（土屋二〇〇八）。二〇〇五年と二〇〇六年に二つの市で実施された同調査には、一八歳以上六五歳未満の障害者手帳所持者、難病患者、地域の生活支援センター等の通所者など約二〇〇人が回答している。

その結果によれば、雇用者収入、年金、雇用保険、生活保護、手当、仕送り、企業年金・個人年金、その他の所得による本人収入合計の平均値（収入合計が一五〇〇万円以上の二サンプルを除く）は一七二万円である。ただし、中央値は一〇五万円であり、収入の低い層への偏りが見られる。また、障害種類別では、身体障害者に比べて、知的障害者や精神障害者の収入が低いこと、男女別では、身体障害者で男女間の収入格差が大きいことなども示されている。

（3）障害者の半数近くは本人年収一〇〇万円程度以下

以上見てきたように、調査の実施主体、調査の対象者、調査時期は様々であるにもかかわらず、各種調査結果から、本人年収で見た場合、障害者の半数近くは一〇〇万円程度以下の収入しかないことが共通して確認できる。

このような低い本人収入ゆえに、生活保護を受給する障害者も少なくない。「平成二三年生活のしづらさなどに関する調査」によれば、一八歳以上六五歳未満の障害者手帳所持者の八・四%（身体障害者手帳所持者六・八%、療育手帳所持者四・九%、精神障害者保健福祉手帳所持者一七・九%）が生活保護を受給している。

しかし、同調査における一か月当たりの平均的な収入九万円未満の者の割合（前述）と比較して考えれば、本人収入が低くても、生活保護を受けている者の方が少なく、障害者の多くは、家族の扶養のなかで生計が維持されていると考えられる。特に、知的障害者では親依存の生活となることが多く、「障害のある人の地域生活実態調査」では、成人後も四〇代前半まで、約六割の障害者が親と同居しており、五〇代前半でも三割以上が親と同居している。

3　障害者の貧困率

（1）等価可処分所得に基づく障害者の貧困率

前節で見た障害者の所得の状況を踏まえて、障害者の貧困を統計的に把握する方法として、OECD（2010）が行っているように、障害のある人の貧困率を推計し、それを障害のない人の貧困率と比較することが挙げられる。しかしながら、日本の数値はOECD（2010）には含まれておらず、障害者の貧困率を独自に推計する必要がある。

日本では、金子（二〇一一）が、障害者団体の一八歳以上の会員を対象に実施された二〇〇九年の東京大学READ「障害者の日常・経済活動調査」をもとに、身体障害者の貧困率を推計している。それによれば、仕事をしている身体障害者の貧困率は一六%であるが、仕事をしていない身体障害者では三五%、高齢の身体障害者では二六%となっている。この貧困率は、身体障害者本人一人の（社会保障給付を含む）所得に基づいて推計されている。また、きょうされん（二〇一二）は、障害のある人の五六%が相対的貧困の状態にあると指摘しているが、この数値も、本人収入が貧困線に満たない者の割合となっている。

しかし、OECD（2010）も含めて、一般に、貧困率は、本人所得のみならず、他の世帯員の所得も考慮したうえで推計されている。もし本人所得のみで見る場合、働いておらず資産もない個人は、他の世帯員にどれだけの所得があっても、可処分所得がゼロとなり、貧困状態にあると判断されることになる。

そのため、貧困の実態を把握するには、可処分所得を同一の生計を営む世帯単位で把握し、収入がない個人にも同一世帯内の他の世帯員の所得が配分されていると仮定して、貧困率を推計する必要がある。具体的には、世帯の可処分所得を世帯人員数の平方根で割って調整した「等価可処分所得」が用いられる。

ただし、障害者の所得の状況を示す各種調査は、本人収入にのみ着目しているため、それらをもとに障害者の貧困率を推計することはできない。それに対して、山田他（二〇一五）は、政府公表の貧困率の推計でも用いられ、サンプル・サイズが十分確保でき、他の世帯員の所得データも得られる「国民生活基礎調査」（厚生労働省）の個票を使用して、等価可処分所得に基づく障害者の貧困率を推計している。以下では、その結果をもとに、障害者の貧困率を確認していく。

（2）要介助障害者の定義

障害者の貧困率を推計する際に問題となるのは、障害のある人々をどのように定義し、把握するかである。日本では、統計上で障害者を把握する際には（医学モデルに基づくものとして批判の対象となることもあるが）、障害者手帳の交付条件で障害を定義し、その所持者を障害者とすることが一般的になっている。

しかしながら、「国民生活基礎調査」では、障害者手帳の所持状況が設問項目に含まれていないため、別の方法で障害者を把握する必要がある。具体的には、世帯票の「障害や身体機能の低下などで、手助けや見守りを必要としていますか」という設問を用いて、この設問に「必要としている」と答えた者を「要介助障害者」と定義して、分析の対象にしている。このような形で把握される要介助障害者は、その多くがADLの困難を抱えており、うつ病やこころの病気も含めて障害に関連する疾病を有する割合も高くなっている。

ただし、障害のある人であっても、手助けや見守りを要しない人もいるため、この方法では、障害者手帳を保持している障害者のすべてを把握することはできない。例えば、二〇～五九歳層では、障害者手帳の所持率が一・九％であるのに対して、要介助障害者の出現率は一・三％である。逆に、高齢層では、加齢に伴う身体機能の低下により、手助けや見守りを要する者も存在するため、この方法では、障害者手帳による把握よりも障害者を広く捉えることになる。このような限界はあるものの、高齢層以外では、要介助障害者の定義であっても、一定程度の障害者は把握されており、要介助障害者を用いて貧困率を算出することの意義が認められる。

（3）要介助障害の有無別の貧困率

政府公表統計で用いられる（相対的）貧困率は、等価可処分所得の中央値の半分の額を貧困線と定義し、それを下回る等価可処分所得しか得ていない者の割合をいう。この定義に従って、厚生労働省「平成二五年国民生活基礎調査」の所得票から、要介助障害者の年齢階級別に貧困率を推計した結果が表10‐1の右端である。それとあわせて、表10‐1では、本人市場所得および本人可処分所得の段階で、貧困線（平成二五年調査では一二二万円）を下回る所得しか得ていない者の割合も示してい

表10－1　要介助障害の有無別の貧困率

（％）

	本人市場所得に基づく貧困率		差の検定	本人可処分所得に基づく貧困率		差の検定	等価可処分所得に基づく貧困率		差の検定
	要介助障害者以外	要介助障害者		要介助障害者以外	要介助障害者		要介助障害者以外	要介助障害者	
20～39歳	46.6	89.2	***	47.3	78.5	***	13.8	28.8	***
40～49歳	39.8	81.5	***	40.0	56.4	***	13.4	26.7	***
50～64歳	52.6	81.6	***	43.5	59.2	***	14.6	27.5	***

注：***，**，*は，それぞれ1，5，10％水準で有意（他表も同じ）。
出所：厚生労働省「平成25年国民生活基礎調査」個票に基づき推計。山田他（2015）の表を一部改変して使用。

る。市場所得は、就労所得、財産所得、仕送り、企業年金・個人年金等の合計額、可処分所得は、市場所得＋社会保障給付－直接税－社会保険料である。

まず、本人市場所得に基づく貧困率を見た場合、本人就労所得の低さを反映して、要介助障害者の貧困率は要介助障害者以外と比べて有意に高く、八〇％以上が貧困線を下回る所得しか獲得できていない。

しかし、要介助障害者の場合、障害年金や生活保護などの社会保障給付を受給することが多く、また、税制上の優遇措置や社会保険料の減免を受けることも多いため、社会保障や税制の効果を含めた本人可処分所得に基づく貧困率では、貧困率が改善し、要介助障害者以外との差も縮小する。ここから社会保障と税制による明らかな貧困緩和効果と格差縮小効果を読み取れる。特に、四〇代以降での改善幅が大きいが、これは、年齢が上がるにつれて、就労開始後の中途障害の発生により、年金受給者の割合や受給者の年金額が高まること、障害基礎年金よりも給付額の大きい傷病手当金や労災年金を受給するケースが生じること、単身の要介助障害者が相対的に増加し、生活保護受給の可能性が高まることなどが影響しているものと考えられる。

本人可処分所得に基づく貧困率は、要介助障害者以外でも、専業主婦等の存在のため、四〇％を超えているが、要介助障害者では、二〇～三〇代で八〇％近く、それ以外の年齢層でも六〇％近くになっている。本人所得だけでは半数以上の障害者が貧困状態にあるということは、前節で確認した各種調査の結果とも整合的である。このような高い貧困率は家族との同居を強いる背景のひとつになっている。

しかし、先にも述べたように、貧困の実態を把握するためには、貧困率の推計は他の世帯員の所得も考慮して行う必要がある。等価可処分所得に基づく貧困率では、本人可処分所得の段階に比べて、世帯員間の所得移転や世帯規模の経済が貧困を緩和する方向に機能し、要介助障害者の貧困率は大幅に低下する。とりわけ、二〇～三〇代でその改善幅が大きくなっているが、これは、この年齢層の要介助障害者で特に同居率が高いことが影響している。

ただし、この段階でも生産年齢にある要介助障害者の貧困率は二〇％台後半を記録しており、本人所得だけでなく、他の世帯員の所得を考慮してもなお、四人に一人以上が相対的貧困の状態にある。そして、要介助障害者以外の貧困率との差も大きく、見守りや手助けを要するような障害があることが貧困リスクを二倍も高めている。

（4）就労所得の有無別の貧困率

OECD（2010）によれば、OECD諸国において、障害のある人の所得水準は、等価可処分所得で見た場合、国全体の平均よりも一五％程度、国によっては二〇～三〇％程度低くなっている。一方で、障害のある人も、就労している場合は、生産年齢人口全体の平均相当の所得を得ていることが指摘されている。日本でも、就労所得の有無によって、どの程度、障害者の所得の状況が変わるのかを確認するために、要介助障害者を就労所得の有無別にわけて、それぞれについて、表10－1と同様に、所得段階ごとの貧困率を推計した結果が表10－2である。

まず、本人就労所得の有無により、本人市場所得に基づく貧困率は大きく異なる。当然ではあるが、本人に就労所得が無い場合、この段階での貧困率は一〇〇％に近くなる。そこから、社会保障と税制を通じて、貧困率は改善するが、本人可処分所得の段階でも、七〇％以上の高い数値が示されている。

表10－2　要介助障害者の就労所得の有無別の貧困率

（％）

要介助障害者のみ	本人市場所得に基づく貧困率		差の検定	本人可処分所得に基づく貧困率		差の検定	等価可処分所得に基づく貧困率		差の検定
	本人就労所得無	本人就労所得有		本人就労所得無	本人就労所得有		本人就労所得無	本人就労所得有	
20～39歳	100.0	68.2	***	92.1	52.1	***	29.5	27.5	
40～49歳	99.1	37.8	***	73.8	13.2	***	35.8	3.9	***
50～64歳	96.8	35.6	***	70.6	24.3	***	34.0	7.5	**

出所：表10－1に同じ。

注目すべき点は、四〇代以降で社会保障給付による貧困緩和効果が大きいことは前述した通りであるが、その効果が、就労所得の有無にかかわらず等しく効いていることである。そのため、社会保障給付は、本人就労の有無による貧困率の差をほとんど縮めていない。これは、障害の種類にもよるが、本人の就労所得の有無にかかわらずに障害年金が支給されることによるものと考えられる。

一方で、等価可処分所得の段階で見た場合、同居による世帯員間の所得移転により、本人就労所得無しの場合の貧困率は大幅に低下し、貧困率の差も縮まる。特に、前述したように、二〇～三〇代では、世帯員間の所得移転の効果が大きく、本人就労所得の有無による貧困率の有意な差がなくなる。しかしながら、四〇代以降では、本人就労所得が無い場合、社会保障給付や世帯員間の所得移転を考慮しても、三〇％台中盤の高い貧困率が示されている。

それに対して、本人就労所得が有る場合は、サンプル・サイズが小さくなるため、その数値については幅をもって解釈する必要があるが、相対的に低い数値となる。OECD（2010）の結果と同様に、障害者の場合、就労しているか否かで所得水準が大きく異なり、それが等価可処分所得で見た場合の貧困率の差につながっている。これは、日本では、ひとり親世帯の貧困率が就労の有無であまり変わらないこととは対照的である。

(5) 年金の有無別の貧困率

障害のある人の所得の源泉として、(後述するように) 障害年金の役割は大きい。そこで、表10－3では、年金の有無で要介助障害者の貧困率がどのように変わるのかを確認している。なお、「国民生活基礎調査」には、老齢、遺族、障害の年金種別を問う設問項目が存在しないため、ここで言う公的年金有りには、三年金いずれかの受給者がすべて含まれていることに留意する必要がある。

まず、本人市場所得の段階では、公的年金無しの要介助障害者の方が公的年金有りの要介助障害者よりも貧困率が有意に低い。これは、年金無しの要介助障害の方が、ADLが「何らかの障害等を有するが、日常生活はほぼ自立しており独力で外出できる」の段階にある者が多いことなどを反映して、就労所得の有る者の割合が高く、また、就労している場合の就労所得自体も高いためである。

ついで、本人可処分所得の段階では、本人社会

表10－3　要介助障害者の年金の有無別の貧困率

(%)

要介助障害者のみ	本人市場所得に基づく貧困率		差の検定	本人可処分所得に基づく貧困率		差の検定	等価可処分所得に基づく貧困率		差の検定
	本人公的年金・恩給無	本人公的年金・恩給有		本人公的年金・恩給無	本人公的年金・恩給有		本人公的年金・恩給無	本人公的年金・恩給有	
20～39歳	83.4	97.4	*	78.0	79.2		36.2	18.3	
40～49歳	74.6	92.5	***	56.3	56.7		25.9	28.0	***
50～64歳	70.1	88.1	***	63.0	57.0		28.2	27.1	

出所：表10－1に同じ。

保障給付によって、年金の有る場合も、年金の無い場合も貧困率が改善する。年金の無い場合でも社会保障給付で貧困率が改善するのは、その他の社会保障給付金、具体的には医療保険の傷病手当金、労災年金、生活保護の受給によるものである。

なお、年金の有る場合と無い場合の本人社会保障給付による貧困率の改善幅を比較すると前者の方が大きくなっており、年金の防貧効果を確認できる。その結果として、本人市場所得の段階で存在した年金の有無による貧困率の違いは存在しなくなっている。

ただし、年金受給者であっても、本人可処分所得だけでは半数以上が相対的貧困の状態にあり、貧困から脱するためには、同居による世帯内の所得移転が重要な要素になっている。この同居による世帯員間の所得移転の効果によって、等価可処分所得で見た場合の貧困率は、公的年金の有無にかかわらず、本人市場所得の段階に比べて改善する。しかしながら、(年金有りの二〇～三〇代を除き) いずれの場合も貧困率は三割と高いままである。

(6) 同居の有無別の貧困率

要介助障害者では、すでに見てきたように、社

会保障給付を考慮しても、本人所得だけでは十分な所得が得られないことが多く、世帯員間の所得移転を受けながら生活をしているという実態がある。そこで、同居をしている場合と単身で生活をしている場合で、どの程度、要介助障害者の貧困率が変わるのかを確認するために、同居の有無別に貧困率を推計した結果が表10－4である。

本人可処分所得の段階で見た場合、二〇～四〇代では、単身の要介助障害者の方が貧困率は有意に低い。また、本人市場所得の段階と比較すれば、単身の方が社会保障給付による貧困率の改善が大きいことがわかる。これは、単身で生活をするためには、本人にある程度の所得が必要不可欠であり、要介助障害者は、就労所得や社会保障給付が期待できる場合にのみ、単身生活を選択できていることを示している。

それに対して、家族と同居をする要介助障害者の場合、本人可処分所得の段階では高い貧困率となっているが、世帯員間の所得移転を大きく受けるため、二〇～四〇代では、等価可処分所得に基づく貧困率は、単身、同居間での有意差がなくなる。しかしながら、同居の場合でも、二〇％台後半の貧困率が示されており、要介助障害者では、同居をして、家族による扶養を受けていたとしても、相対的貧困の状態に陥る可能性が高い。

一方、家族扶養が期待しにくくなる五〇代以降では、本人可処分所得の段階とは逆に、単身の要介助障害者の貧困率は同居に比べて有意に高く、五〇％以上を示している。これは、親や配偶者が亡くなったこと等により、就労所得や社会保障給付が期待できない状態でも、単身生活に移行せざるを得ないケースが少なくないためだと考えられる。

表10－4　要介助障害者の同居の有無別の貧困率

（%）

要介助障害者のみ	本人市場所得に基づく貧困率		差の検定	本人可処分所得に基づく貧困率		差の検定	等価可処分所得に基づく貧困率		差の検定
	同　居	単　身		同　居	単　身		同　居	単　身	
20～39歳	91.3%	71.7%		83.5%	36.4%	**	27.9%	36.4%	
40～49歳	84.1%	72.3%		63.6%	30.8%	*	25.6%	30.8%	
50～64歳	83.0%	78.4%		63.0%	50.1%		18.0%	50.1%	***

出所：表10－1に同じ。

4　制度にかかわる統計からみる障害者の貧困

（1）障害年金受給者の動向

前節まで所得の状況にかかわる統計から貧困を把握してきたが、本節では、それを受け止める制度にかかわる統計から障害者の貧困を確認したい。

障害者が貧困状態に陥ることを防ぐ仕組みとして、障害年金が存在する。その受給者数（厚生年金保険と基礎年金（同一の年金種別）を併給している者の重複分を控除した受給者数）は、厚生労働省『平成二五年度厚生年金保険・国民年金事業年報』によれば、二〇一三年度末で約二〇〇万人である。受給者全体の九割に相当する約一八〇万人が国民年金の障害年金（障害基礎年金＋旧法障害年金）を受け取っている。また、現在の制度体系では、障害等級二級以上で障害基礎年金と障害厚生年金が併給されることもあるが、受給者全体の四分の三に相当する約一五〇万人は障害基礎年金のみの受給者となっている。障害年金の中心は国民年金の障害年金にある。

この国民年金の障害年金の受給者数は、社会保険庁『昭和六一年度 事業年報』によれば、基礎年金が導入された一九八五年改正直後の一九八六年度末には約一〇〇万人であったため、三〇年弱で受給者数が約一・八倍になっている。また、国民年金の障害年金受給者数が総人口に占める割合（受給者率）も、一九八六年度末の〇・八三％から二〇一三年度末の一・四二％へと増加している。

このような受給者増の要因については、百瀬（二〇一四）が、財政再計算（財政検証）時に公表されている年齢別の障害年金受給権者数や厚生労働省年金局・日本年金機構「障害年金受給権者状況」のデータなどをもとに分析をしている。その結果によれば、一九八〇年代後半から一九九〇年代中盤にかけては、主として、高齢化などの人口構成の変化によって、障害年金の受給者数や受給者率が増加していたのに対して、その後の増加については別の要因によるところが大きくなっている。特に、一九九〇年代中盤以降、精神の障害（精神障害＋知的障害）に基づく新規裁定件数の増加とその後の受給期間の長期化が精神の障害による受給権者数を増加させており、近年は、その増加だけで、障害年金受給者数全体の増加がほぼすべて説明できる。

受給者の増加に伴って障害年金の財政規模も拡大しており、国立社会保障・人口問題研究所「平成二五年度社会保障費用統計」によれば、その給付費総額は二兆円に達し、二〇年前の約一・四倍となっている。障害者にかかわる所得保障制度として、労災保険、障害者手当、生活保護なども存在するが、障害年金は、受給者数で見ても、財政規模で見ても、最大の位置を占めている。

（2）障害年金受給者の所得の状況

この障害年金が、現在、多くの障害者にとって最大の収入源となっている。例えば、「平成二五年度東京都福祉保健基礎調査」では、平成二四年中の収入（賃金・給料、事業所得、内職収入、家賃・地代、利子・配当、仕送り・小遣い、養育費・慰謝料、年金・恩給、生活保護費、手当、雇用保険、保険金・補償金、作業所等の工賃、その他の収入）のなかで、主なものが「年金・恩給」となっている者は、身体障害者で六四・三％、知的障害者で四九・〇％、精神障害者で三三・七％である。いずれも他の種類の収入よりも高い数値になっている。

また、障害年金受給者を調査対象にした厚生労働省「平成二六年障害年金受給者実態調査」によれば、障害年金受給者のいる世帯の約三割において、世帯の主な収入源が本人の障害年金のみとなっている。残りの世帯もその多くが、障害年金と家族の収入の組み合わせを世帯の主な収入源としている。

しかし、二〇一三年度末において、障害年金の平均年金月額は、受給者の多い障害基礎年金のみの場合、一級で八・二万円、二級で六・六万円となっている。障害基礎年金の同年度末現在受給者の六割弱、同年度新規裁定受給者の八割弱が二級の受給者であるが、この二級の給付額は、国際的に見て低い水準となっているだけでなく、それだけで自立した生活を可能とするような考え方で設定されている訳ではない（百瀬 二〇一一）。

確かに、年金受給者は年金収入に加えて、就業による収入を得ることも可能であるが、前掲の受給者実態調査によれば、障害基礎年金のみの受給者の就業率は二七・三％（六五歳未満で見た場合三五・一%）であり、その就業する受給者の五割強は、仕事による年間収入が五〇万円未満しかない。

結果として、障害年金受給者のいる世帯の年間収入の中央値は、厚生年金・国民年金計で一八三万円、厚生年金計で二〇八万円、国民年金計で一七四万円となっており、受給者のいない世帯の年間収入と比較して、明らかに低くなっている。

さらに、「国民生活基礎調査」の貧困線を参考にしつつも、前述の実態調査のデータの都合上、単身世帯で世帯総収入一〇〇万円未満、二人世帯で一五〇万円未満、三人世帯～五人世帯で二〇〇万円未満、六人以上世帯で三〇〇万円未満の世帯を貧困状態にあると見た場合、障害基礎年金のみの受給者の約四割が貧困状態にある（表10－5）。

また、障害厚生年金でも、基礎年金が併給されない三級の平均年金月額は約五・四万円である。障害年金が全体的には大きく改善された一九八五年改正において、メリハリをつけるという観点から、働いている人が多いという理由で、三級の給付水準が大幅に削減された。改正後は、最低保障額も受給者平均年金月額も改正前の四分の三になっている。

確かに、現在でも、六五歳未満の三級受給者の就業率は約五割と比較的高くなっているが、労働収入が低い者や障害のために働けない者もおり、障害基礎年金のみの受給者と同じように、貧困状態にある者が少なくない（表10－5）。

それゆえ、実際には、障害年金だけでは貧困を回避できず、生活保護も同時に受給する者がおり、障害厚生年金の受給者の五・一%、障害基礎年金のみの受給者の六・八%が生活保護を受給している。

表10－5　貧困状態にあると思われる障害年金受給者の割合

（%）

障害基礎年金１級のみ	41.2	障害厚生年金１級	16.3
障害基礎年金２級のみ	37.6	障害厚生年金２級	25.2
		障害厚生年金３級	34.3

注：貧困状態の定義は本文参照。

出所：厚生労働省「平成26年障害年金受給者実態調査」に基づいて筆者推計。

（3）障害年金と生活保護の併給

このような障害年金と生活保護の併給状況や時系列変化は、厚生労働省「平成二五年度被保護者調査」でも確認できる。それによれば、障害年金も受給している被保護者は約一二・一万人であり、これは障害年金受給者の六・〇%に相当する（表10－6）。老齢年金受給者のうち生活保護も受給する者が一・一%、遺族年金受給者では〇・六%であることと比べれば、障害年金で貧困を防ぐことの難しさが窺える。

また、一〇年前の同時受給は約七・二万件、障害年金受給者に占める割合は四・二%であり、この間に調査項目の変更があったため、その影響も若干受けているものの、同時受給が年々増加しており、障害年金の防貧機能の低下傾向が見られる。

さらに、今後は、マクロ経済スライドの発動により、障害年金の実質的な給付水準も低下していく。障害年金では、受給者が公的年金以外の資産形成を受給前に行うことは難しく、また、受給者の多くは基礎年金部分しか受給しておらず、さらに、企業年金などの私的年金で公的年金の縮小を補うことも難しい。

こうした状況のなかで、二〇一二年に成立した「年金生活者支援給付金の支給に関する法律」に基づき、消費税率一〇%引上げ時には、一定の障害基礎年金受給権者に対して障害年金生活者支援給付金が支給される予定になっている。ただし、この給付金は、保険料納付意欲への配慮により、給付金額が低くならざるを得ない。また、低所得とはいえない障害年金受給者にも給付金が支給される可能性がある一方で、三級の障害厚生年金受給者に対しては、低所得であっても支給されないという特徴がある（百瀬 二〇一三）。

表10－6　年金と生活保護の併給状況（2013年度）

	年金受給者数（A）（千人）	年金受給有の被保護者数（B）（人）	年金生保併給率（B/A）（%）
障害年金	2,009	120,505	6.0
老齢年金	39,270	426,067	1.1
遺族年金	6,615	38,746	0.6

注：1）各年金の（A）は，厚生年金保険と同一の年金種別の基礎年金を併給している者の重複分を控除した場合の数値である。
2）老齢年金の（B）は，通算老齢年金も含めた数値となっているため，老齢年金の（A）にも通算老齢年金を含めている。
出所：（A）は厚生労働省『平成25年度厚生年金保険・国民年金事業年報』に，（B）は厚生労働省「平成25年度被保護者調査」に基づく。

それゆえ、マクロ経済スライドによる障害年金の給付水準の低下が続く限り、障害者の就労の拡大などがなければ、障害年金と生活保護の併給はますます増加していくことが予想される。障害年金受給者が生活保護を併給した場合、障害年金は全額収入認定され、保護費はその分だけ減額される。同時受給の増加は、（受給者にとっての）障害年金の意義が失われていくことを意味する。

（4）障害年金を受給していない障害者

障害年金受給者が増加する一方で、（保険料にかかわる）拠出要件や（障害の程度にかかわる）障害要件を満たすことができずに、障害年金を受給できないケースも存在する。特に、日本の障害年金の受給者数は、人口当たりで見た場合、諸外国に比べて非常に少ない。日本だけ健康状態が特別に良いということでなければ、障害認定の基準が相対的に厳しいなど制度的な要因によって、受給者が少なくなっている可能性が高い（百瀬 二〇一一）。

実際に、「平成二五年度東京都福祉保健基礎調査」によって、障害種類別と手帳の程度別に、年金受給率を確認した場合、障害者手帳を所持していても年金を受給していない障害者が一定割合存在することがわかる（表10－7）。特に、精神障害者や軽度の知的障害者では無年金となっている者が多い。

傾向的には、障害の程度が軽度になるほど、年金受給率が低下する一方で、就業率が増加する。それゆえ、年金受給の有無は、就業状況に対応しているように見える。しかし、実際には、仕事をしている障害者でも年金を受給している者がいる一方で、仕事をしていない障害者で、年金も受給していない者が少なくない（表10－8）。特に精神障害者では、仕事をしていない者であっても、年金受給率は五〇%に満たない。

（5）生活保護を受給する障害者

このように、就労収入も障害年金も無い場合、あるいは、就労収入があってもその額が低い場合は、家族に扶養されるのでなければ、生活保護に至る可能性が高い。生活保護を受給する障害者は、平成二五年度末現在、前述した障害年金との同時受給者も含めて、約三六万人である（表10－9）。この人数は、過去一五年間で大きく増加しているが、特に精神障害と高齢の身体障害での被保護者

表10－7　障害種類別・手帳の程度別の年金・生活保護受給率および就業率（2013年度、東京都）

（%）

	手帳の程度	年金受給率	生活保護受給率	就業率	収入なし
精神障害者	1級	51.2	18.6	16.3（ 9.3）	16.3
	2級	56.6	35.2	28.8（17.6）	6.7
	3級	33.9	32.2	36.6（30.4）	11.5
知的障害者	1度	96.8	－	12.9（ － ）	3.2
	2度	81.8	1.8	39.1（ 0.9）	4.9
	3度	77.6	1.6	73.3（20.8）	3.8
	4度	47.4	7.3	75.0（50.7）	6.5
身体障害者	1級	81.5	8.0	23.6（19.6）	2.6
	2級	77.3	7.2	24.5（22.7）	3.1
	3級	76.1	8.8	19.8（19.0）	3.7
	4級	76.6	5.2	24.8（23.0）	3.8
	5級	65.0	6.5	39.0（36.6）	3.3
	6級	67.9	7.5	33.3（31.4）	2.5

注：1）「年金受給率」（「生活保護受給率」）は，障害種類・手帳の程度別の有効回答数に占める年金・恩給（生活保護）を受給している者の割合である。

2）「就業率」は，障害種類・手帳の程度別の有効回答数に占める収入を伴う仕事をしている者の割合である。表中の数値には，福祉的就労をしている者も含めている。（　）内の数値は，福祉的就労を除いた場合の就業率である。

3）「収入なし」は，障害種類・手帳の程度別の有効回答数に占める年金・恩給，手当，生活保護を受けておらず，その他の収入もなかった者の割合である。

出所：東京都福祉保健局総務部総務課『障害者の生活実態――東京都福祉保健基礎調査報告書（統計編）平成25年度』より筆者作成。

表10－8　障害種類別・仕事の有無別の年金受給率（2013年度、東京都）

（%）

	仕事の有無	年金受給率
精神障害者	仕事をしている	38.3
	福祉的就労をしている	44.7
	仕事をしていない	49.6
知的障害者	仕事をしている	43.9
	福祉的就労をしている	76.4
	仕事をしていない	72.2
身体障害者	仕事をしている	56.0
	福祉的就労をしている	84.4
	仕事をしていない	83.7

出所：表10－7に同じ。

の増加が著しく、それが全体の伸びを牽引している。

なお、「被保護者調査」では、障害者は「障害者加算を受けている者または障害、知的障害等の心身上の障害のため働くことができない者、もしくはそれと同等の状態にある者」と定義されている。ただし、精神障害については、障害者加算を受けている者のみとされ、障害者加算を受けていない精神病（精神障害）を主傷病とする者は含まれていない。後者も含めて障害者をカウントした場合、その数は約五〇万人に達する。リーマンショック以降に急増したといわれる二〇～五九歳の生産年齢世代に限定した場合は約二四万人となり、これは同年齢層の被保護者の約三五％に相当する。

さらに、障害者加算は、身体障害者手帳の三級以上（精神障害者保健福祉手帳の二級以上）あるいは障害年金の障害等級二級以上で認定されるため、それに該当しない程度の障害で働くことができると判断された者は、生活保護の統計上、障害者に含まれていない。しかし、「平成二五年度東京都福祉保健基礎調査」では、精神障害者保健福祉手帳の三級所持者でも三割強、身体障害者手帳の四～六級所持者でも五～七％は生活保護を受けている。また、「平成二六年障害年金受給者実態調査」では、三級の障害厚生年金受給者の八・四％が生活保護を受けている。いずれの調査でも、傾向としては、障害の程度が軽いほど生活保護の受給割合が高くなっている。

表10－9　生活保護を受給する障害者の動向

		平成10年 被保護者数	平成15年 被保護者数	平成20年 被保護者数	平成25年 被保護者数	平成10～25年 伸び率（%）	寄与度 （%ポイント）
精神障害	～19歳	180	230	610	1,137	531.7	0.7
	20～39歳	6,160	11,380	17,860	21,226	244.6	11.3
	40～59歳	22,940	36,210	48,920	60,331	163.0	28.2
	60歳～	9,060	17,210	29,830	47,345	422.6	28.8
知的障害	～19歳	2,120	3,260	5,540	7,255	242.2	3.9
	20～39歳	3,230	5,130	7,300	9,590	196.9	4.8
	40～59歳	5,090	6,140	7,060	9,824	93.0	3.6
	60歳～	3,510	4,190	4,980	6,716	91.3	2.4
身体障害	～19歳	1,360	1,640	2,070	2,638	94.0	1.0
	20～39歳	2,850	4,370	5,220	8,132	185.3	4.0
	40～59歳	28,650	34,470	39,300	44,250	54.5	11.7
	60歳～	47,640	72,410	106,760	142,223	198.5	71.2
合　計	全年齢	132,790	196,640	275,450	360,667	171.6	171.6

出所：厚生省「平成10年被保護者全国一斉調査」，厚生労働省「平成15年被保護者全国一斉調査」「平成20年被保護者全国一斉調査」「平成25年度被保護者調査」より筆者作成。

以上の点も考慮すれば、生活保護を受ける障害者は、「被保護者調査」で把握されている人数よりも多く、現在でも、生活保護受給者の相当数を障害者が占めていることになる。

（6）障害年金も生活保護も受給していない障害者

本節では、障害年金や生活保護を受給している者の状況を確認してきたが、一方で、障害の状態にあって、就労が難しい場合でも、障害年金、生活保護ともに受け取っていないケースも存在する。

表10－7の「収入なし」は、障害種類別と手帳の程度別に、年金・恩給、手当、生活保護を受けておらず、その他の収入もなかった者の割合を示している。精神障害者や軽度の知的障害者を中心に、就労が難しい場合であっても、年金の支給要件を満たせず、同時に生活保護の受給もしていないため、家族による援助のみで生活しなくてはならない者が一定程度いることがわかる。

また、無年金障害者の会の実態調査（無年金障害者の会 二〇〇五）によれば、無年金障害者で生活保護を受給する者の割合は一割未満であり、就労収入等によって生活をしている無年金障害者もいるが、その多くは家族の経済的援助を通じて生活している。現状では、障害年金と生活保護の間に深刻な隙間が生じている可能性が高く、その部分は家族による扶養で補われている。その他、きょうされん「障害のある人の地域生活実態調査」でも、回答者の一割弱は、障害年金も生活保護も受給していないことが示されている。

5　障害者の貧困にかかわる今後の課題

OECD（2010）による障害者の貧困率の国際比較によれば、OECD加盟国平均では、障害者のいる世帯の約二二%が貧困線未満で暮らしている。この貧困率は、国によって大きく異なり、アメリカのように、五〇%近くに達し、障害のない人の貧困率と二倍の差がある国もあれば、スウェーデンのように、一〇%程度で、障害のない人と差のない国もある。

日本における要介助障害者の貧困率と比較した場合、貧困線の定義の違い（OECD（2010）では、貧困線を等価可処分所得の中央値の六〇%に設定している）も踏まえれば、大陸ヨーロッパ諸国と比べて、日本の障害者の貧困率は高く、かつ、障害者以外との差も大きいと考えられる。

ただし、国際比較可能な障害者の貧困率を推計するためには、勝又（二〇〇八）が指摘する通り、より実態に近い形で障害者を把握できるような政府統計調査の設問項目の改訂が必要になる。本章で示した貧困率も、データの制約上、要介助障害者というかなり限定された定義を用いて推計しており、障害者の一部の貧困を明らかにしたにすぎない。さらに、等価可処分所得に基づく推計では、障害に伴う追加的費用が考慮されないため、その費用も考慮に入れて、障害の有無別の貧困率を比較する試みも求められる。

また、リーマンショック以降、稼働能力を有すると考えられる被保護者の増加が強調されるが、本章で示したように、障害年金では障害者の貧困を防ぐことが難しく、現在でも生活保護受給者の相当数を障害者が占めている。しかしながら、実際には、世帯単位で貧困状態にあっても、生活保護の受給に至っていないケースも存在する。そうした状況を明らかにするような、障害者のいる世帯の生活保護捕捉率のデータは管見の限り見当たらない。その推計も今後の課題であろう。

さらに、障害と貧困の重なりも指摘されている。すなわち、障害は、当事者だけでなく、介助する家族の就労を制約し、障害者家族の生活を困窮させるリスクがあり、そのような貧困状態が、療育や教育の制限あるいは家庭内軋轢により、当事者の障害の固定化や症状の悪化を招くというものである（藤原 二〇一〇）。障害者のいる世帯の就労状況の分析などによって、このような現象についても詳しく検証する必要がある。

その他にも、性差による貧困リスクの違いにも着目しなければならないであろう。臼井・瀬山（二〇一二）でも指摘されているように、障害者の貧困は、女性の障害者に強く表れると考えられる。山田他（二〇一五）も、本人可処分所得の段階での貧困率に性差があること、本人社会保障給付による貧困率の改善効果が男性に比べて女性で弱いことを確認しているが、より詳細な分析が求められる。

最後に、軽度の知的障害者や精神疾患を有する路上生活者の存在など、そもそも、政府統計等では把握の難しい貧困も忘れてはならない。例えば、森川（二〇一二）は、池袋駅周辺のホームレス者の精神疾患有病率調査をもとに、その約四～六割が精神疾患を有し、約三割がＩＱ七〇以下であったと推定している。

以上のように障害者の貧困を統計的に把握することには多くの課題や困難があるが、本章での整理から、①障害者本人の所得が極めて低いこと、②障害者の就労が相対的貧困を回避する決定的要因であること、③就労所得がない場合は世帯員の所得を考慮しても障害者の貧困率が高くなること、④障害年金の防貧機能が低下していること、⑤生活保護の受給に至る障害者が多いこと、⑥いずれの所得保障制度からも漏れる障害者がいること、⑦中高年の単身障害者、精神障害者や軽度の知的障害者が貧困状態に陥りやすいことなどは十分に確認できる。

このような状況のなかで求められることは、諸外国に比べて、対ＧＤＰ比でも、対公的社会支出比でも小さい障害関連の社会支出の規模を増やし、現金給付施策、保健福祉施策、雇用施策の充実など多方面から障害者の貧困問題への政策的対応を強化していくことと思われる。

こうした政策立案の根拠として、より精緻な形で障害者の所得や貧困を統計的に把握することが必要になろう。特に、貧困率を推計するためには、世帯構成員全員の所得のデータが必要であるが、そのような立ち入った調査を実施できるのは政府だけである。例えば、「国民生活基礎調査」の調査項目に、障害者手帳の所持状況に関する設問を追加し、国全体の相対的貧困率や子どもの貧困率のように、政府による障害者の貧困率の推計が行われることを期待したい。

＊　本章は、百瀬（二〇一五）に大幅な加筆・修正を行ったものである。

【参考文献】

臼井久実子・瀬山紀子（二〇一一）「障害女性の貧困から見えるもの」松井彰彦・川島聡・長瀬修編『障害を問い直す』東洋経済新報社。

勝又幸子（二〇〇八）「『国民生活基礎調査』からみた障害者の生活実態」『障害者の所得保障と自立支援施策に関する調査研究 平成一九年度総括研究報告書』厚生労働科学研究費補助金 障害保健福祉総合研究事業。

勝又幸子（二〇一二）「障害者と格差社会」橘木俊詔編『福祉＋α 格差社会』ミネルヴァ書房。

金子能宏（二〇一一）「障がいをもつ人の所得状況と社会保障の課題」READ 公開講座二〇一一年三月五日。

きょうされん（二〇一二）「日本の障害の重い人の現実（きょうされん地域生活実態調査最終報告）」。

鈴木勉（二〇一〇）「障害児者の貧困の諸相と固有性を明らかにする」『障害者問題研究』第三七巻第四号。

鈴木文治（二〇一二）『ホームレス障害者』日本評論社。

田中聡一郎・百瀬優（二〇一三）「日本の生活保護・障害年金と障害者」河東田博・河野哲也・菅沼隆編『自立と福祉』現代書館。

田中智子（二〇一〇）「知的障害者のいる家族の貧困とその構造的把握」『障害者問題研究』第三七巻第四号。

土屋葉（二〇〇八）「障害者の自立支援に向けた生活実態把握の重要性――「障害者生活実態調査」の結果から」『季刊社会保障研究』第四四巻第二号。

藤原里佐（二〇一〇）「障害児者の貧困をどうとらえるか」『貧困研究』五号。

無年金障害者の会（二〇〇五）『無年金障害者の実態 調査結果報告書』無年金障害者の会。

百瀬優（二〇一一）「欧米諸国における障害者に係る所得保障制度と日本への示唆」『欧米諸国における障害年金を中心とした障害者に係る所得保障制度に関する研究 平成二二年度 総括・分担研究報告書』厚生労働科学研究費補助金 政策科学総合研究事業（政策科学推進研究事業）。

百瀬優（二〇一三）「障害年金の視点から見る平成二四年年金制度改革」『週刊社会保障』二七四七号。

百瀬優（二〇一四）「なぜ障害年金の受給者は増加しているのか？」『早稲田商學』四三九号。

百瀬優（二〇一五）「障害者の貧困の統計的把握」『週刊社会保障』二八五三号。

森川すいめい（二〇一二）「ホームレス化する日本の障がい者 池袋の取り組みと調査」『精神神経学雑誌』二〇一二 特別号電子版。

山田篤裕・百瀬優・四方理人（二〇一五）「障害等により手助けや見守りを要する人の貧困の実態」『貧困研究』一五号。

OECD (2010) *Sickness, Disability and Work*, OECD（岡部史信・田中香織訳（二〇一二）『図表でみるメンタルヘルスと仕事』明石書店）.

第11章 介護と貧困

齋藤香里

貧困は高齢者を要介護になりやすくさせ、また、介護によって家族介護者が貧困に陥るという負のスパイラルがある。低所得層は要介護発生率、重度要介護発生率そして要介護発生リスクが高い傾向にある。最低所得層の要介護発生率は最高所得層の三・二倍である。低所得層の女性後期高齢者の要介護発生率は特に高い。家族介護者は介護離職によって貧困に陥る。低所得層は終末期ケアの質も悪い。貧困は介護分野においても深刻な影響を与えている。

1 貧困と高齢者介護

本章では、貧困がどのように高齢者介護に係る諸問題と関連するのかについて概観する。貧困は人々を要介護になりやすくさせ、介護環境を過酷なものとし、そして介護は家族介護者を貧困に陥らせる。

はじめに、貧困と要介護との関連について低所得者は高所得者と比較すると要介護発生率が高く、さらに要介護度も重度となる傾向にあることを明らかにする。特にその傾向は、低所得の女性後期高齢者において現れることを指摘する。そして、低所得層は要介護発生リスクが高いこと、および所得と介護サービスの利用の関連について考究する。

次に、居宅介護の場合、介護により要介護者の家族が貧困に陥ることについて検討する。要介護者と同居している息子や娘といった家族介護者が介護離職により貧困に陥るケースについて考察する。介護問題の関連事項として、低所得層では高齢者虐待が起きやすいことを紹介する。

施設介護においては、介護老人福祉施設（特別養護老人ホーム）では、低所得層には補足給付が支給されているが、低所得層は多床室に入所する傾向にあることを解説する。

最後に、低所得層では終末期ケアの質が悪いことについて述べる。

（1）所得と要介護発生との関連

高齢者が介護を必要とするようになるまでの過程は人生が人それぞれであるのと同様に個人で異なり、さらに、同じ要介護度であったとしても要介護状態は様々である。しかし、要介護発生と所得などの社会経済的状況には関連があることは明らかにされている。

日本において高齢期の所得と要介護発生の関連について明らかにした研究は、近藤（二〇〇〇）、酒井・伊藤（二〇一〇）などわずかである。高齢者の所得と要介護状態を招く危険因子との関連を解明した研究には、近藤編著（二〇〇七）、近藤他（二〇一二）がある。

（2）本分析データと所得段階

本章では、貧困と介護の関連について、首都圏のA自治体に居住する介護保険の第一号被保険者約九万人の二〇一四年三月現在における介護保険と介護保険料段階のデータを用いて分析した（齋藤・佐藤 二〇一五）。

A自治体の二〇一四年の介護保険料は前年の所得および世帯状況に応じて一五段階以上に分かれている（以下、介護保険の第一号被保険者の保険料段階の第一段階を「所得段階 一」という）。本章では、A自治体の介護保険料段階設定を基に所得段階を一一区分する（表11-1）。

所得段階一には、生活保護受給者または老齢福祉年金受給者で市民税世帯非課税の者が区分される。なお、二〇一四年に老齢福祉年金の受給権がある者は九八歳以上であり、本データで所得段階一に老齢福祉年金受給者が占める割合の可能性は〇・三％以下であるため、所得段階一の対象者は生活保護受給者とみなすことができる。所得段階二は、本人および世帯全員が市民税非課税で、本人の課税年金収入額と合計所得金額の合計額が八〇万円以下の者である。合計所得金額とは、収入から公的年金等控除や給与所得控除、必要経費を控除した金額であり、基礎控除や人的控除等の控除前の所得金額のことである。所得段階一および二の介護保険料は基準額の四五％となっている。

所得段階五は、本人が市民税非課税で、同世帯に市民税課税者がおり、本人の課税年金収入額と合計所得金額の合計額が八〇万円以下の者である。本人が市民税非課税で本人の課税年金収入額と合計所得金額の合計額が八〇万円以下の者については、本人および世帯全員が市民税非課税の場合は所得段階二、同世帯に市民税課税者がいる場合は所得段階五となる。よって、本分析の所得区分は、世帯所得を考慮したものとなっている。所得段階六は本人が市民税非課税で同世帯に市民税課税者がおり、本人の課税年金収入額と合計所得金額の合計額が八〇万円超の者である。所得段階六で介護保険料の基準額を支払う（表11-1）。市民税非課税が低所得者の基準とされるため、所得段階四以下は低所得層に分類される。

本章では低所得層に着目するため、所得段階一〜一〇については条件設定の内容や合計所得金額についてA自治体が設定した細やかな区分を用いる。所得段階一一は、本人が市民税課税で合計所得金額が四〇〇万円以上の者とした（表11-1）。なお、本データは介護保険の自己負担が全員一割であったときのものである（二〇一五年八月より高所得者は介護保険の自己負担が二割となった。二〇一八年八月より年金収入等二八〇万円以上は自己負担二割、年金収入等三四〇万円以上は三割となる）。

A自治体の第一号被保険者における所得段階の

表11－1　A自治体における介護保険の所得段階基準と所得段階別の特養およびグループホームの入居者割合

所得段階	対象者	料　率	割合（%）			特養入居者（%）	グループホーム入居者（%）
			男性	女性	総計		
1	生活保護受給者または老齢福祉年金受給者で，市民税世帯非課税の者	基準額×0.45	3.8	2.8	3.2	4.4	1.7
2	本人および世帯全員が市民税非課税で，本人の課税年金収入額と合計所得金額の合計額が80万円以下の者	基準額×0.45	5.3	21.6	14.4	52.4	28.8
3	本人および世帯全員が市民税非課税で，本人の課税年金収入額と合計所得金額の合計額が80万円超120万円以下の者	基準額×0.65	2.7	6.7	4.9	8.6	8.5
4	本人および世帯全員が市民税非課税で，本人の課税年金収入額と合計所得金額の合計額が120万円超の者	基準額×0.7	6.6	3.7	5.0	7.1	5.9
5	本人が市民税非課税で，同世帯に市民税課税者がおり，本人の課税年金収入額と合計所得金額の合計額が80万円以下の者	基準額×0.83	2.4	29.7	17.6	10.5	15.7
6	本人が市民税非課税で，同世帯に市民税課税者がおり，本人の課税年金収入額と合計所得金額の合計額が80万円超の者	基準額	4.2	14.0	9.6	2.2	5.5
7	本人が市民税課税で合計所得金額が125万円未満の者	基準額×1.13	14.1	9.5	11.6	3.8	7.6
8	本人が市民税課税で合計所得金額が125万円以上200万円未満の者	基準額×1.25	24.1	4.9	13.4	5.4	11.0
9	本人が市民税課税で合計所得金額が200万円以上300万円未満の者	基準額×1.5	16.7	2.8	9.0	3.1	9.3
10	本人が市民税課税で合計所得金額が300万円以上400万円未満の者	基準額×1.6	7.4	1.3	4.0	0.8	0.8
11	本人が市民税課税で合計所得金額が400万円以上の者	基準額×1.7～2.4	12.7	3.0	7.3	1.7	5.1

出所：所得段階基準についてはA自治体における介護保険の所得段階基準に筆者加筆修正。所得段階別の特養およびグループホームの入居者割合についてはA自治体の提供データより筆者作成。

中央値は所得段階六、女性は所得段階五、男性は所得段階八であった。所得段階一～四までの低所得者は、女性は三四・八%、男性一八・四%であり、女性は男性よりも低所得層に属する者が多い（表11－1）。

所得段階一となる生活保護受給者の場合、介護保険の自己負担分は生活保護の介護扶助により全額負担される。よって、本章においては介護保険の介護サービス利用に自己負担のない生活保護受給者の所得段階一と経済的に非常に厳しい状態にある所得段階二の状況に注目していく。

要介護発生率は、要介護認定において要介護一～五と認定された者を要介護者として、要介護者数を介護保険第一号被保険者数で除して算定した。要支援を含む要介護発生率は、要支援一～二と認定された要支援者と要介護者の合計を被保険者数で除して算定した。

2　貧困と要介護発生率

（1）要介護発生率が最低所得層は最高所得層の三・二倍

所得階層が低くなるほど要介護発生率は高くなる傾向にある。性別で所得段階別の要介護発生率

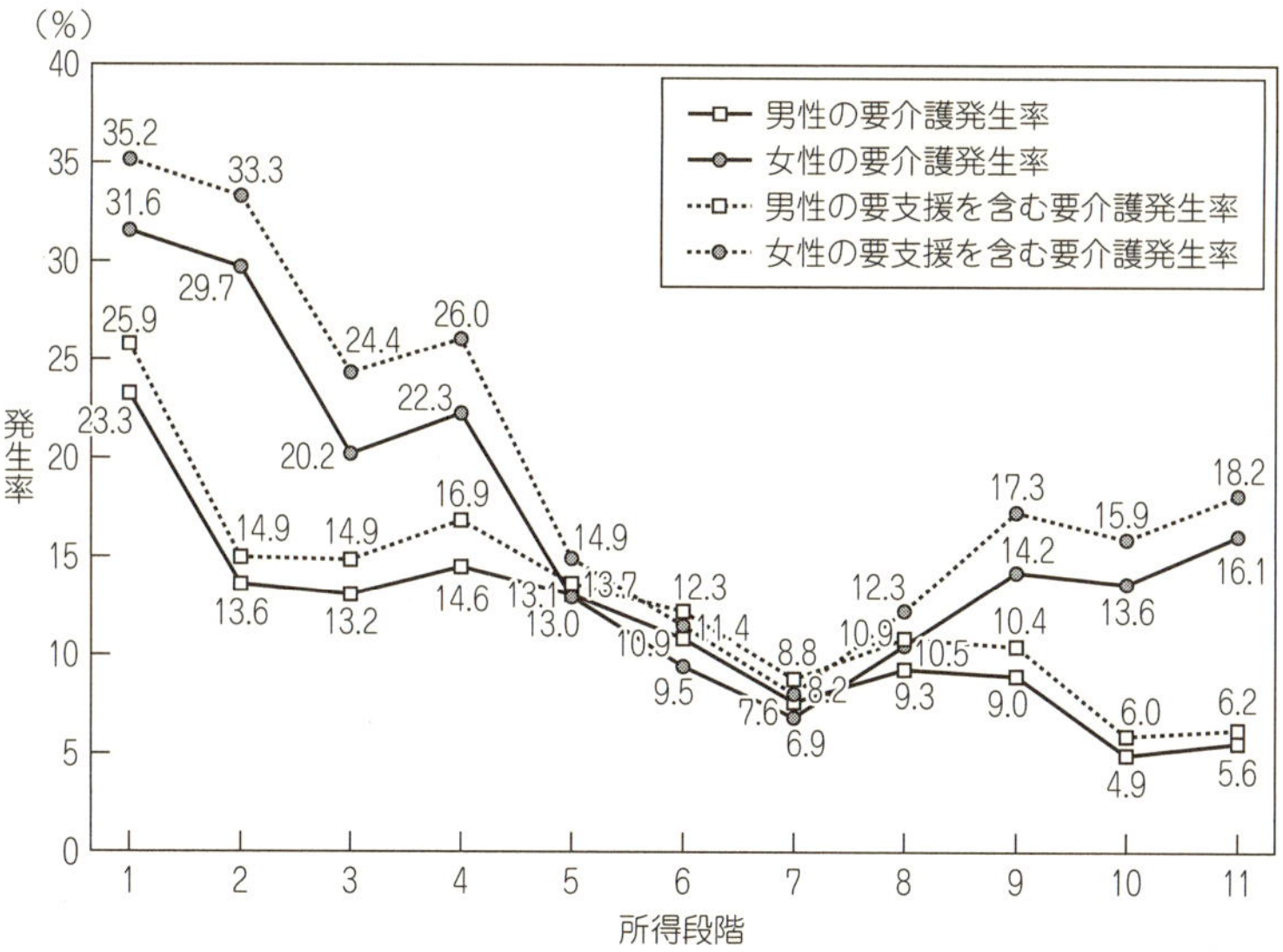

図11－1　性別からみた所得段階別の要介護発生率
出所：A自治体の提供データより筆者作成。

（図11－1）をみると、女性の場合、所得段階一では三一・六％、所得段階二は二九・七％、最も要介護発生率が低くなるのは所得段階七の六・九％である。生活保護受給者（所得段階一）の要介護発生率は、女性の所得段階の中央値である所得段階五の約二・四倍、要介護発生率が最も低い所得段階七の約四・六倍となっている。

男性の場合の要介護発生率は、所得段階一で二三・三％、所得段階二では一三・六％、所得段階七では七・六％、最も要介護発生率が低いのは所得段階一〇の四・九％である。所得段階一の要介護発生率は、男性の所得段階の中央値である所得段階八の約二・五倍、最も要介護発生率が低い所得段階一〇の約四・八倍である。

男女とも所得段階一から所得段階七までは所得段階が高くなるにつれて要介護発生率が低下する傾向にある。男女の平均でみると、生活保護受給者（所得段階一）の要介護発生率は、要介護発生率が最も低い所得段階七の約四倍、所得の中央値（所得段階六）の約二・九倍も高くなっている。

さらに、要支援を含む要介護発生率について所得段階別にみると、女性の場合には、所得段階一は三五・二％、所得段階二は三三・三％と高く、所得段階七で最低の八・二％となる。

男性の場合では、所得段階一は二五・九％、所得段階二では一四・九％、所得段階七で八・八％、所得段階一〇で最低の六％となる。

低所得層は要支援を含む要介護発生率も高い傾向にある。このように、高齢期の経済状態は要介護発生率と相関がある。

最低所得層は最高所得層と比較すると要介護高齢者が五倍も多いと近藤（二〇〇〇）は報告している。

本分析では、最低所得層（所得の下位三・二％）の要介護発生率は二四・三〇％、最高所得層（所得の上位三・四一％）の要介護発生率は七・六二％であり、最低所得層の要介護発生率は最高所得層の三・二倍であった。要支援を含む要介護発生率についても低所得層は最高所得層の三・二倍であった。

齋藤・佐藤（二〇一五）は、要介護発生に対して、所得・年齢・性別をロジスティック回帰させた。所得・年齢・性別、所得・年齢、所得・性別、所得のみ、のいずれにおいても、所得にかかる係数は、帰無仮説〇・一％棄却でも有意な関係にあった。所得・性別・年齢で回帰した理論値の場合、性別・年齢が同じまま所得段階が一段階上がると、要介護発生率は平均一・一五％低下する傾向にあることが明らかとなった。

近藤（二〇〇〇）は、性別や年齢の影響とは独立して、所得が要介護発生に強く影響していることを指摘している。齋藤・佐藤（二〇一五）においても、性別や年齢の影響を省いても、所得は要介護発生に影響するという同結果を得た。

（2）低所得層の女性の介護問題

後期高齢者の要介護発生率について性別で所得段階別にみると（図11-2）、女性は所得段階一で四二・八％、所得段階二においても三七・九％と非常に高く、女性の所得の中央値である所得段階五で二三・六％、所得段階六で最低の一六・七％となる。すなわち、女性後期高齢者の要介護発生率は、所得段階一では所得段階五の約一・八倍、所得段階六の約二・六倍となる。

男性の場合の要介護発生率は、所得段階一で三一・一％、所得段階二は二四・四％、男性の中央値である所得段階八で一五・二％、所得段階一〇で最低の一三・四％となる。男性後期高齢者の場合、要介護発生率は所得段階一が所得段階一〇の二・三倍となっている。

さらに、後期高齢者の要支援を含めた要介護発生率について性別で所得段階別にみると（図11-2）、女性の所得段階一は五一・八％と非常に高くなっている。すなわち、女性後期高齢者の生活保護受給者の半数以上が要支援者あるいは要介護者である。

なお、後期高齢者になると、女性の低所得層の要支援者および要介護者の発生率が非常に高いことは対照的に男性の高所得層の要支援者および要介護者の発生率は低い傾向にある。

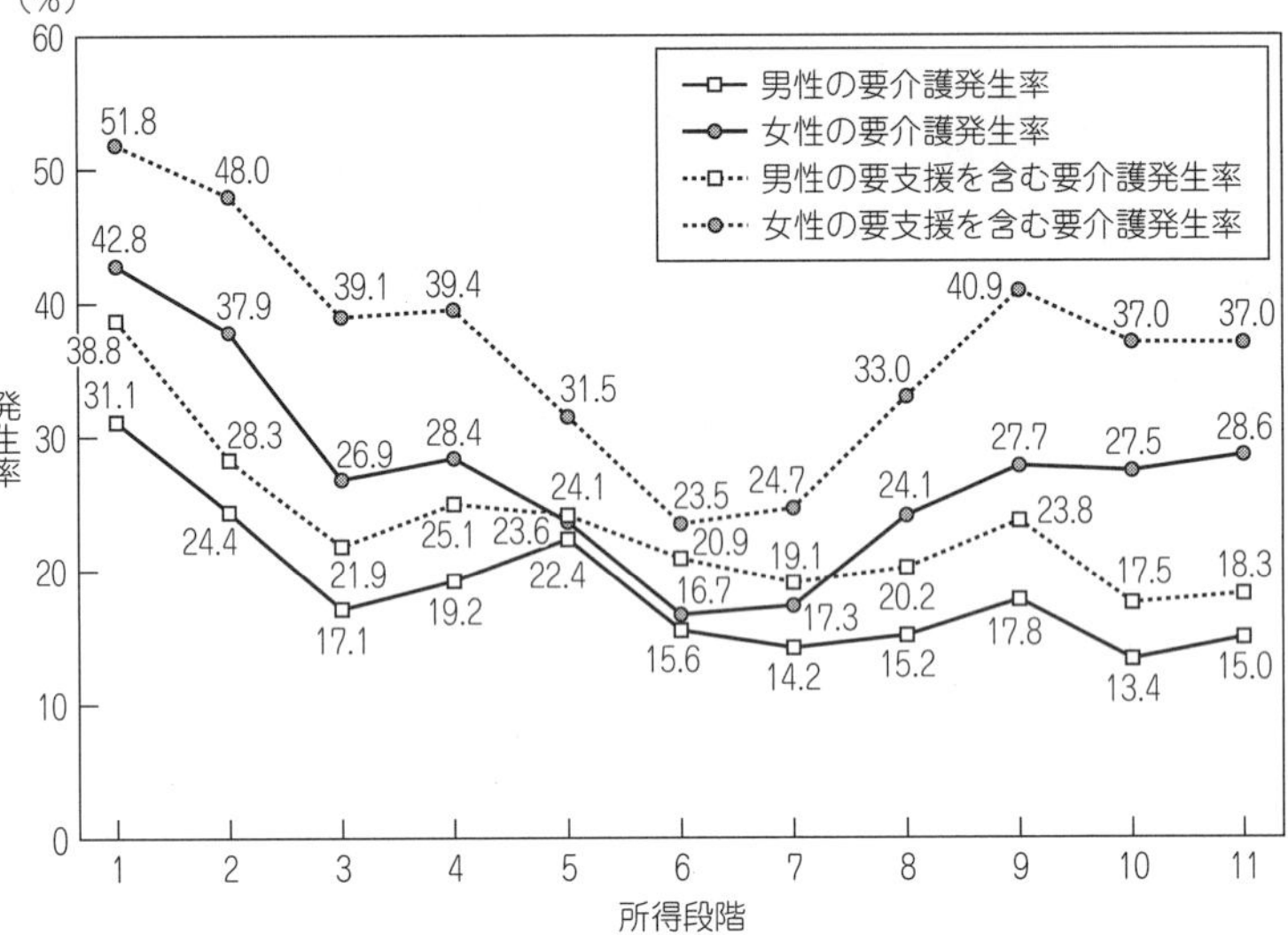

図11-2　後期高齢者における性別にみた所得段階別の要介護発生率

出所：A自治体の提供データより筆者作成。

後期高齢者について所得段階別に重度要介護者（本章では要介護認定において要介護四および五と認定された者を「重度要介護者」とする）が介護保険の第一号被保険者に占める割合（重度要介護者発生率）（図11-3）をみると、女性の所得段階一が一四・四％と突出している。女性の所得段階二も一二・九％と非常に高くなっている。最も重度要介護発生率が低いのは男性の所得段階七であり、所得段階一は所得段階七と比較すると重度要介護発生率は三・二倍も高くなっている。このように所得段階が中央値以下に属する後期高齢者は所得階層が低いほど、重度要介護発生率が高い傾向にある。

低所得層は要介護者になった場合、その後の余命が短いことが報告されている（関沢 二〇〇三）。関沢は、貧困度の指標として、世帯の年収を同居人数によって生活保護基準の概算値と比較し、年収が「生活保護基準に満たない者」と「生活保護基準以上の者」とした。そして、貧困は、認知症度、自立度、同居家族人数とは独立して、要介護高齢者の死亡率と関連していると報告している。

前述のように、最低所得層の女性は、後期高齢者になってから要支援を含む要介護率（図11－2）、そして重度要介護者発生率（図11－3）が突出して高い。さらに低所得層は要介護になってからの余命も短い。

介護予防対策を包摂した貧困と介護の関連に起因する諸問題の解決の一つの鍵は、低所得層の女性の健康寿命を如何に延ばすかにかかっている。

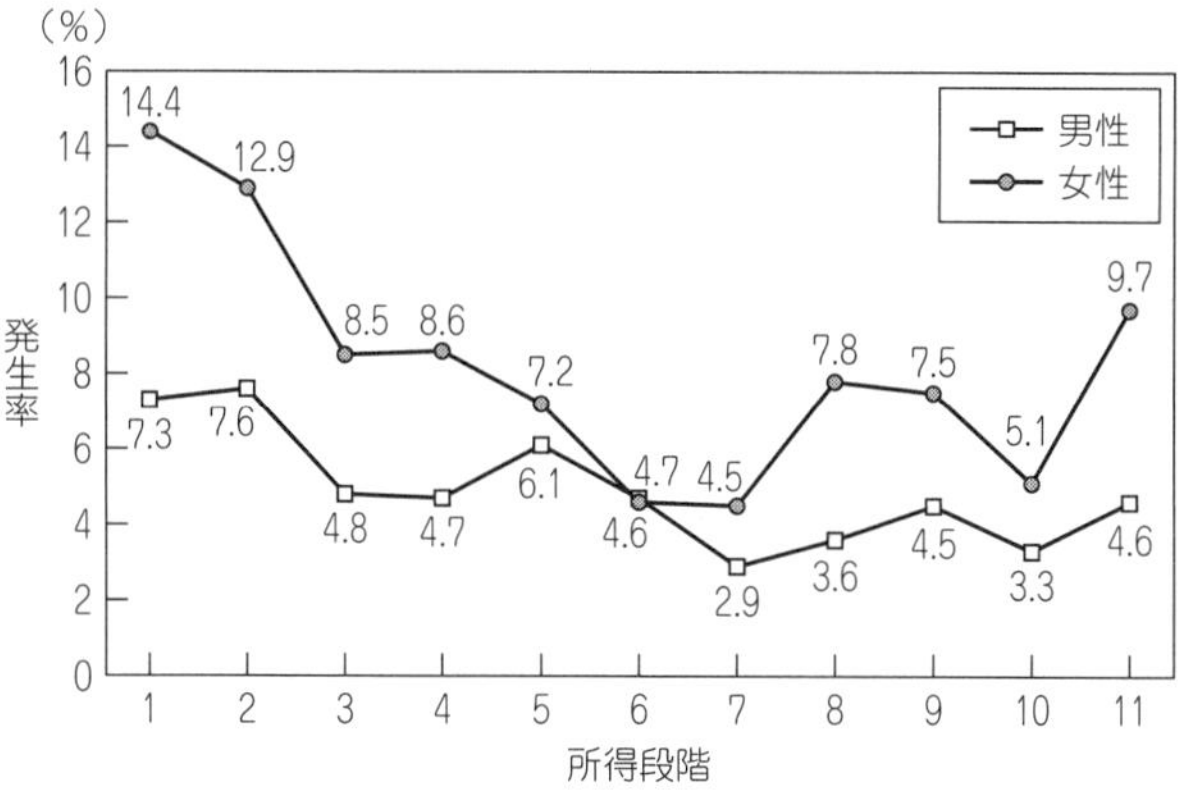

図11－3　後期高齢者における性別にみた所得段階別の重度要介護（要介護4・5）発生率

出所：A自治体の提供データより筆者作成。

3　貧困と要介護発生リスク

低所得層は高所得層よりも要介護発生率が高いことが明らかとなった。次に、低所得層は高所得層よりも要介護発生リスクが高いことについて考察する。厚生労働省（二〇一二）によれば、①運動器の機能向上、②栄養改善、③口腔機能向上、④閉じこもり予防、⑤認知機能低下予防、⑥うつ予防、などが要支援および要介護に陥るリスクを下げる。

この分野の先行研究には、近藤編著（二〇〇七）がある。同書は、高齢者のうつ、生活習慣・転倒歴、歯・口腔・栄養状態、不眠、ストレス対処能力、趣味活動、閉じこもり、虐待、家族生活、さらに地域組織への参加、社会的サポート、就業状態・経済的不安、ソーシャル・キャピタルの実態といった要介護の危険因子と、所得そして教育年数の関連について、高齢者を対象とした大規模な（対象者数三万二八九一人）調査によって明らかにしている。同書が示した所得と要介護の危険因子との関連について興味深い知見を紹介しよう。なお、同分析は所得区分に等価所得を用いている。等価所得とは、一年間の世帯所得を世帯人数の平方根で除したものである。

社会経済的地位は、転倒を招く要因としてあげられる内的要因（うつ状態、疾患、薬物投与の状況、加齢による心身機能の低下など）と外的要因（滑りやすい床、段差、つまずきやすい敷物、電気コード類など）のどちらにも関連があると推測されている。所得と転倒の関連をみると、「過去一年間に転んだことがある」と回答した者の割合は、男性の場合、「二〇〇万円未満」で二六・八％、「四〇〇万円以上」では二二・〇％である。女性の場合も、「二〇〇万円未満」は三七・五％、「四〇〇万円以上」は三二・〇％である（松田 二〇〇七：二三）。このように、男女とも所得が低いほど、転倒歴のある者の割合が高くなっている。そして、男女ともに低所得層は「歩行が一日三〇分未満の者の割合」が高く（松田 二〇〇七：二三）、運動量が少ない傾向にあった。

栄養改善と口腔機能向上は関連している。歯の喪失によって咀嚼力が低下する口腔機能の低下は、食事量を減少させ低栄養状態につながるからである。人は、二〇本以上の残存歯があれば、日常的に食事をする上で咀嚼機能を維持できるため、自立した食生活を営むことができ、食生活にほぼ満足するという。そのため、八〇歳になっても自分の歯を二〇本以上保とうという八〇二〇運動（ハチゼロニイゼロウンドウ）が行われている。残存歯が二〇本以上あるか否かは口腔機能の目安となる。所得と残存歯との関連をみると、残存歯数が二〇本以上と回答した者の割合は、「二〇〇万円未満」では二三・三％、「四〇〇万円以上」は三三・三％となっており、「二〇〇万円未満」と「四〇〇万円以上」では一〇・三ポイントの差があった。残存歯数がほとんどないと回答した者は、「二〇〇万円未満」では四一・五％、「四〇〇万円以上」は三一・三％であった。すなわち、等価所得二〇〇万円未満の高齢者の四割には残存歯がほとんどない。咀嚼について「あまり噛めない、噛めない」と回答した者は、「二〇〇万円未満」で一〇・一％、「四〇〇万円以上」は五・九％であった（中出 二〇〇七：三三）。このように、低所得層に、残存歯が少なく、咀嚼に問題のある者の割合が高いことが報告されている。

「閉じこもり」は要介護発生リスクと関連する。日本における閉じこもりの概念は、閉じこもり症候群が起源とされる。閉じこもり症候群とは、生活の活動空間がほぼ家の中のみへと狭小化することによって活動性が低下し、不活発な生活や長期の安静のために全身の心身機能が低下する廃用症候群となり、寝たきりに進行するというものである。閉じこもり高齢者は、認知症の発症リスクが高くなる。閉じこもりの状態が長くなれば、うつになる可能性も高くなる。低栄養状態のため体力と気力がなくなり、閉じこもりになることもある。「閉じこもり」の指標に外出頻度と交流頻度を用いた分析では、男性の場合、所得と閉じこもりは関連していることが明らかにされている。外出が週一回未満あるいは友人との交流・別居家族・親戚との交流がともに週一回未満に該当する割合は、男性の場合「二〇〇万円未満」では三三％、「四〇〇万円以上」は二八・九％であった（平井 二〇〇七：六三）。なお、女性の場合はこの傾向はみられない。

うつ状態になると身体の健康状態にも悪影響をおよぼすため、高齢者のうつ予防は介護予防において重要なテーマの一つである。男女とも、所得が低いほどうつ状態の高齢者が多い。所得とうつ状態の関連をみると、男性の場合、うつ状態は等価所得「一〇〇万円未満」の一五・八％を占めるが、「四〇〇万円以上」ではわずか二・三％であった。女性は、「一〇〇万円未満」の一五％、「四〇〇万円以上」では三・七％であった（吉井 二〇〇七：一四）。

介護予防の視点から、運動器の機能向上、閉じこもり予防、認知機能低下予防に着目して筆者らが行ったアンケート調査の分析結果では（齋藤 二〇一七）、低所得層に属するため要介護発生リスクが高いにもかかわらず要支援および要介護にならず健康で暮らしている者は、話し相手がいる割合が高く、何らかの文化的な活動などをするグループや軽い運動をする健康教室などに積極的に参加するなどよく外出し、運動器の機能を維持あるいは向上させ、閉じこもっておらず、すなわち介護予防マニュアルからみて望ましい生活習慣を身につけていた。

4　貧困と介護サービス利用

（1）低所得層の居宅介護に対する施策

介護保険制度では、居宅介護の場合、要介護度に応じた区分支給限度額が設定されている（表11-3）。介護保険は要介護度別の区分支給限度額を超えてサービスを受ける場合、超過分は全額自己負担となる。

介護費用負担については低所得層に配慮した「高額介護サービス費支給制度」（表11-2）がある。同制度では、介護サービスの利用負担額の月

表11－2　高額介護サービス費支給制度

区　　分	負担の上限（月額）
同世帯に現役並み所得者に相当する者がいる者	44,400円（世帯）
同世帯に市区町村民税課税がいる者（A自治体の所得段階5に該当）	44,400円（世帯）（2017年8月より改正）同じ世帯の全ての65歳以上の者の利用者負担割合が1割の世帯に上限額を設定（2017年7月までの上限額は37,200円）
本人および世帯全員が市区町村民税非課税の者（A自治体の所得段階4に該当：低所得層に分類される）	24,600円（世帯）
老齢福祉年金受給者（A自治体の所得段階1に該当）	24,600円（世帯）
前年の合計所得金額と公的年金等収入額の合計が年間80万円以下の者等（A自治体の所得段階2に該当）	15,000円（個人）
生活保護受給者等（A自治体の所得段階1に該当）	15,000円（個人）

出所：厚生労働省（2015）「周知用リーフレット（一定以上の所得のある方の利用者負担割合の見直し高額介護サービス費の負担限度額の見直し）」および2017年の法改正を基に筆者作成。

表11－3　介護保険の区分支給限度基準額

要介護度	区分支給限度基準額	
	改定前[2]	改定後[3]
要支援1	49,700円	50,030円
要支援2	104,000円	104,730円
要介護1	165,800円	166,920円
要介護2	194,800円	196,160円
要介護3	267,500円	269,310円
要介護4	306,000円	308,060円
要介護5	358,300円	360,650円

注：1）2014年4月から，消費税の8％への引き上げに伴い，介護報酬は引き上げられ，介護度区分別の利用限度額が変更となった。
2）2014年4月以前の改正前の区分支給限度基準額。
3）2014年4月以降の改正後の区分支給限度基準額。
出所：筆者作成。

額負担上限が設定されている。利用者負担額の合計が月額負担上限を超えた場合は、超過分が払い戻される。利用負担額には、住宅改修費および福祉用具購入費は含まれない。同制度による生活保護受給者等（A自治体では所得段階一に該当）の月額負担上限は個人で一万五〇〇〇円である。老齢福祉年金受給者（A自治体では所得段階一に該当）および前年の合計所得金額と公的年金等収入額の合計が年間八〇万円以下の者（A自治体では所得段階二に該当）は、世帯で二万四六〇〇円、個人で一万五〇〇〇円が負担の上限となっている。世帯の負担上限額とは、住民基本台帳上の全世帯員の介護サービス負担額の合計の上限額である。個人の負担上限額は、介護サービスを利用した本人負担の上限額である。本人および世帯全員が市区町村民税非課税の者とは、A自治体では所得段階三あるいは四であり、月額負担上限は世帯で二万四六〇〇円である。同世帯に市区町村民税課税者がいる者には、A自治体の所得段階五以上が該当し、二〇一七年八月より月額負担上限は世帯で四万四四〇〇円となっている（表11－2）。

さらに、低所得層の介護サービス費用の負担を軽減する制度として「高額医療・高額介護合算療養費制度」がある。同制度では、世帯内の同一の医療保険の加入者について、毎年八月から一年間にかかった医療保険と介護保険の自己負担を合計し、基準額（世帯員の年齢構成や所得区分に応じて設定されている）を超えた場合に、その超過分が支給される。

(2) 低所得層の介護サービスの利用傾向

所得階層と居宅サービスの利用についての先行研究には、山田（二〇〇四）による居宅サービスのニードは低所得層に偏っており、最低所得層を除き、高所得層はニード以上に居宅介護サービスを利用しているという報告と、二〇〇〇～二〇〇六年のデータを用いて分析した酒井・伊藤（二〇

表11－4　介護保険の所得段階別にみたＡ自治体の居宅サービスにおける区分支給限度額に占める保険請求額の割合

所得段階		要支援1	要支援2	要介護1	要介護2	要介護3	要介護4	要介護5	総　計
1	割　合	42.6%	38.5%	45.5%	48.6%	64.4%	61.6%	78.2%	504
	度　数	41	64	110	148	68	43	30	
	標準偏差	8516.8	19899.3	46581.4	54219.2	71338.5	90939.9	99119.4	
2	割　合	42.1%	34.9%	36.7%	42.6%	52.1%	50.0%	59.5%	1701
	度　数	176	224	405	468	216	125	87	
	標準偏差	8586.6	18853.6	38940.5	52314.7	77384.6	92785.4	113896.8	
3	割　合	42.6%	30.6%	38.3%	47.0%	52.7%	47.7%	66.3%	457
	度　数	67	78	100	109	51	38	14	
	標準偏差	8676.7	17982.5	38655.9	51453.3	78794.9	98256.8	127219.0	
4	割　合	46.6%	32.3%	33.7%	39.4%	45.5%	53.0%	55.2%	457
	度　数	47	66	107	129	53	26	29	
	標準偏差	9859.9	19979.6	38996.5	48817.7	79417.0	76088.9	110899.2	
5	割　合	42.6%	37.0%	35.8%	42.3%	46.3%	53.0%	62.7%	1155
	度　数	99	135	261	312	150	119	79	
	標準偏差	9089.2	16433.6	38546.9	52123.4	78939.7	92211.0	109512.6	
6	割　合	44.1%	34.6%	32.8%	45.5%	47.8%	56.8%	60.6%	498
	度　数	44	62	125	118	81	46	22	
	標準偏差	5745.0	18505.0	35101.0	53926.1	74709.8	82575.2	111377.4	
7	割　合	48.4%	36.2%	37.6%	42.3%	49.7%	49.0%	65.1%	446
	度　数	51	58	109	134	51	33	10	
	標準偏差	10083.8	21589.0	40801.9	58377.1	79339.0	93421.0	117778.7	
8	割　合	41.2%	36.0%	31.9%	39.8%	48.8%	53.2%	68.3%	673
	度　数	60	80	158	168	117	55	35	
	標準偏差	7255.9	17376.3	36763.7	48737.3	78311.4	96509.8	117763.4	
9	割　合	44.0%	30.9%	35.4%	44.4%	43.8%	53.5%	59.4%	467
	度　数	50	56	109	135	63	27	27	
	標準偏差	7234.6	17549.0	38865.8	52058.7	76032.1	94170.6	112892.7	
10	割　合	45.0%	36.2%	32.3%	45.3%	45.0%	56.7%	54.6%	135
	度　数	17	11	28	47	17	12	3	
	標準偏差	9551.1	17582.8	36829.1	47333.6	70180.9	90211.6	95465.7	
11	割　合	45.0%	36.5%	37.9%	39.1%	48.4%	59.3%	58.6%	271
	度　数	19	33	67	75	32	27	18	
	標準偏差	7508.0	22635.1	38328.0	51996.4	82023.0	87396.1	118393.4	
総　計	平　均	43.4%	34.9%	36.2%	43.0%	49.9%	53.1%	62.7%	
	総　計	671	867	1579	1843	899	551	354	6764

注：1）区分支給限度額に占める保険請求額の割合の算出においては、使用データが2014年３月のデータであるため、区分支給限度基準額については改正前の金額（表11－3）を基にしている。
　2）本データは、短期入所、グループホーム、特定施設、特養、老健、小規模多機能を同一月で利用しているケースは除外した。
　3）要介護度にかかわらず低額で一律金額の保険請求額のデータが含まれていたため、保険請求額2700円以下の支出のデータは全て除外した。
　4）区分支給限度基準額を超える保険請求額のデータは全て除外した。
　5）月の途中からの利用者のデータも含まれる。
出所：Ａ自治体の提供データより筆者作成。

一〇）による居宅サービスにおいては基準額以下である低所得層の利用割合は高所得層よりも高く、低所得段階者よりむしろ高所得層が居宅サービスを利用していないという報告がある。

介護サービスの利用については、要支援者あるいは要介護者が独居高齢者であるか、あるいは介助や介護をする家族と同居しているかといった世帯構造に影響されるが、本分析では、まず世帯構造については考慮せず分析する。

表11-4は、A自治体のデータを用いて、同一月にグループホーム・特定施設・特別養護老人ホーム（以下、「特養」と略す）・小規模多機能利用の居住者ならびに老人保健施設・短期入所の利用者を除く居宅サービスの利用者の介護保険の介護サービスの区分支給限度額に占める保険請求額の割合をみたものである。所得段階一に属する者は主に生活保護受給者であり、介護サービス利用に際し自己負担がないため、節約のため介護サービス利用を抑制しようというインセンティブが働くことはない。よって、所得段階一の区分限度額に占める保険請求額の割合は、純粋に必要な介護サービス量であるともいえる。

本分析（表11-4）では、所得段階一が要支援一を除く要支援二～要介護五で居宅サービスにおける区分支給限度額に占める保険請求額の割合が最も高くなっている。

居宅サービスにおける区分支給限度額に占める保険請求額の割合を要介護度別にみて最も平均以下の数値が多くなっているのは所得段階四である。所得段階四は要支援一を除く要支援二～要介護五で平均以下の数値となっている。所得段階五も平均以下が多いが、所得段階四は所得段階五と比較すると平均よりもポイント差が大きくなっている。低所得世帯で介護サービス利用を抑制する傾向にあるといえる（なお特養のケースについては、第5節の「貧困と介護関連問題」で触れる）。

家族構成を考慮した筆者の「全国消費実態調査（平成一六年）」を用いた分析（和泉他 二〇一六）においては、単身世帯では、特に低所得層は所得が低いほど介護サービスの利用額が多くなる傾向にあり、中所得層は介護サービス利用に所得の影響を受けず、高所得層は所得が上がるほど介護サービス利用が増えていた。次に、貯蓄高と介護サービス利用額には、単身世帯では相関関係がほとんどなく、一般世帯では貯蓄高が多いほど介護サービスを利用する傾向にあった。

5　貧困と介護関連問題

（1）介護離職により貧困に陥る

女性のみならず男性も介護のために転職や離職をする介護離職が社会問題となっている。総務省「平成二四年就業構造基本調査」によれば、介護のために離転職をした雇用者数は二〇〇七～二〇一二年の五年間で四三万九三〇〇人、そのうち男性は八万五五〇〇人であった。年間約一〇万人の介護離職者が発生している。

明治安田生活福祉研究所・ダイヤ財団（二〇一四）によると、介護離職の最も多い理由は、男女ともに自分以外に親を介護する人がいないことである。離職者は、「介護を機に仕事を辞めた時の就業継続の意向」について男女とも半数以上が「続けたかった」と回答している（三菱UFJリサーチ&コンサルティング 二〇一二：二九）。

介護離職前後の年収を比較すると、男性の場合、転職前は平均で五五六万六〇〇〇円であったが、転職後は三四一万九〇〇〇円となり、介護離職により収入は約四割も減収していた。女性の場合は、転職前の三五〇万二〇〇〇円から転職後は一七五万二〇〇〇円に半減していた（明治安田生活福祉研究所・ダイヤ財団 二〇一四：六）。

仕事と介護を両立させるための制度として、介護休業制度、介護休暇制度、介護のための勤務時間の短縮等の措置がある。しかし、現行の制度では家族を介護する労働者の現状に対応できていない（厚生労働省今後の仕事と家庭の両立支援に関する研究会 二〇一五）。介護離職を防止することの重要性の認識の普及と、多様な介護の状況に対応し就業者が仕事と介護を両立させ就業を継続できる制度を実現が求められる。

介護離職し、介護に専念した者の七割は、自分の選択を後悔していないと回答している（明治安田生活福祉研究所・ダイヤ財団 二〇一四：一五）。しかし、介護離職は親孝行の美談で終わらない。

日本高齢者虐待防止学会研究調査委員会・朝日新聞大阪本社（二〇一三）によると、親を虐待した息子（家族内の主介護者）は六〇・八％が就労しておらず、四七・八％が収入を親の年金に依存していた。娘の場合、就労していない者は五九・四％、収入を被虐待高齢者の年金に依存している割合は三二％であった。介護離職後、再就職しようとしても、その道は険しい。介護離職者が正社員として再就職できるのは半数以下（四九・八％）である（三菱UFJリサーチ&コンサルティング 二〇一二：二九）。さらに、子どもが無職や非正規雇用の場合、親の要介護度が進むにつれ、それまで親の経済力にカバーされていた子世代の貧困問題が顕在化する（春日 二〇一〇）。

（2）高齢者虐待は低所得層で起きやすい

親が要介護者となり、子が住み慣れた自宅で介護をする場合でも、低所得層では親が虐待される可能性が高い。高齢者虐待を行った養護者の経済状況をみると、「生活保護受給者」一〇・三％、「生活保護を除く住民税非課税者」一八・三％、「経済的困窮がうかがわれる」二一％となっており、半数以上が経済的に厳しい状況にあった（日本高齢者虐待防止学会研究調査委員会・朝日新聞大阪本社 二〇一三：四一）。

（3）低所得層は特養の多床室に入所

要介護者は居宅介護が困難な状態になったとしても、有料老人ホームと比べると、入居一時金がなく利用者負担額の安い社会福祉法人や地方自治体などによって運営される特養に入所することは容易なことではない。厚生労働省の発表「特別養護老人ホームの入所申込者の概況」（二〇一四年三月二五日）によると、特養への入所を待つ高齢者は約五二万四〇〇〇人存在する。特養の入所者は、介護サービス費（介護保険により自己負担は一割）、食費、居住費、その他の費用を負担する。低所得者には特養の食費と居住費については補足給付が支給されるという負担軽減対策が講じられており、入所者の所得に応じた負担限度額が三段階で設定されている。社会保障審議会介護保険部会（第四八回）二〇一三年九月一八日の資料によると、特養入所者のうち、低所得者は全体の約八〇％を占めている。しかし、運よく特養に入所できたとしても、多くの低所得層にとっては居住費の高いユニット型個室に入居しづらく、居住費の安い多床室を選択せざるをえない状況になっている。さらには、特養のユニット型個室の整備により居宅費が上がる中、低所得層にとっては特養の入所すら困難になると村瀬（二〇一一―二〇一二）は示唆している。

本章で用いたデータの分析においては、グループホームにおける低所得者（所得段階一～四）の割合は四四・九％であるのに対し、特養入居者では七二・四％となっていた（表11-1）。そして、所得段階一～四の各低所得層の特養入居者の介護保険への保険請求額の平均は全て特養入居者の平均よりも低額であった。

（4）所得格差は看取りにも影響

所得と終末期ケアの関連について考察しよう。杉本他（二〇一一）は所得格差と終末期ケアの質には関連があることを明らかにしている。本人が在宅死を望んでいる場合、高所得層では四分の三が望みどおりに自宅で最期を迎えられたが、低所得層ではそれが実現したのは半数にも満たなかった。所得格差は看取りの場所にも影響している。

（5）むすび

人は誰しもが老い、人生の最晩年において、大概何らかの病を煩い、介護が必要となり、そしてあの世に旅立っていく。この誰もが辿るであろう人生の道程は、その人の社会経済的状況に多大に影響を受ける。低所得層は高所得層よりも、より深刻な介護問題を抱える傾向にある。所得は、要支援を含んだ要介護発生率、要介護度そして介護サービスの必要性など、要介護発生の危険因子であることからさらには終末期ケアのあり方に至るまで、人々の介護に関する様々な問題と複雑に絡み合っている。

＊本章は、千葉商科大学経済研究所（二〇一四～二〇一五年度）研究プロジェクト「超高齢社会における市川市の行財政改革」（研究代表者　栗林隆教授）の成果の一部である。ここに記して感謝いたします。

【参考文献】

和泉徹彦・齋藤香里・白石憲一・卓涓涓（二〇一六）「全国消費実態調査を用いた消費・貯蓄、貧困、介護サービスの分析」生活経済学会『生活経済学研究』第四三巻、六五―八〇頁。

厚生労働省（二〇一二）「介護予防マニュアルについて（改訂版：二〇一二年三月）」（http://www.mhlw.go.jp/topics/2009/05/tp0501-1.html 最終アクセス日：二〇一七年一一月三日）。

厚生労働省今後の仕事と家庭の両立支援に関する研究会（二〇一五）「今後の仕事と家庭の両立支援に関する研究会報告書」（http://www.mhlw.go.jp/stf/shingi2/0000096107.html 最終アクセス日：二〇一七年一一月三日）。

駒村康平（二〇一五）『中間層消滅』角川新書。

近藤克則（二〇〇〇）「要介護高齢者は低所得者層になぜ多いか――介護予防政策への示唆」社会保険研究所『社会保険旬報』二〇七三号、六―一一頁。

近藤克則編著（二〇〇七）『検証「健康格差社会」――介護予防に向けた社会疫学的大規模調査』医学書院。

近藤克則・芦田登代・平井寛・三澤仁平・鈴木佳代（二〇一二）「高齢者における所得・教育年数別の死亡・要介護認定率とその性差――AGESプロジェクトの縦断研究」医療科学研究所『医療と社会』第二二巻第一号、一九―三〇頁。

齋藤香里・佐藤哲彰（二〇一五）「高齢者の所得と介護需要の相関について――高齢者の所得格差が要介護発生に与える影響」『二〇一五年真理大學財經濟學院與日本第三部門研究學會　国際學術交流研討會　論文集』真理大學財經濟學院、五七―七三頁。

齋藤香里（二〇一七）「市川市における介護分野の施策に関する提言」千葉商科大学経済研究所『国府台経済研究』八三―一〇八頁。

酒井美和・伊藤春樹（二〇一〇）「介護保険サービスの利用と所得について」医療福祉学部論集編集委員会編『医療福祉研究』六号、二五―三六頁。

佐藤博樹・矢島洋子（二〇一四）『介護離職から社員を守る』労働調査会。

関沢敏弘（二〇〇三）「貧困は要介護老人の余命を縮めるか」日本社会医学会機関誌『社会医学研究』二一号、二三―二九頁。

中出三代（二〇〇七）「歯・口腔・栄養状態」近藤克則編集『検証「健康格差社会」――介護予防に向けた社会疫学的大規模調査』医学書院、二九―三六頁。

日本高齢者虐待防止学会研究調査委員会・朝日新聞大阪本社（二〇一三）「養護者の高齢者虐待に至る背景要因と専門職支援の実態・課題」（http://japea.jp/wp/wp-content/uploads/2013/10/25年度学会・朝日共同報告決定1004）2.pdf 最終アクセス日：二〇一七年一一月三日）。

春日キスヨ（二〇一〇）『変わる家族と介護』講談社現代新書。

平井寛（二〇〇七）「閉じこもり」近藤克則編集『検証「健康格差社会」――介護予防に向けた社会疫学的大規模調査』医学書院、五九―六四頁。

松田亮三（二〇〇七）「生活習慣・転倒歴」近藤克則編集『検証「健康格差社会」――介護予防に向けた社会疫学的大規模調査』医学書院、二一―二五頁。

三菱ＵＦＪリサーチ&コンサルティング（二〇一二）「仕事と介護の両立に関する企業アンケート調査」（平成二四年度厚生労働省委託調査）（http://www.mhlw.go.jp/bunya/koyoukintou/h24_survey.html 最終アクセス日：二〇一七年一一月三日）。

村瀬博（二〇一一―二〇一二）「現場実践レポート　特別養護老人ホームへの入所をめぐる『低所得者層』の問題について――『待機者』にもなれない要介護高齢者問題を考える」総合社会福祉研究所編『総合社会福祉研究』三九号、九八―一〇六頁。

明治安田生活福祉研究所・ダイヤ財団（二〇一四）「『仕事と介護の両立と介護離職』に関する調査」（http://www.myilw.co.jp/research/report/2014_01.php（最終アクセス日：二〇一七年一一月三日）。

山田篤裕（二〇〇四）「居宅介護サービスの公平性――『国民生活基礎調査（平成一三年）』介護票に基づく分

析」国立社会保障・人口問題研究所編『季刊社会保障研究』第四〇巻第三号、二二四―二三五頁。

吉井清子（二〇〇七）「主観的健康観と抑うつ」近藤克則編集『検証「健康格差社会」――介護予防に向けた社会　疫学的大規模調査』医学書院、九―一七頁。

第12章 過重債務と貧困
――金融排除の視点からみた問題の諸相――

野田博也

金融排除は社会的排除の下位概念であり、金融に関わる不利益によって通常の生活を営むことができなくなる状態や過程を意味する。返済能力を超えた過重債務をめぐる諸問題は、日本の代表的な金融排除の形態と考えられている。過重債務は、経済的な困窮との関連だけでなく、人間関係の解体や住居の喪失、「自殺」等の問題とのつながりも指摘されている。このため、金利への規制策に加え生活保障も解決策として期待されるが、公的な低利の貸付事業等は十分に機能しているとはいえない。

1 問題化した過重債務

日本における無担保・無保証を特徴とした消費者金融等の普及は、「大量生産される耐久消費財の大量販売、大量消費を補完する手段として、消費者の将来の収入・可処分所得を先取りした金融や与信を行うローン・クレジット」を契機としている（宇都宮 二〇〇二：七四）。そして、高金利の設定や返済能力を超えた過剰な貸付、脅迫的な取立て、その結果として生じる家計の破綻や夜逃げ、住居の喪失（ホームレス状態）、「自殺」、犯罪等の増加が問題視され、社会的な解決を要する深刻な問題とみなされるようになった（宇都宮 二〇〇二：二五―三三：独立行政法人国民生活センター 二〇〇六：三―五：宮坂 二〇〇八：四―六）。この問題は、借入件数の多さに注目して多重債務と表現されていたが、近年借入件数自体が減少するなかで過重債務等とも呼ばれている（以下、過重債務）。いずれにしても、過重（多重）債務という用語は、前記のような貸付に関わる諸問題を生活者側の立場から捉えた表現といえる。

過重債務対策が大きく進展したのは二〇〇〇年代に入ってからである。二〇〇三年にはヤミ金融対策として「貸金業の規制等に関する法律」（略称：貸金業規制法）と「出資の受入れ、預り金及び金利等の取締りに関する法律の一部を改正する法律」（略称：出資法）が改正され違法業者の取締りが強化された。そして、当事者集団と専門家集団の主導により二〇〇六年に新たな「貸金業法」が成立し、合法的な金利の上限が切り下げられた（大山 二〇一一）。

このような規制政策を契機として、過重債務に関わる諸問題が縮小しているようにみえることは各種統計データから指摘できる。例えば、過重債務者の任意整理で頻用される（自然人の）自己破産手続きの動向は、一九九〇年代から急増して二〇〇三年度には約二四万二四〇〇件に達し、このうちの実に九割以上が「貸金業関係」であった（宮坂 二〇〇八：二九―三〇）。しかし、二〇〇四年度から減少に転じ、二〇一三年度では約七万二〇〇〇件となりピーク時の三割を下回った（最高裁判所事務総局 二〇一四）。また、五件以上の債務がある者の概数をみても、二〇〇六年貸金業法実施前では一七一万人（二〇〇七年三月）にのぼっていたが、その後は大幅に減少して二〇一四年三月では一九万件となっている（浅見 二〇一三：一六五―一六六：日本信用情報機構 二〇一四）。

他方で、過重債務をめぐる諸問題やその再発に対する懸念が消え去ったわけではない。例えば、前掲した自己破産の件数は大幅に減少したが一九九〇年代前半の水準より未だ高い。また、借入件数の多い債務者数は減少した反面、借入件数が少ない債務者数は貸金業法実施前よりも増加した。一件借入れの債務者数は、二〇〇七年三月の時点では約四九二万人であったが、二〇一四年三月では七六〇万人となっている（内閣府規制改革会議生活基盤タスクフォース 二〇〇八：日本信用情報機構 二〇一四）。債務者総数をみると、貸金業法実施前では約一一六八万人（二〇〇七年三月）であったが、二〇一四年三月時点でも一一九四万人おり微増している。

このような動向と並行して、過重に債務を抱えることの結果や理由を理解し、それらへの幅広い対策のあり方を検討する動きが進んでいる。特に二〇〇八年の金融危機前後には、再発見された貧困の問題性と過重債務との関連が一層強調されるようになった（たとえば岩田 二〇〇七：一七七―一八一：宇都宮 二〇〇八：一〇―一一）。

こうした動向を踏まえ、本章では、貧困および貧困対策との関連から過重債務の問題の諸相を明らかにする。

2 金融排除の視点

（1）金融排除

貧困は物質的欠乏を中核としつつ、その欠乏によって生み出される社会関係的な諸問題を含めて理解される（Lister＝2011：21－23）。このような貧困の社会関係的側面を強調するために社会的排除の概念がしばしば使用されてきた。社会的排除とは、当該社会における政治・文化・経済等の諸次元への参加が困難な過程を意味し、その要因のひとつとして社会政策が及ぼす負の影響も重視する（岩田 二〇〇八：二〇―三二）。

この社会的排除を構成する問題群のなかに、社会生活に必要となる銀行サービスや借入等の金融サービスの利用をめぐる問題がある。これは金融排除と呼ばれ、「金融のアクセスや使用に困難が生じ、所属する社会での当たり前の生活を営むことができなくなる過程」等と定義される（Gloukoviezoff 2011：12）。金融排除は、社会的排除の用語を広げる契機となったイギリス・ブレア政権の社会的排除対策室による貧困地域への取り組みの一環として注目され、そこで債務問題に対する検討も行われた（野田 二〇一三：三六―三七）。

日本では二〇〇〇年頃から金融排除の考えが紹介され始め、金融排除の典型的な形態のひとつに多重債務（過重債務）が挙げられてきた（大山 二〇一〇：野田 二〇一四：六一―六二）。本章では、社会的排除の下位概念となる金融排除を視点に据え、貧困の物質的欠乏や社会関係的な諸問題、また政策との関連から過重債務を捉えることとする。

（2）範囲

貧困と過重債務との関連は様々な側面から検討できるが、本章では現在の時点（二〇一五年一月）で入手できるデータや注目されている政策動向を加味して、次の二点に限定する。

一点目は、貧困の物質的欠乏（経済的な困窮）を想定した低所得と過重債務との関連、および貧困の社会関係的側面と過重債務との関連である。

二点目は政策との関連である。まず、過重債務に直接的に応じる政策としては、利率の制限に関わる規制政策や過重債務者に対する家計相談等を行う支援策がある（たとえば大山 二〇一〇：生水 二〇一三）。これとは別に、間接的に応じる政策として債務利用の原因に関わる諸策もある。例えば後述するように生活苦が主な要因のひとつであれば所得の向上・保障に関わる生活保障がここに含まれる。本章では、貧困対策との関連に注目しているため、後者の生活保障に該当する公的な貸付事業等を取り上げる。

3　過重債務と貧困

（1）過重債務に関連する貧困の経済的側面

①　借入理由

過重債務と経済的欠乏との関連について、第一に債務の理由から確認する。まず、日本弁護士連合会消費者問題対策委員会による「二〇一一年破産事件及び個人再生事件記録調査」（破産事件一二三四件、以下、二〇一一年日弁連調査）の「負債原因」をみると、「生活苦・低所得」が最も多く約六〇・三％を占めており、次いで「負債の返済（保証以外）」が約二四・五％、「事業資金」が約二三・七％、「病気・医療費」が二〇・三％であった。二〇〇八年の調査結果と比較すると、特に「失業・転職」（一五％から一九・八％）や「給料の減少」（一一％から一六・一％）、「生活用品の購入」（九％から一一・四％）等の生活に必要な支出に関する項目が増加している。このような日常生活に必要な財物の確保やそのための源泉となる給料・職業等に関する回答が過去最高となっていることをもって、調査報告では「前々回の調査（二〇〇五年）から指摘される『不況による生活苦型破産』の傾向が進展し、より深刻化している状況がよくわかる」と指摘されている（日本弁護士連合会消費者問題対策委員会 二〇一一：「破産記録踏査分析結果」）。なお、破産債務者の職業については、給与所得者が五三％であり、そのうち約半数が非正規雇用となっている。また、「無職」も一三・一％と多い。さらに、「年金生活者」（五・〇％）や「生活保護受給者」（七・〇％）の存在も示されている（日本弁護士連合会消費者問題対策委員会 二〇一一）。

別の資料として、「多重債務問題改善プログラム」にて実施が求められた金融庁の「地方自治体及び財務局等における過重債務相談の状況について（平成二三年度上半期相談状況調査結果・全体概要）」（都道府県相談件数九九二〇件・市区町村相談件数二万三八八五件・財務局等相談件数二七四三件）の結果をみても、「相談者の借金をしたきっかけ」（複数回答可）としては「低収入・収入の減少等（生活費・教育費等の不足）」が九五一七人と圧倒的に多い。これに続く「商品・サービス購入」「住宅ローン等の借金の返済」「事業資金の補塡」はいずれも二〇〇〇人台である（金融庁 二〇一二：九）。

② 過重債務者の所得

過重債務と経済的欠乏との関連について、第二に過重債務者の所得の状況を確認しておこう。まず、独立行政法人国民生活センターが二〇〇五年に実施した「多重債務問題の現状と対応に関する調査研究」（相談者五八五人：以下、二〇〇五年センター調査）の結果をみると、初回借入時の年収は全体で「二〇〇万円未満」が二九・九％、「二〇〇万円～三〇〇万円未満」が二七・九％であった。「収入なし」も含めると三〇〇万円未満で六割を超す（小野 二〇〇六：四八―四九）。

また、返済困難時の平均手取り月収は、全体で「一〇万円～二〇万円未満」が三五・七％と最も高く、「一〇万円未満」も二二・六％を占める。つまり、半数近くが二〇万円未満となっていることがわかる（小野 二〇〇六：六四―六五）。

同様の傾向は先に参照した二〇一一年日弁連調査からも示されている。同調査における「破産債務者」の平均月収は一一万七五七六円であり、「〇～五万円」「五～一〇万円」「一〇～一五万円」の合計（つまり一五万円以下）が約六割を占めている。この点について、報告書では、生活保護の生活扶助支給額が標準三人世帯で約一七万六一七〇円（月額：二〇一一年度東京都区部）であり、それを下回っていることを意味すると指摘している（日本弁護士連合会消費者問題対策委員会 二〇一二：「第二 破産記録調査結果分析」(1)）。

このような調査結果から日本における債務問題は低所得と関連していることが指摘されている。

（2）過重債務に関連する貧困の社会関係的側面

① 人間関係上の問題

過重な債務が家族関係に与える影響については以前から指摘されてきた。一九八〇年代のいくつかの実態調査をまとめた岩田によると、離婚・別居が二割前後存在しており、一家離散も二割程度の家庭が経験していた。また、家族の信頼関係が失われた債務者も五割以上いることを示した調査結果もみられた。さらに、親兄弟といった親族からも「絶交をいい渡された」者が三割以上いたことも示されている（岩田 一九九一：一三七―一四〇）。

二〇〇〇年代以降の調査をみても、「借金が生活に与えた影響」（複数回答）として、「家族の別居や離婚など、家庭崩壊を招いた」という回答は二割を超えている（小野 二〇〇六：一一六―一二一）。調査によっては、過重債務を経験した単身男性の五・五割、単身女性の三・六割が「離別や別居を経験」しており、「債務と結婚生活の破綻が密接に関わっている」と指摘される（宮坂 二〇〇八：二〇八―二〇九）。この他、債務の影響で配偶者や子ども、親とのあいだでの口論・暴力等が増加すること等も同様に指摘されている（佐藤 二〇一〇：二五、三一）。

② 「自殺」と住居の喪失

これまで取り上げた所得や人間関係の状況は、過重債務や自己破産を経験しながらも調査や司法手続きの対象になりえた人々の状況であった。しかし、より不安定な状況に追い込まれた人々の状況は前記の調査等では十分把握されず、別の社会問題の調査のなかで発見されることがある。それらの社会問題との関連は、過重債務がはらむ問題の深さを理解するうえで重要である。

第一に、「自殺」が挙げられる。警察庁による「自殺統計」によれば日本の「自殺者数」は一九九〇年代後半に三万人を超え、二〇〇四年から減少傾向にあるが二〇一三年でも二万七二八三人にのぼる（内閣府 二〇一四：二）。「自殺」の原因について、政府統計では「経済・生活問題」が「健康問題」に次いで多く、この点は男性に顕著である（内閣府 二〇一四：二五）。

そして、この「経済・生活問題」は過重債務と関連しているとみなされている。『自殺対策白書』（平成二五年版）では、過重債務の動向を象徴する「自己破産の新受件数は、平成九年以降、『経済・生活問題』を原因動機とする自殺死亡率と強い相関関係が認められ」、二〇〇七年からデータを取った「『負債（多重債務）』による自殺死亡率とも強い相関関係」が近年もみられるとしている（内閣府 二〇一三：四八）。

なお、（生存している）債務経験者に対する二〇〇五年センター調査では、全体の三割以上が「自殺を考えた」と回答している（小野 二〇〇六：一一六―一一七）。

第二に、安定した住居を喪失したホームレス状態の原因のひとつとしても過重債務との関連がしばしば指摘されている。例えば、「平成二四年ホームレスの実態に関する全国調査（生活実態調査）」をみると、消費者金融等から債務のあるホームレスは全体では一六％であり、債務額は「一〇〇万円未満」が三五・四％、「一〇〇万円以上」が五一・九％となっていた。また、年齢別でみると若い層ほど債務を抱えており、三五歳未満では四七・一％、三五～三九歳では三四・四％に上っている（ホームレスの実態に関する全国調査検討会 二〇一二：一四六―一四七）。

この点について「若者ホームレス」に関する調査（回答者数五〇人：平均年齢三一・三歳）でも半数近くは借金がある（または経験がある）と答えており、その借金が原因で退職や路上生活に至ったとの言及もみられる（特定非営利活動法人ビッグイシュー基金 二〇一〇：三）。

なお、ホームレス状態にある者への法律相談では、借金に関する相談が四四％で最も多かったと報告されている（日本司法支援センター 二〇〇八：二九―三〇）。

このように、債務問題は「職業や居住の不安定、家族関係の解体、という生活の基本的な部分へ多くの影響を及ぼし、社会的孤立、疾病、自殺や逃亡などを付け加えて展開」されるが、その波及は極めて短期間であり生活水準を急速に低下させることも指摘されている（岩田 一九九一：一三九、一四二―一四三）。これらの議論は、過重な債務に起因する社会関係的な問題の広がりとその過程の特質を示しているといえよう。

4　過重債務と公的貸付事業

（1）生活福祉資金貸付による過重債務への対応とその限界

①　過重債務への対応

生活福祉資金貸付は社会福祉法のなかで第一種社会福祉事業として規定された「生計困難者に対して無利子又は低利で資金を融通する事業」である（社会福祉法第二条第二項第七号）。一九五五年に低所得層の防貧を狙って創設された事業（旧称・世帯更生資金貸付制度）であり当初は生業資金の貸付に限定していたが、公害や災害、失業問題等に関わる社会情勢に応じて幾度となく改定を重ねてきた。

現行制度の目的は、「低所得者、障害者又は高齢者に対し、資金の貸付けと必要な相談支援を行うことにより、その経済的自立及び生活意欲の助長促進並びに在宅福祉及び社会参加の促進を図り、安定した生活を送れるようにすること」である（生活福祉資金貸付制度要綱）。この目的を達成するため、現在では貸付の対象や使途に応じて四種類の資金（総合支援資金、福祉資金、教育支援資金、不動産担保型資金）が用意されている。このなかには、特定の経費のみを一時的に貸付けることで世帯支出の平準化を図る貸付もあれば、一定期間にわたる生活費用の貸付もある。ほとんどの資金の貸付利子は、保証人がいる場合は無利子で、保証人がいない場合でも年一・五％であり、消費者金融による貸付の利率に比べるとはるかに低い。また、各都道府県に設置されている社会福祉協議会（以下、社協）が実施主体となるが、貸付の受付・相談業務は市町村の社協に委託されており、どの地域でも利用できる体制となっている。

過重債務対策との関連でいえば、二〇〇六年貸金業法成立による規制強化にあわせて検討された借り手対策として生活福祉資金貸付は重視されている。また、二〇〇七年に策定された多重債務問題改善プログラム（多重債務者対策本部）では、積極的に活用されるべき「消費者向けセーフティネット貸付け」として位置付けられ、「地域の関係機関とも連携して、制度の周知を行うとともに、関係機関が対象者を確実に誘導し、返済能力が見込まれ、多重債務の予防・悪化の防止につながるニーズを確実に満たすよう、積極的な活用を促す」とされている（多重債務問題改善プログラム）。

これにあわせて、過重債務問題を想定した生活福祉資金貸付の見直しも行われた。一つ目は、緊急小口資金の貸付上限額の引き上げである。この資金は自己破産の急増を背景に二〇〇二年度に創設されたものであり（室住 二〇〇八：三七）、低所得世帯の緊急的・一時的な資金需要に素早く応じることを狙っていた。二〇〇七年度には「多重債務を防ぐ」ために貸付の上限額が五万円から一〇万円に引き上げられた（生活福祉資金貸付制度研究会 二〇一三：二四―二五）。

二つ目は、債務整理等に対する貸付である。二〇〇九年一〇月の改正において新設された総合支援資金は、「失業者等、日常生活全般に困難を抱えており、生活の立て直しのために継続的な相談支援（就労支援、家計指導等）と生活費及び一時的な資金を必要とし、貸付けを行うことにより自立が見込まれる世帯」を対象とするものである（生活福祉資金貸付制度要綱：新保 二〇一二）。この総合支援資金を構成する費用のひとつになる一時生活再建費は、「過大な債務を負っている場合に、裁判所への予納金等当該債務を整理するために必要な経費」として活用することも認められている（生活福祉資金貸付制度研究会 二〇一三：三一三―三一四）。前記の多重債務問題改善プログラムだけでなく、「生活福祉資金（総合支援資金）運営要領」でも（総合支援資金の）「借受人が多重債務を抱えている場合には弁護士又は司法書士に多重債務の整理を依頼する」等、関連機関との連携・調整を実施機関（市町村社協）に求めているが、一時生活再建費はそのような連携・調整による債務整理を経済的に支援するものといえる。

② 実際の対応

それでは、実際に社協はどのように対応しているのだろうか。かつての世帯更生資金貸付制度の時期には「すでにサラ金やクレジットなどでの借金を抱えている世帯は、それだけで対象から除外されるのが普通」といわれていた（岩田 一九九〇：一六三）。

二〇〇五年に全国の自治体を対象に行われた調査結果によると、「多重債務者であると申請時に確認できた場合」で、生活福祉資金貸付を「行っている」と答えた自治体は一三県（三一・七％、有効四一県中）、四一市（二七・二％、有効一五一市中）と概ね三割程度である（行政の多重債務対策の充実を求める全国会議 二〇〇七：一一―一二、三九）。

また、ある県内の社協三カ所に対して二〇一一年に実施された調査結果によると、「福祉資金」と「総合支援資金」の「申請に至らなかった理由」として、「複数の借金を抱えている」とする回答（複数回答）は八割以上と最も高かった（佐藤二〇一二：六二－六三、七四）。

さらに、全国社会福祉協議会（以下、全社協）が二〇一三年に全国の都道府県社協に実施した調査結果（「平成二三年二月」の世帯票と「平成二三年一〇月」の世帯票を合計した「全借受人」の集計結果参照）によると、「借受人申込段階での借受世帯が抱える課題等」では（「その他」を除くと）「多重債務・過重債務」が一三・二％と最も高くなっていた（全国社会福祉協議会 二〇一四：一三三）。他方で、「一時生活再建費の資金使途」のうち「債務整理利用」は一・一％に過ぎず、また「連携した関係機関」のなかで「弁護士、司法書士等の法律関係者」は一・〇％にとどまっている（全国社会福祉協議会 二〇一四：一七、四四）。

なお、先の全国調査において過重債務者に貸付を行っていると回答した県の記述では、債務の内容や生活状況から判断する、との言及もみられる（行政の多重債務対策の充実を求める全国会議 二〇〇七：一二）。他方で、別の調査では申請者は債務を抱えていても話そうとしない、という意見が相談員から出ている（森川 二〇一〇：一八〇、一九三）。

③ 過重債務対策としての限界

これらの調査結果をみる限りでは、債務に関わる問題に十分に取り組めているかどうかは疑わしいことが指摘できる。もちろん他機関が債務問題に応じているために社協が応じる必要はないのか、あるいは社協による対応が社会的に期待されているにもかかわらず何らかの理由のために応えられていないのかは区別して検討しなければならないが、ここでは「多重債務の予防・悪化につながるニーズを確実に満たす」（多重債務問題改善プログラム）ことが生活福祉資金貸付に期待されていたことに鑑み、当該貸付が債務問題に機能しづらい理由を考えておきたい。

第一に、前述したような期待が寄せられる生活福祉資金貸付であるが、過重債務を直接的に解決するために有効な資金やサービスが十分整備されていない点を指摘できる。

例えば、「多重債務を防ぐ」ために拡充された緊急小口資金では、増額されたとはいえ「あまりにも小額…（中略）…で現実の必要性に対応できる範囲が限定されている」といわれている（室住 二〇〇八：三八）。また、その貸付の可否を判断する審査では「真に臨時的生活費」が必要な状況だと認められなければならないが、その際に「債務の返済」は「ギャンブル、遊興等に費消するおそれのある場合」と並んで考慮しないものとされている（「生活福祉資金（緊急小口資金）の取扱いについて」二〇〇七年）。総合支援資金にしても、実質的な借換えとなるような資金の活用は固く禁じられており、貸付金を借金返済に充てることは（貸付金の）「流用」とみなされ、その場合には「貸付けの停止及び一時償還が行われる」ことになる（生活福祉資金貸付制度研究会 二〇一三：三一八）。債務の借換えを目的とした貸付を行わない理由は、民間金融機関で（より高い金利で）借入をしたのちに金利のない（より低い）公的貸付で借り換える（返済する）行為を誘発しないようにするためだといわれている。社協ではない民間貸付機関では、このような借換えローンを提供しているところもある（日本総合研究所 二〇一三：九一―九三）。この他、一時生活再建費も債務整理にかかる経費の補塡が認められているに過ぎない。

なお、厚生労働省は二〇〇七年の段階で「民生委員の援助指導等の関与」「連帯保証人を必要とする等の貸付け条件の厳しさ」「申請から貸付決定までの審査期間に時間を要すること」等を挙げ、手続きが煩雑であるために、「利便のみを追求した手軽な」消費者金融による貸付を選ぶことを指摘していた（厚生労働省社会・援護局地域福祉課 二〇〇七：三）。二〇〇九年改正では資金の種類の整理や保証人要件の緩和等が図られたものの、その効果がどの程度あったのかは定かでない。

第二に、債務を抱える人々に対して貸付利用の可否を審査する基準が明確に示されていない点を指摘できる。原則として、貸付利用の審査では「返済能力が認められ」「貸付けを行うことにより自立が見込まれる世帯」であるかどうかを確認する。これは貸倒れの増加を防ぎ貸付事業の持続的な運営を図るためにも不可欠な姿勢ではある。他方で、この事業運営を重視することは、「相対的に『返済』の意味において制度運営者が『安全とおもわれる利用者』だけを制度の対象として切り取る」ことにもつながりうる（岩田 一九九〇：一六二）。

現行制度は債務を抱えた者の利用を認めていないわけではない。しかし、債務者の貸付利用の可否を審査する場合には多重債務ないし過重債務に陥っている事実や理由（ないし、それに起因する諸問題）から、その返済能力や自立への見込みが低く評価され、「安全とおもわれる利用者」の枠からは外されてしまうおそれがある。

さらに、前述したように貸付金を借金返済に流用することは禁じられているが、使途を限らない生活費用をいったん貸し出せば、その後の使途の厳密な把握は難しくなる。例えば、仮に債務者に一定の所得や貯蓄があるとすれば、債務返済をその所得等で賄うのか、貸付資金から「流用」するのか実質的には区別できない。貸付金の流用禁止規定を重視すればするほど、債務者に対する貸付にはますます慎重になっても不思議ではない。

このように、過重債務の借り手対策として大きく期待されていた生活福祉資金貸付であるが、その資金内容や審査基準の特徴をみると、どのような債務（者）に対してどこまで応じることができるのか・できないのか、あるいは他機関につなげるべきか等の「守備範囲」が不明瞭であることがわかる。現状では「多重債務の予防・悪化につながるニーズを確実に満た」せる事業設計にはなりえていないと考えられる。

（2）日本学生支援機構の債権回収策と過重債務

本来は生活保障のために機能することが期待されながら、債務との関連で問題が指摘されている政策として日本学生支援機構（以下、機構）の奨学金を取り上げたい。機構の奨学金は在学中の大学生に学資資金を無利子・有利子で貸し付ける事業である（白川 二〇一二）。近年、この貸付の利用によって奨学金という名の債務を過剰に抱える問題が指摘されている（奨学金問題対策全国会議 二〇一三）。本章では、奨学金の債務それ自体ではなく機構が強化する債権回収策と金融排除の関連に注目する。

機構では、三カ月以上の延滞者の個人情報を個人信用情報機関に登録する仕組みを導入した。二〇一〇年に登録が始まり、二〇一二年五月末時点で一万二二八一名が登録されている（岩重 二〇一三b：二三）。この仕組みは、機構に設置された「奨学金の返還促進に関する有識者会議」にて導入が提言された。その理由として、「延滞者への各種ローン等の過剰貸付を抑制し、多重債務化への移行を防止することは、教育的な観点から極めて有意義」であること、加えて個人信用情報機関を活用することで「返還者の返還能力の確保につながる効果が期待され、機構にとっても返還促進の上で有効である」ことを挙げている。これに併せて、奨学金の延滞理由として、二〇〇六年度の調査では「借入金の返済」を挙げる者が二五・三％に及び「低所得」に次いで高かったことも言及されている（奨学金の返還促進に関する有識者会議 二〇〇八：二一）。

他方で、機構側も説明しているように、個人情報が個人信用情報機関に登録されると、金融機関等は「経済的信用が低い」と判断することがあり、「それによってクレジットカードが発行されなかったり、利用が止められたりする」こと、このために「各種料金（公共料金や携帯電話等）の引落し、ショッピング（インターネット含む）やキャッシング等ができなくなる場合」があること、さらに「自動車ローン及び住宅ローン等の各種ローンが組めなくなる場合」もある（日本学生支援機構 二〇一四b）。

個人情報登録後に設置された検証委員会においては、この仕組みによる「延滞抑制の効果が認められる」（日本学生支援機構返還促進策等検証委員会 二〇一三：二、四）とし、「多重債務化への移行を防止することは、教育的な観点から極めて有意義であり継続すべき施策」と改めて主張している（日本学生支援機構債権管理・回収等検証委員会 二〇一四：三）。このような施策に対して、弁護士の岩重は「もともと所得が限られた人が利用可能で、返済能力の調査がない奨学金について、その支払いが滞ると信用情報機関への登録をして不利益を課すというのは、大きな矛盾」と批判している（岩重 二〇一三a：一一四）。

しかしながら、信用情報機関への登録によって生じる不利益は十分実証されているわけではない。海外の金融排除論では、カード払いができないことで支払手数料が増え、特に低所得世帯の場合には家計の圧迫につながり困窮が深まることが指摘されている（Pratt & Jones 2009：31－32）。こうした指摘を「現金社会」といわれてきた日本へ直ちに当てはめることには慎重であるべきだが、「多重債務化への移行を防止する」策が別の形態の金融排除を助長するおそれがあるのか今後さらに検討するべきだろう。

5　金融排除を助長する政策の解明

本章では、金融排除の視点から、貧困および貧困対策と関わる過重債務の問題の諸相を明らかにすることを目的とした。ここで示すことのできた知見は次の二点に集約できる。

第一に、多重債務を含む過重債務の問題は、複数の調査結果における債務者の借入理由および所得水準からみて、貧困概念の中核となる経済的欠乏と関連があることを推測できた。その経済的欠乏が生み出す貧困の社会関係的側面は社会的排除やその下位概念である金融排除が強調するところであるが、債務問題においては身近な人間関係の悪化から、居住の喪失、さらには「自殺」等として表出していることが指摘されていた。

第二は、貧困に関わる生活保障と過重債務との関連である。本章ではまず過重債務の借り手対策として大きく期待されていた生活福祉資金貸付に注目し、債務問題に対応できる資金やサービスの整備不足ならびに利用の可否を決める審査基準の曖昧さから当該貸付のみでは十分に機能できない設計となっていることを指摘した。また、日本学生支援機構による奨学金の債権回収策では、その回収策の一環として個人情報登録機関を活用して金融サービス利用が制限されうるが、そのことで生じる生活上の不利益についてさらに検証を要することを指摘した。

社会的排除の下位概念である金融排除の考え方は、債務問題をめぐる貧困の経済的側面と社会関係的側面の両者を強調するとともに、政策に関しては金利に関わる規制だけでなく社会保障策等のあり方も積極的に捉えることを要請する。本章では、債務をめぐって二つの側面が連動するメカニズムや、債務問題の因果に関わる諸政策について幅広く検討することができなかった。これらを包括的に捉えることは、変容する債務問題を理解し、より根本的な解決を展望するために重要であろう。今後の課題としたい。

最後に、低所得対策と債務問題に関わる比較的新しい動向として、二〇一三年一二月に成立した生活困窮者自立支援法（以下、支援法）の家計相談支援事業について言及しておきたい。この支援法は低所得世帯を主な対象としているが、特に家計相談支援事業では「多重債務もしくは過剰債務を抱え、返済が困難になっている人」や「債務整理を法律専門家に依頼した直後や債務整理途上の人」等に対して家計管理能力の向上を図り、それによる生活福祉資金貸付の機能強化も期待されている（厚生労働省社会・援護局地域福祉課生活困窮者自立支援室 二〇一四：一三―一六）。既存の諸事業を効果的に活用できる連携体制を整備することは重要だろう。他方で、本章の議論を振り返ると、人的サービスによる相談・連携を充実させるだけでなく、利用できる貸付事業の中身（設計）が債務問題に対応できるように見直すことも求められる。また、低水準の賃金や社会保障給付の抑制を正当化するかのごとく世帯の家計管理能力の向上が過度に強調されないか注視することも必要だと思われる。

＊　本章は、ＪＳＰＳ科研費（二四七三〇四七六）の助成を受けた研究成果の一部である。

【注】

（1）ただし、二〇一一年日弁連調査の対象世帯は、三人世帯は二割程度に過ぎず、単身・二人世帯は五割近く、四人世帯以上の合計は三割程度であることに留意されたい。

【参考文献】

浅見淳（二〇一三）「第五章　改正貸金業法が消費者金融市場に与えた影響」杉浦宣彦・大槻奈那・伊藤亜紀他『リテール金融のイノベーション――貸金業における自律的市場の創設に向けて』きんざい、一三五―一七九頁。

岩重佳治（二〇一三ａ）「『奨学金被害』の実態と救済への道――制度上の諸問題、救済制度活用、そして改革への提言」奨学金問題対策全国会議編『日本の奨学金はこれでいいのか！』あけび書房、一〇五―一四四頁。

岩重佳治（二〇一三ｂ）「奨学金問題と貧困」『貧困研究』一一号、一九―二八頁。

岩田正美（一九九〇）「社会福祉における『貨幣貸付』的方法についての一考察」東京都立大学人文学部『人文学報』二一八号、一三三―一六八頁。

岩田正美（一九九一）『消費社会の家族と生活問題』培風館。

岩田正美（二〇〇七）『現代の貧困――ワーキングプア／ホームレス／生活保護』ちくま新書。

岩田正美（二〇〇八）『社会的排除――参加の欠如・不確かな帰属』有斐閣。

宇都宮健児（二〇〇二）『消費者金融――実態と救済』岩波書店。

宇都宮健児（二〇〇八）「はじめに」宇都宮健児・湯浅誠編『貧困の学校』明石書店、七―一三頁。

大山小夜（二〇〇六）「多重債務に陥らないためのセーフティネット――英国の貧困と金融包摂」『消費者法ニュース』六九号、三〇―三三頁。

大山小夜（二〇一〇）「第二章　多重債務の社会的世界」藤村正之編『福祉・医療における排除の多層性』明石書店、五五―八六頁。

大山小夜（二〇一一）「惻隠の心――多重債務と貸金業市場のコントロールをめぐって」『現代の社会病理』二六号、二七―五〇頁。

小野由美子（二〇〇六）「第Ⅱ章多重債務に関する実態調査」独立行政法人国民生活センター『多重債務問題の現状と対応に関する調査研究』三一―一二二頁。

行政の多重債務対策の充実を求める全国会議（二〇〇七）『自治体の多重債務対策に関する全国調査――四三都道府県・二二四市・東京一三区の結果概要』。

金融庁（二〇一二）『地方自治体及び財務局等における多重債務相談の状況について（平成二三年度上半期相談状況調査結果・全体概要）』(http://www.fsa.go.jp/policy/kashikin/soudan_zyoukyou/soudan_zyoukyou23kami/01.pdf, 二〇一四年一二月九日アクセス）

厚生労働省社会・援護局地域福祉課（二〇〇七）「生活福祉資金貸付制度について」これからの地域福祉のあり方に関する研究会、第六回、資料七。

厚生労働省社会・援護局地域福祉課生活困窮者自立支援室（二〇一四）「生活困窮者自立支援制度について」多重債務問題及び消費者向け金融等に関する懇談会、第四回、資料四。

最高裁判所事務総局（二〇一四）「司法統計」(http://www.courts.go.jp/app/sihotokei_jp/search, 二〇一四年一二月五日アクセス)。

佐藤順子（二〇一〇）「近畿地方Ａ県における多重債務と貧困」『貧困研究』五号、二三―三二頁。

佐藤順子（二〇一二）「生活福祉資金貸付制度の改正が意味するもの――二〇〇九年一〇月改正を中心に」『佛教大学社会福祉学部論集』八号、五七―七七頁。

奨学金の返還促進に関する有識者会議（二〇〇八）『日本学生支援機構の奨学金返還促進策について』。

奨学金問題対策全国会議編（二〇一三）『日本の奨学金はこれでいいのか！』あけび書房。

生水裕美（二〇一三）「第二　全庁をあげたワンストップ体制」瀧康暢・生水裕美編『生活再建型滞納整理の実務』ぎょうせい、一六〇―一七三頁。

白川優治（二〇一二）「第二章　日本」小林雅之編『教育機会均等への挑戦――授業料と奨学金の八カ国比較』東信堂、四七―一〇四頁。

新保美香（二〇一二）「生活再建を支えるセーフティネットのあり方を考える――生活福祉資金貸付制度（総合支援資金）をめぐる課題を手がかりに」『社会福祉研究』一一四号、六一―六七頁。

生活福祉資金貸付制度研究会（二〇一三）『平成二五年度版　生活福祉資金の手引』筒井書房。

全国クレジット・サラ金問題対策協議会編『多重債務解決法のすべて――「改正貸金業法完全施行」に対応』明石書店。

全国社会福祉協議会（二〇一四）『生活福祉資金（総合支援資金）借受世帯の現況調査報告書』厚生労働省平成二五年度セーフティネット支援対策事業（社会福祉推進事業）。

特定非営利活動法人ビッグイシュー基金（二〇一〇）『若者ホームレス白書――当事者の証言から見えてきた問題と解決のための支援方策』。

独立行政法人国民生活センター（二〇〇六）『多重債務問題の現状と対応に関する調査研究』。

内閣府（二〇一三）『平成二五年版　自殺対策白書』。

内閣府（二〇一四）『平成二六年度　自殺対策白書』。

内閣府規制改革会議生活基盤タスクフォース（二〇〇八）「資料2．無担保無保証借入の残高があるものの借入件数毎登録状況」第六回生活基盤タスクフォース（二〇〇八年八月二二日）、日本金融新聞株式会社岸紀子氏提供資料（http://www8.cao.go.jp/kisei-kaikaku/minutes/wg/2008/0822/item_080822_02.pdf, 二〇一四年一二月八日アクセス）。

日本学生支援機構（二〇一四ａ）『平成二四年度　奨学金の延滞者に関する属性調査結果』。

日本学生支援機構（二〇一四ｂ）「奨学金Ｑ＆Ａ　個人信用情報機関」（http://www.jasso.go.jp/henkou/koshin.html, 二〇一四年六月二三日アクセス）。

日本学生支援機構債権管理・回収等検証委員会（二〇一四）『平成二五年度　債権管理・回収等検証委員会報告書』。

日本学生支援機構返還促進策等検証委員会（二〇一三）『平成二四年度返還促進策等検証委員会の審議結果について』。

日本司法支援センター（二〇〇八）『法律扶助のニーズ及び法テラス利用状況に関する調査報告書』日本司法センター法テラス。

日本信用情報機構（二〇一四）「平成二五年度統計データ」（http://www.jicc.co.jp/vcms_lf/2013jicc-data.pdf, 二〇一四年一二月八日アクセス）。

日本総合研究所（二〇一三）『我が国におけるマイクロファイナンス制度構築の可能性及び実践の在り方に関する調査・研究事業』。

日本弁護士連合会消費者問題対策委員会（二〇一一）「破産事件及び個人再生事件記録調査」（http://www.nichibenren.or.jp/library/ja/publication/books/data/2011_hasan_kojinsaisei.pdf, 二〇一四年一二月九日アクセス）。

野田博也（二〇一三）「イギリス政府による金融包摂策のアジェンダ設定――社会的排除対策室の取り組みに着目して」愛知県立大学大学院人間発達学研究科『人間発達学研究』四号、三五―四六頁。

野田博也（二〇一四）「日本における金融排除研究の動向（二〇〇〇―二〇一二）」『人間発達学研究』愛知県立大学大学院人間発達学研究科、五号、五七―六五頁。

ホームレスの実態に関する全国調査検討会（二〇一二）『平成二四年「ホームレスの実態に関する全国調査検討会」報告書』。

宮坂順子（二〇〇八）『「日常的貧困」と社会的排除――多重債務者問題』ミネルヴァ書房、二三一―二五四頁。

森川美絵（二〇一〇）『低所得者に対する総合援助機能の強化に関する研究』厚生労働科学研究費補助金政策科学推進研究事業、平成二一年度総括・分担研究報告書研究代表者森川美絵。

室住眞麻子（二〇〇八）「生活福祉資金貸付制度の現状分析――生業資金から要保護世帯向け長期生活支援資金に至る変化」帝塚山学院大学『人間文化学部研究年報』一〇号、二八―四三頁。

Gloukoviezoff, Georges (2011) "Understanding and Combating Financial Exclusion and Overindebtedness in Ireland : A European Perspective," *Studies in Public Policy*, 26, The Policy Institute.

Lister, Ruth (2004) *Poverty*, Polity Press（松本伊智朗監訳・立木勝訳（二〇一一）『貧困とは何か――概念・言説・ポリティクス』明石書店）.

Pratt, Ellen and Jones, Sarah (2009) Hand to Mouth : The Impact of Poverty and Financial Exclusion on Adults with Multiple Needs, Revolving Doors Agency.

第Ⅲ部

貧困への対応

第13章 住居と貧困

阪東美智子

住居は人間の基本的ニーズに関わるものであり、貧困に影響する。金銭的指標による貧困指標に加えて、住居の要素を含む剝奪指標の活用が進んでいるが、扱われる住居関連項目は限定されており、住居の実態が十分に反映されているとは言えない。本章では、貧困の尺度として住居をどのように捉えればよいのかを、基本的人権との関係や、住居に求められる機能・役割、最低居住水準の内容、施設との対比などの観点から考察する。

1 貧困と住居の位置づけ

(1) 貧困指標と住居

住居は、衣食住という人間の基本的ニーズに関わるものである。したがって、住居が貧困に影響することは誰もが直感的に理解できることであろう。世界の貧困の撲滅を掲げた世界社会開発サミット・コペンハーゲン宣言（一九九五年）では、「貧困は、持続可能な生活を確保するために十分な所得及び生産的資源の不足を含む様々な表現をとる」ものであり、例として「ホームレスと不十分な住居」を挙げている。貧困（絶対的貧困）とは「食料、飲料水、衛生設備、保健医療、住居、教育、情報を含む基本的人間のニーズの深刻な剝奪を特徴とする状態」であり、「所得だけによるものではなくサービスへのアクセスのあり方も影響している」。住居の欠如は貧困の要素として位置づけられており、貧困を解決するためには「基礎生活分野を満たすことが、貧困の削減の不可欠な要素」で、住居の提供もその一つであることが示されている。

しかし、これまで貧困を表す指標として用いられてきたのはもっぱら所得の相対的貧困率という金銭的指標であった。実際、基本的ニーズの多くは十分な所得があれば満たすことが可能であるが、先の定義にあるように、非金銭的な理由によりニーズが手に入れられない場合もある。とくに住居に関しては、日本は保証人問題など賃貸借契約における独特の慣習があり、これが住居を確保するうえで大きな障害となっている。このため、従来の指標では、実際の貧困（少なくとも住居の剥奪状況を反映した状態）を十分に捉えきれていない恐れがある。

（2）剥奪指標と住居関連項目

近年は、経済的資源以外に社会参加や日常生活に必要な条件や生活資源にも目を向けた相対的剥奪という概念による剥奪指標の活用が進んでいる。相対的剥奪を定義し最初に剥奪指標を開発したTownsend（1979）の指標には、交際、外出、食事などの項目とともに、四種の住宅設備に関する項目（水洗トイレの有無、流しまたは洗面台の有無、風呂またはシャワーの有無、ガスまたは電子レンジの有無で、いずれも共用は除く）がある。EUの中期成長戦略である「欧州二〇二〇戦略」にも剥奪指標（物質的剥奪指標）が活用されており、指標に用いられる九つの項目の中には、住居に関連するものとして、家賃やローン・公共料金の支払い、住居を適温に保つこと、という二つの項目が含まれている。日本国内では、阿部彩（二〇〇六）が、相対的剥奪指標の構築のために用いた社会的必需項目に、住宅設備三項目（冷暖房機器の有無、湯沸かし器の有無、電子レンジの有無）と住環境四項目（家族専用のトイレ、家族専用の炊事場（台所）、家族専用の浴室、寝室と食事室の分離）を取り入れており、住居という要素に対する相応の考慮がみられる。しかし、いずれの剥奪指標も、住居に関する項目はごく一部に限られており、それが住居に求められる基本的ニーズの本質を十分に反映しているとは言えない。檜谷他（二〇〇三）、浦川（二〇〇六）や丸山他（二〇一三）は既存統計から居住水準に着目し貧困との関係を考察しているが、本章ではこれらの先行する論考を参考にしつつ考察を深める。

 居住権からみた住宅の条件

（1）国際人権規約と居住権

国連が採択した世界人権宣言では、第二五条一項に「すべて人は、衣食住、医療及び必要な社会的施設等により、自己及び家族の健康及び福祉に十分な生活水準を保持する権利並びに失業、疾病、心身障害、配偶者の死亡、老齢その他不可抗力による生活不能の場合は、保障を受ける権利を有する（外務省仮訳文）」とあり、衣食住等による十分な生活水準の保持や保障の権利を定めている。

これを受けて一九六六年に採択された国際人権規約「経済的、社会的及び文化的権利に関する国際規約」の第一一条一項にも、「この規約の締約国は、自己及びその家族のための相当な食糧、衣類及び住居を内容とする相当な生活水準についての並びに生活条件の不断の改善についてのすべての者の権利を認める（外務省訳文）」と記載されている。[1]

（2）「適切な居住の権利」が示すもの

第一一条一項の規約については「経済的、社会的及び文化的権利に関する委員会」の一般的意見四（General Comment No. 4）［The Right to Adequate Housing：適切な居住の権利］で、「適切な居住」の条件として七つの項目が示されている（表13-1）。これらは、住居へのアクセス（家計との適合性や差別の禁止、不利な条件のある人々に対する優先的な配慮・供給）、住宅保有への安定的保障（賃借権や占有権などの保障）、住居の質的保障（住

表13－1　国際人権規約第11条１項「適切な居住の権利」の条件

①　占有の法的保障：住宅の所有形態にかかわらず，強制退去や嫌がらせなどに対して法的に守られ，またその住宅や土地に住むことが法的に認められていること。
②　サービス・資源・設備・インフラの利用可能性：健康，安全，快適さなどに必要な設備が整っており，水やエネルギー，衛生設備やゴミ処理，排水設備，緊急サービスなど生活に必要なさまざまなサービスや社会資源が使えること。
③　アフォーダビリティ（手ごろな価格感）：住居費が家計に占める割合が，他の生活に必要なものを圧迫しない程度に抑えられており，適切であること。
④　居住性：適切な広さがあり，健康を脅かすさまざまな気象条件や構造的危険，災害の脅威などから人を守る，適切な居住性を備えていること。居住者の身体的安全が保障されていること（世界保健機関（WHO）の「住居の健康原則（Health Principle of Housing)」の適用が勧奨されている）。
⑤　アクセシビリティ（利用のしやすさ）：高齢者や子ども，障がい者，病人，被災者など社会的弱者に対して，優先的配慮がなされ，これらの人々がいつでも適切な住宅を確保できる状態にあること。
⑥　立地：仕事や医療，学校，育児などの施設を利用するのに便利な立地であること。
⑦　文化的な相応性：住宅の建築方法や建材および住宅建築に関わる施策が，地域の文化や多様性を反映していること。

出所：UN Committee on Economic, Social and Cultural Rights (CESCR)（1991）の一部を筆者が意訳。

居環境の保障）の三つの側面にわけて整理することができる（阿部浩己 二〇〇三；徳川 二〇一〇）。

（3）生存権と居住権

一九九六年にイスタンブールで開かれた第二回国連人間居住会議（HABITAT Ⅱ：ハビタットⅡ）でも、採択された人間居住宣言において「適切な居住」の権利が記されている。国連人間居住委員会では、「適切な居住」が意味するものとして、「適切なプライバシー、適切な空間、適切な安全性、適切な照明と換気、適切な基本的インフラの整備、仕事や生活を行ううえでの適切な立地、そしてこれらが適切な費用で得られること」と説明している。

日本は一九七九年に国際人権規約を批准しており、国際人権規約やHABITATが掲げる適切な居住の権利の条件は、ナショナルミニマムとして享受すべき内容であるといえる。

一方、憲法第二五条には生存権として「健康で文化的な最低限度の生活」を送る権利が認められている。この解釈については、具体的権利説、抽象的権利説、プログラム規定説という三つの説にわかれる。鈴木（一九九六）によると、具体的権利説とは「生存権に関する法律が存在しない場合や不十分な場合は、そうした事態が違憲状態であることを裁判所が確認できるとするもの」である。抽象的権利説は「生存権に関する法律が存在する場合、その内容は憲法で保障された『健康で文化的な最低限度』の要請を満たすものでなければならず、不十分の場合は、その法律に基づく給付の権利を介して、生存権違反を争いうるとする考え方」である。プログラム規定説は「生存権に関する憲法上の規定は政治上の努力目標にすぎず、その実現はもっぱら政治部門の判断にまかされている」とするものである。これまでの最高裁判所の判断は、プログラム規定説に近い。

日本では、「適切な居住」の権利に関して居住水準などの具体的内容を定めた法律は存在せず、世田谷区等が条例レベルで定めているにすぎない（鈴木 一九九六）。住宅建設計画法の流れを引く住生活基本法や不良住宅地区改良法の流れを引く住宅地区改良法はあるが、これらは一般住宅に対して居住水準を強制する制度ではない。イギリスをはじめ諸外国が住宅政策の基本理念や住宅保障を定めた住居法によって一定レベル以上の居住水準の確保を図ろうとするのとは対照的である（大方 一九八七；小沢 二〇〇五；海老塚他 二〇〇八）。

住居の意味と役割

(1) 生活における住居の役割

「適切な居住の権利」の条件に見るように、住居が備えるべき要件は多様かつ広範である。それは、住居には生活に必要な多くの機能や役割が求められるからである。国連の「経済的、社会的及び文化的権利に関する委員会」の討議では、住居は「物理的な構造（風雨をしのぐ）に限定されず質的な側面（位置、建築様式・設計への人々の参加など）を含む。プライバシー権、投票権、家族生活の権利等市民的政治的権利と直接にかかわる」ことが確認されている（熊野 一九九六）。

住居という空間・設備の中で営まれる生活行為には、食事、入浴、睡眠、団欒、娯楽、学習、育児、介護などがある。結婚や葬儀、出産も昔は住居の中で執り行われるのが普通であった。

住居はまた、社会とのつながりを形成する拠点でもあり、住居に住み住所を特定することが社会における身分保障につながる。仕事に就く上で住所があることは重要な要件であり、住所地に住民登録をすることによって教育や介護などの社会サービスや社会保障・社会福祉へのアクセスが可能となる。

住居の機能や役割の一部は施設等で代替することが可能であるが、個人や家族のプライバシーを確保しながら自立・自律した生活の継続を行うことは、施設では困難である。安心・安全で安定した生活を送るためには、住居の保障は欠かせない要件である。

(2) 地域包括ケアシステムと「住まい」

超高齢社会に突入した日本では、高齢者の地域生活を支えるために地域包括ケアシステムの構築が進められており、「住まい」はその要として位置づけられている。地域包括ケアシステムの概念図では「住まい」は植木鉢にたとえられており、植物である「医療・看護」「介護・リハビリテーション」「保健・福祉」を育てる器として描かれている（図13-1）。地域包括ケアシステムの推進のためには、「生活の基盤として必要な住まいが整備され、本人の希望と経済力にかなった住まい方が確保されていること」が前提となる。植木鉢が存在しない状態や、植木鉢が欠損していたり容量や材質に不備があったりすると、土となる介護予防や生活支援の導入に支障が生じ、「医療・看護」・「介護・リハビリテーション」・「保健・福祉」という植物を育てることが難しくなる。また、植木鉢の扱いが悪いと植物はうまく育たない。

図13-1　地域包括ケアシステムの概念図：「植木鉢の絵」

出所：三菱UFJリサーチ&コンサルティング「〈地域包括ケア研究会〉地域包括ケアシステムと地域マネジメント」（地域包括ケアシステム構築に向けた制度及びサービスのあり方に関する研究事業），平成27年度厚生労働省老人保健健康増進等事業，2016年。

相対的貧困率等に関する調査分析結果（内閣府・総務省・厚生労働省 二〇一五）によると、高齢者の相対的貧困率が高く、この一〇年間で高齢者は相対的貧困率の押し上げに寄与している。この調査は、総務省「全国消費実態調査」と厚生労働省「国民生活基礎調査」を用いた金銭的指標によるものであり、非金銭的指標は加味されていないため、相対的貧困とされる人々の居住状況については捕捉されていない。しかし、地域包括ケアシステムを有効にするためには、相対的貧困率の高い高齢者の住居の実態にも着目する必要がある。

表13－2　不適切な住環境による曝露、人口寄与割合、環境疾病負荷

曝　露	健康影響	曝露とリスクの関係	人口寄与割合	住宅が原因の環境疾病負荷（年間）
カ　ビ	子ども（0～14歳）の喘息死と障害調整生存年	相対危険度＝2.4	12.3%	欧州地域の45カ国：死者83（0.06対10万），DALYs55842（40対10万）
湿　気	子ども（0～14歳）の喘息死と障害調整生存年	相対危険度＝2.2	15.3%	欧州地域の45カ国：死者103（0.07対10万），DALYs69462（50対10万）
窓の安全柵の欠如	子ども（0～14歳）の傷害死と障害調整生存年	相対危険度＝2.0	33～47%	欧州地域：死者10未満（0.007対10万），DALYs3310未満（2.0対10万）
煙探知機の欠如	傷害死と障害調整生存年（全年齢）	相対危険度＝2.0	2～50%	欧州地域：死者7523（0.9対10万），DALYs197565（22.4対10万）
過　密	結核	相対危険度＝1.5	4.8%	欧州B・欧州C地域：15351（3.3対10万），死者3518（0.8対10万），DALYs81210（17.6対10万）
屋内の寒さ	過剰な冬季死亡率	1℃につき死亡率は0.15%上昇	30%	欧州地域の11カ国：過剰な冬季の死者38203（12.8対10万）
騒　音	心筋梗塞を含む虚血性心臓病	10dB（A）当たりの相対危険度＝1.17	2.9%	ドイツ：心筋梗塞症3900(4.8対10万)，虚血性心臓病24700(30.1対10万)，DALYs25300(30.8対10万)
ラドン	肺がん	100Bq/㎥当たりの相対危険度＝1.08	2～12%	西欧3カ国：フランス：死者1234(2.1対10万)，ドイツ：死者1896(2.3対10万)，スイス：死者231(3.2対10万)
住宅内の受動喫煙	下気道感染症，喘息，心臓病，肺がん	リスク推定幅1.2～2.0，オッズ比＝4.4	推定幅0.6%～23%	欧州地域：死者64700（7.3対10万），DALYs713000（80.7対10万）
鉛	精神遅滞，心血管疾患，行動障害	致死率3％	66%	欧州地域：死者694980（79.2対10万）
屋内の一酸化炭素	頭痛，吐き気，心血管虚血／不全，発作，昏睡，意識消失，死	遅効性・持続性の神経性後遺症	50～64%	欧州A地域：遅効性・持続性の神経性後遺症114～1545（0.03～0.4対10万），死者114±97（0.03±0.02対10万）
ホルムアルデヒド	子どもの下気道症状	オッズ比＝1.4	3.7%	欧州A地域：子どもの0.3～0.6%がぜいぜい息をする
屋内の固形燃料の使用	慢性閉塞性肺疾患，急性下気道炎，肺がん	相対危険度＝1.5～3.2	6～15%	欧州地域：5歳未満の子どもの急性下気道炎8490（16.7対10万），同DALYs293600（577対10万），30歳以上の慢性閉塞性肺疾患5800（1.1対10万），同DALYs100700（19.3対10万）

出所：WHO（2011）の図表を筆者が翻訳。

4　住居と健康

（1）WHOの報告

住居が人間の基本的ニーズの一つとして重要であるのは、「健康」や「文化的な生活」に住居が大きく関わっているからである。

「住居衛生」という言葉があるが、住居は公衆衛生上の主要な要素である。公衆衛生の発達は、一九世紀のイギリスの産業革命に端を発する。労働者が都市部に集中し過密で不衛生な住環境の中で感染症などの健康被害が発生したことから、労働者の居住環境の改善を図るために住居に関する法律が制定され、後の公衆衛生法の制定につながった。

住居にはさまざまな要素が含まれるので、その健康影響を具体的に立証するのは困難であると言われてきた。だが、二〇一一年にWHOの欧州支局は既往研究をレビューして、住宅の健康影響を疾病負荷という指標を用いて評価している。疾病負荷とは、疾病により失われた生命や生活の質の総合計を示すもので、ここでは「障害調整生存年(Disability-Adjusted Life Years：DALYs)」という指標が用いられている。DALY一単位は、「健

康な一年間」の損失分を意味する。表13－2に示されている健康影響の要因は、カビ、湿気、窓の安全柵の欠如、煙探知機の欠如、過密、屋内の寒さ、騒音、ラドン、住宅内の受動喫煙、鉛、屋内の一酸化炭素、ホルムアルデヒド、屋内の固形燃料の使用の一三項目であり、いずれも住宅の物理的環境に関するものである。たとえば、住宅の過密は結核と関係が深く、過密な居住環境にある群はそうでない群に比べて罹患率が一・五倍高い。結核の四・八％が過密居住によるものである。欧州のB・C地域[2]のデータでは該当する事例は一万五三五一件、死者三五一八人、DALY換算では八万一二一〇単位の健康影響となる。

　日本ではここまでの科学的根拠の積上げにはまだ至っていないが、住環境が関係する健康問題として、シックハウスやアレルギーの問題、ヒートショックによる浴室やトイレでの死亡事故などが注目されている。シックハウスとは、住宅の建材や家具・生活用品に含まれる化学物質が原因で起こる健康障害である。また、アレルギーには、食品由来のものだけでなく住宅内におけるカビやダニ、ハウスダストが原因で発症するものがある。シックハウスは、二〇〇三年に建築基準法が改正され建材や換気設備が規制されたことにより被害相談は減少しているが、リフォーム工事や家具・生活用品による被害例などが報告されている。一方、入浴中の死亡事故は、二〇一一年度の推計では全国で年間約一万七〇〇〇人の死者が発生しており（東京都健康長寿医療センター研究所 二〇一四）、その数は当時の年間交通事故死者数四六一一人を大きく上回っている。

(2) ICFモデル

　住居と健康との関係は、世界保健機関（WHO）のICF（国際生活機能分類）のモデル（二〇〇一年）からも明らかである。ICFの健康の概念は従来の健康概念よりも広く、安寧（well-being）のうち健康に関連する構成要素も含み、病気や障害のある人だけでなくすべての人を対象としている。ICFモデル（図13－2）では、健康状態には、生命レベルである心身機能・身体構造の状態、個人レベルとしての日常生活の自立（自律）の状態、社会レベルとしての社会参加の状態が関係しており、これらの生活機能は、その背景にある環境因子や個人因子の条件に影響される。環境因子の中に物的環境因子の一つとして住居が含まれており、住居のありようによって日常生活の自立（自律）が促進または阻害されたり、社会参加の頻度や質が向上または低下したりする。

　貧困や物質的剥奪状態をこのモデルに当てはめてみると、個人因子・環境因子が不足・欠乏している状況である。この因子によって、心身機能や日常生活や社会参加が阻害される可能性がある。これらの機能が低下すると、結果として健康状態をも悪化させてしまうことがある。

　ICFの考え方は、WHOの「高齢化と健康に

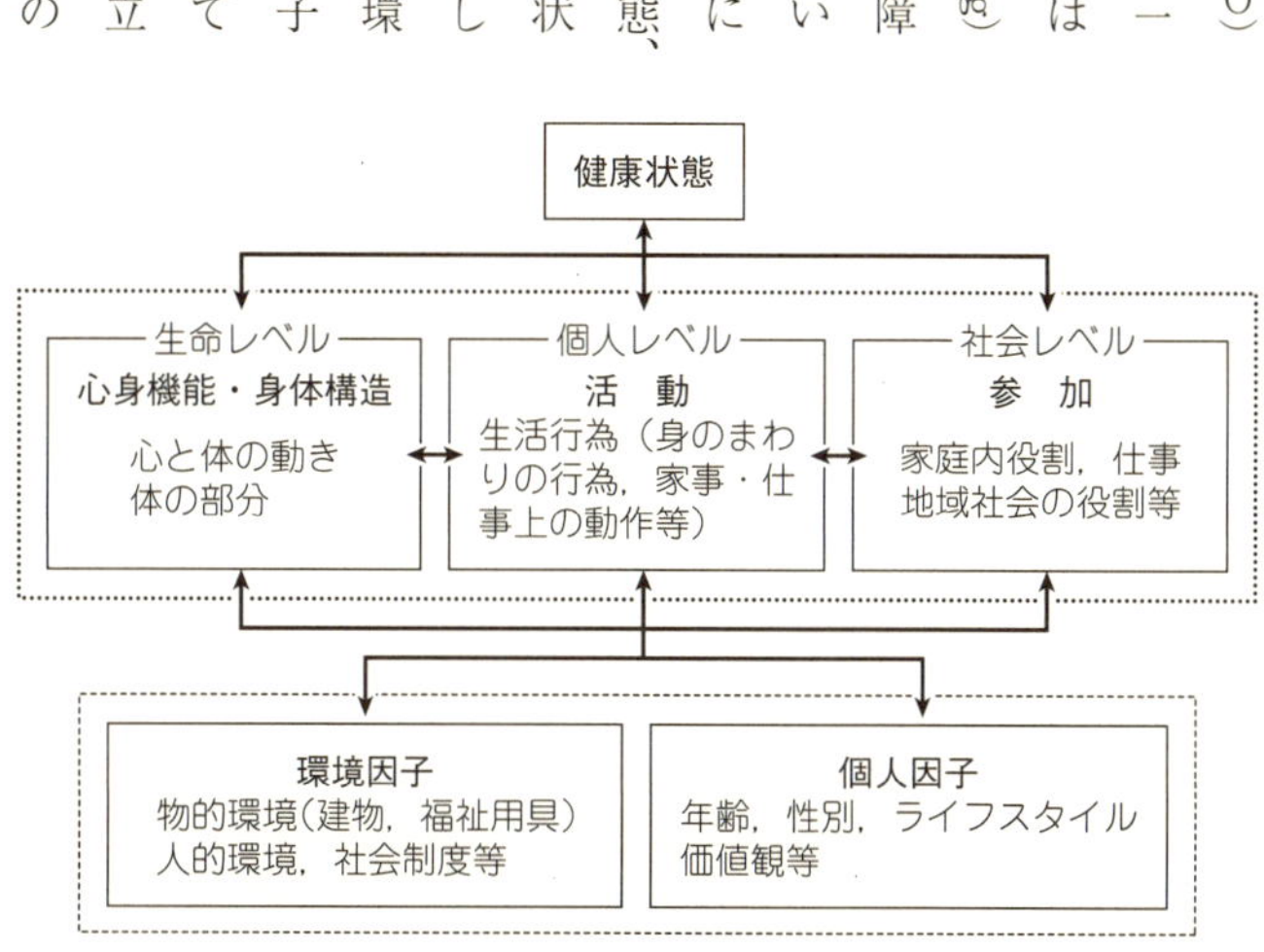

図13－2　ICFの生活機能モデル

出所：障害者福祉研究会（2002）「ICF国際生活機能分類――国際障害分類改定版」の図を筆者が改変。

関するワールド・レポート」(二〇一五)にも取り入れられている。レポートは、加齢に伴い高齢者個人の内在的能力が低下しても、環境との組み合わせによって機能的能力を強化することができ、「健康な高齢化」を目指すことができると述べている。その具体的な活動分野の例として、「高齢者のための住宅供給の選択肢を増やし、家屋の改修を支援するための政策とプログラムを構築する」といった住居に関する対策があげられている。

5　保障されるべき住居の水準

(1) 居住水準の系譜

では、「健康で文化的な最低限度の生活」のために保障されるべき住居の基準とは何だろうか。住宅の状況をもっとも端的に表すのは広さ(面積)と設備の有無である。従来から住宅の面積は居住水準の指標として用いられてきた。

居住水準の系譜をたどると一九六五年の公害審議会生活環境部会で、「健康的な居住水準の設定」が諮問され、翌一九六六年の公害審議会で「健康的な居住水準の設定」および「多人数利用建築物の衛生水準について」に関する中間答申が行われている。中間答申で示された「健康的な居住水準の設定」では、住居に求められる基本的機能として、①災害に対する安全性、②生理的条件の満足、③精神的条件の満足、④生活的要求の満足、⑤経済的条件の満足の五つが示されている。

一九六六年から八期にわたり実施されてきた住宅建設五箇年計画は、各期において住宅建設の目標を掲げており、この変遷の中で居住水準が設定されている。また、一九六七年の住宅対策審議会基本問題部会の「適正な居住水準についての中間報告」で、一〇年後の居住水準目標としての望ましい水準と最低水準が提案された。

この頃の日本では、間借りや過密居住、設備不良などの問題が深刻であり、明らかに「不良住宅」や「不衛生住宅」があった。一九六五年の国勢調査の結果によると、東京都区部でわずか一室しかない住宅に居住する世帯が全世帯の二二%もあり、二～三人世帯に限れば四五%の世帯が一室住宅の居住者であった。駒田他(一九七一)が一九六七年に東京都で実施した「住居と健康に関する総合的調査」では、一人あたりの畳数の平均は二・五～三・五畳程度であり、当時の都市部の過密居住の状況が示されている。調査結果から居住密度は精神的健康度と高い相関があることが明らかになったことから、駒田らは都市の住宅における基本的な条件の広さを次のように総括している。すなわち、食寝分離の可能な広さとしては、一人あたり四・〇畳以上を必要とする。就寝分離の可能な広さとしては一人あたり二・五畳以上を必要とする。精神的健康生活を可能とするためには一人あたり三・五畳以上を必要とする。

住宅建設五箇年計画の第一期(一九六六～一九七〇年度)の目標は「一世帯一住宅」の実現であり、小世帯は九畳以上、一般世帯は一二畳以上の規模を確保することが目標に掲げられていた。駒田らの調査では、この基準が過密居住の判定に利用されている。住宅建設五箇年計画の第二期には「一人一室」の規模を有する住宅の建設が推進された。第二期で全都道府県において住宅数が世帯数を上回り、量的には住宅が充足したことから、住宅供給の目標は量から質の確保に移行し、第三期から最低居住水準・平均居住水準という居住水準の概念が導入された。第五期では平均居住水準にかわり誘導居住水準という新たな居住水準が設定された。また高齢者が世帯に含まれる場合の基準も設定された。第七期では、単身世帯の最低居住水準に浴室設置の条件が加えられた。第8期では住宅の性能の指針として住宅性能水準が設定された。

表13－3　住生活基本計画（全国計画）における居住水準の概要

■住宅性能水準
1.　基本的機能
(1)居住室の構成等　(2)共同住宅における共同施設
2.　居住性能
(1)耐震性　(2)防火性　(3)防犯性　(4)耐久性　(5)維持管理等への配慮　(6)断熱性等　(7)室内空気環境　(8)採光等　(9)遮音性　(10)高齢者等への配慮　(11)その他
3.　外部性能
(1)環境性能　(2)外観等

■居住環境水準
1.　居住環境水準の項目
(1)安全・安心　(2)美しさ・豊かさ　(3)持続性　(4)日常生活を支えるサービスへのアクセスのしやすさ
2.　居住環境水準の指標
（略）

■誘導居住面積水準
(1)一般型誘導居住面積水準
①単身者　55㎡　②２人以上の世帯　25㎡×世帯人数＋25㎡
(2)都市居住型誘導居住面積水準
①単身者　40㎡　②２人以上の世帯　20㎡×世帯人数＋15㎡

■最低居住面積水準
(1)単身者　25㎡　(2)２人以上の世帯　10㎡×世帯人数＋10㎡

注：１）３歳未満は0.25人，３歳以上６歳未満は0.5人，６歳以上10歳未満は0.75人として算定。
２）世帯人数が４人を超える場合は，上記の面積から５％を控除。
３）次の場合には，上記の面積によらないことができる。
①単身の学生，単身赴任者等で比較的短期間の居住を前提とした面積が確保されている。
②適切な規模の共用の台所および浴室があり，各個室に専用のミニキッチン，水洗便所および洗面所が確保され，上記の面積から共用化した機能・設備に相当する面積を減じた面積が個室部分で確保されている。

（２）住生活基本計画における居住水準

二〇〇六年に住宅建設計画法は廃止され新たに住生活基本法が制定された。住生活基本法では、法に基づき国と都道府県に十年ごとに住生活基本計画を策定することを義務付けている。住生活基本計画（全国計画）では、住宅性能水準、居住環境水準、誘導居住面積水準、最低居住面積水準が定められている。ただしこれらの水準は、諸外国の住居法とは異なり、制度的な強制力は持たない。

それぞれの水準の概要は表13－3のとおりである。住宅性能水準は、良質な住宅ストックを形成するための指針であり、住宅の基本的な機能と十種類の性能、住宅の外部との関係からみた性能に関する項目が含まれる。居住環境水準は良好な居住環境の確保のための指針である。居住環境は地域の実情によって異なることから、具体的内容は地方公共団体が基本計画を策定する際に定められる。誘導居住面積水準は、ライフスタイルや世帯人数等に応じた国民の多様な居住ニーズが適切に実現されることを目指す際に参考となる住戸規模であり、最低居住面積水準は、健康で文化的な住生活を営む基礎として不可欠な住戸規模である。

表13-4　機能積上式による居住面積水準の考え方

（㎡）

居住人数	機能スペース					動線空間	補正前計（内法）	専用面積（壁芯）	
	就寝・学習等 食事・団らん	調　理 排　泄	入　浴 洗　濯	出入等 収　納	小　計			壁芯補正後	採用値
1人	5.0 2.5	2.7 1.8	2.3 0.9	1.3 2.0	18.5	3.3〜4.3	21.8〜22.8	23.8〜24.9	25
3人	15.0 3.1	3.2 1.8	2.3 0.9	1.5 3.6	31.4	6.7〜8.0	38.1〜39.4	40.8〜42.2	40

出所：社会資本整備審議会住宅宅地分科会（第11回）（2006）参考資料１。

表13-5　住宅・土地統計調査における最低居住面積水準

■平成25年

２人以上の世帯で，床面積の合計（延べ面積）が次の算式以上を確保している。

10㎡×世帯人員＋10㎡

単身世帯の場合は，以下のいずれかを確保している。

(1)29歳以下の単身者で，専用の台所があり，居住室の畳数が「4.5畳」以上

(2)29歳以下の単身者で，共用の台所があり，居住室の畳数が「6.0畳」以上

(3)30歳以上の単身者で，床面積の合計（延べ面積）が「25㎡」以上

■平成15年

寝　室

(1)夫婦の独立の寝室（６畳）を確保。満５歳以下の子供（就学前児童）１人までは同室とする。

(2)満６歳以上17歳以下の子供（小学生から高校生まで）は，夫婦と別の寝室を確保。１室２人まで共同使用とし，満12歳以上の子供（中学生以上）は，性別就寝とする（共同の場合６畳，個室の場合4.5畳）。

(3)満18歳以上の者については，個室（4.5畳）を確保。

食事室および台所

(1)食事のための場所を食事室兼台所として確保。単身世帯については，台所のみとする。

(2)食事室の規模は，世帯人員に応じ，２～４人世帯の場合は7.5㎡（4.5畳），５人以上世帯の場合は10㎡（６畳）とする。

(3)中高齢（30歳以上～65歳未満）単身世帯は，食事のための場所を食事室兼台所として確保し，その規模は，7.5㎡（4.5畳）とする。

（3）居住面積水準の考え方

住生活基本計画の居住面積水準は、次のような考え方で設定された。すなわち、最低居住面積水準は、主に公営住宅等の公的支援のメルクマールとし、市場へは誘導居住面積水準を提示し水準の向上を誘導すること、第八期五箇年計画の水準面積を基本としつつ、世帯構成や多様化に対応した標準的な数値に見直すことである。具体的には、以下のとおりである。

①　世帯構成や質構成を固定しない「機能積上式」（表13-4）により標準的な「延べ床面積」のみを設定する。

②　単身者の水準面積の年齢による区分を廃止する（短期居住は特例あり）。

③　グループ居住（空間共用）の個室面積の考え方を明示する。

参考までに国が五年ごとに実施する「住宅・土地統計調査」の最低居住面積水準の定義を示す（表13-5）。二〇〇三（平成一五）年調査では、住宅建設五箇年計画時の居住水準を反映し各室単位で最低居住面積が定められていたが、二〇一三（平成二五）年調査では、前述のような設定の考え方に基づき各室の詳細は省略・簡略化されている。

ところで、そもそもの「住宅」の定義であるが、

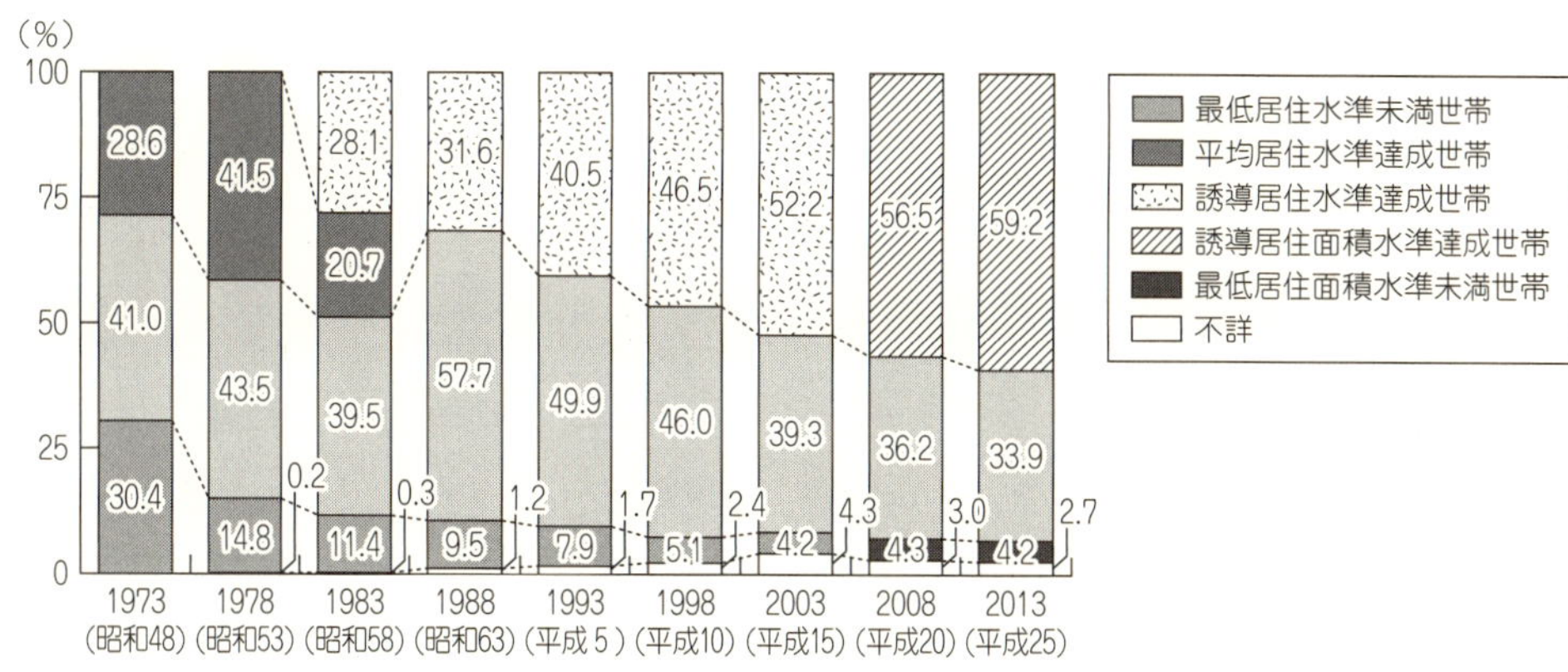

図13-3　居住面積水準と世帯数の推移（全国）

注：平成20年，平成25年の最低居住面積水準未満率および誘導居住面積水準達成率は，住生活基本計画（平成18年9月閣議決定）で新たに定められた居住面積水準を基に，住宅・土地統計調査および住生活総合調査の結果を活用して，国土交通省で独自に集計したものであり，平成15年調査が第8期住宅建設五箇年計画の最低居住水準および誘導居住水準を基に集計されたものであるため，単純な比較はできない。

資料：住宅・土地統計調査（総務省），平成20年・平成25年住生活総合調査特別集計（国土交通省）をもとに国土交通省で独自集計。

出所：国土交通省住宅局住宅政策課（2016）。

建築基準法には「住宅」の明確な定義はない。「住宅・土地統計調査」の用語の解説では、「一戸建の住宅やアパートのように完全に区画された建物の一部で、一つの世帯が独立して家庭生活を営むことができるように建築又は改造されたもの」であり、「四つの設備要件（一つ以上の居住室、専用の炊事用流し（台所）、専用のトイレ、専用の出入口）」を備えたものとされている。したがって、台所または流しとトイレの専用は「住宅」としての必須要件である。近年増加しているシェアハウスやゲストハウスは、生計を共にしない世帯が複数で暮らす「共同居住」であり、そのほとんどはトイレや台所を共用としていて設備要件を満たさない。「住宅・土地統計調査」の定義を厳密に適用すれば「住宅」にはあてはまらないものも多数存在すると思われる。

(4) 居住面積水準の現状

居住面積水準の推移（図13-3）をみると、誘導居住面積水準達成世帯の比率は増加して二〇一三年には約六割を占めるようになり、着実に向上していることがわかる。しかし、最低居住面積水準未満の世帯比率は二〇〇三年までは減少しているものの、この一〇年間は四％強で変化がみられない。平成二五年住宅・土地統計調査の解説（二〇一七）によると、最低居住面積水準以上の主世帯は全体の九〇・二％である。所有の関係別では、持家が九九・一％であるのに対し、借家は八一・六％であり、借家の約二割は最低居住面積水準未満世帯である。借家のうち民営借家の最低居住面積水準以上の割合は七九・四％であり、公営借家や給与住宅と比べて低くなっている。世帯人員別では、二人世帯は九五・六％と高いが、一人世帯は八〇・七％であり、一人世帯の二割は最低居住面積水準未満である。

(5) 居住面積水準の国際比較

住宅面積を諸外国と比較すると、持家の戸当たり住宅床面積は諸外国とほぼ同等であるが、借家の規模は著しく小さい（図13-4）。前項の最低居住面積水準についても、借家でその水準を満たさない割合が高かったことと合わせて、日本の借家の質の低さが顕著である。住宅床面積の全体では、アメリカ以外の諸国とほぼ同じ広さになっているが、一人当たり住宅床面積をみると、諸外国よりもその値は大幅に低くなる（図13－5）。これは、世帯人数に見合わない広さの住宅に居住していることを示しており、居住水準は住宅の質そのものの問題よりもむしろ世帯規模と住宅のマッチングの問題が大きいと言える。

6　「住宅困窮」の尺度

（1）「住宅困窮」の定義

公営住宅法の第二三条には、公営住宅の入居者資格として、低額所得者であることに加えて「現に住宅に困窮していることが明らかであること」という条件を課している。この公営住宅法上の「住宅に困窮する低額所得者」とは、「最低居住水準の住宅を住宅市場において自力で確保することが困難な者」と定義されている（住本他 二〇一二）。「住宅困窮」とは、いわば住宅という側面における貧困状態を示すものと考えられる。

住宅の困窮要件は、公営住宅法施行令第七条の各号に規定されており、次のような者が住宅困窮者に該当する。

(m²)

	全体	持家	借家
日本（2013）	94.42	122.32	45.95
アメリカ（2013）	130.99	157.19	85.06
イギリス（2013）	95.84	108.51	72.12
ドイツ（2011）	100.54	129.25	77.88
フランス（2013）	99.99	123.42	69.30

図13－4　戸当たり住宅床面積の国際比較（壁芯換算値）

注：1）床面積は，補正可能なものは壁芯換算で補正を行った（米×0.94，独仏×1.10）。
　　2）アメリカの値は中央値（median）であり，戸建ておよびモービルホームを対象とする。
資料：日本：総務省「平成25年住宅・土地統計調査」（データは2013年）。
　　アメリカ：U. S. Census Bureau, "American Housing Survey 2013"（データは2011年）.
　　イギリス：Department for Communities and Local Government, "English Housing Survey Housing Stock Summary Statistics Tables 2013"（データは2013年）.
　　ドイツ：Statistisches Bundesamt, "Statistisches Jahrbuch Deutschland und Internationales 2014"（データは2011年）.
　　フランス：Insee, "enquête logement 2013".
出所：国土交通省住宅局住宅政策課（2016）。

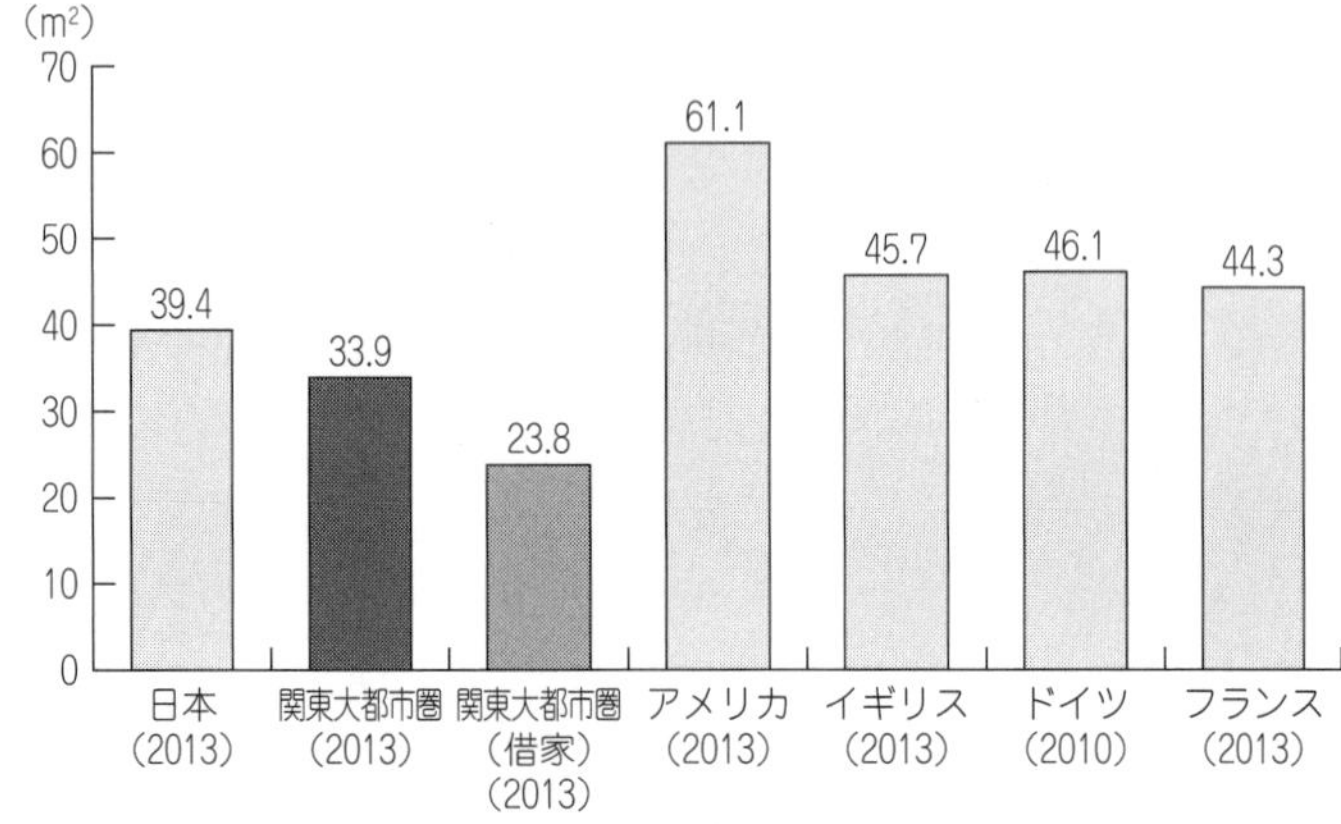

図13－5　1人当たり住宅床面積の国際比較（壁芯換算値）

注：1）床面積は，補正可能なものは壁芯換算で補正を行った（米×0.94，独仏×1.10）。
　　2）アメリカの床面積は中位値（median）であり，戸建ておよびモービルホームを対象とする。
　　3）ドイツのデータは，調査の実施年（データ）と報告書の発表年が異なる。
資料：日本：総務省「平成25年住宅・土地統計調査」（データは2013年）。
　　アメリカ：U.S.Census Bureau, "American Housing Survey 2013"（データは2013年）.
　　イギリス：Department for Communities and Local Government, "English Housing Survey 2013".
　　ドイツ：Bundesminister für Verkehr, Bau und Stadtentwicklung, "Wohnen und Bauen in Zahlen 2011/2012"（データは2010年）.
　　フランス：Insee, "enquête logement 2013".
出所：国土交通省住宅局住宅政策課（2016）。

① 住宅以外の建物もしくは場所に居住し、または保安上危険若しくは衛生上有害な状態にある住宅に居住している者

② 他の世帯と同居して著しく生活上の不便を受けている者又は住宅がないため親族と同居することができない者

③ 住宅の規模、設備又は間取りと世帯構成との関係から衛生上又は風教上不適当な居住状態にある者

④ 正当な事由による立退きの要求を受け、適当な立退き先がないため困窮している者

⑤ 住宅がないために勤務場所から著しく遠隔の地に居住を余儀なくされている者又は収入に比して著しく過大な家賃の支払いを余儀なくされている者

（2）自治体における住宅困窮度の評価基準

住宅困窮の個別具体的な判断は事業主体が行うことが期待されており、各自治体は条例や要綱で評価基準を定めている。

たとえば大阪府では、住宅困窮度の評価を、「一人当たりの居住室面積」「居住室数（家族構成等の評価）」「同一住宅内で生活している他世帯との同居状況」「年間総所得額に占める家賃負担率」「設備（台所、便所の有無）」「立ち退き（裁判及び公共事業によるもの）」「特別加算（高齢者世帯、母子世帯、障がい者世帯など）」の七つの項目から算出している。一人当たりの居住室面積については、四・〇㎡以下から一五・〇㎡以下までを八段階に分けて配点している。また家賃負担率については、二五％以上から五％刻みで五五％以上までの七段階に分けて配点をしている。

相模原市では、「非住宅居住」「立退要求」「老朽状況」「狭小住宅（過密居住）」「設備不良」「住宅の家賃」「災害想定区域」「過去申込回数」「福祉的配慮」「エレベーターなし住宅」の一〇項目で判定を行っている。「狭小住宅（過密居住）」は居住室面積が一人当たり五畳に満たない場合に評価をしている。住宅の家賃は世帯の収入金額の合計に対する割合が三〇％以上の場合に評価をしており、三年以上居住している場合には二倍の評価としている。

北海道上富良野町では、「非住宅居住」「保安・衛生状況」「他世帯同居」「親族との同居」「規模・設備不良」「立退要求」「勤務先からの距離」「病院からの距離」「家賃負担率」「その他住宅困窮者（ひとり親世帯、多子世帯、DV被害世帯、犯罪被害者世帯、シックハウス被害世帯、高齢者世帯、生活保護世帯など）」の項目がある。規模・設備不良については、「最低居住水準未満の住宅に居住している世帯（一人当たり四畳以下）」のほかに「夫婦と一二歳以上の者が一つの部屋に就寝している世帯」や「一つの部屋に一二歳以上の異性兄弟が就寝している世帯」などが判断基準とされている。家賃負担率については、家賃の負担率が一〇％以上の世帯から判定点が加算される。

7　住宅市場から排除される人々

（1）住宅確保要配慮者

二〇〇七年に制定された「住宅確保要配慮者に対する賃貸住宅の供給の促進に関する法律」（通称、住宅セーフティネット法）は、低額所得者、被災者、高齢者、障がい者、子どもを育成する家庭その他住宅の確保にとくに配慮を要する者を「住宅確保要配慮者」と位置づけ、これらの人々に対する賃貸住宅の供給の促進を図ることを目的としている。公営住宅法の対象である「住宅に困窮する低額所得者」よりもその対象は広範であるが、基本方針に記載された住宅確保要配慮者を整理すると、属性に応じた適切な住宅を民間賃貸住宅市場において確保することが困難な者、または災害

によって住宅を失った者と定義でき、住宅市場で住宅を確保できないという点で共通している。

民間賃貸住宅市場に参画することができない主要な理由には、金銭的な要因と非金銭的な要因があると考えられる。住宅の売買や賃貸には金銭と信用が必要であり、とくに社会的信用は住宅市場では重要である。住宅は高額商品であるため住宅ローンや家賃等を長期にわたって支払い続けなければならず、その支払い能力や責任能力に対する保証が求められる。住宅購入の際には住宅ローンの「信用調査」が行われ、賃貸の場合は入居時一時金（敷金）や保証人を求められるのはそのためである。賃貸の場合は、住宅の所有権は家主にあり、その維持管理はその後の資産価値にも関わるため、借家人の選定はある程度慎重にならざるを得ない。

公益財団法人日本賃貸住宅管理協会「家賃債務保証会社の実態調査報告書」（平成二六年度）では、住宅確保要配慮者の入居に対する大家の拒否感が強いことが示されており、高齢者に対しては約六割、障がい者に対しては約七割、子育て世帯に対しては約一割、外国人に対しては約六割が拒否感を持っている。入居制限も一割前後みられる。入居制限する理由は、「家賃の支払いに対する不安」が五割を超えており、「住宅の使用方法に対する不安」が三分の一程度ある（国土交通省住宅局 二〇一六）。

(2) ホームレスの人々

「ホームレス」は住宅困窮の極限の状態であるといえる。二〇〇二年に「ホームレスの自立の支援等に関する特別措置法」が制定されホームレス施策が実施されている。しかしホームレス施策の中心は就労による自立支援であり、住居保障については具体的施策に乏しい。一方、海外では、ホームレス問題を住宅問題と位置づけ積極的に取り組んでいる国が少なくない。たとえば、ヨーロッパのホームレス支援組織であるＦＥＡＮＴＳＡ（the European Federation of National Organisations working with the Homeless）は、ホームレス問題の理解と対策を促すためにＥＵ加盟国共通のホームレスの定義を提唱している。ＦＥＡＮＴＳＡの定義では、ホームレスのカテゴリーは以下の四つに分類される。

① 路上生活者（rooflessness）：シェルター等の施設を利用せず屋外で起居する者

② 住宅喪失者（houselessness）：シェルターや施設など不定期だが寝泊りする場所がある者

③ 不安定な居住状態にある者（living in insecure housing）：不安定な賃貸契約に置かれていたり、立ち退きを迫られていたり、家庭内暴力などの理由から、住宅を失う深刻な脅威に晒されている者

④ 不適切な居住状態にある者（living in inadequate housing）：不法なキャンプサイトに建つトレーラーハウス（移動住宅）に居住している者、居住水準に満たない住宅に居住している者、過剰に過密な状況で居住している者

日本でホームレスと呼ばれているのは、前記の①のカテゴリーのみを表しているに過ぎない。一方、ＦＥＡＮＴＳＡの対象は「Homelessness and housing exclusion」（Edgar 2003）とされており、ホームレス問題は住宅からの「排除」であるというスタンスが明確に示されている。したがって、その対策においては、住宅施策が一つの大きな柱と考えられている。

「ホームレスの自立の支援等に関する特別措置法」に基づき実施された二〇〇三年の実態調査では、ホームレス数は二万五〇〇〇人を超えていたが、二〇〇九年の調査では一万三〇〇〇人強に半減し、最新の調査（二〇一七年）では約五五〇〇

人にまで減少した。しかし一方で、マンガ喫茶やインターネットカフェ、保護施設や無料低額宿泊所などを利用する、安定した居所を持たない人々の存在が多数確認されている。厚生労働省の調査では、「住居喪失不安定就労者」の人数は全国で約五四〇〇人と推計されており、ホームレス自立支援センターは、毎年五〇〇〇～六〇〇〇人以上の利用（二〇〇三～二〇〇六年度実績）がある。また、シェルターには年間一〇〇〇人単位のホームレスの人々が寝泊りしている。入所型の生活保護施設の在所者数は約二万人であり、無料低額宿泊所や無届施設・無認可施設などには三万人近い生活保護受給者が生活している。

8　社会福祉施設の現状

(1) 社会福祉施設の利用者

社会福祉施設の入所者は、国勢調査ベースで二〇一五年に一八〇万人を超えている（表13-6）。また、間借りや住宅以外に居住する一般世帯が約一三五万世帯いる。

社会福祉施設の対象者は、高齢者、生活保護被保護者、母子世帯、児童虐待にある児童、ドメスティック・バイオレンスの被害者、子育て世帯など幅広いが、共通しているのはいずれも援護を必要としている人々だということである。この中には、経済的困窮、いわゆる貧困を理由とする人も少なくないと推測される。実際、婦人保護施設に対する調査では、在所者の六割が生活困難等による要保護者であった（阪東他 二〇一四）。

社会施設の入所者数は一九九五年から二〇一五年の二〇年間で三・五倍に増加しており、とくに二〇〇〇年以降の増加率が大きくなっている。これは、介護保険制度の創設により高齢者施設数が増加していることによるものが大きいが、バブル崩壊以降の経済の低迷や二〇〇八年のリーマン・ショックなどにより、ホームレス者や生活保護受給者などが増えてきたことも影響していると考えられる。厚生労働省の「社会福祉施設等調査」でその他の社会福祉施設等に分類されている宿所提供施設は、いわゆる第二種社会福祉事業の無料低額宿泊所が多数を占めると思われるが、この施設数や定員が増加していることはその顕れである。無料低額宿泊所には無届施設も多く、実際には表13-7に含まれる数字よりも多数の施設が存在すると考えられる。厚生労働省が二〇一五年に実施した「無料低額宿泊事業を行う施設に関する調査」によると、全国の無料低額宿泊所の数は五三七、定員は一万八二〇一人であり、これは「社会福祉施設等調査」の数字のおよそ二倍にあたる。入所者は一万六五〇〇人で、うち生活保護受給者は一万四一四三人に上っている。

(2) 社会福祉施設の居住環境

無料低額宿泊所や高齢者施設の数は年々増加しているが、その多くは民間企業やNPO法人などにより施設の建設や運営が行われているものである。他方、自治体や公的団体が建設・運営するその他の社会福祉施設の施設数や在所者数は横ばいか減少傾向にある。とくに低所得層の高齢者を受け入れる施設の著しい不足が指摘されている。社会保障や医療制度の改革により、施設供給や施設利用が抑制されていることが影響していると思われる。措置時代の社会福祉であれば、経済的あるいは社会的理由を勘案し施設の利用を行政がコントロールすることができたが、契約時代の現代においては、消費力のある中高所得層の高齢者をターゲットとした施設サービス供給が主流となり、低所得層が利用できる施設は公的主体が運営するごく一部の施設に限定される。

施設利用の需要が高いにもかかわらず、公共による施設の新規建設はほとんど行われなくなって

表13－6　施設等の入所者数および間借り・住宅以外に住む一般世帯数

	1990年	1995年	2000年	2005年	2010年	2015年
施設等の世帯人数（人）	1,741,756	1,793,829	1,972,622	2,312,446	2,511,749	2,798,414
うち社会施設の入所者（人）	433,924	524,527	701,499	1,070,393	1,449,905	1,829,855
間借り（世帯）	324,653	374,336	549,081	535,512	577,331	473,400
住宅以外に住む一般世帯（世帯）	1,351,829	1,285,501	1,089,103	894,221	787,407	874,400

出所：各年の国勢調査（総務省）より筆者作成。

表13－7　社会福祉施設（入所型）の施設数、定員、在所者数

	施設数[9)]	定員（人）[9)]	在所者数（人）[9)]
保護施設[1)]	213	18,647	17,666
老人福祉施設[2)]	3,202	157,922	138,635
障害者支援施設等[3)]	2,612	142,868	124,531
婦人保護施設	47	1,270	409
児童福祉施設[4)]	1,314	73,596	50,365
母子生活支援施設[5)]	243	4,930	9,223
その他の社会福祉施設等[6)]	12,619	484,718	344,640
介護保険施設[7)]	12,865	927,427	811,459
計[8)]	32,872	1,806,448	1,487,705

注：1）保護施設は，救護施設，更生施設，宿所提供施設の合計。
2）老人福祉施設は，養護老人ホーム，軽費老人ホームの合計。
3）障害者支援施設等の在所者数のうち入所者数を記載。
4）児童福祉施設は，乳児院，児童養護施設，障害児入所施設（福祉型），障害児入所施設（医療型），情緒障害児短期治療施設，児童自立支援施設の合計。
5）母子生活支援施設の定員は世帯数，在所者数は世帯人員を示すため，児童福祉施設の定員と在所者数の中に含めず，別途記載した。
6）その他の社会福祉施設等は，宿所提供施設，有料老人ホーム（サービス付き高齢者向け住宅以外），有料老人ホーム（サービス付き高齢者向け住宅であるもの）の合計。
7）介護保険施設は，介護老人福祉施設，介護老人保健施設，介護療養型医療施設の合計。
8）定員と在所者数の合計には，いずれも母子生活支援施設の定員と在所者数を含まない。
9）施設数，定員は各調査の基本票の数字を，在所者数は各調査の詳細票の数字を使用している。
出所：厚生労働省「平成26年社会福祉施設等調査」「平成26年介護サービス施設・事業所調査」より筆者作成。

いる。既存施設は建物の老朽化が進み、その居住環境は建設当初のままの低い状態に留置されている。また、施設の設置目的や対象が、現在の社会ニーズに合わなくなっている状況もみられる。

施設の居住水準の低さもまた大きな課題である（表13－8）。居住性が重視されユニット化が進む高齢者施設でさえ、居室面積は住宅の最低基準の半分以下である。社会福祉施設の中でも生活保護施設や婦人保護施設などの措置施設に至っては、一人当たりの居室面積はいまだ畳二～三枚程度であり、個室化も最低基準には含まれていない。

社会福祉施設の多くは措置から契約による利用にかわってきており、生活の場としての居住性や支援・ケアの場としての機能性が問われるようになっている。一方、高齢者施設や第二種社会福祉事業では、設置・運営主体が公的主体から民間主体に広がりを見せている。民間主体では営利や経営の安定性が問われるため、経済的効率性を優先した運営が行われる可能性がある。対象者、とくに低所得者の利用できる施設が需要に見合う形で供給されるかどうか、またその施設基準が、対象者にとって「健康で文化的な生活」を行うために十分に適切なものであるかどうか、といった視点から検証を行うことが必要である。

表13－8　主な社会福祉施設の居室面積

施設種類	1人当たり居室面積	1居室当たり定員
保護施設		
救護施設・更生施設	3.3㎡以上	4人以下
宿所提供施設	3.3㎡以上	1世帯
老人福祉施設		
養護老人ホーム	10.65㎡以上	1人（2人可）
軽費老人ホーム	21.6㎡以上（1人用）1） （有効面積14.85㎡以上）	1人（2人可）
都市型軽費老人ホーム	7.43㎡以上	1人（2人可）
障害者支援施設	9.9㎡以上	4人以下
婦人保護施設	4.95㎡以上	4人以下
児童福祉施設		
乳児院	2.47㎡以上	
母子生活支援施設	30㎡以上	1世帯以下
児童養護施設・福祉型障害児入所施設・児童自立支援施設	4.95㎡以上	4人以下
児童養護施設（乳幼児のみの場合）	3.3㎡以上	6人以下
情緒障害児短期治療施設	4.95㎡以上	4人以下
介護保険施設		
特別養護老人ホーム（従来型）	10.65㎡以上	1人（2人可）
老人保健施設（従来型）	8.0㎡以上	4人以下
介護療養型医療施設（従来型）	6.4㎡以上	4人以下
特別養護老人ホーム·老人保健施設·介護療養型医療施設(ユニット型)	10.65㎡以上	1人（2人可）
その他の社会福祉施設		
宿所提供施設（第2種社会福祉事業の無料低額宿泊所）	3.3㎡～5㎡以上2）	1人，1世帯，4人以下など2）
有料老人ホーム	13.0㎡以上	1人
（参考）住宅の最低居住水準（単身世帯）	25.0㎡	

注：1）ただし，共用設備が居室に近接して設けられている場合は15.63㎡以上（洗面所・便所・収納設備・調理設備を除く有効面積13.2㎡以上）。
2）自治体によって基準が異なる。
出所：各施設の設備および運営に関する最低基準などにより筆者作成。

9　住宅セーフティネット

（1）改正住宅セーフティネット法

二〇一七年四月に住宅セーフティネット法が改正された。従来の法律と比べると条文が一二条から六四条と五倍以上に増えた。改正の理由は、「住宅確保要配慮者に対する賃貸住宅の供給の促進を図るため、都道府県及び市町村による賃貸住宅供給促進計画の作成、住宅確保要配慮者の円滑な入居を促進するための賃貸住宅の登録制度の創設、住宅確保要配慮者居住支援法人の指定等の措置を講ずる必要がある」からである。改正法の成立に当たっては次の七つの付帯決議が採択されている。

①　本法に住宅セーフティネット機能の強化と併せ、公営住宅を始めとする公的賃貸住宅政策についても、引き続き着実な推進に努めること。

②　低額所得者の入居負担軽減および安定的な住宅確保を図るため、政府は予算措置を含め必要な支援措置を講ずること。

③　高齢者、障害者、低額所得者、ホームレス、子育て世帯等の住宅確保要配慮者の入居が拒

まれている実態について、国土交通省と厚生労働省とが十分に連携し、住宅政策のみならず生活困窮者支援等の分野にも精通した有識者や現場関係者の意見を聞きながら、本法律の趣旨を踏まえ、適宜調査を行うなど、各々の特性に十分配慮した対策を講ずること。

④ 住宅確保要配慮者が違法な取立て行為や追い出し行為等にあわないよう、政府は適正な家賃債務保証業者の利用に向けた措置を速やかに講ずること。

⑤ 地方公共団体による賃貸住宅供給計画について、その策定の促進を図るとともに、地域の住宅確保要配慮者の実情に即し、かつ空き家対策にも資する実効性のあるものとなるよう、必要な支援を行うこと。

⑥ 住宅セーフティネット機能の強化のためには、住宅確保要配慮者居住支援協議会の設立の促進とその活動の充実等を図ることが重要であり、また、地方公共団体の住宅部局および福祉部局の取組と連携を強化することが不可欠であることに鑑み、各地域の実態を踏まえ、必要な支援を行うこと。

⑦ 災害が発生した日から起算して三年を経過した被災者についても、必要が認められるときには、住宅確保要配慮者として支援措置を講ずること。

（2）今後の住宅施策のあり方

改正住宅セーフティネット法により、住宅確保要配慮者のための賃貸住宅の登録制度が創設され、居住支援法人による入居相談・援助や家賃債務保証、生活保護受給者の住宅扶助費の代理納付などが実施されることとなった。この背景には、単身高齢者の増加など住宅確保要配慮者が増加しているが、住宅ストックの状況をみると、公営住宅の増加が見込めず、一方で民間の空き家・空き室は増加を続けていることがある。公営住宅に代わる受け皿として、空き家等を活用した住宅セーフティネット機能の強化を図ろうとするものである。

しかし、空き家等の活用という市場を活用した住宅施策を前提とするのであれば、いわゆる要配慮者が市場に参入できるようにすることが必須である。そのためには、以下の点についてさらなる検討が必要であると考える。

まず供給者（大家・不動産業者）に対しては、入居に対する拒否感を解消するための対策が求められる。また低額所得者が確保できる住宅商品を増やすためには、アフォーダビリティを高めるという観点から、家賃統制など家賃を抑えるための何らかの規制が必要であろう。

次に需要者に対しては、所得の安定・向上により経済力を高めるための支援とともに、家賃補助や直接融資などにより所得を補完する方法がある。家賃補助については、コストの増大が懸念されるという理由から、現在は国も自治体もその実施に消極的である。信用力に対する支援としては、行政等による保証制度が考えられる。これまでも民間保証会社の活用などが行われてきたが、住宅確保要配慮者はリスクが高いという理由で保証を引き受けない場合があることや、家賃債務保証を利用するにもかかわらずオーナーからさらに個人の連帯保証人を求められる場合があることなどの課題が指摘されている。新たな住宅セーフティネット制度において居住支援法人による債務保証の実施が有効に働くかどうか、今後の検証を待ちたい。

いずれにしても、現在の施策は、需要者に対する情報・知識の提供が主であるが、住宅市場の活用を前提とする限り、経済力と信用力の向上を図らなければ、根本的な解決とはならない。前記のような支援策を講じても市場に参入できない人に対しては、住宅市場に代わって直接に公営住宅等を供与したり、要配慮者に代わって住宅市場で行政やそれに代わる団体が住宅の賃貸契約をし、要配慮者にサブリースしたりする仕組みが必要であろう。

さらに、確保した住宅に住み続けられるようにするための支援も必要である。経済力低下による家賃滞納対策や孤独死への不安に対する対策、維持管理が困難になった時の対応、災害で滅失した住宅に対する補償や代替住宅の確保など、不測のイベントに対して、現在の住宅市場では「居住継続」を保障・支援する商品がほとんど扱われていない。住居は世帯単位で享受するものであるから、居住継続が保障されなければ、子どもなど次世代への影響もある。次世代の貧困を生まないためにも、住居の保障は重要である。

【注】

（1）この条文において、「相当な」と訳されている用語は英文では「adequate」であり、熊野（一九九六）は「適切な」、申（一九九六）は「十分な」と訳している。本章では、「right to adequate housing」を「適切な居住の権利」と訳す立場から、外務省訳文の引用以外は「適切な」を用いる。

（2）疫学的見地からの死亡率に基づいて、WHOは世界の各地域をA（子どもの死亡率が非常に低く、成人の死亡率も非常に低い）からE（子どもの死亡率が高く、成人の死亡率も高い）の五段階で小地域に区分している。欧州はAからCの三段階に区分されている。

【参考文献】

阿部彩（二〇〇六）「相対的剥奪の実態と分析――日本のマイクロデータを用いた実証研究」社会政策学会編『社会政策学会誌』一六号、二五一―二七五頁。

阿部浩己（二〇〇三）『国際人権の地平』現代人文社。

泉田信行・阪東美智子・佐藤格・渡辺久里子・安藤道人・藤間公太・大津唯（二〇一七）「我が国の貧困の状況に関する調査分析研究報告書」平成二八年度厚生労働科学研究費補助金。

浦川邦夫（二〇〇六）「居住生活の質に関する格差と貧困」京都大学『経済論叢』第一七八巻第三号、八五（二七七）―一〇九（三〇一）頁。

海老塚良吉・寺尾仁・本間義人・尹載善（二〇〇八）『居住福祉研究叢書第四巻　国際比較・住宅基本法』信山社。

大方潤一郎（一九八七）『近代都市計画の原像と近代日本都市計画の位相』東京大学学位論文。

大川弥生（二〇〇九）「生活不活発病（廃用症候群）――ICF（国際生活機能分類）の『生活機能モデル』で理解する」『ノーマライゼーション』第二九巻第八号、一〇―一三頁。

小沢理市郎（二〇〇五）「住宅政策の転換期を迎えて――住宅基本法の構築と住宅価値の形成」『Best Value』Vol. 8。

外務省HP「人権外交―国際人権規約」（http://www.mofa.go.jp/mofaj/gaiko/kiyaku/index.html 最終アクセス：二〇一七年一一月六日）。

外務省HP（二〇一四）「人権・人道―世界人権宣言」（http://www.mofa.go.jp/mofaj/gaiko/udhr/index.html 最終アクセス：二〇一七年一一月六日）。

熊野勝之（一九九六）「居住の権利（ハウジング・ライツ）」近畿弁護士会連合会編『阪神・淡路大震災人権白書　高齢者・障害者・子ども・住宅』明石書店、一一―五六頁。

国土交通省住宅局（二〇一六）「新たな住宅セーフティネットの構築に向けた論点整理　参考資料」社会資本整備審議会住宅宅地分科会新たな住宅セーフティネット検討小委員会。

国土交通省住宅局住宅政策課（二〇一六）『住宅経済データ集（平成二八年度）豊かで魅力ある住生活の実現に向けて』。

国土交通省住宅局住宅政策課（二〇一六）「平成二八年度　住宅経済関連データ」（http://www.mlit.go.jp/statistics/details/t-jutaku-2_tk_000002.html 最終アクセス：二〇一七年一一月六日）。

駒田栄・吉田敬一・田村健二・曽田長宗・小林陽太郎（一九七一）「住生活と身体的及び精神的健康――東京都内数地区における実情調査」社会医学研究会編『住宅と健康』一五三―一九五頁。

社会資本整備審議会住宅宅地分科会（第一一回）（二〇〇六）参考資料一「居住面積水準設定の考え方について」。

住宅法令研究会（二〇〇六）『最新　日本の住宅事情と住生活基本法』ぎょうせい。

障害者福祉研究会（二〇〇二）『ICF国際生活機能分類―国際障害分類改定版』中央法規出版。

申惠丰訳（一九九六）「『経済的、社会的及び文化的権利に関する委員会』の一般的意見」『青山法学論集』第三八巻第一号、八三―一二三頁。

鈴木康夫（一九九六）「『住む』権利と法政策」『都市住宅学』一三号、七―一〇頁。

住本靖・井浦義典・喜多功彦・松平健輔（二〇一二）『逐条解説　公営住宅法　改訂版』ぎょうせい。

総務省統計局（二〇一七）『日本の住宅・土地　平成二五年住宅・土地統計調査の解説』。

東京都健康長寿医療センター研究所（二〇一四）「わが国における入浴中心肺停止状態（CPA）発生の実態――四七都道府県の救急搬送事例九三六〇件の分析」。

徳川信治（二〇一〇）「国際人権法における住居についての権利――強制立ち退き問題の関わりの中で」『立命館法学』五・六号（三三三・三三四号）、九一六（二三七六）―九四〇（二四〇〇）頁。

内閣府・総務省・厚生労働省（二〇一五）「相対的貧困等に関する調査分析結果について」（http://www5.cao.go.jp/keizai3/kakusa/20151218kakusa.pdf 最終アクセス：二〇一七年一一月六日）。

阪東美智子（二〇〇七）「ホームレスの人々に対する居住支援・住居保障」福原宏幸編著『社会的排除・包摂と社会政策（シリーズ・新しい社会政策の課題と挑戦）』法律文化社、一七七―一九九頁。
阪東美智子（二〇〇九）「住宅政策」京極高宣・大沢真知子・埋橋孝文編著『社会福祉学習双書、第一巻　社会福祉概論Ⅰ――現代社会と福祉』全国社会福祉協議会、一一三―一二三頁。
阪東美智子（二〇一〇）「『住む力』から考える居住の貧困」『建築とまちづくり』三八九号、八―一二頁。
阪東美智子（二〇一一）「居所のない生活困窮者の自立を支える住まいの現状――路上から居住への支援策」『月刊福祉』第九四巻第三号、二二―二五頁。
阪東美智子（二〇一四）「今日の住宅問題と『住む力』の減退」堀田祐三子・近藤民代・阪東美智子編集『これからの住まいとまち――住む力をいかす地域生活空間の創造』朝倉書店、二一―一六頁。
阪東美智子（二〇一五）「住宅環境の社会疫学的影響」『貧困研究』一四号、六四―七二頁。
阪東美智子（二〇一六）「【「二〇二五年問題」に対する公衆衛生の役割――国立保健医療科学院のミッション】居住環境分野から　安心安全な高齢者の「住まい」の整備」『保健医療科学』第六五巻第一号、三六―四六頁。
阪東美智子（二〇一七）「困窮する人々と居住支援」中島明子編著『HOUSERS ――住宅問題と向き合う人々』萌文社、九九―一〇八頁。
阪東美智子・森川美絵・大崎元（二〇一四）「DV・暴力被害のケアと予防に向けた環境整備のあり方に関する研究――婦人保護施設に求められる機能と施設環境基準の検討」ユニベール財団『豊かな高齢社会の探究　調査研究報告書』二二。
檜谷美恵子・多治見左近・小伊藤亜希子（二〇〇三）「『住宅困窮』実態の把握方法とその支援方法をめぐる課題」『生活科学研究誌』二号、一―一五頁
平山洋介（二〇〇九）『住宅政策のどこが問題か――〈持家社会〉の次を展望する』光文社。
本間義人（二〇〇九）『居住の貧困（岩波新書）』岩波書店。
丸山桂・駒村康平（二〇一三）「低所得世帯の居住水準の実証研究」『三田学会雑誌』第一〇五巻第四号、六一七（九五）―六四八（一二六）頁。
三菱ＵＦＪリサーチ&コンサルティング（二〇一六）「〈地域包括ケア研究会〉地域包括ケアシステムと地域マネジメント」（地域包括ケアシステム構築に向けた制度及びサービスのあり方に関する研究事業）、平成二七年度厚生労働省老人保健健康増進等事業。
Edgar, B., Doherty, J. and Meert, H. (2003) *Review Statistics on Homelessness in Europe*, The Policy Press.
EU statistics on income and living conditions (EU-SILC) methodology, (http://ec.europa.eu/eurostat/statistics-explained/index.php/EU_statistics_on_income_and_living_conditions_(EU-SILC)_methodology 最終アクセス：二〇一七年一一月六日).
European Commission (2011) The social dimension of the Europe 2020 strategy: A report of the social protection committee, Directorate-General for Employment, Social Affairs and Inclusion.
Townsend, P. (1979) *Poverty in the United Kingdom*, Allen Lane and Penguin Books.
United Nations (1995) Copenhagen Declaration on Social Development and Programme of Action of the World Summit for Social Development（和訳は国際連合広報センター（一九九八）「コペンハーゲン宣言及び行動計画」世界社会開発サミットを参照）.
UN Committee on Economic, Social and Cultural Rights (CESCR) (1991) General Comment No. 4: The Right to Adequate Housing (Art. 11 (1) of the Covenant.
United Nations Development Programme (2006) What is poverty? Concepts and measures, International Poverty Centre, Poverty in Focus.
World Health Organization (1990) Health principles of housing.
World Health Organization, Regional Office for Europe（高齢化と健康に関するワールド・レポートエグゼクティブサマリー（日本語版）二〇一五）.
World Health Organization, (2011) Regional Office for Europe, Summary report, Environmental burden of disease associated with inadequate housing.

第14章 貧困と地方自治体の取組み

大山典宏

国内の格差が広がり、貧困に苦しむ人々が増える中で、地方自治体においても生活困窮者支援の必要性が叫ばれるようになりつつある。しかし、その目的は必ずしも合意されているとはいえず、支援効果の評価指標の構築が喫緊の課題となっている。

本章では、「生活保護受給者チャレンジ支援事業（愛称：アスポート）」の支援員等への質的調査から、支援者が自らの支援をどのように評価しているのかを明らかにし、複数の課題を抱える生活困窮世帯への支援活動に求められる視点を論じる。

1 生活困窮者支援の新たな動き

(1) 生活保護受給者の増加への対応

二〇一五年三月、生活保護受給者は二一七万四三三一人、世帯数一六二万四五八と、集計が始まった一九五一年度以降で過去最高となり、その後はほぼ横ばいの状態が続いている。近年の特徴としては、高齢、傷病・障害、母子家庭のみならず、稼働能力を有する若年層が生活保護の受給に至っていることがある（厚生労働省福祉行政報告例から）。

国内に広がる生活困窮者の拡大への対応として、二〇一三年七月に子どもの貧困対策法が成立し、同年一二月には生活保護法の改正、生活困窮者自立支援法が成立した。これら貧困対策三法に基づき、生活困窮者の支援に向けた動きが活発化しつつある。

生活保護制度においては、二〇〇五年に厚生労働省から自立支援プログラムの策定方針が示され、福祉事務所では支援プログラムの策定が進んでいる。当初は、支援マニュアルとしてのプログラム策定に留まる事例が多かったものの、やがて、外部の民間団体と連携した支援体制を構築しようとする試みが広範にみられるようになっている。

また、二〇一〇年には、内閣府が、さまざまな生活上の困難に直面する者に対し、個別的・継続的・包括的に支援を実施するパーソナル・サポート・サービスをモデル事業として実施してきた（二〇一二年度で同事業は終了）。二〇一三年には、厚生労働省が新たな生活困窮者支援制度の構築に向けて生活困窮者自立支援モデル事業を実施し、生活保護制度の見直しにとどまらず、生活困窮者支援の充実・強化に総合的に取り組み、特に、就労可能な者に対して、生活保護受給に至る前の段階から早期に就労・相談支援等を行うことにより、生活困窮状態からの脱却を可能にする新たな生活困窮者支援制度を構築し、全国的な体制整備を進めようとしている。

（2）ワークフェアとアクティベーションの対立

二〇〇六年の「新たなセーフティネット検討委員会」（全国知事会・全国市長会に設置）による『新たなセーフティネットの提言』では、①稼働世帯に対しては、生活保護適用を生涯で五年間に限定するという保護の有期化と就労支援の実施、②高齢者のための新たな生活保護制度、③ボーダーライン層が生活保護に移行することを防止する就労支援制度を求めた。さらに二〇一〇年には指定都市市長会が前記の提案をベースとして、『社会保障制度全般の在り方を含めた生活保護制度の抜本的改革の提案』を示した。提案では自治体の財政危機が深刻化し、年金制度や最低賃金制度との不整合から国民の不公平感やモラルハザードを招いている現状を踏まえ、社会保障全般のあり方を含めた生活保護制度の抜本的改革に早急に着手することを求めている。具体的には、「働くことができる人は働く社会へ」をスローガンとして、集中的かつ強力な就労支援制度や実施機関の権限強化、医療費の一部自己負担の導入などを提案している。

地方自治体の要望を受ける形で、生活保護法の改正では、必要な人には確実に保護を実施するという基本的な考え方を維持しつつ、今後とも生活保護制度が国民の信頼に応えられるよう、就労による自立の促進、不正受給対策の強化、医療扶助の適正化等を行うための所要の措置を講じることとなった。就労支援では、保護開始段階で本人の納得を得た集中的支援を実施し、受給者のインセンティブを強化するために二〇一三年八月から就労活動促進費を創設している。また、保護脱却後に税、社会保険料等の負担が生じることを踏まえ、就労自立給付金（いわゆる就労積立制度）を創設することとした。

こうした生活保護費の抑制あるいは適正化に向けた提言が出される一方で、生活困窮者を社会から疎外された存在として認め、就労に留まらない多元的な支援の実施を構想する動きがある。

二〇〇〇年一二月の厚生労働省社会・援護局『社会的援護を要する人々に対する社会福祉のあり方に関する検討報告書』では、さまざまな課題を抱えた生活困窮者、たとえばホームレス生活者、刑余者、多重債務者、ひきこもりなどの人々の問題に対処することの重要性を指摘していた。報告書自体は発行時にはほとんど顧みられることがなかったものの、報告書の基本的な考え方を反映する形で、二〇〇九年四月には「ひきこもり支援センター」が整備されたほか、刑余者支援として地域生活定着支援事業、「悲惨な孤立死、虐待などを発生させない地域づくり」を目指す安心生活創造事業、生活保護受給者の社会的な居場所づくり支援事業、ホームレス等「貧困・困窮者の『絆』再生事業」などを実施してきた。これらの取組みは、パーソナル・サポート・モデル事業、生活困窮者自立支援モデル事業、そして、生活困窮者自立支援法に基づく新たな生活困窮者支援のしくみへと繋がっている。多様な課題を抱える生活困窮者に対して、経済的な支援と同時に当事者のニーズに合ったサービスの提供による問題解決を求めている。

この対立構造を、アクティベーションとワークフェアという概念を用いて整理したのが福原・中村（二〇一二）である。福原の定義によれば、アクティベーションには、広義の一般的な類型と、それに包摂されるいくつかの下位類型を分析的に区別することが可能である。広義のアクティベーションとは、失業保険給付や公的扶助を受給している人に対して積極的労働市場政策（職業紹介、職業訓練または職業教育）や各種の社会的活動プログラムを適用することで就労またはそれ以外の社会参加をうながそうとする政策類型にまとめることができる。

この広義のアクティベーションの下位類型のひとつが「ワークフェア（workfare）」または「ワークファースト（work first）」のアプローチであり、それは、就労または就労支援措置への参加を拒む受給者に対する何らかの制裁措置（給付の減額、期間短縮、停止など）をともなうものである。これに対して、そうした要求や制裁をともなわず、就労やプログラム参加を受給者の自由意思にゆだねるアクティベーション政策を、狭義のアクティベーション（「人的資源開発アプローチ」）と呼ぶことができる。

福原は、全国知事会の提案に代表される政策モデルをワークフェアと厚生労働省の報告書にみられるそれを狭義のアクティベーションとし、現在においても、この二つの政策指向が混在しせめぎあう構図は変わっていないとしている。

（3）生活保護受給者チャレンジ支援事業（愛称：アスポート）

生活困窮者支援をめぐる動きのなかで、二〇一〇年九月に埼玉県で開始されたのが、生活保護受給者チャレンジ支援事業（愛称：アスポート、以下「アスポート」という）である。アスポートは、教育・就労・住宅の三分野から生活保護受給者を総合的に支援することを目的としている。都道府県としては全国で初めての取組みであり、同種の事業としては、現在でも全国有数の事業規模となっている。

アスポートの支援は、①教育支援（高校進学・高校卒業に向けた進路相談に応じたり、地域の学習教室で個別に勉強を教える）、②就労支援（適性に応じた職業訓練の受講から、再就職まで一貫した支援を行う）、③住宅支援（無料低額宿泊所等から、民間アパートや社会福祉施設などへの入居を支援する）の三つに大別される。各々の支援は三つの民間団体に委託され、団体に所属する職員が支援員として生活保護受給者の支援に当たる。

さらに、実施体制としては、①県が事業の実施主体となる、②全県の福祉事務所が対象、③就労・住宅・教育をトータルで支援、④民間団体との積極的な連携、⑤待つのではなく手を伸ばす支援の五つの特徴がある。二〇一五年三月末時点までの五年間で就労支援を通して三〇七一人を就職させ、住宅支援により三三〇一人を転居させた。さらに、生活保護世帯の中学生および高校生に教育支援を実施、学習教室に参加した中学三年生一四一五人のうち、九七％超が希望する高校への進学を果たした。事業実施前の高校進学率は八六・九％であり、事業を通して一〇ポイント進学率が向上したことになる。なお、二〇一六年度からは、生活困窮者自立支援制度の本格施行にともない、県全体としての実施から、市町村ごとの実施に移行した（なお、町村部は引き続き県が所管している）。支援体制として一定の評価を得て、他の地域にも同様の取組みが広がりつつあるアスポートであるが、他の地区で行われる同様の事業と同じく、その評価はもっぱら数値で計測可能なものに限られていた。たとえば、教育支援であれば学習教室に参加する生徒の高校進学率向上であり、就労支援での就職者数であり、住宅支援での転居者数である。一方で、実務を担う支援員がどのように考え、実際の支援を行っているのか具体的には検証されていなかった。事業を今後継続し、他地域のモデルとしていくためには、現場の実践を振り返り、そこにどのような価値があるのかを明らかにしていく必要がある。たとえば、新しい生活困窮者支援のしくみづくりにも影響を与えた『生活困窮者の生活支援の在り方に関する特別部会報告書』においては、生活支援体系の基本的視点として、①自立と尊厳、②つながりの再構築、③子ども・若者の未来、④信頼による支え合いといった理念を示している。こうした理念モデルに、アスポートはどのような応答をしていくのだろうか。

2 「よい支援（good practice）」とは何か

（1）質的調査の実施

筆者は、二〇一三年度に、アスポートの支援員、利用者および関係機関を対象としてインタビュー調査を実施した。

調査協力者については、アスポートの各受託事業者の事業統括責任者に紹介を依頼した。依頼時には、調査の趣旨や聞き取る内容を説明した趣旨説明資料を配付し、協力の了解を得た者に調査者が直接面会し、一八人の支援員にインタビュー調査を行った。調査の対象としたのは、事業統括責任者やセンター長といった管理職ではなく、生活保護受給者と直接接する担当支援員である。これは、事業実施者である埼玉県と不断に調整を行い、対外的にも説明者としての役割を果たすことが多い幹部職員ではなく、現場職員がどのような意識で業務に従事しているかを把握したいと考えたためである。なお、アスポートは二〇一〇年に開始した事業であり、大半の支援員は、事業開始後に初めて生活保護受給者への支援業務に携わることになった者である。なお、調査の補強をするため、支援員の他に利用者と関係機関にもインタビューを実施している。

調査方法は、事前配布した趣旨説明資料に基づいた半構造化面接法により、支援員に聞き取りを行った。主な内容は、アスポート就業までの経緯、支援事例（成果があったと評価した事例、ないと評価した事例）、アスポートのミッションと考えるものなどである。インタビューは概ね二〜三時間かけて行った。調査場所は相談室・近所の飲食店など協力者が希望する場所・日時で行った。調査は、すべて筆者が行った。

（2）目標達成は「よい支援」の十分条件ではない

アスポートでは、社会から孤立している生活保護世帯に家庭訪問を通じてアプローチし、社会参加の促進を通じて、受給者の自立助長を図っている。社会参加の方法は、教育支援においては学習教室での学習支援や特別養護老人ホームでの就労体験であり、就労支援では独自に開発した技能講習であり、住宅支援ではアパートへの転居とその後の地域生活での暮らしである。その基底には社会的排除への対抗や狭義のアクティベーション政策があり、就労による経済的自立を強く志向するワークフェアとは趣を異にしている。

しかしながら、たとえば就労支援においては、就労支援を通じて受給者の経済的自立を支援するという意味ではワークフェアもその目的は変わらない。教育や住宅の支援においても、就労に向けた環境整備という意味では、必要性が否定されるものではないだろう。この点で、就職者や高校進学者といった数値のみでは、前記の理念が実現されているかどうかの評価は困難である。

それでは、何が違うのだろうか。インタビュー調査を通じて浮かび上がってきたのは、社会参加という支援プログラム策定時に想定した目標設定の達成のみでは、支援員は「よい支援」をしたとは考えていないという事実である。まず、支援員が「よい支援」ができなかったと考える事例からみていこう。

S14（支援員14の略。以下、同じ）は、母からの身体的虐待で児童相談所が関わる一六歳女児の例を挙げた。女児は、不登校だったが訪問を重ねることで学習教室には来るようになった。しかし、教室に参加したと母親に嘘をついて欲しいと支援員に頼み、学習面では九九も言えなかった。無事に高校に合格できたものの、別に用事があるからと母は入学説明会に出席せず、アスポートの支援員が付き添うことになった。しかし、女児は午後の採寸の時間に学校から姿を消してしまう。その後、四月中に中退してしまい、しばらくして母からの身体的虐待を理由に一時保護となったという。

この傾向は、住宅支援を担当する支援員においてより顕著にみられた。S7は、支援がうまくいかなかった事例として、無料低額宿泊所にいた四〇代男性を挙げた。この事例では宿泊所入所中に仕事も決まり、職場の近くにアパートを賃借している。しかし、時間外にかかってきた相談の電話に対応したことをきっかけに支援対象者の要求が徐々にエスカレートし、事務所にきて騒ぎ、やがて仕事も辞め、家賃を滞納したまま姿を消してしまった。

S10は、無料低額宿泊所にいた四〇代男性が転居したあとに寄せた相談のことを話した。就職活動に励んでいたが、一社目は社長の息子と喧嘩をして一日で辞め、二社目は残業が多いことを理由にして辞め、三社目で工具を買うための費用がなく進退窮まってしまった。男性はケースワーカーに前借りの相談をしたが断られ、その後、アスポートに電話があったという。支援員はもう一度、ケースワーカーに相談するよう伝えたところ、「ケースワーカーと同じことを言う」と拒否され、以後の支援が難しくなってしまった。S10は、男性はケースワーカーのところに一緒に行って欲しかったのかもしれないと考えており、再度、同じ事例があれば窓口に同行したいと話している。

S9は、ホームレスだった四〇代男性を、一時宿泊施設を経てアパートへの転居まで支援した事例を語った。本人の申し立てでは前職は年収六〇〇万円ほどあったがリストラで家を失った。見た目は真面目で受け答えもしっかりしており、アパート探しもスムーズに進んだ。しかし、転居後に連絡が取れなくなり、訪問しても不在。家賃も滞納し、福祉事務所に必要書類の提出もなかった。ようやく会えた男性に、「約束したのに、なぜできなかったの」と言った瞬間に顔色が変わり、笑顔が消えてしまったという。その後、十分な支援ができないまま支援終結に至っている。

S11は、無料低額宿泊所にいた七〇代男性のアパート探しの事例を挙げた。男性は携帯電話もなく、緊急連絡先になってくれる親族や友人もいない。しかし、障害もなく健康でアパート生活には問題がなかった。候補物件を三、四件内覧したところ、男性は一番古い物件を選んだ。S11は、この選択について、古くて周囲の環境もよくない物件で、自らの人生を卑下して選んだのではないかと考えている。男性にもっと自分の生活を考えて、よい物件を探していこうと言えず、関係性を十分つくることができないまま転居させてしまったことを後悔している。印象的なエピソードとして、後日、男性の口から出た「困ったらまた無低（無料低額宿泊所の略称）にいくからいい」という言葉を挙げる。

前記の事例のいずれもが、住宅の確保や高校の進学という目標は達成できている。にもかかわらず、支援員は支援がうまくいかなかったと考えている。たしかに、S7の事例のように、転宅後に家賃を滞納して失踪に至るケースは、安定した地域での生活を実現したとはいえず、失敗例と判断することもできるだろう。S14も、貧困の連鎖を断つという当初の政策目標からすれば失敗例と考えることもできる。しかし、他の三事例は比較的安定的な民間賃貸借住宅に入居することができ、直ちにその住宅を失う状態までには至っていない。住宅支援では、他に転居後に孤独死したこと（S12）、オートロックマンションに入居後に訪問を拒否され支援終結となったこと（S15）を、支援がうまくいかなかった事例として挙げている。この二事例でも、住居の確保という目標は達成されている。

支援の成果検証という点では、ある一定期間のフォローアップを通じて最終的な成果があったのか否かを評価する方法がある。その際、就労が継続しているか、地域で安定した生活が継続できているか、高校を中退していないかなどが検証の項目として挙げられるが、そうした数値で表現できるものには、上記事例の大半は反映されない。

それでは、支援員が「よい支援」ができたと考えるのはどのような場合であろうか。

（3）親族や友人に認められる（愛・友愛）

支援員が第一に挙げたのは、支援対象者が親族や友人などの親しい関係の者から認められたエピソードである。

S4は、高校の一次試験が不合格だった女児の例を挙げた。女児は、定時制高校を再受験して合格、発表時には嬉しそうに「母親が泣いた」と電話してきた。S4は、女児の学力であれば当然合格すると思い、合格に驚きはなかった。一方で、普段は反応の薄い母親が泣いたこと、女児が合格を喜ぶ様子をみて、軽く考えていた自分を顧みたという。女児が支援員や学習支援ボランティアに御礼の手紙を書き、御礼にドーナッツを焼いて持ってきた様子をみて、これなら定時制高校にも通ってくれるだろうと思ったと話す。

S16は、中一の五月の連休前から不登校だった男児のことを語った。中三から学習教室に参加したものの、学力は九九も指を使う段階であった。しかし、夏休みに入ってきた同級生が刺激になり、勉強に集中できるようになる。学習習慣がついた男児は、母、兄に認められるようになり、自分の意思で通信制高校に進学を決める。進学後も、課題のレポートが出せないことに苦労はしているものの、引き続きアスポートの支援が続いているという。S16は、一般的に通信制高校への進学はマイナスのイメージが強いが、学習習慣の獲得を通じて母や兄に認められたこと、自らの選択で進路を決定できたこと、そして、進学後もSOSを出せていることを、「よい支援」と評価している。

S18は、高校の面接試験の直前に入れ墨を入れた男児の例を挙げ、「サインを発していると感じた」という。入れ墨を消すために支援員が運転する車で病院に向かう途中、母子は口をきかないが、楽しそうにしていた。入れ墨を消すには多額の費用がかかることがわかり、「受験はやめる」という男児と、「（お金のことは）何とかする」という母親が口論になったものの、最終的にケースワーカーの調整によって医療扶助の適用が受けられることになった。その後、男児は高校を中退したが、今また別の高校への進学をしたいという希望を持っているという。こうした一連の支援の経過が、「結果はどうあれ」強く印象に残っていると話す。

S3は、勉強が得意な女児Aとアスペルガー症候群が疑われる落ち着きのない女児Bとの事例を挙げ、勉強をする意味がないといい、支援員や学生ボランティアの助言にも耳を貸さなかったBが、Aの「あなたのいいところは知っている。でも、やらなきゃいけないことはやらなきゃ」という言葉をきっかけにして、勉強に取り組むようになっていった。学校生活のなかではおよそ接点がなさそうな両極の二人が学習教室という場で出会い、交流を通じて変わっていったと語る。

S9は、住まいの回復が家族関係の回復につながった六〇代男性の事例を挙げる。男性には北海道に住む姉がいたが、どこに住んでいるか住所も連絡先もわからなかった。転居後、仕事を見つけることはできなかったが、近所の子どもたちの話し相手となるボランティア活動に参加するようになる。生活に余裕がでてくるなかで、男性は姉に会いたいという希望を口にするようになった。ケースワーカーの支援で姉の住まいをみつけ手紙を書いたところ、先方も心配していたことがわかり、交流が再会した。今の夢は、お金を貯めて両親の墓参りに行くことだという。

（4）自分の要望が認められる（権利）

支援員が第二に挙げたのは、支援員の働きかけによって、支援対象者が自らの要望を適切に第三者に伝え、それが受け止められるというエピソードである。

S11は、DV（配偶者間暴力）被害にあった三〇代の母子の支援について語った。DV被害者の場合、現行では加害者との接触を避けるため、以前の生活圏とは離れた地域で住居を探すことになる。多くの女性がこんなはずではなかったと訴えることが多いなかで、その母子は地域になじんでいくことができたという。この事例では、実に一〇の窓口に同行している。S11は、支援員が一緒に窓口をまわることで、関係機関が支援対象者の生活状況を把握して見守りの体制を整えることができたのではないか、そのことで支援対象者は支えがあると感じることができたのではないかという。こうした支援のなかで、母自身も発達障害がある長男の通学バスが自宅から遠いことを一人で訴えることができ、その結果、バスが自宅近くまで来てくれることになった。S11は、DVの影響で抑圧されていた女性が学校に自らの要求をはっきりと伝えることができるようになったことを、肯定的に評価している。

S15は、うつ病の三〇代男性を事例として挙げた。家賃滞納が原因で退去を求められていることから支援に入った。男性はケースワーカーが嫌いで話したことがない。なぜ嫌いなのかと問いかけ、自分のことをわかってもらうために努力してみてはどうかと促した。助言を受けて、男性が思い切ってケースワーカーに相談に行ったところ、思っていたよりも話を聞いてもらえた。ケースワーカーとの話し合いと物件内覧がきっかけとなり、男性自身が転居に向けて動き出したと話す。

（5）自分の存在が認められる場がある（連帯）

支援員が第三に挙げたのは、学習教室や技能講習、就労体験といった場の形成の重要性と、そこで支援対象者が他の参加者などから認められたエピソードである。

S3は、学習教室と一般の学習塾との違いを指摘する。塾はあくまで学習の補完の場所で感情を受け止める場所ではなく、困った子には来て欲しくない。集団授業を前提とする学習指導の限界があるとする。一方、学習教室ではどんな子も受け入れることが前提としてあり、子どもたちも雰囲気としてそれを感じている。「静かにしろ」「邪魔をするな」ではなく、相手の言い分を聞いてから話すという基本姿勢の重要性を指摘する。これは、大人一人が多数の生徒をみる形式（一対多）ではなく、家庭教師のような個別指導（一対一）でもなく、支援員や学生ボランティアなどの集団が、子ども集団をみる多対多の関係があるからこそ実現できていると話す。同様の指摘は、S6からもあり、参加者二、三人の少人数教室よりも、ある程度の規模（一五人以上）で活気のある学習教室をつくり、教室全体の方向性をつくっていくことが重要だとする。

S17は、学習教室に通う障害児の例を挙げた。男児は特別支援学級に行っているものの、学校の授業は何もわからない。学習教室には毎回参加しているが、学習よりも「疲れを癒やしにきている」と感じるという。母親が御飯をつくらないといった生活の話を聞くよう努めていると話す。

S3は、四日間を最小単位とする現在のセミナーの参加もハードルが高いと感じる受給者がいると話す。こうした層に一日限りのイベントセミナーを開催し、少人数のグループで話す機会を設けることで、就職に結びついた事例を挙げている。S5も同様に女性限定のグループを設定したことを挙げた。乱暴な言葉で母をののしっていた一〇代の女性が、集いの場では丁寧な言葉遣いだったことに驚いたこと、女性がたった一回の集いで、アルバイトとして働き始めたことを挙げ、「どうして彼女が働き始めたのかはわからない」と話す。

S2は、当初、技能講習は何か役に立つものを提供しなければならないと考えていたが、就職直前セミナーや自己理解・他者理解のためのセミナーといった一般向けのものと同内容では受給者が参加してくれないと話す。講義形式ではなく、受講生で輪になって、今の状況や、こういう場合はこうといった事例をシェアすることによって得られるものがあるとする。一例として、土方（建築業）であれば飲み会の話で意気投合して採用になったといった話を挙げる。意見を言い合うなかで、仲間との横のつながりができ、「受講生の誰々さんが就職したみたいよ」といえる関係づくりが大切だとしている。

S8は、ヘルパーの資格を取ったものの適性がなさそうにみえた四〇代の男性が就労体験をきっかけに変わった例を挙げた。男性は建築関係の仕事を中心にしてきたが、職場でいじめにあったことをきっかけに対人関係に苦手意識がある。ヘルパーの仕事を希望するが、「暴れる老人がいたらどうしたらいい?」という問いかけに、「縛ってしまえばいい」と回答する。講習で受けた勉強はどこへ行ってしまったのかという状況で、採用面接を受けても落ちてしまう。字も十分に書くことができず、平仮名がやっとで仮にヘルパーに採用されても訪問記録を書くことができない。介護業界への就職は現実的ではないと考え、今までの生活を聞いたところ実家は農業をやっていたという。アスポートで実施している合宿型の就労体験で農業に従事することを提案したところ、見学時には受入先企業の責任者の様子に安心感を持ったようで、すんなりと参加することができた。就労体験のなかで笑顔がみられるようになり、自発的に動けるようになっていった。責任者も喜んでくれ、男性も喜んでくれた。こうした経験をもとに、S8はアスポート以外の人に評価されることが大事だという。

（6）ひとりの存在として認める

支援員が第四に挙げたのは、支援員の言葉や働きかけによって、支援対象者に心身の変化がみられたエピソードである。そこには、支援員が支援対象者一人ひとりを人間として認める温かなまなざしがある。

S14は、中学二年生から休まず学習教室に通った父子家庭の女児のことを話す。女児は、中三の夏休みから大声を出したり、泣いたりといった行為を繰り返すようになった。父親が交通事故で骨折したことで、家事をすべて女児が担うことになり勉強をする時間が取れなくなってしまったことが原因だという。家族と進路に対する不安のなかで勉強をしなくなった女児に対して、S14は、すごろくやカルタ、クロスワードパズルなどのゲーム形式で学べる教材をつくり、あなたのためにつくった、一緒にやろうと声をかけていった。計算式が解けるようになり、やればできると伝えると、涙目になって喜んでいたという。

S6は、他の行政施策と比較して、アスポートの特徴を次のように語った。親への相談会など催し物は多いものの、親は誰かに子どもの面倒をみてもらいたいのであり、ニーズに合致していない。訪問してゆっくり子どもと話をすることができるのがアスポートの強みであり、子どもに時間をかけて語りかけることで、半信半疑だった親も支援を受け入れるようになっていく。学習教室参加まではステップがあり、親を置き去りにしてはならない。親も子どもに何を語りかけたらいいのかわからず悩んでいる。幼少時に子どもを児童養護施設等に預けていた事例を挙げ、子どもと接した時間が少ないため親が十分に愛情を持つことができていない場合には、親への働きかけから始めていく必要があるとする。S6は、親が子どもの背中を押せるかどうかは、支援が成功するか否かに大きな影響を与えるという。

S1は、信頼関係をつくるためには壁を打ち破る必要があり、そのためには、まず自分自身の弱さをみせることだという。「現在のアスポートの事務所で資格を持っていないのは自分だけで、支援員としての適性があるのか」と悩みを打ち明けると、相手も自分の弱みを話し始めたという。またS1は、何十社も書類を送っても面接の連絡さえこなかった四〇代男性を事例として挙げた。面接時の印象はよいのだが、書類選考が通らない。男性に、履歴書を送るときに添え状をつけることや折らないで大きな封筒に入れて送るよう助言したところ、一度で書類選考が通った。男性は喜び、「(S1は)何でもできる人だ」と言ったという。それに対して、S1が自分も他の支援員ともめることがあると正直に話をすると、男性は自らの過去を話し始めたという。ホームレスになるか、ならないかというくらいまで追い込まれたこと。幼少時から母親を恨んで生きてきたこと。男性は、そのときに、やっと言えた、すっきりしたという表情をした。その後、男性は高倍率を突破して採用となり、満足いく就職ができた。S1は、就職ができてよかったこと以上に、男性が苦しかった思いを打ち明けてくれたことを「よい支援」ができたと評価している。

S7は、当初、やる気がない人にどう関わっていけばいいか悩んだという。就労支援では、受給者は本音を言わない。ケースワーカーからは仕事をしろと言われる。逃げ癖がついて、面接の予約を入れてもキャンセルされてしまう。一日に四件すべての面接がキャンセルされたこともあったという。体調不良だというが、全員がそうだとは思えない。それが、最近はキャンセルされることも減り、仮にキャンセルされても動じなくなったと話す。ポイントは受給者のペースに合わせること。今すぐ就職は難しいという人に仕事の話をすれば、とたんに離れていく。最初は求人票の提供さえせず、家族や子どもの話など、本人の生活環境を聞いていく。ケースワーカーは働け、働けとうるさくはないか。病院は通っているのか。いきなりフルタイムで仕事をすることに不安はないか。本人が心配に思うであろうことを聞いていくことで、本音を出しやすくすることを心がけている。相手に関心を持ち、その生活や世界を想像できたとき、「よい支援」ができたと感じるという。

S8は、アトピーを気にしている四〇代女性の例を挙げる。アトピーが顔に出ることを気にしており、セミナーに出ても話すことができない。支援者の顔をずっとみて助けてもらえるのを待っていたという。大丈夫だと繰り返し伝え、安心できる、理解してもらえる、孤独にならない、困っているときに話してもらえるような関係づくりを心がけたという。

S12は、住まい探しのポイントを、一緒に悩むことだという。連帯保証人や緊急連絡先がない人は不動産屋に断られる。このときに一緒に駄目だったかと落ち込み、もう一度、一緒にやりましょうと声をかける。むしろ、すんなりと住まいが決まらない方が、支援対象者と深い人間関係を築くことができ、うまくいく事例が多い。支援対象者に一緒に考えてくれる、悩んでくれる存在だと思ってもらうことが大切だとする。

S13は、日常生活に課題があり、在宅生活は望めない男性の支援をしたエピソードを語った。途方に暮れる若い女性ケースワーカーに代わり、県内の軽費老人ホームすべてに電話して空き状況を調べ、男性が入居できる施設を見つけたという。施設入所が決まった男性から、「施設を見つけてくれて、ありがとう」「ボクを見つけてくれて、ありがとう」と言われたことが忘れられないと話す。

3　生活困窮者支援における承認概念の価値

（1）アクセル・ホネットの承認論

ドイツの社会哲学者アクセル・ホネットは、いわゆるフランクフルト学派ないし批判理論の系譜に属し、ホルクハイマーとアドルノそしてハーバーマスに続く第三世代を代表する人物である。彼は、ヘーゲルの初期著作に見られる「承認をめぐる闘争」という構想を手がかりに、承認概念を三つの次元に区分した。

第一に愛・友愛の関係で、男女、友人、親子などの間で、強い感情的な結びつきからなりたっている関係である。第二に、法的権利であり、どのような立場の者であっても、社会の他の構成員と同じ権利主体として互いに認め合う関係である。そして、第三に、連帯（社会的業績関係）の関係で、人々が働いた成果として、互いの社会的あるいは経済的な業績や達成を認め合う関係である。ホネットは、こうした社会的な承認関係の欠如の形態として、虐待や暴力的抑圧（愛・友愛）、権利の剥奪、排除（法的権利）、尊厳の剥奪や辱め（連帯）があるとした。

さらに、ホネットはルカーチの「物象化」という概念を手がかりにもう一つの承認概念を提示している。ホネットの言葉を借りるなら、ルカーチのいう物象化とは、(a)目前の対象を、もはや潜在的に利用可能な「モノ」としか認識をせず、(b)向かい合っている相手を、多くの収益をもたらす取引の「客体」としか見なさず、そして最後に(c)自らの固有の能力を、収益獲得機会の計算における追加的「資源」としか考えない、そういったふるまいである。

ホネットは、承認をめぐる事実が「意識の上で背景に退き、それゆえ視野から消えることを余儀なくする現象、すなわち一種の注意の減少」こそが、承認の忘却としての物象化現象であるとしている。このように、ホネットはルカーチの物象化概念を承認論的に再定義することで、ホネットは、「承認をめぐる闘争」で規定した承認の三つの次元に加えて、その前提にモノではなく、固有の意思や感情を持つ人間としての承認の必要性を明らかにしたのである。

以上のようなホネットの承認概念を図式したものが図14-1となる。このホネットの承認概念を補助線とすると、アスポートに関わる支援員が「よい支援」と考えるものが何なのか、その輪郭が見えてくる。

（2）インタビュー調査から見えてきた多元的な承認機会の提供

生活困窮者自立支援法に大きな影響を与えた「生活困窮者の自立支援の在り方に関する特別部会」で部会長を務めた宮本（二〇一三）は、アクティベーション型の包摂政策は承認の場を社会的業績関係に限定せず、ホネットの言う愛の関係を含めて多元的に設定するものであり、この方向性には大きな可能性があるとしている。宮本はもっぱら政治学の理念モデルとしての承認概念の有効性への言及を行っているが、社会福祉実践の視点においても、生活困窮者に対するホネットの承認概念は大きな示唆を与えてくれる。

愛・友愛	法的権利	連　帯 （社会的業績）
存　在		

図14－1　承認概念の定義（アクセル・ホネット）

既にお気づきのこととは思うが、前節のインタビュー調査の整理はホネットの承認のフレームワークに沿っている。すなわち、「親族や友人に認められる」とは愛・友愛の承認であり、「自分の要望が認められる」とは法的権利の承認であり、「自分が認められる場がある」とは連帯の承認であり、そして、「ひとりの人間として認める」とは存在の承認である。このように、支援員が語る「よい支援」は、ホネットの承認概念で整理することができる。支援員は、支援対象者が他者に「認められた」と感じたこと、すなわち、「承認機会の提供ができた」ことを、感慨深く語っているのである。

このことは、支援員がうまくいかなかったと感じる支援事例でより鮮明に浮かび上がる。高校に進学させることには成功したものの母からの身体的虐待で一時保護となった事例、ケースワーカーへの代弁者になれなかったことを悔いる事例、「困ったらまた無低に行くからいい」と自らの存在を卑下する支援対象者の姿を語る事例、そのいずれもが承認機会の提供に至らなかったと感じている。ホネットのいう承認の欠如あるいは剥奪といった現実に対して、どのような関わりをしていくべきか思い悩む姿がある。

また、支援員による承認は「ひとりの人間として認める」、すなわち、存在の承認に集中している。愛・法的権利・連帯といった承認の提供者は支援員以外の第三者であり、支援員は、まさに支援者として、その周辺にいるに過ぎない。

ホネットがいう「物象化」が、視野から消えることを余儀なくする現象なのだとすれば、不登校児の家庭を訪問し、あるいは住居喪失者と共に新たな住まいを探し、職を失い自宅に引きこもる者に技能講習の参加を呼びかけることは、視野から消えた生活困窮者の存在をひとりの人間として認めていく過程そのものである。それは、社会に対して見えない存在であった生活困窮者を、一つの人格をもつ人間として可視化する過程でもある。高校進学者数、転居者数、就職者数といった実績を上げるための物象化された存在ではなく、ひとりの人間として、その心に触れ、そこに至る生活や人生を想像することができたとき、支援員は「よい支援」ができたと感じるのである。そして、見えない存在であるがゆえに、端緒を開く関わりは支援員にしかできない。

こうした存在の承認を前提として、愛・法的権利・連帯という承認が立ち上ってくる。ここで留意すべきは、三つの次元の承認が支援員個人ではなく、親や友人、ケースワーカー、関係機関の職員、技能講習の参加者、就労体験先の責任者といった第三者からの承認であるという点である。支援員と支援対象者という、援助者と被援助者という関係性を超える他者との関係性の中で、多元的な承認機会の提供ができたとき、支援員は「よい支援」ができたと感じているのである。

（3）承認概念のもつ価値

以上のように、本章ではアスポートの支援員を対象としたインタビュー調査を通じて、支援員が「よい支援」だと考える事例を収集し、その共通項として「承認」という概念があることを明らかにした。承認概念が今後の生活困窮者支援に与える影響とその可能性を論じて、本章の結びとしたい。

承認概念は、政策評価、支援のあり方、社会のあり方の三点に大きな影響を与える可能性がある。

まず、承認概念は政策評価の強力な「武器」となりうる。承認概念は、もっぱら社会的業績とモチベーションとの関係で、経営学、とりわけ組織論や人事管理の分野で分厚い研究の蓄積がある。承認機会の有無が支援の実績に結びついているかどうかは、量的調査を通じて事後に検証し、政策評価の指標として活用していくことが可能である。とかく、職人芸と評価され、政策評価になじまないとされがちな社会福祉実践の分野において、こうした評価指標が形成される意味は大きい。加えて、「褒められると伸びる」といった承認概念は多くの人たちに理解できる〝常識〟であり、支援の有効性を物語として語るときにも有効な手法と考えられよう。

次に、承認概念を核とした政策評価指標の確立は、支援のあり方にも変革を迫る。政策評価の検証となる調査対象は、当然のことながら支援を受けた支援対象者本人となる。愛・法的権利・連帯に相当する調査項目を並べ、「あなたは、認められた経験はありますか?」といった質問がなされることになるだろう。言うまでもなく、何をもって「認められた」と思うかは、人それぞれ異なる。パッケージ化され、マニュアルに従った支援ではなく、支援対象者をひとりの人間存在として把握し、その特性に合った機会提供を行っていかなければならない。アメとムチを基本とし、社会的業績関係のインセンティブといった狭い範囲の承認機会の提供しか想定しない狭義のワークフェア施策については、その効果が疑問視されることになるだろう。そこでは、多元的な承認機会を提供できる専門職としてのソーシャルワーカーの価値が、改めて問われることになるだろう。

さらに、生活困窮者支援において承認機会の提供が大きな影響を与えることが明らかになれば、必然的に社会のあり方も変わらざるを得ない。たとえば、二〇一二年には、母親が生活保護を利用していた芸能人の問題をめぐり、報道では「生活保護バッシング」ともいえる状況が出現した。また、二〇一三年には、兵庫県小野市で住民に不正受給等を行う福祉制度利用者の情報提供を義務づける条例（小野市福祉制度適正化条例）が制定された。こうした動きが承認の剝奪を行い、支援対象者の自立に向けたモチベーションをそぎ、ひいては生活保護受給者の増加、すなわち、社会的コストの増大を招くという批判軸が成立することになる。

このように、ホネットのいう多元的な承認概念は、今後の生活困窮者支援のあり方に大きな影響を与える可能性がある。しかしながら、本章で得られた知見は、支援を受ける当事者ではなく、支援員というバイアスを通じて得たものでしかない。また、少人数のインタビュー調査の特性として、その知見が他にも適用可能な普遍性のあるものなのかどうかの検証も不十分である。この点で、承認概念の有効性は、現時点ではあくまで仮説の提示でしかない。承認機会の提供の有効性については、どのような場合に効果があるのか、効果は持続するのかなど、当事者を対象とし、アンケートなどの量的調査を通じた検証を行っていくことが必要と考えられる。

【参考文献】

岩田正美（二〇〇八）『社会的排除』有斐閣。

岩永理恵・金井郁他（二〇一三）「小特集一　生活保護受給者の自立／支援の検討——生活保護受給者チャレンジ支援事業の分析」『社会政策』ミネルヴァ書房、第五巻第二号（通巻一五号）、八一—一二六頁。

太田肇（二〇一一）『承認とモチベーション——実証されたその効果』同文舘出版。

大山典宏（二〇一三）『生活保護ｖｓ子どもの貧困』ＰＨＰ研究所。

釧路市福祉部生活福祉事務所編集委員会編集（二〇〇九）『希望をもって生きる——生活保護の常識を覆す釧路チャレンジ』全国コミュニティライフサポートセンター。

埼玉県アスポート編集委員会編（二〇一二）『生活保護二〇〇万人時代の処方箋』ぎょうせい。

福原宏幸・中村健吾編（二〇一二）『二一世紀のヨーロッパ福祉レジーム』糺の森書房。

宮本太郎（二〇一三）『社会包摂の政治学——自立と勝因をめぐる政治対抗』ミネルヴァ書房。

Axel Honneth (1992) *Kampf um Anerkennung. Zur moralischen Gramatik sozialer Konflikte*, Suhrkamp Verlag. Frankfurt am Main（山本啓・直江清隆訳（二〇〇三）『承認をめぐる闘争——社会的コンフリクトの道徳的文法』法政大学出版局）.

Axel Honneth (2005) *Verdinglichung. Eine anerkennungstheoretische Studie*, Suhrkamp Verlag, Frankfurt am Main（辰巳伸知・宮本真也訳（二〇一一）『物象化——承認論からのアプローチ』法政大学出版局）.

文献案内

第2章

① 朝日訴訟記念事業実行委員会編（二〇〇四）『人間裁判――朝日茂の手記』大月書店。

憲法第二十五条の生存権を日本社会に広く知らしめた朝日訴訟の原告である朝日茂による手記。朝日の言葉と行動から、国家・社会に対峙する個人の権利としての生存権の理念を学ぶことができる。

② 小川政亮（一九六四）『権利としての社会保障』勁草書房。

朝日訴訟および社会保障運動の意義を踏まえ、憲法第二十五条を理念的根拠とする社会保障の権利論を構築した。戦後日本において、人権としての社会保障を擁護し、確立していくための理論的基盤を提供してきた。

③ 菊池馨実（二〇〇〇）『社会保障の法理念』有斐閣。

現代日本の社会保障をとりまく環境の変化を踏まえ、憲法第一三条を軸に「自由」を基底とする新しい権利論を提示した。憲法第二十五条を軸に据えてきた戦後日本における社会保障の権利論の先を指し示す規範的理論である。

④ 尾形健・葛西まゆこ・遠藤美奈（二〇〇九）『憲法と社会保障制度（新版　社会保障・社会福祉判例大系　第1巻）』旬報社。

「第Ⅰ部　社会保障受給権の憲法的保障」および「第Ⅱ部　社会保障制度と統治構造」から成る。社会保障制度と憲法との連関に視点を置いて整理されており、生存権にかかわる裁判例を体系的に学ぶのに大変助けになる。

第3章

① ルース・リスター／松本伊智朗監訳・立木勝訳（二〇一一）『貧困とは何か――概念・言説・ポリティクス』明石書店（Lister, Ruth, *Poverty*, Polity Press, 2004）。

イギリスの反貧困運動団体を経て大学教授となった著者による「貧困の教科書」。複数の学問領域にわたる膨大な参考文献に基づき、測定基準だけでなく、貧困「概念」そのものを議論している。

② アマルティア・セン／池本幸生・野上裕生・佐藤仁訳（一九九九）『不平等の再検討――潜在能力と自由』岩波書店（Sen, Amartya, *Inequality Reexamined*, Oxford University Press, 1992）。

ノーベル記念経済学スウェーデン国立銀行賞も受賞した著者による、「何の平等か」を議論した書。「資源」や「成果」でなく、「機能」と「潜在能力」に焦点をあてた、貧困・不平等に関する彼の議論は多くの学問分野に影響を与えた。

③ Atkinson, A. B. and F. Bourguignon (eds.), *Handbook of Income Distribution*, Elsevier Science, vol.1, 2000 (vol. 2A, 2B, 2015).

経済学者による貧困・不平等に関する三八本の展望論文が収められ

ており、三分冊、計三一〇〇頁超から成る。貧困・不平等に関するほぼすべてのテーマを網羅し、この広大な領域の研究指針となる書。

第4章

① 小沼正（一九八〇）『貧困——その測定と生活保護　第二版』東京大学出版会。

厚生省社会局および統計調査部、社会保障研究所を経て大学教授となった著者が、政策対象となる貧困がいかなるものか、日本・海外の歴史や研究動向を論じた書。当時の到達点、今日にまで残された論点を考えたい。

② 岩田正美（二〇〇七）『現代の貧困——ワーキングプア／ホームレス／生活保護』筑摩書房。

貧困と格差の違いを強調し、貧困ラインの設定、貧困の量とその増減、調査統計では捉えられない様々な貧困、貧困の要因から対策まで論じる。貧困への関心をより深い理解に繋げていくための入門書。

③ 橋本健二（二〇一六）『現代貧乏物語』弘文堂。

格差問題を研究する社会学者である著者が、一九一六年出版の河上肇『貧乏物語』に学び、その構成を踏襲して、貧困と格差の現状と原因、その克服への途を論じた書。一般読者に社会の主体として貧困問題を考えることを訴える。

第5章

① ＯＥＣＤ／金子能宏・小島克久訳（二〇一〇）『格差は拡大しているか——ＯＥＣＤ加盟国における所得分布と貧困』明石書店。

ＯＥＣＤ加盟国における一九八〇年代から二〇〇〇年代前半の格差・貧困の状況について検証している。また同期間に格差や貧困が拡大した要因についての分析も行っており、日本の特徴を国際比較の観点から理解するのに適している。

② 橘木俊詔・浦川邦夫（二〇〇六）『日本の貧困研究』東京大学出版会。

日本の貧困に関する実証研究がまとめられている。貧困率の推計だけではなく、生活保護や最低賃金など社会政策との関連についても分析をしている。また、社会的排除や物質的剥奪など非金銭的な指標に関する論文も収録されており、貧困研究をする上において必読の書である。

③ 小塩隆士（二〇一〇）『再分配の厚生分析』日本評論社。

経済学の観点から、日本の所得格差と貧困について社会的厚生の観点から論じている。近年の所得分配において、税や社会保障による貧困削減効果がどのように変化したか明らかにしているだけではなく、生涯所得ベースでの再分配について検証している。また、所得格差・貧困と教育、幸福度、健康との関連について検討しており、子ども時代の貧困が現時点の貧困、幸福度、健康といったアウトカムの指標に与える影響についての実証分析も行われている。

第6章

① 藤森克彦（二〇一七）『単身急増社会の希望』日本経済新聞出版社。

本書は、第1部で、総務省「平成二七年国勢調査」などを用いながら、単身世帯の増加の実態とその要因について分析をしている。第2部では、勤労世代、高齢世代など世帯類型別に分けて、貧困、孤立、要介護といったリスクを考察するとともに、海外の高齢単身世帯との比較を行っている。第3部では、対策編として、住まいや地域、就労、社会保障の機能強化などを考察している。

② 公益財団法人家計経済研究所編（二〇一二）「特集　単身者のこれから」（『季刊家計経済研究』二〇一二年 Spring No. 94、公益財団法人家計経済研究所）。

特集では、対談（重川純子、藤森克彦）と共に、山内昌和「単独世帯の動向と今後の見通し」、三輪哲「晩婚化・非婚化のなかの単身者」、四方理人「未婚女性の老後の生活不安」、斉藤雅茂「高齢者の社会的孤立に関する主要な知見と今後の課題」といった論文が収録されている。

③ 奥田知志・稲月正・垣田裕介・堤圭史郎（二〇一四）『生活困窮者への伴走型支援』明石書店。

本書は、ホームレス支援の実践者と研究者による共著。経済的困窮と社会的孤立に対応する「伴走型支援」の理念と仕組みを示すとともに、その成果と課題をデータに基づいて明らかにしている。そして、これからの生活困窮者支援の在り方を展望している。

④ 藤森克彦（二〇一六）「中年未婚者の生活実態と老後リスクについて――『親などと同居する二人以上世帯』と『単身世帯』からの分析」（Web Journal『年金研究』No. 3、公益財団法人年金シニアプラン総合研究機構、二〇一六年六月）。

本論文では、四〇代・五〇代の未婚者を「二人以上世帯」と「単身世帯」に分けて、生活実態、老後リスクとその備え、現在および老後の生活不安などを考察している。二人以上世帯は、単身世帯よりも低所得者の比率が高いが、二人以上世帯の九割強は親と同居をしており、親との同居によって生計を維持している人の比率が高いことが示されている。

第7章

① 阿部彩（二〇一四）『子どもの貧困Ⅱ』岩波新書。

子どもの貧困を削減するためには、どのような政策目標を設定し、複数ある政策手段から何を選択し、そうして実施した政策の効果をいかに測定するのか。本書では各種データを示しながらこれらの論点をわかりやすくまとめている。

② マジェラー・キルキー／渡辺千壽子監訳（二〇〇五）『雇用労働とケアのはざまで――二〇カ国母子ひとり親政策の国際比較』ミネルヴァ書房。

各国の母子世帯を対象とした政策が、母子世帯の育児、雇用、貧困にどのような効果をもたらしているのか、本書は、日本を含む二〇カ国のデータを分析して検討している。一九九〇年代の状況についての分析であるが、各国の特徴や分析方法を知るうえで現在でも読まれる価値がある。

③ 周燕飛（二〇一四）『母子世帯のワークライフ・バランスと経済的自立』労働政策研究・研修機構。

母子世帯に対する政策として二〇〇〇年代以降、就業支援策が重視されてきた。本書では、独自に実施した質問紙調査とインタビュー調査を分析することで、母子世帯への就業支援の有効性について実証的に検証されている。

第8章

① ブランコ・ミラノヴィッチ／立木勝訳（二〇一七）『大不平等――エレファントカーブが予測する未来』みすず書房。

グローバル経済と技術進歩によって衰退していく先進国の中間層の

状況、格差・貧困の拡大とその世代間連鎖に関する研究が詳細に紹介されている。

② ロバート・パットナム／柴内康文訳（二〇一七）『われらの子ども』創元社。

戦後アメリカにおける貧富の差と機会の差の連結性が強いものになっていく状況が、所得、家族構造、育児実践、学校教育を取り巻く環境といった点から、データやインタビュー調査に基づいて詳しく分析されている。いわゆるアメリカンドリームの消滅と社会の分断とその固定化が、アメリカ経済、民主主義、道徳倫理に悪影響を与えていく様子が詳細に分析されている。

③ 赤林英夫・直井道生・敷島千鶴編著（二〇一六）『学力・心理・家庭環境の経済分析』有斐閣。

親の社会経済状況、家庭環境が子どもの学力、心理面などの発達に与える影響を実証的に分析した研究。世代間での格差・貧困の連鎖について手がかりになる。

第9章

① 伍賀一道（二〇〇七）「今日のワーキングプアと不安定就業問題――間接雇用を中心に」『経済研究』第一一巻四号、静岡大学、五一九―五四二頁。

ワーキングプア問題を不安定就業問題としてとらえ、昨今の規制緩和の問題点、間接雇用の問題点を指摘している。労働政策からみたワーキングプア問題として、個人の就労諸条件の悪化を指摘する。ワーキングプアをはじめとする雇用問題、ならびに、労働政策を研究しようとする人に必読の論文。

② 駒村康平（二〇〇八）「ワーキングプアと所得保障政策の再構築」『都市問題』第九九巻第六号、東京市政調査会、五三―六二頁。

多様なワーキングプアの推計についての論点、労働経済学からの理論的なワーキングプア問題へのアプローチが整理されている。さらに、所得保障政策の柱である生活保護制度の不備を指摘し、あるべき所得保障政策と労働市場政策の連携が提示されている。ワーキングプアを統計のみならず政策から考えたい人がまず読むべき論文。

③ 貧困統計ホームページ　http://www.hinkonstat.net/

貧困研究の論点を網羅・整理している。貧困率などの指標の定義を解説しており、初学者にとっては、貧困問題を深く考える契機になり、今なにが「貧困問題の問題」なのか・どういった貧困問題があるのかを理解するために非常に有益である。随時データが更新されているという点でも、貧困・ワーキングプア研究に非常に有益なホームページ。

第10章

① 山田篤裕・百瀬優・四方理人（二〇一五）「障害等により手助けや見守りを要する人の貧困の実態」『貧困研究』一五、九九―一一一頁。

本論文は、厚生労働省「国民生活基礎調査」の個票を用いて、障害等により手助けや見守りを要する人の所得構成や貧困率を分析している。分析対象とする障害者の範囲に限界はあるものの、日本の障害者の等価可処分所得に基づく貧困率を推計した最初の研究である。

② 百瀬優・小島晴洋・福島豪・秋朝礼恵・国京則幸・松本由美（二〇一一）『欧米諸国における障害年金を中心とした障害者に係る所得保障制度に関する研究　平成二一年度　総括・分担研究報告書』厚生労働科学研究費補助金　政策科学総合研究事業（政策科学推進研究事業）。

本報告書では、障害者の貧困を受け止める所得保障制度について、欧米諸国における制度の現状や改革動向が整理されている。また、報告書の終章では、その結果をもとに、日本の制度の課題や問題点を把握し、比較の視点から、各制度の今後の改善の方向性や選択肢を提示している。

③ 藤原里佐（二〇一〇）「障害児者の貧困をどうとらえるか」『貧困研究』五、六九―七七頁。

本論文は、障害者の貧困を正面から取り扱った数少ない論文の一つである。障害者の生活基盤が脆弱であることだけでなく、障害と貧困が重なり合うことを指摘し、この重なりのために、貧困を解消することが困難になっている現状を描いている。

④ OECD (2010) *Sickness, Disability and Work*, OECD（岡部史信・田中香織訳（二〇一二）『図表でみるメンタルヘルスと仕事』明石書店）.

本書は、ＯＥＣＤ諸国における障害者関連政策の動向や今後の改革の方向性についての報告書である。障害者の貧困とのかかわりで言えば、特に、第二章から、ＯＥＣＤ諸国における障害のある人の就業の状況、可処分所得や貧困リスク、障害者向け現金給付の現状などを知ることができる。

第11章

① 近藤克則編集（二〇〇七）『検証「健康格差社会」――介護予防に向けた社会　疫学的大規模調査』医学書院。

介護予防で注目される要介護の危険因子と所得そして教育年数の関連について、大規模な（対象者数三万二八九一人）調査によって分析している。介護予防対策分野の必読の書。

② 近藤克則編集（二〇一三）『健康の社会的決定要因――疾患・状態別「健康格差」レビュー』日本公衆衛生協会。

日本の公衆衛生行政などで参考となる疾患や健康課題についての社会疫学の研究およびその動向を紹介し、公衆衛生上の諸問題において健康格差や健康の社会的決定要因が重要であることを明らかにしている。

③ 春日キスヨ（二〇一〇）『変わる家族と介護』講談社現代新書。

臨床社会学の視点から、現代の家族と介護の姿について、介護問題に関する日常生活のエピソードや様々な問題を抱えた当事者の語りなどを紹介し、現場の事例を読み解くかたちでわかりやすく論じている。

第12章

① 岩田正美（一九九一）『消費社会の家族と生活問題』培風館。

近年欧州での金融排除論にみられる多くの論点は、九〇年代初頭に日本で刊行された本書で既に議論されていた。貨幣を獲得する局面でなく、獲得した貨幣を使用・運用する局面に注目した研究であり、債務と貧困との関連や家計管理の強化・教育に関する指摘等は、現在でも多くの示唆を与えてくれる。

② 大山小夜（二〇一〇）「第2章　多重債務の社会的世界」藤村正之編『福祉・医療における排除の多層性』明石書店、五五―八六頁。

社会学者の大山は、確かな学術的方法をもって多重債務（過重債務）を継続的に研究してきた数少ない研究者である。この論文では金融排除の概念に着目したうえで、債務者への聞き取りや関連する二次資料を活用して、「人間関係からの排除」や「社会制度からの排除」を論じ、解決策にも言及している。欧米の金融排除論でしばしば看取される行動経済学の議論も取り上げている。

③　宇都宮健児（二〇〇二）『消費者金融――実態と救済』岩波書店。
著者は弁護士として多重債務被害の救済および高金利金融機関の問題等に長らく取り組んできた。本書は二〇〇六年貸金業法成立以前の状況を反映しているが，我が国の多重債務やその解決策の枠組みをわかりやすく提示しており，今なお有用である。また著者は近年，多重債務（過重債務）の背後にある貧困問題に取り組む運動を主導している。

第13章

①　堀田祐三子・近藤民代・阪東美智子編集（二〇一四）『これからの住まいとまち――住む力をいかす地域生活空間の創造』朝倉書店。
一〇人の住宅研究者が，居住者自らの「住まい」に対する意識や維持管理などの「住む力」という観点から，住宅計画や地域計画について，家族やコミュニティ，ライフスタイルの変化，震災復興や再開発などのテーマを取り上げ解説している。

②　平山洋介（二〇〇九）『住宅政策のどこが問題か――〈持家社会〉の次を展望する』光文社（光文社新書）。
日本の住宅政策の全容を，過去から現在にわたって，また海外との比較において，それぞれ綿密な実証に基づき解説している。とくに，現在顕在化している「住」の不平等について，現行の新自由主義の住宅政策を批判的に検証する労作である。

③　本間義人（二〇〇九）『居住の貧困』岩波書店（岩波新書）。
人権としての居住権という視点から，住まいの安心・安全が脅かされている日本社会の現状を報告している。とくに，戦後の住宅政策の軌跡を丁寧に解説しており，住宅政策が社会政策から経済対策へと変容した背景を明らかにしている。

第14章

①　福原宏幸・中村健吾編（二〇一二）『二一世紀のヨーロッパ福祉レジーム』糺の森書房。
二〇世紀末から取り組まれてきたEU加盟国の雇用政策と社会的保護・包摂政策の動向，ならびに両政策の交錯のあり方に焦点をあてる。EU改革が日本の社会保障体制にどのように影響を与えたのかを学べる一冊。

②　宮本太郎（二〇一三）『社会的包摂の政治学――自立と承認をめぐる政治対抗』ミネルヴァ書房。
福祉レジーム論，比較政治学，社会的企業論，ガバナンス理論などの成果を広範に動員し，アクティベーション，ワークフェア，ベーシックインカムの対抗のなかから，新しい社会的包摂のかたちを展望する。

③　釧路市福祉部生活福祉事務所編集委員会（二〇〇九）『希望をもって生きる――生活保護の常識を覆す釧路チャレンジ』全国コミュニティライフサポートセンター。
二一人に一人が生活保護を受給する北海道釧路市が始めた，生活保護受給世帯への型破りな自立支援モデル事業。NPOを巻き込み，地域の交流の場・地域の居場所づくりへとつなげる手法は，後発の支援事業にも大きな影響を与えた。

④　埼玉県アスポート編集委員会編（二〇一二）『生活保護二〇〇万人時代の処方箋』ぎょうせい。

「教育・就労・住宅」の三分野から、総合的に生活保護受給者の自立を支援する「生活保護受給者チャレンジ支援事業」について、実例を豊富に掲載し具体的に解説。都道府県という広域を対象としたダイナミクスを感じることができる。

⑤ 川崎市健康福祉局 生活保護・自立支援室（二〇一五）『いっしょに歩けばだいじょうぶ――だいJOBセンター 川崎市生活自立・仕事相談センターの実践』バリューブックス。

二〇一五年度に開始された生活困窮者自立支援制度につき、モデル事業の取組みを基に編集。若年失業者、母子家庭などの支援事例に加え、第一線の研究者へのインタビューを盛り込んでおり、一冊で生活困窮者支援の概要をつかめる。

索　引

あ 行

か 行

さ 行

た 行

な 行

百瀬　優（ももせ・ゆう）**第10章**

1977年　生まれ。
2007年　早稲田大学大学院商学研究科博士後期課程満期退学。
2009年　博士（商学）早稲田大学。
現　在　流通経済大学経済学部准教授。
主　著　『障害年金の制度設計』光生館，2010年。
『最低所得保障』（共著）岩波書店，2010年。
『自立と福祉――制度・臨床への学際的アプローチ』（共著）現代書館，2013年。
『多元的共生社会の構想』（共著）現代書館，2014年。
『社会保障論』（共著）成文堂，2015年。

齋藤香里（さいとう・かおり）**第11章**

1969年　生まれ。

2005年　東洋大学大学院経済学研究科博士後期課程修了。博士（経済学）。

現　在　千葉商科大学商経学部准教授。

主　著　『介護財政の国際的展開』（共著）ミネルヴァ書房，2003年。

『ドイツにおける介護システムの研究』五絃舎，2011年。

『社会保障の基本と仕組みがよ～くわかる本〔第2版〕』（共著）秀和システム，2012年。

『財政学〔第4版〕』（共著）創成社，2015年。

「ドイツの介護者支援」『海外社会保障研究』Autumn2013, 184号，2013年。

「ドイツにおける介護保障の動向」『健保連海外医療保障』107号，2015年。

野田博也（のだ・ひろや）**第12章**

1978年　生まれ。
2009年　首都大学東京大学院人文科学研究科単位取得満期退学。博士（社会福祉学）。
2010年　博士（社会福祉学）首都大学東京。
現　在　愛知県立大学教育福祉学部准教授。
主　著　「金融排除の概念」『愛知県立大学教育福祉学部論集』第61号，2013年。
「日本における金融排除研究の動向（2000-2012）」『人間発達学研究』第5号，2014年。

阪東美智子（ばんどう・みちこ）**第13章**

1966年　生まれ。

1999年　神戸大学大学院自然科学研究科博士課程修了，博士（工学）。

現　在　国立保健医療科学院生活環境研究部上席主任研究官。

主　著　『シリーズ・新しい社会政策の課題と挑戦　社会的排除と包摂』（共著）法律文化社，2007年。

『講座現代の社会政策　第4巻　社会政策の中のジェンダー』（共著）明石書店，2010年。

『福祉のまちづくりの検証』（共著）彰国社，2013年。

『これからの住まいとまち――住む力をいかす地域生活空間の創造』（共編著）朝倉書店，2014年。

『児童相談所一時保護所の子どもと支援――子どもへのケアから行政評価まで』（共著）明石書店，2016年。

『HOUSERS ――住宅問題と向き合う人々』（共著）萌文社，2017年。


大山典宏（おおやま・のりひろ）**第14章**

1974年　生まれ。

1999年　立命館大学大学院政策科学研究科修士課程修了。埼玉県志木市役所を経て，
現　在　埼玉県越谷児童相談所草加支所担当部長。

主　著　『生活保護 vs ワーキングプア 若者に広がる貧困』PHP 新書，2008年。

『生活保護 vs 子どもの貧困』PHP 新書，2013年。

『隠された貧困 生活保護で救われる人たち』扶桑社新書，2014年。

『生活保護200万人時代の処方箋　～埼玉県の挑戦～』（共著）ぎょうせい，2012年。

『子ども家庭支援とソーシャルワーク』（共著）福村出版，2011年。

『子どもの貧困白書』（共著）明石書店，2009年。

『低所得者に対する支援と生活保護制度』（共著）久美出版，2011年。

渡辺久里子（わたなべ・くりこ）**第5章**

1986年　生まれ。
2014年　慶應義塾大学大学院経済学研究科博士課程単位取得退学。
現　在　国立社会保障・人口問題研究所研究員。
主　著　「生活扶助基準における「世帯規模の経済性」の検討」駒村康平編『最低生活保障』岩波書店，2010年。
「等価尺度の推計と比較析消費――消費上の尺度・制度的尺度・OECD 尺度」『季刊社会保障研究』Vol. 48, No. 4, 2013年。

四方理人（しかた・まさと）**第5章**

1978年　生まれ。
2010年　博士（経済学）慶應義塾大学　学位取得。
主　著　「社会保険は限界なのか？――税・社会保険料負担と国民年金未納問題」『社会政策』第9巻第1号，2017年。
「家族・就労の変化と所得格差――本人年齢別所得格差の寄与度分解」『季刊社会保障研究』第49巻第3号，2013年。

藤森克彦（ふじもり・かつひこ）**第6章**

1965年　生まれ。
1992年　国際基督教大学大学院行政学研究科博士前期課程修了。
2011年　博士（社会福祉学）日本福祉大学。
現　在　日本福祉大学福祉経営学部教授。みずほ情報総研主席研究員（兼務）。
主　著　『構造改革ブレア流』阪急コミュニケーションズ，2002年。
『単身急増社会の衝撃』日本経済新聞出版社，2010年。
『単身急増社会の希望』日本経済新聞出版社，2017年。

田宮遊子（たみや・ゆうこ）**第7章**

1975年　生まれ。
2005年　お茶の水女子大学大学院博士課程単位取得退学，修士（学術）。
現　在　神戸学院大学経済学部准教授。
主　著　「母子世帯の仕事と育児――生活時間の国際比較から」（共著）『季刊社会保障研究』，第43巻第3号，2007年。
「給付抑制期における児童扶養手当の分析」，『社会政策研究』第9号，2009年。
「母子世帯の最低所得保障」駒村康平編『最低所得保障』岩波書店，2010年。
「親の配偶関係別にみたひとり親世帯の子どもの貧困率――世帯構成の変化と社会保障の効果」『社会保障研究』第2巻1号，2017年。

丸山　桂（まるやま・かつら）**第8章**

1970年　生まれ。
1999年　お茶の水女子大学大学院人間文化研究科単位取得退学。
社会保障研究所研究員，国立社会保障・人口問題研究所研究員，恵泉女学園大学専任講師，成蹊大学経済学部助教授，准教授を経て，
現　在　成蹊大学経済学部教授。博士（社会科学）
主　著　『就業形態の多様化と社会保険の適用状況の国際比較』全労済協会，2008年。
『社会政策――福祉と労働の経済学』（共著）有斐閣，2015年。

村上雅俊（むらかみ・まさとし）**第9章**

1974年　生まれ。
2008年　関西大学大学院経済学研究科経済学専攻博士課程後期課程修了，博士（経済学）関西大学。
現　在　阪南大学経済学部准教授。
主　著　「日本のワーキングプアの測定」『貧困研究』6，2011年。
「『就業構造基本調査』を用いたワーキングプアの規定因の検討」『統計学』第109号，2015年。（研究ノート）
「若年層の失業・不安定就業・貧困とその支援策の課題についての一考察」『社会保障研究』第1巻第2号，2016年。

執筆者紹介

駒村康平（こまむら・こうへい）　**第1章・第8章**

奥付編著者紹介参照。

冨江直子（とみえ・なおこ）**第2章**

1973年　生まれ。
2004年　東京大学大学院人文社会系研究科博士課程修了，博士（社会学）。
現　在　茨城大学人文社会科学部准教授。
主　著　『救貧のなかの日本近代――生存の義務』ミネルヴァ書房，2007年。
「最低生活保障の理念を問う――残余の視点から」駒村康平編『最低所得保障』岩波書店，2010年。
「「生存権」の論理における共同性――戦後日本における「権利」の言説」盛山和夫・上野千鶴子・武川正吾編『公共社会学2――少子高齢社会の公共性』東京大学出版会，2012年。
「戦後史のなかの朝日訴訟――朝日訴訟運動はなぜ「生存権」を語ることができたのか」『貧困研究』11，2013年。

山田篤裕（やまだ・あつひろ）**第3章**

1971年　生まれ。
1999年　慶應義塾大学大学院経済学研究科博士課程単位取得退学。
2010年　博士（経済学）慶應義塾大学。
現　在　慶應義塾大学経済学部教授。
主　著　『高齢者就業の経済学』（共著）日本経済新聞社，2004年。
「高齢期における所得格差と貧困」橘木俊詔・宮本太郎監修／橘木俊詔編著『格差社会（福祉＋α①）』ミネルヴァ書房，2012年。
『最低生活保障と社会扶助基準』（共編著）明石書店，2014年。
『社会政策――福祉と労働の経済学』（共著）有斐閣，2015年。

岩永理恵（いわなが・りえ）**第4章**

1977年　生まれ。
2007年　東京都立大学大学院社会科学研究科博士課程修了。
現　在　日本女子大学人間社会学部社会福祉学科准教授，博士（社会福祉学）。
主　著　『生活保護は最低生活をどう構想したか――保護基準と実施要領の歴史分析（現代社会政策のフロンティア）』ミネルヴァ書房，2011年。
「生活保護の歴史を概観する」橘木俊詔・宮本太郎監修／埋橋孝文編著『生活保護（福祉＋α④）』ミネルヴァ書房，2013年。
『闘争性の福祉社会学　ドラマトゥルギーとして（シリーズ福祉社会学2）』（第4章「生活保護しかなかった――貧困の社会問題化と生活保護をめぐる葛藤」）東京大学出版会，2013年。
「『非日常』と『日常』をつなぐ普遍的な住宅政策を――東日本大震災，阪神・淡路大震災，生活保護から考える」『世界』2017年。

岩田正美（いわた・まさみ）**第4章**

1947年　生まれ。
1971年　中央大学大学院経済研究科修了。
1994年　日本女子大学博士（社会福祉学）。
1998年　日本女子大学人間社学部教授，2015年定年退職。
現　在　日本女子大学名誉教授，日本福祉大学客員教授・研究フェロー。
主著書　『戦後社会福祉の展開と大都市最底辺』ミネルヴァ書房，1995年。
『現代の貧困～ワーキングプア／ホームレス／生活保護』ちくま新書，2007年。
『社会的排除――参加の欠如と不確かな帰属』有斐閣，2008年。
『リーディングス日本の社会福祉』監修・編集　日本図書センター，2010年。
『社会福祉のトポス～社会福祉の新たな解釈を求めて』有斐閣，2016年。

《編著者紹介》

駒村康平（こまむら・こうへい）

1964年　生まれ。

1995年　慶應義塾大学大学院経済学研究科博士課程単位取得退学。国立社会保障・人口問題研究所，駿河台大学，東洋大学を経て，

現　在　慶應義塾大学経済学部　教授，ファイナンシャル・ジェロントロジー研究センター長，博士（経済学）。

著　書　『年金と家計の経済分析』（東洋経済新報社），『先進諸国の社会保障　イギリス』『先進諸国の社会保障　スウェーデン』（東京大学出版会），『福祉の総合政策』（創成社），『年金はどうなる』（岩波書店），『最低所得保障』（岩波書店），『大貧困社会』（角川SSC），『日本の年金』（岩波書店），『中間層消滅』（角川新書），『社会政策』（有斐閣），『2025年の日本　破綻か復活か』（勁草書房）など。

受　賞　日本経済政策学会優秀論文賞，生活経済学会奨励賞，吉村賞，生活経済学会賞など

主な公職　2009―2012年厚生労働省顧問
2010年―社会保障審議会委員（生活保護基準部会会長，障害者部会会長，生活困窮者自立支援制度及び生活保護部会副部会長等）
2012―2013年社会保障制度改革国民会議委員

福祉＋α⑩
貧　困

2018年2月20日　初版第1刷発行　〈検印省略〉

定価はカバーに
表示しています

編著者　駒　村　康　平
発行者　杉　田　啓　三
印刷者　中　村　勝　弘

発行所　株式会社　ミネルヴァ書房
607-8494　京都市山科区日ノ岡堤谷町1
電話代表（075）581-5191
振替口座 01020-0-8076

中村印刷・新生製本

ISBN978-4-623-08159-2
Printed in Japan